韓国の人権弁護士
軍事独裁に抗す

語り手　**洪性宇**弁護士
　　　　　ホン　ソン　ウ

聞き手　**韓寅爕**教授
　　　　　ハン　イン　ソプ

翻訳
・解説　**徐勝**
　　　　ソ　スン

社会評論社

目次

洪性宇　前書き 8

＊解説　洪性宇と韓国人権弁護士たち
　　―法廷闘争で軍事独裁に立ち向かう―　　　　徐勝 13

＊洪性宇人権弁論年譜 16

第Ⅰ部　1970年代の人権弁論 19

対談の始めに 21

1971年司法波動と弁護士開業
　　―司法府への弾圧と判事たちの辞表― 28

民主青年学生聯盟事件 39

人権弁護士陣容の形成
　　―李敦明、趙準熙、黄仁喆、洪性宇弁護士の結合― 71

民主回復国民会議 75

白楽晴教授罷免処分取り消し訴訟
　　―維新反対が「政治活動」なら、維新支持は？― 82

「法廷に刃が立った」金芝河詩人事件
　　―法廷に鳴りひびく「灼けつく喉の渇きで」― 86

明洞聖堂事件（3・1民主救国宣言事件）
　　―在野民主勢力の求心点を作りだす― 114

人権弁論を支援したNCCと宣教資金事件
　―司法府の恥ずべき自画像― 119

李泳禧教授筆禍事件　　―公訴状と全く同じ判決文― 124

梁性佑詩人の筆禍事件 132

緊急措置第9号違反事件
　―5・22事件と「私たちの」教育指標事件― 138

ソウル医大スパイ団事件　　―オモニの救援活動― 145

新聞記者労組弾圧事件　　―不当労働行為判定を受ける― 148

東亜日報闘委の民権日誌事件
　―言論自由の講演場になった法廷― 156

東一紡績労組弾圧
　―私たちはうんちを食べて生きていけない― 161

清渓被服労組事件 168

クリスチャン・アカデミー事件
　―読書サークルを国家保安法で処罰？― 172

第2部　1980年代の人権弁論 181

1980年、弁護士休業と金壽煥枢機卿の恩顧 183

釜山の米文化院放火事件
　―釜山、大邱を行き来しながら被告を生かす― 193

在日同胞留学生に対するスパイ捏造事件 207

宋氏一家スパイ団事件
　―有罪と無罪を行き来した7回のピンポン裁判― **224**

元豊毛紡労働組合弾圧事件
　―控訴理由書を念入りに書いた理由は？― **243**

女性の定年差別是正訴訟
　―金英姫事件、女性定年の障壁を破る― **250**

ソウル大学校キャンパス・フラクション事件
　―おとなしい人間を闘士にさせた時代― **253**

民主化推進委員会（民推委）事件 **260**

ソウル大学生がソウル米文化院を占拠
　―学生運動は民主化運動の主流― **275**

金槿泰に対する拷問と裁判
　―拷問の苦痛と証拠にそっぽを向いた検察と法院― **285**

正法会の結成　―壮年弁護士と青年弁護士の結合― **301**

大宇自動車労組事件
　―「偽装就業」した大学生が労働運動の主役に― **307**

大宇アパレル事件、または九老大ストライキ
　―40人の弁護士たち、連帯弁護の嚆矢となる― **311**

富川警察署刑事の性拷問事件 **316**

民衆教育事件　―教師たちが法廷に立つ― **331**

李敦明弁護士、「犯人隠匿」で拘束・収監
　―民族の受難に弁護士も例外ではない― **338**

報道指針事件
　―火をつけた者は取り締まらずに、通報した者を捕まえるとは― **353**

「民主社会のための弁護士会」
　―民衆の暮らしと連帯する弁護士の姿勢― 366

南韓社会主義労働者同盟（社労盟）事件
　―弁論のバトンを引き継ぐ時― 369

軍事独裁の主役、全斗煥、盧泰愚前大統領の裁判
　―公訴時効に対する解釈の転機となる― 376

終わりに 386

＊人権弁論の伝説を記録する　　韓寅燮 394

　本書の発刊にあたり、ソウル大学法学研究所から〈2024年学術著書外国語翻訳支援〉を受けた。　また、洪性宇弁護士と共にした後輩弁護士たち、洪弁護士が弁論した以前の被告人たち（良心囚たち）、洪弁護士を追慕し記憶する知人たちの一定の後援があったことを記録し感謝の意を表したい。

凡例

1. 訳出にあたり、朝鮮の人名、地名、機関名などは原則、漢字表記にし初出
   などにルビを付けた。旧漢字は人名を除いて現代漢字に直した。人名は一々
   資料に当たって漢字表記を確認したが、一部確認できないものはハングルの
   音から類推した漢字を当てた。
2. 本書は対談であるので聞き手の韓寅燮教授の発言部分は傍線とフォントで
   区分ができるように表示した。
3. 原著でのまとまった引用は改行しフォントを変え、発言の引用は『』で表し、
   それ以外の引用・強調などは「」で表記した。
4. 原文では「韓国」「北韓」など、現代韓国で汎用されている用語を用いてい
   るが、翻訳にあたり適宜、日本で汎用されている朝鮮、朝鮮語、南北朝鮮な
   どを用いた。
5. 読者の便宜のために、日本でなじみのない用語、人名などにカギカッコ〔〕
   をして簡単な訳者の説明や注を加え、原著者の説明を表すカッコ（）と区別
   した。
6. 法律用語などについては、基本的に韓国での用法に従い、カギカッコで日
   本での用法を示した。例：法院〔裁判所〕、オモニ〔母〕

洪性宇　前書き

　私がソウル刑事地裁判事職を辞職して、弁護士を始めるようになった時は1971年の秋だった。その年の夏を熱く熱しあげたいわゆる司法波動の時、私も一生懸命走り回って一役買ったので、その影響で辞表を出したのじゃないかとよく言われましたが、実は私には苦しい個人的事情がありました。台所事情が苦しいのに法官の給料はあまりにも安すぎてやって行けなかったので、34歳の若さでさっさと法院〔裁判所〕を辞めて新しい生活を始めました。そして何年もの間、弁護士を熱心にやりながら、まず家の経済的土台をしっかりさせることに没頭しました。そんな努力のかいもあって、そこそこ生活の余裕ができるほどになって、その頃から私の新しい精神的彷徨が始まったのです。

　一言で言えば弁護士の仕事は、ただ金を稼ぐこと以外には別に面白くも、やりがいもなく、疲れるだけのものでした。民事訴訟の場合、似た者どうしが金銭的利害関係に絡んで争うものなので、事件によっては私が勝った場合でも、全然、楽しくない時があった。刑事事件を引き受けると、ただ『情状酌量して寛大な処分をお願いします』と情状弁論をしたり、時には判事の事務所にまで行って頭を下げねばならないこともあった。こんなことを繰り返すことが何がそんなに楽しいだろうか。こんなことを考えるうちに次第に弁護士業に懐疑が生じて、私は人生の目標を失い酒に溺れる日が多くなり、二日酔いからようやく醒めた夜明けに自問自答したものでした。『こんな生活をするために法律の勉強をしたのか……』。

　私の人生が舵をなくした小船のように漂っていた時、ちょうど、この国に政治的暗雲が立ち込めていました。1961年、軍事クーデターで政権を握った朴正熙は2度も大統領職を務め、三選改憲だけでは飽き足らず、1972年には戒厳令を宣布し国会を解散して密室で作った維新憲法〔1972年、大統領の任期制を無くし強大な権限を付与する維新体制を構築した独裁的憲法〕なるものを宣布し、単独の永久執権体制を築きました。自由民主主義の法治国家では到底ありえない政治的暴挙に対する国民の抵抗が強まると、1974年からは緊急措置なるものを何度も発動し、民の抵抗を苛酷に弾圧しました。韓国の憲政史に最も恥ずべき政治的暗黒期が始まり、検察はもちろん法院さえも権力の要求に

無気力に屈していました。〔注：緊急措置については 42 〜 43 頁参照〕

　1974年の初夏に、私の人生を一気に変えた事件がおこりました。あの有名な民青学連〔民主青年学生聯盟〕事件でした。「我が友」、黄仁喆弁護士と共に民青学連事件の弁護人席に座ることになった時、私は『ああ、私がしなければならないことは、ここにあったんだ！』という強い思いに駆られた。殺伐として恐怖に満ちた軍法会議法廷でしたが、手錠をかけられ縛られていても少しも動ぜず堂々と国の民主化を叫ぶ学生たちを見ながら、そして彼らの純粋な愛国心の発露である行動に不純な容共の陰謀の汚名を着せようとする検察の無理無体な公訴内容を見ながら、私は学生たちを守り学生たちの味方になることこそ、この暗鬱な時代を生きる弁護士として私がなさねばならないことだと悟るようになった。そしてその時からこの国の多くの良心囚〔政治犯：アムネスティ・インターナショナルが使う、prisoner of conscience から来た用語〕たちを引き受け弁論することが運命のように私に与えられ、そこからこの道を歩むことになり、李敦明、趙俊熙先輩など数人の同僚と共に人権弁護士の名前で呼ばれ始めました。

　我々が担当する政治的事件は、概して３つのタイプに分類されるでしょう。その第一は、維新憲法と緊急措置など悪法の撤廃と民主主義回復を求める学生、知識人の集会、示威、声明発表などの方法による民主化運動であり、二つ目はむりやり推し進められた開発独裁の産業化過程で低賃金政策の犠牲となった労働者の労働組合運動、そして三つ目は国家安保を守るという名目で、拷問とでっち上げで作り出された国家保安法・反共法違反、スパイ事件のようなものでした。これらの事件は事件に応じて緊急措置、国家保安法、反共法、集会・示威法〔集示法〕、労働争議調整法違反の罪名で拘束起訴されましたが、維新体制下で軍部独裁政権の忠犬の役目をいとわぬ検察によるものであり、その抑圧体制の下で法院に一体、何をできるのかと自暴自棄、無力症に陥っていました。法院は、学生、知識人、労働者の衷情に満ちた訴えや絶叫に徹底的に耳をふさいでしまい、すべての事件に例外なく機械的に有罪判決を下し、背を向けていました。

　こんな裁判環境に絶望しながらも、私が弁護士として良心囚たちの法廷を守るしかなかったのは、私なりの信念があったからです。なによりも彼らを断罪する実定法は悪法的な要素に満ちており、これらの悪法違反で起訴された良心囚の行為はどれも彼らの良心と所信、愛国心から生まれた正義の行動でした。

従って彼らの所信、信念は尊重され、保護されねばならないと考えた。だからこそ法廷で彼らの味方になり、彼らが自らの信念、所信を守るのに役に立つなら、そして彼らが法律専門家である検事の攻撃から身を守るのに役立つならば、たとえ維新体制の下で要式行為に過ぎない裁判であっても、良心囚にも弁護士は必要で、必ず役割があると思ったのです。

　たとえ私たち良心囚たちの堂々たる信念や愛国心が、弁護人たちの熱い弁論が、維新体制の法廷で無視されそっぽを向かれても、常に有罪判決を受け私たちが負けているように見えても、後日いつか歴史の法廷で、いや、そこまで行かずとも、維新体制下の法廷でなければ、私たちは絶対に負ける理由はないと思ったのです。

　そのように10年余りの間、国の民主化を熱望する学生、知識人、惨憺たる労働条件の改善による最小限の生存権の保障を要求する労働者の受難と苦痛を見守りながら、次第に私が彼らを助けているというよりは、むしろ日が経つにつれて私が本当に多くのことを彼らから学び、彼らが私の師匠なんだと痛感するようになったのです。その間に私はまた、70、80年代の熾烈な民主化運動の第一線の現場を目撃し、その証人となる役割が私に与えられていることを知らされました。70年代の緊急措置の時代には、あふれ返る良心囚の裁判に関して、一切の報道は緊急措置法によって禁止されました。良心囚たちの法廷には記者たちが最初から入ってこないので、良心囚たちが叫ぶ民主化の要求は、どこにも記録されなかった。だからこそ私は彼らの苛烈な民主化運動の現場の記録をなんとか残して歴史に記録することが、その時代の弁護人席を守る私の極めて重要な任務だということを悟ったのです。歳月が流れ、90年代に入り、軍部独裁が終息を告げ政治的民主化が進んだ。私の弁護士事務所の倉庫でほこりをかぶって忘れ去られていた、70、80年代の事件記録は保管するにも相当な負担になったが、2、3回、事務室を転々としても、この記録をどうしても捨てられなかった。その時代の民主化闘争の歴史を整理する時に、この資料が少しでも役に立つのじゃないかというという考えから、あるいは世の中が良くなって、その時の被告がこの資料を取り出し、再審できるのじゃないかという期待があったからです。こんな考えから、これらの資料を捨てたら何か罪でも犯すような気分があった。だから捨て難く、かと言って、自分で整理するには量も多すぎて手がつけられないままどうすることもできずにいる時、法曹の歴史に格別な関心を持っているソウル法科大学の韓寅燮教授に会った。そして後輩た

の親睦会である「イモク会」員たちの物心両面の支援にあずかり、この記録が日の目を見るようになり、このように資料集と本にまでなるようになったのです。

　軍部独裁政権の時代が退き、90年代以降、国民の自由な選挙によって政府が選択され言論の自由が大きく伸張し、この国には私たちがあれほど念願していた民主化の時代が開かれるようになったのです。厄介な緊急措置という怪物は無効だと、それを適用してかなりの人々を刑務所で殺害した法院が宣言しました。過酷な拷問で理もなく共産主義やスパイの濡れ衣を着せられた犠牲者が再審で救われるという話が聞こえてきました。

　後述するように80年代に、いわゆる「在日韓国人留学生スパイ事件」を引き受け熱心に弁論したことがあった。本当に不条理この上ない事件でした。弁論に渾身の力を出し切って検察が提示した証拠をすべて覆したので、当然無罪になるべき事件でしたが、全斗煥政権下の法院の例に違わず、有罪判決で7年の懲役を宣告してしまった。ところで、つい先ほど、スパイ罪で服役した私の依頼人が訪ねてきた。「過去事整理のための真実和解委員会」に陳情し、それを土台に再審裁判で勝って無罪判決を受けたという嬉しい知らせを持ってきた。昔、有罪判決しか取れなかった弁護士を忘れずに、あいさつに来てくれたがそんなに嬉しくはなかった。あの時、40代の元気な弁護士だった私はもう70代の年寄りになって、20代の学生だった彼ももう白髪混じりの50代の中年になっていた。あの時、私の手で無罪判決を取れていたなら、どれほど良かっただろうにと嘆きながらも、その時、私が熱心に弁論した記録がそのまま残っていて無罪判決を取ったから、大きな慰めになったのです。『私がただ無駄骨を折った訳ではなかったんだ……』。

　振り返ってみると万感こもごもである。初めて弁護士を始めた時、私はただ平凡な一弁護士として生きていこうとしていただけだった。ところが、ある日突然、軍法会議の法廷に立った学生たちの事件に出会って人生行路が変わった。退屈な日常に疲れて、舵のない小船のように漂っていた私の人生が目に見えぬ手に導かれるように、この地の良心囚を弁護することに掛かりきりになったのです。私のすべきことは、これだと思い、わき目もふらず一本道を走ってきたが、時には疲れ果てて孤独だったし、弁護士を始めた時に立てた家庭の財政的基礎をしっかり築くという当初の約束も少し修正せねばならなかった。しかし全く偽りなしに告白するが、一瞬たりとも我が進む道を後悔したことはな

洪性宇　前書き　　　　　　　　　　　　　　　　　　　　　11

い。

　この本を出版しながら一番気になるのは、やむを得ず、人々の過去の行跡に言及する部分が多くなってしまったことだ。私の性格どおりに融通の利かない表現をしているうちに、不本意ながら当事者たちを不快にさせた部分が少なからずあったかもしれないという点です。ただし、この点について私の名にかけて約束できることは、この本で少なくとも私が実名を明らかにしながら書いた場合、私の心の中に彼に対する固い信頼と深い愛情があるので、そんな表現ぐらいは笑いとばして頂けると思っている。長らく私に付き合っていただいた方なら、この点で私に毫も悪意があるはずがないことに疑いがないだろうと信じる。

　今まで保管していた私の事件記録をきれいに整理してもらって、その記録をもう一度読みながら証言ができたのは、韓寅燮教授の情熱的な労苦に負うところが大きい。彼は対談でも、とても賢明にリードし散漫な対話の体系を整理してくれた。私が彼に会えていなかったら、私はこの仕事をできなかっただろう。私が弁論した事件は、今からおよそ30年前に起こった事件だから、私の記憶もずいぶんぼやけて忘れてしまった部分も少なくない。これを多くの同僚、後輩たちに補完していただいたので、この本はみな韓先生との合作だとも言えるでしょう。

2011年3月
洪性宇

《解説》

洪性宇と韓国人権弁護士たち
── 法廷闘争で軍事独裁に立ち向かう

又石大学校碩座教授　**徐勝**

　韓国現代史において軍事独裁（朴正煕、全斗煥）の暗黒期に烈々とした民主化闘争があった。それにともない民主化運動、良心囚〔政治犯〕の側に立ち熾烈な人権弁論を展開した弁護士たちがいた。彼らが「人権弁護士」である。洪性宇、黄仁哲、李敦明、趙俊熙、韓勝憲、趙英来弁護士の中でも洪性宇弁護士は人権弁論を率いた主役中の主役と言えよう。

　洪性宇弁護士は1938年、ソウルに生まれ、ソウル大学校法学部を卒業し司法試験に合格し、1965年から6年間判事を歴任して、1971年、国家保安法事件の判決に対する検事の不当な介入に全国の判事が抗議した「司法波動」では司法府の独立のために奮闘し、その年の末に判事を辞任した。

　1971年、弁護士を開業した洪性宇弁護士は、1974年、朴正煕の「維新独裁」に抗する民主青年学生聯盟（民青学連）事件を契機に人権弁論に投身し、韓国現代史の最も重要な転換期である20年余りにわたり、弾圧された確信犯と無辜の人々の弁論に渾身の情熱を注いだ。学生、ジャーナリスト、労働者、宗教家、文人、女性などの弁論の先頭に立ち、特に通常、弁論すら忌避されていたデッチ上げスパイ事件で真実を究明し被告人の無実・無辜を雪ぐことに全力を注いだ。彼の弁論活動は自ずと民主化と人権伸張を促進する社会的活動につながった。1987年前後に弁護士会での人権支援のための各種活動にも先頭に立ち、人権弁論を体系化・組織化するために「正法会」と「民主社会のための弁護士会（民弁）」を結成し、その代表を歴任し、多くの後進を育成した。

　洪弁護士は情熱的で緻密な弁論に最善を尽くしたが、独裁時期に国家保安法・反共法事件など、彼が引き受けた事件の大部分は有罪判決を免れなかった。しかし裁判に敗ければ敗けるほど、逆に彼に事件を依頼する被告人は増え、数十年が過ぎて韓国社会が民主化した後、ほとんどの事件は再審を通じて無罪判決が相次いで下されたことで、その弁論の正当性が認められるよう

になった。また、韓寅燮教授の着眼と献身により、ソウル法科大学に当時の弁論—裁判資料を譲り受け忠実に保存して膨大な資料を整理し資料集まで刊行することで、1970、80年代の反独裁・民主化運動にかかわる韓国現代史を理解する上で貴重な基礎資料を確保した。洪性宇弁護士の弁論闘争自体が、韓国の反独裁・民主化闘争の性格を決定する1970、80年代の政治・社会史であり、尹錫悦 政権下での韓国政治の民主化闘争の原点を探る貴重な資料となっている。

　韓国語版の底本は『人権弁論一時代』（景仁文化社、2011）である。この本は韓寅燮教授が2000年代初めに洪性宇弁護士と行った100時間に及ぶ対談を骨格にして、関連する他の弁護士たちの証言と監修を受け、厳密な資料検証を経て編まれた。この本が出版されて、韓国の主要新聞・雑誌の書評などで幅広くスポットライトを浴び、対談方式で書かれた韓国の民主化運動、人権運動の正史として評価され、洪性宇弁護士と韓寅燮教授の功労を称え数々の賞を受賞した。当時の韓国独裁体制の暗黒面、韓国司法府の屈従、烈々とした民主化運動の展開、人権弁護士たちの法的弁論の知略と誠実さなど、豊かな逸話とヒューマン・ストーリーがふんだんに織り込まれ興味深い。

　本書は1974年の民主青年学生連合（民青学連）事件の弁論から始まる洪性宇弁護士の法廷闘争を通じて、朴正煕軍事独裁政権が永久執権体制の確立を試みた「維新体制」に反対する学生／労働者／政治家／宗教家／運動家たちの人権弁論の歴史を極めて具体的な法廷闘争や韓国中央情報部など情報権力とのたたかいを中心に克明に追う。1980年の全斗煥体制（第2期軍事独裁）下で、米文化院放火事件、スパイ捏造事件、学生運動事件などの弁論を行い、1994年、全斗煥軍事集団を退陣させるまでの20年間の弁論活動をカバーしている。

　また韓国の民主化・人権運動における日韓連帯にも注目する。金芝河詩人の救命のための日韓市民の協力、在日韓国人留学生のスパイ捏造に対抗した人権弁護士たちの活動などが紹介される。『韓国からの通信』（岩波新書）に見られるような日韓連帯の市民運動で往来した秘密書簡と、それが日本を通じて世界に広がる人権連帯の歴史は非常に注目される。この日韓連帯の韓国側の中心である人権弁護士と共に活動した金正男との対談（『そこにいつも彼がいた』創批、2020）の一部を本書の翻訳に含めて理解を深めた。

　日本語で書かれた関連書としては韓勝憲弁護士の本があるだけで、本格的な紹介はない。本書を通じて韓国の人権弁論の真骨頂を日本読者に知っていただくよう期待する。また2023年に翻訳・発刊された：『韓国初代大法院長 金炳

魯　評伝—抗日弁護士から韓国司法の定礎者へ』（日本評論社、2023年）では1910〜1964年までの韓国の代表的抗日・独立指向の法曹人の闘いを扱ったが、本書はそれを受けて、1970〜1990年代の反独裁民主化運動へと続くものである。この２冊は、日本植民地時代と分断以降、独裁政権における法廷闘争を通じて、韓国現代史を司法、人権の面から理解する上で興味津々な絶好の一対となっている。

　さて、韓寅燮教授との永い交流から翻訳を引き受けた私にとって、本書の翻訳作業は永かった獄窓の日々をつぶさに思い起こさせただけでなく、獄中にあった者とは対蹠点に位置した弁護士と運動家、それを媒介した家族と支援者たちの姿をまざまざと見るような既視感に捉えられた稀有な体験だった。私も本書が対象としている70、80年代に獄中に囚えられていた者として、本書によって私の体験と認識の欠落部分が補完され、獄中と獄外からの視点が交差し焦点を結び、軍事独裁の政治犯監獄の全体像を把握させていただいた。また本書では、反共独裁政権の下で如何なる論理をもって政治犯の立場を位置づけ状況を突破するのか、そしてそれを貫く政治犯の正義を主張する主体性を如何に確立するのかという政治犯にとって最も重要な論点を提示している点で極めて貴重なものであった。すなわち、当然、弁護士として被告の釈放や刑の軽減を目指すが、情状酌量よりは本人の行為の正当性の主張に重点を置く政治犯弁論の原則論に注目した。また金芝河の良心宣言や権仁淑性拷問事件、朴鍾哲拷問致死事件のように歴史を動かす大事件に看守や在所者を媒介にした獄中と獄外の緊密な協力があったことや、金壽煥枢機卿をはじめとする進歩的宗教界の全面的支援のような裏舞台と秘話が本書で初めて明らかにされた点も極めて注目に値することである。総じて分断とアメリカの支配とその手先ともいえる親米・親日派が懸命に歪曲しようとしてきた韓国現代史の流れを押し返す民族自主・民主化勢力の展開を眺望できる貴重な資料であるといえよう。ただ洪性宇弁護士の受任事件の数的制約と翻訳版の紙幅の制限とで、原著掲載の反独裁・民主化、反米・自主・統一運動事件の三分の一ほどは本書に収めきれなかったことは断っておくが、本書を通じて日本の読者は、今日の韓国の尹大統領の宮廷クーデタに対する民衆の抵抗の原点である1970、80年代の時代の構造と論理を了解できるものと期待する。

　　※本解説は韓寅燮教授の原稿を基に翻訳者が加筆したものであることを断っておく。

＊解説　洪性宇と韓国人権弁護士たち—法廷闘争で軍事独裁に立ち向かう—

洪性宇 人権弁論年譜

この年譜は洪性宇弁護士の弁論記録および関連資料を基に整理した、洪性宇弁護士の人権弁論関与の年譜の一部です。 特に緊急措置９号関連違反事件の多くが漏れています。年譜中、ゴチックで表したものは本書で扱われているものです。

1970 年代

1974　民青学連事件

1974 〜 81　白楽晴教授罷免処分

1975　人革党再建委事件

1975　国家保安法等

1975　KNCC 宣教資金横領容疑

1975　5・22 事件（緊急措置９号違反）

1975　全国大学生連盟（全大連事件）

1975　緊急措置 李 富栄などの事件

1975 〜 76　金芝河事件（反共法違反）

1975　犯人隠匿関連事件

1975 〜 80　韓国日報記者労組

1976　ソウル医大スパイ団の疑い

1976 〜 77　趙氏一家スパイ団容疑

1976 〜 77　明洞事件（3・1民主救国宣言事件）

1976　緊急措置違反蔡萬洙など４件

1977 〜 78　梁性佑筆禍事件

1977　アリコ共和国演劇（緊急措置違反）

1977　学生デモ（緊急措置違反）　朴宗

烈他 3 人

1977　清渓被服労組関連　張琪杓（緊急措置）、李小仙（法廷冒涜罪）、清渓労組関係者（特殊公務執行妨害致傷）

1978　教育指標事件

1978 〜 82　東一紡織労組事件

1978 〜 79　東亜闘委、公民権日誌事件

1978　李泳禧教授筆画事件

1978　春川カトリック農民会幹部拘束事件

1979 〜 80　南朝鮮民族解放戦線（南民戦事件）

1979　東亜闘委ニュース事件

1979 〜 80　朴正熙大統領殺害及び内乱罪関連

1979 〜 80　朝鮮総連スパイ団の疑い

1979　呉元忠拉致事件

1979　Y.H. 事件

1979 〜 80　クリスチャン・アカデミー事件

1980 年代

1982 ～ 83　元豊毛紡労働組合弾圧事件

1981　民族救国学生連盟

1982　ソウル民主学生連盟

1982　キリスト青年協議会

1982　ソウル大デモ

1982 ～ 82　韓国基督青年協議会

1982 ～ 85　フェアチャイルド労働運動家解雇事件

1982 ～ 88　女性に対する定年差別是正訴訟

1982 ～ 83　釜山米文化院放火事件

1983 ～ 84　宋氏一家スパイ団捏造事件

1983 年　国家冒涜罪事件

1983 年　拉致帰還漁師事件

1983 年　延世大学デモ

1984 ～ 86　民主化運動青年連合会（金槿泰議長）

1984　永川油屋殺人被告事件

1984 ～ 85　大宇自動車事件

1984 ～ 87　汎洋旅客解雇事件

1984 ～ 85　在日韓国人留学生スパイ捏造（尹正憲）（趙一之）

1984 ～ 92　ソウル大学のキャンパス・フラクション事件

1984 ～ 85　民主化推進委員会（民推委）事件

1985 ～ 89　金槿泰拷問警官告発裁定申請

1985 ～ 86　三民闘事件（ソウル大学、高麗大学）

1985 ～ 86　ソウル米文化院占拠事件

1985 ～ 86　創批 出版社登録取消事件

1985 ～ 86　大宇アパレル事件

1985 ～ 85　九老連帯ストライキ

1985 ～ 86　三民闘事件

1985　乙支路デモ

1985 ～ 86　民衆教育事件

1985　キリスト教教会協議会

1985　在日韓国人国家保安法違反事件

1986　国家保安法の利敵表現物所持の疑い

1986　国家保安法の賞揚・鼓舞事件

1986　全学連改憲デモ

1986 ～ 87　高麗大愛国学生闘争委員会

1986 ～ 87　国家保安法の利敵表現物所持の疑い

1986 ～ 88　緑豆出版社事件

1986　高麗大デモ

1986 ～ 87　李敦明弁護士の「犯人隠匿」事件

1986 ～ 87　ソウル労働運動連合（ソ労連）事件

＊洪性宇人権弁論年報

17

1986 年　公務執行妨害

1986 ～ 87　民主統一民主運動連合会（民統連事件）

1986 ～ 86　救国学生連盟

1986 ～ 87　国是事件（兪成煥議員国会発言）

1986　**住民登録変造事件（富川警察署性拷問事件）**

1986　**富川警察署性拷問事件、警察告発裁定申請人**

1986 ～ 94　**報道指針事件**

1987　発禁図書展示会（讃揚・鼓舞）容疑事件

1987　全国経済人連合会占拠籠城事件

1987 ～ 88　緑豆書評（長編詩、漢拏山）事件

1987　利敵表現物所持容疑

1987　制憲議会事件

1987　韓国民衆史筆禍事件

1987　民衆美学研究所（民美研）事件

1988　延世大学　学生会事件

1988　民族統一戦線事件

1988 ～ 89　疑問死真相究明対策委法廷騒乱

1988 ～ 90　労働争議事件

1988 ～ 95　全民連事件

1989　文益煥牧師訪朝事件（国家保安法違反）

1989 ～ 90　民族自主平和統一中央会議（民自統）

1989　西ドイツ民協（韓米問題研究所）

1989　ハンギョレ新聞訪朝取材計画連絡事件

1990 年代

1990　石塔労働研究院

1990 ～ 93　黄晳暎北朝鮮訪問記出版

1991　姜慶大暴行致死事件公判法廷騒乱

1991　**南韓社会主義労働者同盟（社労盟）事件**

1992　広告研究院代表が拘束

1992　姜姜慶大致死事件の損害賠償

1994　**全斗煥ら 34 人を処罰するための憲法訴願**

1995 ～ 97　**12·12 事件再審**

第1部
1970年代の人権弁論

３・１民主救国宣言事件の被告人、家族、弁護人が尹潽善(ユンボソン)(前大統領)の自宅に集まった。夫人たちは獄中の夫に代わって囚人番号を付けている

金壽煥枢機卿は人権弁護士たちを励まし、強い連帯感を発揮した。左から宋建鎬（ジャーナリスト）、金壽煥（枢機卿）、黄仁喆弁護士、洪性宇弁護士

1980年新年会　左から　尹炯斗（出版社、汎友社社長）、韓勝憲弁護士、洪性宇弁護士、黄仁喆弁護士、李載禎（元総理）

対談の始めに

　尊敬する洪性宇弁護士をお招きし、軍部独裁の暗黒期に人権弁護士として活躍されたお話をうかがうことになり、うれしく思います。私はその間、大学で「法曹倫理」の講義を担当してきました。その講義でまず、「弁護士は基本的人権を擁護し、社会正義の実現を使命とする」（弁護士法第1条）という話をして、この条文を読んで思い浮かぶ法曹人は誰ですかと学生たちにたずねます。

　学生たちが、どういうふうに答えるのか気になりますね。

　学生たちが一番多く言及するのは趙英来弁護士です。李丙璘弁護士、李泰栄弁護士を挙げる学生もいます。その次はバラバラです。私は1970〜80年代の人権弁護士たちの活躍を声を大にして語ります。李敦明、趙準熙、黄仁哲、洪性宇、韓勝憲、彼らが独裁体制下で人権弁論をどのように行い、どのような受難を経験したのかを紹介します。そのなかで、私は権威主義政権下で真の法律家として模範を示した人権弁護士の活動を生きいきと整理せねばならないという思いが切実でした。

　その時代を知る人に人権弁論の最も中心にいた方は誰かと聞くと、洪性宇弁護士を挙げます。色んな記録を掘り下げていくと、そういう考えがもっともだと思いました。現時点でさらに意味のある事実は、洪弁護士が当時の弁論記録を数十年間、きちんと保管していたのです。その記録は法曹の歴史であるだけでなく、韓国現代史の貴重な資料です。それでその弁論記録を大学図書館に寄贈していただくようお願いし、洪弁護士に承知していただきました。私はその膨大な資料の整理を学生たちと一段落つけ、資料が閲覧できるようになったので、洪弁護士にも証言する心の準備をしていただくことを重ねてお願いし、この場が設けられたのです。

　2007年に韓教授が私の事務室に来て過去の事件記録をすべて整理するから、資料を出してくれと言うので、とても嬉しく思いながらも躊躇しました。重要

＊第1部　1970年代の人権弁論　　　　　　　　　　　　　21

で敏感な事案が多すぎます。当時の被告たちで今も現役で活動している方も少なくないのです。

　資料の全体が多くとも、事件一つ一つに入ってみると足りない部分が少なからずあり。その当時は、山のような事件に追いまくられて記録整理をきちんとする余裕もなかった。公訴状一つ読んで拘置所接見をしたり、あちこち法廷を走り回るのに忙しかったのです。

　当時、熱心に弁論しても記録がないと、証言に困難がありますか？

　そうですよ。裁判は具体的争点を争うじゃないですか。誰がどこで、どうしたかということを極めて具体的に問い詰めて検事が出した証拠を弾劾するので、事件記録なしに数十年過ぎた現時点で生々しく証言するのは難しいのです。

　記録を保管するときは、これを歴史の証拠として残すべきだと考えましたか？

　当時はとても忙しくて、この記録を残して後で何かをするということまで考えられなかったのです。ただ、この記録が重要だから無くしてはいけないと思ったのです。何か役に立つ時があるだろうと漠然と保管してきたのです。

　到底、話にならない起訴、とんでもない裁判を見ながら、それでも未来世代や歴史に訴えなくてはという切実な思いなしには、その記録が、ある日、くず紙になって、なくなってしまっていたのじゃないかと思いますが。

　そうです。私としては、これを無くしてはいけないと幾度も考えたのは事実です。一般事件の記録を捨てる時にも、良心囚や政治犯の事件は捨てる気持ちにはなれなかったのです。歴史的に保存、記録される価値があるという考えは、ずーっとありました。私に真実を正確に整理せねばならないという負債感もありましたし。

　ほこりだらけの書類を整理しながら、韓国の現代史を織りなす事件の流れを

追って、戦慄もし感動もしました。一時代の文書であり、当時の裁判と法適用について生きた記録だと思いました。当時、民主化運動はすべて刑事裁判の対象になっただけに、民主化運動史の内容を豊かにするために、この資料の価値は何物にも替えられないと思いました。これらの記録は韓国政治の暗黒期である維新時代と第5共和国時代に関して特別な意味を持つと思います。

維新政権下でいわゆる緊急措置の時代（1974〜1979）は、緊急措置違反や国家保安法反共法違反事件を報道すらできない時代だった。報道そのものが緊急措置違反で処罰される時代だったからです。その時には、法廷には、はなから記者が入ってこなかった。外国言論の記者だけ。それも有名な事件だけなんです。ですから韓国の政治史における疾風怒濤の時代、反政府民主化運動が激しく起こった時代に関する韓国内のマスコミの記録がないのです。この裁判記録はその不備を補う主要な証拠となります。

すべからく弁護士は人権弁護士であり、正義の弁護士であるべきだといえます。ところが弁護士たちの活動の現実はそうじゃないという批判がむしろ多いのです。私が学生たちに弁護士法第1条の話を声を嗄らして説くと、学生たちがニヤっと笑ったり、戸惑うような反応に接する時があるんですよ。

学生たちがそのような反応を見せるのは、あまり可笑しなことじゃないだろう。私も弁護士を開業する時から、弁護士の基本的使命は人権擁護と社会正義の実現だと聞いてきたのですが、この命題が極めて負担で厄介です。実際、ほとんどの弁護士が開業するのは個人的な理由からです。金を稼いで家族を養なうのが、むしろ自然じゃないだろうか？　どの職業も私利の側面と公益の側面を持っています。弁護士も同じです。

ところが、私利追求と公益実現が調和する時代なら本当に良いのですが、その両者が極端に衝突する時代があるじゃないですか？　私が弁護士を始めた時、私たちの人権状況が極めて暗鬱だった。法が政治的抑圧の道具として使われ正義を代弁できない時、その時代を直視する弁護士としてどちらか一方の選択を迫られることになります。維新時代や第五共和国の体制の下では、弁護士が私益を追求しながら同時に公益を実現することはできなかった。両者相まって行えなかった。そのような厳しい人権状況の中で、一方の道を選ばねばなら

＊第1部　1970年代の人権弁論

なかった時、私としてはその厳酷な現実を無視したり避けたりできなかったのです。結局、そうするうちに人権弁論にハマるようになり、専念するようになったと言えるでしょう。

　その厳しい時代に、人権弁護の道が茨の道であることを知らない弁護士はいなかったでしょう。そっちに行けば迫害を受けて私利追求もできず、そうなるのが分かり切っていながら、その道を選ぶことになったのは時代状況のせいだけでは済ませられそうにありません。そんな時代状況で、ほとんどの弁護士はその道を選ばなかったから、洪弁護士の選択には時代状況ではなく、どんな個人的性向や意志が作用したと言えるでしょうか？

　そうですね。どうやら個人的性向とも無関係じゃないでしょう。自分自身が政治家になりたいとか、政界に出て成功したいとかと思ったことはありません。しかし、政治的問題に対する関心は幼い頃から強かったのです。
　個人的な話をちょっとすると、〔日本の植民地から〕解放された時、私が8歳だった。初等学校5年生（1949年）の時、白凡金九先生〔上海臨時政府の首席。独立運動家〕が亡くなりました。国中が哀悼の雰囲気だった。私が12歳にしかならないのに、一人で京橋荘まで白凡先生のお悔やみに行きました。ソウル市民たちがずらっと並んでいて、お辞儀をして通らねばならなかったのです。それ以来、李承晩博士の独裁が続くのですが、その独裁体制に対する抵抗感、批判意識が少し格別だったようです。高校3年生の日記には、みんな与党（自由党）批判しかありません。当時の時局に悲憤慷慨する内容で満ちています。高校の時に大統領選挙があったんですが、申翼熙先生が野党の有力候補として人気がとても高かったのです。その申翼熙先生が選挙遊説をしに全羅北道裡里に行く途中、湖南線の車中で心臓麻痺で亡くなりました。急な悲報で遺体の搬送してソウルに来ました。私は高校生だったのですが、ソウル駅に走って行きました。その搬送の行列を数千人の市民が追いながら景武台〔大統領府、後の青瓦台〕まで、官邸を警備する警務隊の前まで行きました。自由党独裁に抗議するデモとなったのです。
　こんな話をするのは、私が教科書のように学んだ自由民主主義に対する独裁の抑圧、国民の基本的な自由を抑圧する権力の横暴に対する批判意識が高かったからです。ソウル法科大学に通いながらも自由党批判することに巻き込まれ

ることが多かったようです。そういう気質が結局のところ、人権事件に初めて出会うと、そこに全心全力で身を投じ、ほぼ一本道を突き進むことになったと思います。

一般事件では経済的な収益を得られたはずですが、一般事件と「金にならない時局事件」とでは姿勢が違いましたか？

どんな事件でも私が受任した事件は一生懸命にやります。私は性分が、ちょっと怠け者で遊び好きなのですが、一旦、仕事を引き受けると全心全力を尽くします。自分でもその点は自信があります。一般事件も頑張りました。でも一生懸命やりながらも、自然に気分が乗るのと、やらねばならないから頑張るのとは別です。

一般事件の場合、弁護士として誠心誠意、義務を果たしても、心からやる気になるのとは違うのですか？

弁護士としては誠実に、そして勝訴を当然追求します。ところが事件一つ一つに直面している時には、私がしていることが上手くはない場合も少なくありません。例えば、民事事件において弁護士は対立する利害当事者のどちらか一方の側で闘うじゃないですか。依頼人の立場になって、全ての攻撃・防御方法を動員して勝ったとしても、私の依頼人が必ず正義だという保障はないじゃないですか。裁判では勝敗が決まるが、弁護士がどんな効率的な攻撃・防御方法を用いるのかによって、負けるべき者が勝つ場合も多いのです。

そんな時は勝っても気持ちが多少複雑です。しかし依頼人が負けるのが当然だと思って手をこまねいていたら、これは弁護士じゃないでしょう。だから最善をつくすのですが、勝っても気持ちが良くない場合があるのです。刑事事件も私が引き受けて、これは社会に害悪を及ぼす犯罪者だから、「懲役を少々くらっても当然だ」と思われる事件あるじゃないですか。その場合でも、弁護士になった以上、熱心に弁論せざるを得ません。

社会的に非難される犯罪者が登場する事件ならどうですか？

＊第1部　1970年代の人権弁論

本当に社会的に非難される悪いヤツだ、そういう事件があるじゃないです
か。そんな事件はむしろ引き受けたい気もします。『彼にはそれなりに自己弁
護の大義名分がありうる』、『そのような行為に至った不可避な事情があるん
じゃないか』、『ある人間的な動機があるんじゃないか』ということがしきり
に気になる。すべての人が石を投げつける事件も、私が弁論を依頼されれば引
き受けようという気になります。それ相応の処罰を受けるのが適当だという事
件とは若干差がありますね。とにかく刑事弁護士は一生懸命頑やって被告がよ
り軽く処罰されるか、釈放されることを目的にせねばなりません。令状棄却や
執行猶予を受けて釈放されることを願って弁論活動をします。そのように成功
しても時々、悔悟の感情に駆られるのです。私は何をしているのだろうかとい
う気もするし、弁護士という職業自体に対する根本的な懐疑に襲われる時があ
り、とても虚しい気持ちになる時があります。

時局事件〔政権の便宜で作りだす政治事件〕と一般事件とでは、判事や検事
に対する態度にも違いがあるのですか。

実際に時局事件、人権弁論事件を引き受ければ、法廷で堂々としたい話も多
いですよね。一言で言えば、弁護士がおじけることはないでしょう。法院に対
して『大目に見てください』と低姿勢を取る必要もありますが、『寛大な処分
をお願いします』という言葉を繰り返すうちに、弁護士も刑事被告のようにみ
すぼらしく卑屈になるような気がします。
ところが時局事件の被告たちは寛大な処分を望むから、私に事件を任せたん
じゃないでしょう。彼らは政治的信念や愛国心の発露としての行動を弁護して
ほしいのだから、弁護士も堂々とやりがいのある仕事になったりするんです
よ。こんな事件を引き受けて、ますます気分が乗って一生懸命やっているうち
に、この分野の専門弁護士のようになってしまったのです。

当時直面していた時局事件、人権事件は完全に「アカ」だとか、「スパイ」
だとかで、全マスコミを動員して決めつけるようなケースが少なくなかった
じゃないですか？　そういう世論攻勢に個人的動揺などは全くありませんでし
たか？　当局が何と言おうと彼らを堂々と弁論できると、そう信じていました
か？

心理的な動揺などは全くありませんでした。私が大学に通っていた1950年代末には学生運動というものはありませんでした。私が1961年、4月学生蜂起〔李承晩独裁政権に反対する学生蜂起〕の翌年に卒業したのですが、学生運動が本格的に活発になったのは「6・3学生抗争」〔1964年、朴正熙軍事独裁政権に反対する市民・学生運動〕の時からです。今では「6・3民主化運動」と言われていますね。1960年、4月学生蜂起の時に通りに飛び出した学生たちの隊列はほとんど偶発的なものだった。私は学生運動の経歴がないので学生運動の論理などに対して、その当時はほとんど白紙だったが、学生運動に対する基本的な信頼は確固たるものだったのです。「韓国のエリート大学生たちがこんな本格的な左翼理念による行動を起こすはずがない」、「それは当局による中傷だ」と確信したのです。その後に私は長い間、学生たちを弁論をしながら基本的にそのような信頼を持っていました。韓国の学生運動の主流は、常に最も健康な時代の精神を代表するのです。また、韓国の民主化運動は学生運動の延長線上で推進されました。私が弁論した時代には、時には民主化の方法をめぐって激しい論争が繰り広げられましたが、その心の中に愛国的情熱が充満し貧しい隣人のために献身するという決意がすごかったのです。そのような情熱と献身が私たちの社会発展の基礎になったと思います。私が刑事法廷で会った被告たちがそうだった。私は彼らの事情を聞きながら私たちの時代の痛みと出会い、彼らと連帯しながら私の古い考えを絶え間なく刷新しました。それで、韓国が民主化の入り口に至るまで十数年間、人権弁論の道を離れられなかったのです。今はそのように振り返えっております。

＊第1部　1970年代の人権弁論

1971年司法波動と弁護士開業
―― 司法府への弾圧と判事たちの辞表 ――

　これから洪弁護士の活動について具体的に話していただきます。どうして判事を辞めて、弁護士に転職することになったのですか？

　1971年7月に判事が集団で辞表を出して抗議した事件がありました。本質的には権力の圧力から司法の独立を守ろうとするものですが、これをマスコミでは「司法波動」と言いました。その時、私が少壮判事を代表して一定の役割を果たしました。そしてその年の秋、つまり1971年10月に判事を辞めて弁護士を開業をしたのです。判事生活6年で弁護士に転職しました。

　洪弁護士の記録を見ると、判事時代の判決文の初稿がいくつか残っています。「判事洪性宇」の判決で特記すべきものはありますか？

　たまたま残っている判決文が何件かありますね。主に単独判事〔懲役3年以下の簡単な事件は判事3名の合議裁判をしない〕をする時に書いたものですが、その中で記憶に残るのは、高麗大学の学生が関わった集示法〔集会及び示威に関する条例〕違反事件です。1971年7月に集会・示威事件を主導した高麗大学の学生会長以下の学生3人に対する事件を判決したことがあります。その時は宣告猶予にして新聞にも出ました。気分では、みんな無罪にしたいんだけど、許可なく集会したのを無罪とは言えないので、宣告猶予で全部釈放しました。すぐに釈放したと、検察でかなり大騒ぎになりました。その時はそうだった。司法波動の時までは法院がそれでも生きていました。

　司法府に対する圧力はあったが、政権に対する屈従までではなく、それなりに持ちこたえていたという意味なんですか？

　だいたいそうだったね。だから先の高麗大学事件のような政治的な意味のある事件が入るとドンドン釈放したりもしました。私が判事をする時に汚職事件

が一つ入ってきました。見ると、青瓦台〔大統領府〕の職員なんだけど、拘束令状請求が来ました。その時、朴 鍾 圭大統領府警護室長の時です。朴鍾圭と言えば、飛ぶ鳥をも落とす権力者だった時です。朴鍾圭がもちろん直接電話したわけじゃないが、人を送って、『令状棄却して、拘束しないでほしい』と大統領府警護室から連絡が来ました。そんなところから連絡が来たもんで、ますます意固地になって逮捕状を出してしまいました。その時は法院の雰囲気がそんなだった。自慢することでもないんですが……釈放すべきは釈放するとしても、「いったい大統領府警護室から法院にこんなことを頼むなんて」っていう雰囲気だった。だから単独判事時代には青白い炎のような気魄があったのです。

「司法波動」の顛末

　すべての判事がそのような「青白い炎のような気迫」を持って臨んだかどうかはよく分かりませんが、そんな気迫をねじ伏せようとした決定的な試みが「司法波動」じゃなかったかと思います。朴正煕大統領が司法府を「権力の侍女」にしようとし、気に入らない判事たちを秘かに査察して圧力を加えたので、少壮判事が集団で声明を出し辞表を書いて大きな波動を引き起こした。当時のマスコミでは、これを「司法波動」と呼びました。私は司法府の歴史を整理しながら、これを「第1次司法民主化運動」と呼ぼうと提案したことがあります。
　司法波動の時の新聞を見ると、洪性宇判事の名前が大きく出ていました。

　司法波動の時、ソウルで刑事地方法院の単独判事をしていました。単独判事には早くなった方です。その時、少し離れた部屋に李範烈部長判事が裁判長で、陪席判事が金練鎬、崔公雄の2人だったが、控訴部だった。
　司法波動の話は李範烈部長判事の控訴部の話が発端になります。李範烈部長は個人的には私と兄弟のような間柄だった。「私が大田で平判事として勤務していた時、初めて会いました。李部長が高等法院にいて、初めて地方法院の部長判事になって来たのが大田だった。その時、彼が34歳で私が28歳だった。
　李部長はとても清廉潔白な人です。良否、善悪が明らかで、適当に妥協するようなスタイルではありません。李範烈部長判事から基本姿勢など、本当に多

くのことを学びました。問題の始まりは李範烈部長判事が現場検証のために済州島(チェジュド)に行ったのですが、弁護士もついて行きました。そこで仕事を終えて晩飯を食べて一晩泊まってきた。その間に接待を受けて、性的接待まで受けたというのが李部長の罪名でしょう。

　でも私は言いわけするんじゃありませんが、1971年のこの時、法曹界の風土や雰囲気自体が間違っていたのです。それで少し私たちの情緒を理解できるのですが……　今はそういうのがなくなって、すごく浄化され、正常化されていますが、第三者の目には前官礼遇〔判事や検事が弁護士になると、その弁護士の同僚だった判・検事が求刑や判決を甘くして、仕事が輻輳して多大な収入を得るようにする慣例があったが、今は無くなったと言われている〕や不正が今も残っているように見えるかもわかりません。

　とにかくその時は現場検証に行くと、いつも弁護士におごってもらっていました。飯をおごらない弁護士は変な目で見られました。今思うと、彼は当事者の代理人なのに、彼におごってもらうのは話にならないじゃないですか。とんでもないことですが、その時は普通だった。

　この話をするのは、李部長がそうやって接待を受けたからといって、法院の判事の行いが不明朗で、饗応されるのが好きで、金銭的にも貪欲なのかと誤解するんじゃないかと心配するからです。彼はそういう面でとてもすっぱりと、いさぎ好い方です。裁判に関してはとても剛直で清廉な人だった。李部長はとても酒好きですが、一緒に酒を飲む人は決まっています。そんな風土でこんな事件が起こりました。私がいくら説明をしても弁解の余地はありませんが。

　問題は検事が判事に尾行を付けたことです。李範烈部長判事個人を逮捕しようとしたのか。李部長を逮捕して法院全体に大きな圧力をかけようとしたのか正確には分からないです。検察公安部の独立した自発的な意図で企画したのか、それとも情報部と合作したのかそれも正確には分かりません。

　私は二つの可能性があると思います。公安部の検事たちの間でも「功名心」にはやる人たちがいました。検事が判事に尾行をつけて、どの料理屋で飯を食べて、ここで泊まってという風に一つ一つ調べて報告を上げて収賄罪で判事に令状を請求しました。

　だから法院の判事たちが激怒したのです。どうしてこんなことやるんだ。弁明しにくい弱点を尾行捜査でほじくり出して不意打ちをかけたんじゃないです

か。私たちが知る限りでは検事たちの不正は法院の不正より、はるかに規模が大きくて多かったのです。判事たちは世間離れしているから、飲み食いはしても、金を懐に入れる人はごく少数だった。長く同僚として勤務していると、たいていのことは分かります。誰がそんな問題に不明朗なのか、いつの間にか噂にもなって。もともと評判というのは恐ろしいものじゃないですか？　実は法院とは比較にならないほど検察の不正がひどいのに、検事が判事に尾行をつけて不意打した事実に判事たちが激昂したのです。

　法院全体の雰囲気が、『これは司法府に対する正面挑戦だ』。黙っていてはいけないと思って、『まず刑事法院の判事どうしが集まろう』という雰囲気になったわけです。集まろうという話を若い単独判事2、3人がしましたが、私が一番積極的だった。

　刑事法院の部長判事を除いて単独判事と陪席判事が皆集まりました。『こんなことってアリかよ？』と、『これは法院に対する極めて重大な侵害だ』という論調で、悪口も混じえて非難しました。『いっそこうなるくらいなら、私たちは猫いらずでも飲んで死んだほうがましだ』と言った人もいました。

　とにかく、激昂した雰囲気の中で全員辞表を出すと決意したのです。各自辞表を書いて首席部長判事に渡しました。それが司法波動の始まりです。だからその時から「刑事法院の判事、　集団辞表」と、社会面のトップ記事になりました。それから数日、辞表を撤回するまで司法府はもちろん、韓国の世論が沸き立ちました。

　司法波動は1971年の夏を痛打した大きな話題だと思います。判事たちは判決以外の方法で意思を表現する手段が極めて制限されており、それで辞表提出という手段を使ったのじゃないかと思います。辞表を出した時は決然たる心情だったでしょうが、すぐにすべての判事が仕事をきっぱりとやめたのですか？

　ところが辞表を出しても、判事が弱いのは業務拒否ができないことです。特に刑事法院の判事はそうです。民事法院は裁判を一度延期しすればおしまいです。刑事法院は延期すると未決囚の拘禁期間が延び、被告に損をさせかねないことになります。執行猶予や無罪になれる者も、理由なく未決拘禁が延びるんです。また令状処理もせねばならないから、刑事法院の判事は性質上、業務拒否ができないのです。辞表を出しても受理されなければ、ずっと仕事をせねば

＊第1部　1970年代の人権弁論　　　　　　　　　　　　　　　　　　31

なりません。

   一線の判事たちの抗議と辞表に対して法院首脳部の反応はどうでしたか？

　その時、大法院長は李一珪判事だった。大法院長が『検察が司法権を侵害したというが、それを具体的に例示して私に持ってきなさい』と、私たちに連絡が来ました。私を含めて何人か集まって検察が不当に法院の司法権行使に干渉し、圧力を行使した事例などをいくつか書きました。

　また「建義文」たるものも作り、大法院長との面談に行きました。司法権侵害事例と判事たちの決議について話しました。大法院長は『君たちの悩みを理解するが、一旦落ち着いて辞表は戻すように』というような話になりました。そんなことで事件は終わったのです。司法波動の大きなあらすじはそれです。

　大法院長との面談に行った7人は皆、判事生活を長くできでませんでした。私と金公植弁護士は司法騒動の後に辞表を出して弁護士開業をしました。残りの人々は維新憲法実施直後、1973年度の法官再任命の時、皆クビになりました。その時、再任命に脱落すれば、最終勤務地である法院の所在地で2年間弁護士開業できないようになっていました。1973年にクビになった判事はソウルで弁護士を開業できず、田舎に行ってたいへん苦労しました。

ソウル地方法院の建議文（部分）

　……裁判の公正、ひいては司法権の独立を危うくする事例を私たち民・刑事地方法院の判事たちが検討したところを列挙すれば次の通りである。

① 　反共法、国家保安法違反事件の令状発行から宣告に至るまで検察と見解を異にすると、担当判事を容共分子あつかいし、公然と圧力を加え身元調査を行うなど心理的圧迫を加えた事例。

② 　行政府で関心のある事件の担当判事に検事自身の首がかかっている事案だとまで言って、裁判の結果に影響を及ぼそうとした事例。

⑤ 　一般刑事事件で検事が無罪または公訴維持が困難な事件に拘束令状を請求したり、公訴を提起したりして、令状請求が棄却されるか、無罪または執行猶予判決が出たりした時、それに関する上訴審の判断がでる前に判事

が不正な裁判をしたかのように非難し、その責任を判事に転嫁した事例。

⑥　事件担当の判事を尾行したり、おとり捜査、家庭調査、預金の調査をするなどの方法で〔判事に〕隠然と圧力をかけた事例。

⑧　拘束令状を法院の窓口で受け付けず、検事が直接判事室に持ってきて発行を強請するなど、令状発行に不当な圧力を加えようとした事例。

⑨　法院内で事件が発生すると、その真相を調査する前に罪のない法官を被疑者扱いして、侮辱、脅迫、暴言などした事例。

⑪　今回の事件の場合、尾行とおとり捜査、被疑事実の公表、令状の継続請求など一連の事実は、従来取ってきた司法権ないし判事の裁判権行使に対する威圧的作用をあらためて露呈したものにすぎない。

1971年 7 月30日
ソウル刑事地裁民事地裁法官一同

司法波動そのものは、1週間で弥縫されて終わってしまったのですか？　辞表を出すほどの意地を見せ、マスコミでも焦眉の関心を示したのに、確かな反省や再発防止の約束もなしに引き下がる様子が不甲斐なく思えますが？

大法院長が何かをしてくれると言って、してくれたこともないし、してあげられる性質のものでもありません。今後、そういうことがないように努力するぐらいのことだった。結論ですか？　何もないんです。でも結果的には失敗だったと見るのはどうでしょうか……　辞表を出して集団的抵抗をしたが、何の保障もなしに辞表をつき返されたので法院はすごい虚脱感に陥りました。

まもなく維新政権が発足し、司法府への締め付けが本格化しました。その時から、情報部員たちが堂々と法院に出入りしました。それまでは法院にすこし気を使ってたんですよ。ところが情報部の課長にもならない連中が、李範烈首席部長の部屋に頻繁に出入りするようになりました。

＊第 1 部　1970 年代の人権弁論

法院が権力に病み始めた時……

> ところで、司法波動の直後には、少なくとも情報部や政権が気を使うようでしたか？

　しばらく様子を見るようだったが、政権の属性は全く変わっていなかった。むしろ司法波動を経験した後、法院に情報部職員が常駐しはじめます。部長判事制度はその頃にできたんですが、首席部長なら地裁裁判長の次です。彼が情報部の職員が出入を制止しなきゃならないんだけど、それができなかった。「情報部の下級職員が首席部長判事室に我が家のように居座った」のですが、それをはねつけられなかったのです。
　その時から法院が権力に屈しはじめました。すでに検察には情報部がずーっと付きまとっていた時ですが、法院はまだそうじゃなかったのに、司法波動をきっかけに法院まで変わってしてまったのです。法院がくじけてしまったんです。

> その１年後の1972年10月に朴正熙政権の永久化のために「維新体制」が誕生し、維新憲法が通過するじゃないですか。維新政権は司法府の独立を全く認めず、露骨に弾圧しました。それに抵抗する可能性のある判事、司法問題で活動したり国家賠償法違憲に関与した判事を1973年初めに判事再任用で大挙脱落させて、司法府を確実に掌握することになります。現時点から見れば、司法波動をどのように評価できるでしょうか？

　司法波動で朴正熙が司法府をもっと絞めあげねばならないと思ったのだろう。情報部が司法府に特別念入りに工作もしました。それで司法波動が司法府が無力化するきっかけになったと思います。そんな事があってから、一日たりとも判事として居たくなくなりました。

> 司法波動がおこる直前の法院側の雰囲気はどうでしたか？　情報部や検察が締めあげてくる感じでしたか？

　締めあげるというよりは、昔から検察と法院はぎくしゃくしていました。検察が法院の裁判に対して過度に不満を表示をして、法院が不快に感じることは

ありました。その時までは、検察がひどいと思うほど雰囲気が強圧的ではなかったのですが、李範烈部長事件が起こったので激怒したんです。あまりにも意外だったと思いました。

李範烈部長を尾行して、令状請求して、ターゲットにした特別な理由が別にあったのでしょうか?

李範烈部長が無罪判決をたくさん出しました。李部長は刑事裁判がとても上手だった。判決文も上手ですし、実際、文章力があってこそ判決文もよく書けます。私も単独でやる時、他の判事より無罪を多く出すと、検察で不平が出ていると言っていました。
　私が単独判事をする時、私の法廷を担当する公判検事がいるんだけど、私は無罪判決を出しました。例えば贓物〔盗品〕とかは証拠がない場合が多いから、無罪をたくさん出したんです。

李範烈個人が過ちを犯したが、その過ちを悪用して権力が卑劣な工作をしたのが事件の核心だと思います。「標的査察」の犠牲者になったわけです。この話はそれくらいで。洪弁護士はその年の10月に弁護士開業されたでしょう? 司法波動の主人公の一人になったので、これ以上、しのぐのはむつかしいという判断でしたか?

法官の職に懐疑を感じたのは事実ですが、より直接的な個人的理由がある。私が辞表を出して出てきたのを見て、世間では私が最初から人権弁護士をしようとしていたと思ったかもしれないが、そういう考えが最初からあったわけじゃないのです。実は腹が減って出ました。家の経済事情が厳しい上に、扶養家族が多かったです。私は5人兄弟の長男ですが、その時、父も40代で職場から退いたから。あの時のように、貧困のために気苦労をしたことはなかったのです。

家族を養うために弁護士の道を選択

完全に家庭に経済的な責任を負う立場でしたね。

＊第1部　1970年代の人権弁論

そうです。私が辞める時、34歳だった。私の下に学校に通う弟たちがずっといました。子供が二人だった。小学教師の家内と一緒に稼いで暮らしを立てていましたが、当時の判事の収入は小学教師にも及ばなかった。

　判事たちが薄給だと聞いたことはありますが、本当にそうだったようですね。金炳魯初代大法院長が判事の清廉を強調し、『判事としての清廉な本分を守ることができないと思う時は、司法府の威信のために勇敢に司法府を去らねばなりません』と話しましたが、彼の退任の辞を見ると『その間、私が一番胸が痛んだのは、全国の法院職員に過度に無理な要求をしたことだった。生きていけないを程の報酬で、そのまま生きて行けと言った結果になってしまった。私は元司法従事者に飢え死にすることを光栄だと言った。それは不正を犯すより名誉だからです』（1957年）と言った言葉が思い出されます。韓国も貧しかったが、判事たちも薄給に苦しめられた状態が1970年代初めまで続いたようですね？

　その時は判事の給料がとても安かった。司法府が確実に政権の味方にならなかったから、判事の給料を上げようとしなかったことが積み重なったからね。私が初めの任地である大田に行って下宿生活をしながら３年２ヶ月を過ごしたが、給料もらっても下宿代を払えば終わりだったよ。一週間に一度、ソウルの家に戻らないといけないのに、車代がない時が多かったんだから。判事だけでなく、公務員の給料は本当にひどかったんです。だから到底、暮らしを立てられない。私の事情は、とてもじゃないが判事を長く務められない感じだった。

　生計のために辞表を出したとおっしゃりますが、司法波動が判事をやめるようになった一つの原因になったのは事実じゃないですか？

　辞表を出したら、本当に判事するのが嫌になりました。司法波動の後遺症みたいな虚脱感のために、来年まで待つことがあるかと、司法波動が終わった後すぐに、その年の10月に辞表を出してました。６ヶ月ほど判事生活を短縮したのは確かに司法の波動のせいでもありますね。

1970年代、洪性宇弁護士の弁論記録を見ると、「金公植、洪性宇合同法律事務所」という名称が記録用紙にずっと出てきますね。ところが、金公植弁護士は時局事件の弁護士として、ほとんど関わらなかったようです。同じ事務室を使って、金弁護士は洪弁護士のせいで弁護士業務にかなり支障を受けたんじゃないかという気もします。

　彼は私より２年先輩ですが、もちろん政治的な問題に全く関与するスタイルではありません。私のせいで大変だったのだから、普通の人なら私と喧嘩しただろう。弁護士業をするのに、どれほど支障が多かったことだろうか。しかし、全くそんなそぶりを見せたこともありませんでした。
　我々は開業してから何年も誰がいくら収入があっても、同じように折半しました。私が時局事件をたくさん引き受けて、収入がすごく減ったんだけど、最後まで文句一つ言わなかった。でも私が居心地が悪くてならないので、先に『私たち会計を別にしましょう』と提案しました。そのように無理に頼み込んで、その時から会計を別にしました。彼とは一つの事務室でとても円満に過ごしました。

> 弁護士生活は家庭経済を楽にする助けになりましたか？

　弁護士開業をして約２年半余りは、一生懸命一般事件を引き受けて金を儲けたんです。その時は弁護士の実入りがよかった時だった。１年ほど経って、私が新しい家に引っ越したのは、この時期に一生懸命稼いだお陰です。その間に稼いだものが私の一生の貯えだったし、少し余裕ができました。この時の収入を後々まで小出しにして暮らしたことになります……

　たまに弁護士どうしで自嘲的にこんなことを言うんですね。『お前たちが人権弁護士なら、俺たちは物権弁護士なのか？』。洪弁護士も弁護士活動初期には普通の弁護士、物権弁護士のように過ごしていたかも知れないのですが、どうして人権弁護士に旋回することになったのか気になります。そうして急旋回をする事件に会う前に心の変化を準備されていたのじゃないのですか？

　初めて弁護士になって金儲けになる事件を熱心に追いかけました。そうする

＊第１部　1970年代の人権弁論　　　　　　　　　　　　　　　　　37

うちに衣食は解決したのに、なんだか情緒的な恐慌か虚脱感かが生じました。心がとても虚しくなるんです。一般事件、つまり刑事や民事事件をしながら、金をちょっと稼ぐと、昔は、おごってもらった酒も私がおごらなきゃならないし、そうなると毎日、酒盛りだから。

　弁護士はそうなんです。週に４、５日はほとんど泥酔して帰宅すると、そのまま酔いつぶれてしまいます。私の癖で、酒を飲んで寝ると朝の４、５時頃に目が覚めます。一人で起きていると、深刻な後悔のようなものがフツフツと沸き上がってきます。『俺は今、何をしているんだろうか……　毎日飲んだくれて』、『いったい俺がこんな暮らしをするために法律の勉強をしたんだろうか』と考えます。自分を擦り減らし、浪費しているような思い。こんな想念と懐疑を繰り返す中で権力に弾圧されている時局事件に遭遇したのです.

民主青年学生聯盟事件

　1974年は韓国の現代史において、特に民主化運動と関連して特記すべき年じゃないかと思います。金芝河は「1974年1月を死と呼ぼう」に始まる詩を書いた。その年の1月に緊急措置1号が宣布され、4月には民主青年学生聯盟（略称、民青学連）を弾圧するために大統領緊急措置4号が宣布されます。多くの人々が逮捕され処罰されるのですが、量刑もとてつもないですし。そんな歴史の荒波の中で、司法の歴史には「司法殺人」と呼ばれた恥辱的な裁判があった一方で、それに対抗して弁護人の法廷闘争が本格化します。洪弁護士にとっても1974年が決定的な転換点の年だと言えます。

　その時、私は37歳で記憶も生々しい方です。いわゆる人権事件の弁論を始めたのが民青学連事件です。一言で言うと、1974年は私の人生どん底の年です。それほど民青学連事件は私の運命を変えた事件です。

　その最初の事件が具体的にどのように洪弁護士の門を叩くことになったのですか。

　まず黄仁喆弁護士の話からしましょう。黄仁喆は私と大学同期で、とても親しい友達です。当時、大学同期の弁護士どうしで一ヶ月に一回ずつ集まりました。ただ夕食を食べて騒ぐだけの会ですが、そこで黄仁喆弁護士とよく会うようになりました。

　その黄仁喆弁護士に民青学連事件の主役である李哲の両親が訪ねてきたのです。その時、黄弁護士の事務室に実務修習で来ていた李宇根が黄仁喆弁護士に「李哲は私の友達なんだけど、弁護を引き受けてくれる人がいないんです」と訴えたのです。

　維新初期でとても険悪な雲行きだったのに、弁護士たちがなんで好んで割り込むもんですか？　やらないですよ。ところが黄仁喆弁護士が李宇根の話を聞いて心を動かされました。学生たちを助けないといけないんだけど、到底一人では引き受けきれないと、大学の同期会に来て訴えたのです。一緒にやろうっ

*第1部　1970年代の人権弁論　　　　　　　　　　39

て。その訴を聞いて、『じゃ一緒にやろうか』と買って出たのが、私と林戌圭[イムグァンギュ]弁護士だった。それで3人が意気投合してその事件を引き受けました。

黄仁喆弁護士との結合も民青学連の時からだったのですか？

そうです。黄弁護士も本格的に学生事件、時局事件を始めた事件は私と同じ民青学連事件からだった。その後、黄仁喆弁護士とはいつも一緒だった。

事件を引き受ける時の雰囲気はどうでしたか？

その時、民青学連事件はすごく恐ろしい事件だった。1974年4月3日に全国規模の学生デモをしようとした計画が事前にバレて、4月3日付で大統領緊急措置が発せられました。緊急措置4号は、民青学連事件のみを対象にしたものです。維新憲法で大統領は法律とまったく同じ効力を持つ「緊急措置」を発布する権限を持つことになります。なんと！特定の事件に対して処罰法規をでっち上げたのです。この団体が民青学連で、首魁が誰だれで、これが反国家団体である。これを民間法院でもなく軍事裁判で管轄して処断をするという内容が入っています。法定刑もすごい重刑です。

雰囲気が恐ろしかったのです。私たちが買って出たけど、私たちも正直、怖かったのです。ただ誰かが必ずやらねばならない事件なのに、私がしないと言えば卑怯者になりそうだし、また彼らを助けるのがどれほど意味深いことだろうか。『これこそ私たちが片隅からでも民主主義に寄与せねばならないことだ』と思いながら気を引き締めたんです。

あまりにも恐ろしい事件なので、他の人は私たちの近くに初めから近づかなかった。私の場合は、血気にはやって乗り出したものの、いざとなると用心しなきゃならないし、怖いじゃないですか。私が弁護しますと先に名乗り出るのもおかしいし、向こうから見ると『あいつ、怪しんじゃないか』という目もあるんじゃないかと思いました。

その時、公安当局の発表が新聞の全面をビッシリと覆いつくした時なんですが、その発表によると李哲、柳寅泰[ユインテ]は完全に〔北朝鮮の〕スパイです。民青学連は共産革命をする反国家団体です。民青学連の関係者は新聞でトップクラスのお尋ね者で懸賞がつく状況だったから彼らを弁論しても何か形式を備えなけ

ればならないと思いました。容疑者の家族が私たちに弁護を依頼する形をとってほしかったのです。李哲、柳寅泰は家族が乗り出したから、それに任せてもいいけど、連絡も取れない家族も多いし、だから便法でやったのがNCC〔韓国キリスト教教会協議会〕、中でもNCC人権委員会で法律救助をする形を踏んだのです。

民間法院でなく、軍法会議で裁判

当時の人々は民青学連に関連した多くの人々を知っていると思いますが、登場人物があまりにも多くて系統がつかめないというも知れません。その後も大活躍した連中なんです。

韓国の1970年代以降の反維新闘争、民主回復運動の求心体が民青学連グループです。ここを見ると、民青学連事件で拘束され裁判を受けた人が数十人いるが、このとき捕まることなく拘束されなかった人も多いです。この公訴状に「控訴外」誰々と名前だけ出たのが100人を超えると思います。その後にその学友達が民主化運動に関連した活動で頑張りました。ここに出ている人名索引を作れば、それが1970年代の数年間、韓国の民主化運動の主人公たちです。

主導者は李哲（ソウル大学校社会学科在学）、柳寅泰（同卒業）となっています。この若者たちは、すごいエネルギーと能力を備えた若者たちです。1973年11月頃から二人でソウルと全国を一生懸命走りまわりました。どこの大学で誰に会って彼らを全部集めて、みんな翌春に大々的にデモをしようとしました。一度、4月19日に全国的に大きくやろうということです。

事前に発覚せず、この若者たちの思い通り、計画通りにやっていたら大爆発するはずだったと思います。もちろん、すぐに鎮圧されただろうが。4・19の時とは違いますからね。4・19の時は警察が発砲したんですが、後で警察が逃げたじゃないですか。維新の時はデモが激しくなれば、戦車を動員して軍人たちが出てくるからすぐに鎮圧される。朴正熙は甘い人間じゃない。もしかしたら事前に鎮圧されるかもしれなかったが、被害は少なかったようです。万一、民青学連事件が起こっていたなら、流血事態にまでなっていたはずです。

実際には事件にならず、事前にすべて検挙され手配されましたが、それでも事件の規模は一番大きいのです。例えばここには、決起資金、デモの資金が

＊第1部　1970年代の人権弁論　　41

出ています。その金を提供した方に原州の池学淳司カトリック主教もいて、尹潽善前大統領のところに行って一部もらって。ここに趙英来、張棋杓も主要人物として登場します。

金芝河の回顧録を見ると、在野〔権力の側に立たない批判的な活動家〕と宗教界、学生たちをつなぐ中心軸に趙英来がいたとなっていますが。

ああ！そうだとも。この時、逃げられなくて捕まっていたら、趙英来も被告席の最前列に座っていた人物です。長い間逃げながら、その間、結婚もして子供も生みました。金槿泰、張琪杓もその時みんな逃げました。その後、趙英来、金槿泰、張琪杓は散発的に起訴されて、関連裁判が行われたのが数件にのぼります。

民青学連の裁判記録を見ると、主な被告が32人、公訴状は549ページ、判決文が423ページですね。

公訴事実を今、全部読むこともできます。小説ではないので精読すべきで、読み終えるには数日かかるのです。事件の記憶をよみがえらせようと読んでみたが、弁護した私でも一日二日では到底無理だった。とにかく、とても膨大な事件だったのは間違いありません。

裁判はどのように行われましたか？

裁判は民間の法院ではなく軍事裁判で行いました。「緊急措置4号」第9項には緊急措置４号違反者に対して非常軍法会議で審判するように初めから規定されています。一言で言えば、少々たりとも立憲民主国家の外観を備えたものとは言えない条項です。令状主義を完全に排除し、一般法院の管轄を排除してしまっていますからね。いずれにせよ、この４号により第一審が非常普通軍法会議管轄となりました。（記録を見ながら）裁判長が陸軍中将の朴熙東、審判官、陸軍少将の申鉉洙など将軍たちです。

これを引き受けたら、他の仕事は一つもできなかったんです。裁判を１日おきにします。そうすると裁判のない日は拘置所に行って面会せねばなりませ

ん。三十数人を面会すると考えてみてください。どんなに多いか。裁判のない日は朝から夕方まで面会に行き、裁判の日は陸軍本部非常軍法会議に行って一日中裁判し、そのようにこの事件にドップリはまって過ごしました。だから他の事件はできなかった。完全にこの事件に全力を注ぎ込みました……　ああ、何から話せばいいのか分からないね。

　あまりにも膨大で途方もない事件なので、どのように解決するか思いもつかないようですね。それでは簡単にお聞きします。まず法廷はどこにありましたか？

　今、国防部の後ろに、それが陸軍本部の建物なんですけどコンセント〔組み立て式のかまぼこ型兵舎〕一つを建てて、そこで法廷を開きました。仮の建物のようなものだったが、とにかく国防部の中にありました。

　コンセントの建物で軍法会議の裁判をするのは、貞洞の一般法院で裁判するのと雰囲気が違いましたか？

　法廷の雰囲気が全く違います。まず憲兵たちが厳重に守り、傍聴客を徹底的に少なめに制限し、家族は被告1人に1人だけ入廷が許されました。でも田舎にいる家族はやって来られないじゃないですか。ガランとしてました。法廷の中には一般傍聴客は何人もいません。その時はほとんど看守が被告一人に一人ずつぴったりくっついていました。
　学生たちが民間人だから、一応、収監するのはソウル拘置所だった。軍法会議で被告は看守が守り憲兵が警備し、そんな形で被告の中に李光日が出ています。李光日は現役軍人の身分だった。民青学連に加担して行ったり来たり議論する過程に参加し、軍に入隊しました。李光日は現役軍人だから陸軍刑務所に入監しました。陸軍刑務所は京畿道広州にありました。
　過ぎた話ですが、光日のオモニ〔母〕が泣きながら事務室に来ました。息子が陸軍刑務所で24時間縛られているそうです。刑務所の規則を守らなかったと懲罰して24時間手錠をかけたままで、食事も手錠をかけたままで、便も手錠をかけたままします。だから親の気持ちはどうだったでしょうか。オモニが泣いていました。弁護士さま、面会に行ってやってくれませんか、手錠なりとも外

させてくださいと言うのだが、『それはできない』って言えなかったんです。
　『なんとか行ってみましょう』と言って、時間を作って自分の車で広州に行きました。陸軍刑務所に弁護士が収監者の面会に来たのは、そもそも初めてだったようです。弁護士が来たと言ったら、少し緊張したのは緊張したみたいです。面会手続きを終えて李光日が面会に来たのを見ると、果たして手錠をかけて縛られて出てきました。よく見ると、憲兵たちは何もよく知らないようだった。弁護士も初めて見るようだった。だから、少し高飛車に出ました。『これがどれほど不法なことだと思っているんだ。飯を食べる時も縛っておくなんて……』　刑務所の所長に会わせろと大声を出すと、分かりましたと言いながら、すぐ手錠を外してくれました。後の話なんだけど、李光日のオモニは後々までその話をしました。自分の息子のことで、弁護士が広州まで行って、手錠を外してくれた事を。

　公判の過程で、いくつかの波乱が起きたと言われているじゃありませんか。具体的に公判がどのように行われたのか聞かせていただけますか。

　毎日裁判をするのですが、その時、真夏でした。1審裁判の判決が1974年7月13日でした。7月9日が月曜日だったと思うんですが、7月11日に結審して7月13日に判決したから、判事たちが書類をちゃんと読んだでしょうか？
　裁判の過程で弁護士が何人かつき、黄仁喆、洪性宇は学生たちを受け持って、姜信玉がいて、韓勝憲と李世中、李世中弁護士はあの時、NCCと繋がって、林昤圭は池学淳司教と二人を引き受けました。朴承緒弁護士は柳根一の弁護人だったが、柳根一が中央日報の論説委員を務めていた時、朴承緒弁護士は中央日報の顧問だった。柳根一に対してだけ中央日報の洪璡基社長が弁護人を選任しました。

　柳根一は5・16クーデタ〔1961年5月、朴正煕のクーデタ〕直後、当時の学生の中では最重刑に当たる懲役15年を受けて、7年服役した後、釈放されたと聞いています。でもちょっと意外に感じることは、釈放されるとすぐに中央日報に勤務することになりますが、これも普通のことではありませんよね？

　中央日報の洪璡基社長が柳根一の父親と親交もあり、柳根一個人を特によく

見たような気がします。革新派と決めつけられ長期間刑務所に入れられ、刑務所から釈放されるや否や中央日刊紙の記者と論説委員になるというのがどれほど大抜擢ですか。柳根一はその後、朝鮮日報に行って、いつの間にか保守派の大論客になっているが……

そんな場合に転向したとか言って非難したりするが、私はおかしいと思います。若くして熱烈な左派だったが、年輪が重なり若い日の覇気がなくなって、中道的な、時には極右的なことをする人も理解できます。理念とは、そういうものだと思います。理念に対する信奉や信念なんて社会科学や哲学で生み出した理念は、いくらでも変わるのです。あるドグマを金科玉条のようにして、そこにハマって一生抜け出せない場合もあるが、たいていは人間的な成熟と社会経験の蓄積と人生の流転を経験しながら変わるようになっているんじゃないだろうかね。

民青学連事件の時、柳根一をなぜ捕まえたのかわかりません。大したことではありません。公訴事実も三つか四つにもならないのに。後輩たちが訪ねてきて話を少しして、茶を飲んだことしかありません。運動資金も渡したことがありません。でも捕まえました。権力の機嫌を損ねたのか、本当にアカだと思ったのか分かりません。

民青学連にアカい色を塗らねばならなかったが、その時に捕まった学生たちは一般国民がよく分からないのでアカにするのは難しいから、過去の事件でアカの烙印を押されている著名人とつなげて、「ああ！　民青学連はそんなアカとグルになっているのか」という連想を自然に呼び起こさせる政治的意図ではないでしょうか。柳根一も、また人革党の人物たちもそうです。

私たちが弁論しながら色々と悩みも多かった。まず民青学連事件で、おどろおどろしい公訴状の内容通りに被告を尋問したはずですが、一度読むのもすごい時間がかかるから毎日のように裁判せざるを得なかった。私たちがこの事件を弁論しながら二つに力を注ぎました。一つは、日本人記者を巻き込んだ連環を断ち切ることです。太刀川、早川の話が出て、日本共産党とつがっているかのように濡れ衣を着せようとするのを晴らさねばならない。民青学連関係の学生たちがこの日本人記者に会ったのは運動のレベルではなく、外信記者たちに韓国の政治状況などを知らせ民主回復運動の動きを伝える程度のことでした。

＊第1部　1970年代の人権弁論

第二に、学生運動を共産革命運動と結びつける論旨を打ち破ることです。柳寅泰と李哲の一貫した自己防衛的弁疏の要旨は、自分たちは政府転覆まで具体的な計画すら立てられなかった。当時の状況で学生たちがどうしてそこまでやれるのかということです。ただ習慣的に『デモを一度大きく打とう』ということだった。

　この控訴状を見ると、民族陣営の人々も維新体制を打倒し、結局、共産社会に行かねばならないようになっています。それはお話にならない。そうやって学生運動が共産革命をしようとすれば、誰が参加しますか。それは捜査官たちが殴って無理やりにシナリオをでっち上げたものです。共産暴力革命予備、これは話になりません。火炎瓶みたいなものはいざ知らず。

　1970年代後半の学生を私が見聞したところでは、1970年代の学生デモに火炎瓶が登場したことは一度もありません。火炎瓶の製造方法も知らなかったし、実験したこともありません。火炎瓶が学生デモに登場したのは1984年くらいからだと思います。

　ところが控訴状には火炎瓶の教育をさせたと出てきますが、組織的にカッコよくデモを一回やろうということだったと思います。ところが共産革命だなんて、とんでもないですよ。国の主要施設を占拠しようとする話が出るじゃないですか。それは強制捜査で、でっち上げた話です。そんな点を極力否定しました。

　前列死刑、後列無期とは法廷で裁判を受ける時、いろんな列に座ったんだけど、前列の被告たちは死刑、後列は無期というふうに刑を宣告したというんですが、どうだったんですか。

　そうです。第一審判決を見ると、死刑宣告が７人、無期懲役宣告が７人で、12人に対して懲役20年と15年、６人に対して懲役15年に資格停止15年になります。李哲、柳寅泰、金英一〔金芝河〕、李炯培まで死刑です。安亮老、李根成、柳根一にそれぞれ無期懲役の判決を下しました。

　その法廷で何がどのように起こったのか、金芝河を含めて少しずつ書きまし

た。洪弁護士の目で法廷で何が起こったのか、どのように起こったのかを聞かせてください。

　まず公判審理しながら暴力革命、共産化の話は情報部がでっち上げた話です。被告たちも口を酸っぱくして否定しました。どこかで誰かに会ったというあらすじは、大体合っています。認めています。無論、日付が違うのも多いし、記憶がないのもありました。それを作った検事はどれだけ大変だったでしょうか。李哲の場合は公訴事実が百数十ですが、李哲が何ヶ月間、百数十回、誰とどこでどのように会ったかということです。数か月間に百数十回、人に会ったことをどうやって正確に覚えていますか。だから拷問して殴りながら、無理やり数合わせしたんでしょう。
　二つ目が深刻です。呂正男（ヨジョンナム）との関係ですね。「李哲、柳寅泰が企図したのは暴力革命の性格の共産革命だ」。このように色を塗るために呂正男を重要人物として連結させたのです。呂正男は慶北（キョンブク）大学の学生会長出身ですね。李哲より少し年上です。2、3年くらい上だと思います。その頃、慶尚北道（キョンサン）地域の学生運動では呂正男が中心人物です。だから呂正男と何度か会ったのは事実です。
　ところが公訴状を見ると、呂正男が大邱（テグ）地方を中心とした人民革命党組織の一員であり、李哲、柳寅泰の民青学連組織と人革党とのつながりで、いわゆる共産主義革命理論を伝播したとあるんです。呂正男の指示や連絡を受けて、民青学連が共産主義暴力革命を目的に動いた。こんな脚本ですが、実際に呂正男に会って大邱・慶北地方の組織を強化しようという話になったのも事実です。
　ところが、呂正男の指示を受けて行動したというが、李哲、柳寅泰としては荒唐無稽な話です。この人たちは、ソウルで全国を指揮する学生組織を作っていたのに、慶北大学の卒業生の指示を受けたりすることはありえないのです。逆にソウルグループがやるって言うから、気になって呂正男が自分も一緒にやるっていうから、何度か会っただけです。実際にそうだったと思います。大邱の呂正男がどうして全国的指導者になれるんですか。李哲、柳寅泰がその指示を受けますか。ここ（ソウル）にも学生運動の先輩がいっぱいいるのに。ところで、法廷に来てみると、人革党事件と一緒にして事件をデッチ上げられ、裁判を一緒にしたじゃないですか。同じ法廷でやったわけではないが……。

　一つの法廷ではありませんでしたか？　民青学連事件を裁判する際、人革党

＊第1部　1970年代の人権弁論　　　　　　　　　　　　　　　47

の関係者として決めつけられた連中は同じ法廷に出てこなかったようですね？

　いいえ事件が違います。「民青学連の人と人革党の人たちはお互いに知らない」。私は人革党の法廷には入りませんでした。ただ呂正男は民青学連にも名前が載っているので、呂正男だけが両方の法廷に立ちました。私が見たのは、呂正男だけです。

　その時、私たちが本当に悩みました。黄仁喆と私と。人革党の方へ、共産暴力革命の方へ、検事が我々の被告を追い詰めるので、呂正男との関係は少し切り離さねばならないと思ったんです。それが弁護士たちだけでなく、民青学連の家族たちも皆そうだった。ソウルの学生を顔も正体も知らない慶尚北道の人革党組織の下部組織のように決めつけているが、これはとんでもないことだ。

　黄仁喆と私は学生たちの事件だけを担当しました。それで法廷で呂正男の人革党グループとこちらと分離させ、なんとか断ち切ろうと努力しました。そうするしかなかったんです。

　ところが、その時、人民革命党の家族は悔しかったと思います。その時、民青学連事件の弁論をするのに、私たちも思想的にはとても初心だった。我々も反共イデオロギーに染まっていたんですよ。私たちの世代が皆そうです。

　私が大学４年生の時、４・19が起こって、大学を卒業して２〜３年後に「６・３学生抗争」が起こりました。ソウル大学の学生運動はその時から始まります。私が大学に通っていた時は学生運動が全くありませんでした。私たちの時代には大学の文化はありませんでした。そんなときに大学に通っていたので私たちの世代は一様に右派です。

　1950年代後半に大学に通っていた世代の一つの姿ですね。大学文化というものもないし、意識を追求する道もあまりありませんでしたね。

　そうですね。私が1957年に大学に入って1961年に卒業したからです。小中学校の時、朝鮮戦争を経験しました。その時は革新系と言われただけで、びくっとしました。進歩とか革新だという話を聞いただけで警戒心が起きました。

　その点は私と黄仁喆と同じです。呂正男は法廷でも自ら革新系を自称しました。人革党の徐東源、都叡鍾を革新系の先輩たちと言いました。だから話すこと自体が私たちと少し異質だったんです。

48　　　　　　　　　　　　　　　　　　　　韓国の人権弁護士　軍事独裁に抗す

ところで私たちをとても困惑させた人革党事件が大したものではないのです。〔近代法では〕何かの行為があってこそ処罰するんじゃないですか。でも行動したことが 一つもありません。昔の、いわゆる革新系の同志たちが人的なつながりを持って過ごしただけなんです。たまに会って世間話をした、そんな人たちなんです。ところが、人民革命党事件でいくつかの押収物がでてきました。その中に、北朝鮮の対南放送聴取録があります。それを小さな字で書き取って、対南放送を勉強するために書いたのかどうか、はっきり分かりません。でもそれが押収されているって、当時はそれだけで大事だったのです。これを学生たちの事件と一緒にすればどうなるんですか？

　ただでさえ弾圧のために血眼になっており、拷問とでっち上げを躊躇<ruby>躇<rt>ためら</rt></ruby>わなかった時代に、公安当局としては、そういうノートが１冊でも出たら、ヤッターと思ったでしょうね。1974年雰囲気では特にそうですね。

　そうですよ。だから話にならないんです。今も北朝鮮の放送を聞けば、誰がいい目で見ますか。でも、そこにくっ付けて……　ただでさえ、その時の学生たちのデモ宣言文には維新撤廃だけでなく、貧富格差の問題、買弁資本問題、これが必ず入っていました。その時、韓国の経済状況に対する知識人たちの判断は、いわゆる民族経済論と買弁資本の激しい葛藤構造がテーマだった。

　それで常に学生運動の内容には左翼だと言える内容が含まれていたものです。それは解放以後、この国の学生運動の一つの明確な基調だと言えます。資本主義の論理だけで学生運動をすることは、あまりありませんでした。今の右派の猛将たちも学生時代には非常に急進的だった。民青学連の「民族民主民衆宣言」とか見ると、左傾の臭いがするんですよ。

　ところが、公安当局や政府はこんな学生運動の特色を全く考慮せず、そのまま追い詰めました。法廷に弁護士として、しきりに言い訳みたいな弁論をせねばならないから、人革党とつなげられると弁論するのがとても難しかった。だから呂正男グループと民青学連グループを切り離すしかありませんでした。

　自慢話のようですが、私たちの主張が一定の効果があったと思います。大法院まで全て有罪判決が下されましたが、法廷ではそんな共産主義理論とか共産革命のような攻撃はまったくとんでもないと声高に強調し続けるようにしました。大法院まで法廷闘争の主張がそうだったので、一部が受け入れられたと思

います。民青学連の主導者たちが殺されなかったのも、そんな努力のお陰も少なくないと思います。

　そういう努力を最初からしないで、ただお仕着せの国選弁護人だけ付けておけば、民青学連の主導者たちは人革党の下部組織に組みこまれ、何人か死刑になったかも知れません。もちろん人革党自体も公訴状と判決文に書かれた人革党とは全く違う上に、何か具体的な行動をしたこともありません。それで人革党関係者として処刑された方々とその家族にとっては、これはただ無念どころではないですよね。韓国の司法史の最大の恥辱である事件として記憶されねばなりません。

　それはそうと、民青学連事件の弁護人としては、今でもそうするするしかなかったと思うが、とにかく人革党の方々には私が一生すまない気持ちを持っています。人革党被告にも弁護士がついていましたが、それは全く阻止できませんでした。判事たちも人革党の拷問主張に全く耳を傾けなかったので……

　事件関係者も公訴事実もすごく多いんですが、一審判決まであまり時間がかかっていませんね。どうしてそんなに早く裁判が進められたのですか？

　公判は２、３日に１回ずつ続きました。週に３回もしました。真夏です。その時、弁論しながら興奮して腹が立つので、汗をだくだく流しながらやりました。法廷では洋服も脱げないじゃないですか。上着に汗だくだくで裁判していたことを思い出しますね。そうするうちに姜信玉弁護士が弁論で酷い目に遭って……

　酷い目にあう場面は、弁護士たちが最終弁論をする時に起きたことじゃないですか。最終弁論の順序はどうでしたか？

　私が黄弁護士より先にしたようです。姜弁護士が私より後の順番でした。なぜなら、李哲、柳寅泰が第１被告たちで、その弁護人が私たちでしたから。その時、私が弁論をして、今その記録が出ています。
　「この被告たちが政府を攻撃するのだが、これが北朝鮮の主張と同じだとしても北朝鮮の主張がすべて間違っているわけじゃないのではないか」と、弁論中にそういう風な表現をしたようです。誇張されましたが、この社会の不条理

とか、不正とかを口実にしてさらに拡大誇張して、北朝鮮から韓国を攻撃をする時に使う不正とか不法とかを学生たちが指摘するからといって、なぜ北朝鮮の主張に同調したと言えるのか、それは誰でも指摘する不正そのものに対する批判ではないか、という論調でした。それを何度も制止するんですよ。とにかく主張が同じだからと言って。私は何度か制止を受けて終わったのですが……

誰が制止しましたか？

裁判長が……　また裁判長じゃなくて、申賢洙陸軍少将も制止しました。法院から来た朴天植判事、検察から来た金泰源検事は何も言わずに。陸軍中佐は司法書士ですが、彼はまたお嫁さんのようにおとなしい人です。裁判長は陸軍中将で、申賢洙は陸軍少将です。法廷でこういう連中を論理的に制止する能力もないのです。話にならないことで因縁を吹きかけて制止するので。二三度、制止され、一旦弁論を終えました。終わったのに……

弁論にどれくらい時間がかかりましたか？

私が20〜30分くらいやったと思います。その次に黄仁喆弁護士がしました。黄仁喆には妙な才能があります。話しは過激だけど、聞く人には全然過激に聞こえません。声も低いし。

声も温和でよく聞こえません。表情も柔らかい方だと思います。

声も表情もそうだし、口調がサラサラと柔らかいので、聞いていて引っかかりません。

内容は攻撃的だけど、攻撃的に感じられないていうことですね？

そうです。全く。法院でも評判がそうなっていました。私は喧嘩腰で損します。だから私が先に叩かれたりするんだけど。

黄弁護士の弁論の論点は覚えていますか？

＊第1部　1970年代の人権弁論

いいえ。その時は弁論要旨を作成するような余裕も全くなかったのです。学生たちが愛国的な衷情からする政府批判がなぜ政府転覆だ、共産主義だと決めつけるのか。これはとんでもない。大体そんな趣旨でした。次に姜信玉弁護士です。姜信玉弁護士は非常に猪突的でした。死刑求刑が出ると、『これは「司法殺人」だ』と言い、続いてチャダエフというロシアの知識人の話を例に挙げながら、『学生たちの活動は暗黒に沈んでいた社会を目覚めさせる一発の銃声のようなものだ』と話をしながら、『私の心情としては被告たちと一緒に座っていたい』と激昂した調子で話するもんで、何回か制止を受けて法廷がざわつきました。

　その部分については姜信玉弁護士が控訴理由書でよく整理しています。概ね次のような弁論として引用されます。

　『法は権力の侍女、政治の侍女という言葉を聞いたことがあるが、本人は法の任務は正義を実現することにあると信じてきた。そんな理想主義的な見解を信じてきたが、今回この事件に関与した本人は法の機能に対して非常に失望しており、果たして法は政治や権力の侍女ではないかというと感じるようになった。
　……今、検察官は国のことを心配する愛国学生を内乱罪、国家保安法違反、反共法違反などで引っかけ、「共産主義」に陥れ、「死刑」や「無期」の求刑をしている。証拠もなく形式的手続きで被告に死刑まで求刑するなら、これは私たちの基礎的な法感情である正義理念とあまりにもかけ離れた裁判であり、結果的に形式的な裁判を通じて法の名で処断しようとする司法殺人の非難を免れないだろう。
　……本弁護人は既成世代であるため、職業柄この場で弁護をしているが、そうで無ければいっそ被告たちと志を同じくして被告席に座りたい.
　悪法は守らなくてもいいものだ……　当時、ロシアは後進国だと言って、ロシア皇帝から狂人と非難されたチャダエフという人がいる。チャダエフはそれに対して「狂人の変死」という文を発表したが、その文で彼は自分も祖国を他の人と同じくらい愛している。ただ私は他の人と違う方法で祖国を愛しているだけだと言い、自分は国を愛するが、目を閉じて愛するのではなく、まっすぐ

に現実を直視し国を愛している。口を閉じて国を愛するのではなく、言いたいことを言いながら国を愛しており、頭を下げながら国を愛さず堂々と国を愛する……　こんな重大な事件を裁く審判部は歴史的眼目を持って本当に慎重にすべきであろう。この判決は後日、歴史的に問題になるだろう』

　後で聞くと、姜弁護士は弁護人の弁論権の限界について論文も書き、このテーマについて知的準備ができている状態でしたね。準備された状況で歴史的弁論をしたものと考えられます。

　姜弁護士はそれなりに十分に弁論準備をしてきたのです。姜弁護士は本をとてもたくさん読んでいます。「民主社会のための弁護士会」（略称、民弁。1988年創立）創立に関与し相当な基金も出した。私は人間的に姜弁護士が大好きで今でも時々会います。総じて彼は保守的、あるいは自由民主主義の信奉者ですが、姜弁護士の保守主義的な立場からしてもこの裁判は我慢ならないものじゃなかったですか？　自由民主主義に対する信念のある人にとって維新政権の行動は、とても我慢できないことだったと思います。だからより激しく批判したのです。

　姜弁護士も、民青学連の時に初めて時局事件を引き受けたのですか。

　それ以前にも個別事件を多数引き受けました。1970年代前半期にも教授事件なども担当しました。個人的性格は義侠心が強く受け持った事件は誠心誠意を尽くす姿勢で知られていました。あの被告は私を必ず必要とし、私でなければ助ける人がいない、こんな使命感があって任されると頑張りました。事件を引き受けた場合、判例研究もして外国の本も熱心に勉強をしながら弁論をして、誰が見てもあの人に任せたのは本当によかったという思わせたそうです。

　姜弁護士に対しては思想的な難癖をつけて、見せしめにするために民青学連の弁護を口実に投獄したと思いますか。

　そうじゃなかったです。姜弁護士の思想については誤解の余地がなかった。弁論をしても特定の底意を持っていると考えもしなかったし、周辺にいい友達

＊第1部　1970年代の人権弁論　　　　　　　　　　　　　　53

がたくさんいました。教授も、検事も良い友達が多かったです。だから被告の中に、「姜弁護士に頼めば法律的助力を受けられても、弁護士のせいで不利益を受けることはなかろう」と考えました。

被告の中で、本当に死の瀬戸際に置かれていたのが、李哲と呂正男じゃなかったでしょうか？

そうですね。私たちも一番危険だと感じました。

姜弁護士は呂正男を弁護したのだが、呂正男は民青学連の連中より死刑の危険性が大きかっただろうし、そのために姜弁護士はさらに切迫した気持ちだったと思います。（姜弁護士が）強力な警告性の比喩を吐くと、法院としてはもう我慢ならないという雰囲気で制止したと思います。さらに「司法殺人」という言葉は、この裁判で姜弁護士が初めて使った用語のようですが、実際に司法殺人になってしまいました。

その時、私は人革党事件の法廷に参加しなかったが、おそらく人革党の被告たちはまともに法廷闘争ができなかったことに恨みがあるだろう。法廷で十分に弁護を受ける機会を剥奪されたのです。先ほど言った諸々の証拠のせいで守勢に回わっていた状況でしたので……　本当に残念です。
実際には彼らは何もしたことはありません。ただ世間話をして、北朝鮮で最近こういう話をしているようだ、この程度だったんです。それは何の組織でもないし。革新系だという声が出たりして、私たちはビックっとしたんだけど。とにかく、その事件は本当にいろいろと悔恨を抱かせたのです。

法廷から弁護士を連れ出して調査

姜信玉弁護士の弁論自体は順調に進みましたか？

弁論をすることはしましたが、制止をするもんで、〔弁論要旨も〕ちゃんと読めなかったのです。座れって言われるもんで、私もちゃんと終えられず、姜弁護士はさらにそうでした。そして、休廷！休廷！といって、その時、軍捜査

54　　　　　　　　　　　　　　　　　　　　韓国の人権弁護士　軍事独裁に抗す

機関の文官たち、私服を着た連中が法廷に入ってきて、姜弁護士と私をほとんど引きずるように連行したんですよ。その向かい側のコンセント兵舎に連行して、私たちの鞄まで全部持って行って、ひっくり返して捜索して……

いや、弁護士の鞄をひっくり返すんですか？

そうです。ひっくり返して。その時、何を調査をしたかよく覚えてもいませんが、とにかく捜索のようなものを少ししました。ところが、何かが出るはずがないのです。弁論要旨書を作成する時間もなしに最終弁論しろと言うような有様だったのです。
　それでしばらく予備検束みたいに調査をして、一応そこで終わり、脅しつけられました。弁護人が言った内容を『何を言ってるんだ』と怒鳴りつけると、調書を書くわけでもなく、ずっと脅し続けて、また開廷する。その後、弁論を全部したはずです。残りの人がいましたから。李世中弁護士、朴承緒弁護士もいて、その日に結審し最終陳述までした。

先生方が弁論をして、多くの被告が最終陳述をするには時間がとてもかかったと思いますが。

遅くまでやりました。しかし、最終陳述は長くなかった。最終陳述をするのですが、記憶に残るのが金炳坤被告でした。『光栄です』って、言うじゃないですか。死刑を求刑されて光栄だという話がよく知られていますよね。

最近、『金炳坤略伝』が出版されました。金炳坤は趙英来弁護士のように、1990年にガンで亡くなりましたね。民主化闘争の現場で卓越した貢献をした活動家だと言われているのですが、その略伝から最終陳述を少し長く引用しておきました。

『検察官、裁判長、光栄です。ありがとうございます。何もしたことのない私にそこまで、こんなに死刑という光栄な求刑をしてくださって本当にありがとうございます。実は私は維新の下で命を失い生きる道を奪われた国民に与えるものが何もなくて心配していたところ、この若い命を喜んで捧げる機会をく

＊第1部　1970年代の人権弁論　　　　　　　　　　　　　　　55

ださって、ありがたい気持ちが……　この上ありません。』

　このようにおとなしく話したのか、それとも『20代で反国家団体の首魁にさせていただいて光栄です』と皮肉な口調で言ったかは分かりませんが、『光栄です』という名言で知られています。
　当時、海軍将校として逮捕された徐京錫（ソギョンソク）は死刑の求刑を聞いて『笑わせるじゃないか』と言ったそうです。金芝河の回顧によると、『スズメも死ぬ時にチュンって鳴くが、人間だからって、ぐうの音も出ないと思うのか。法をこのようにねじ曲げれば、いったい誰が法を守るだろうか？　法がなくなれば何で民主主義を保障するのか。軍人たちが全部やるっていうのか？』と、陳述したそうです。
　当時の被告たちの雰囲気はどうでしたか。死刑の求刑に一方で怖気（おじけ）づかなかったのですか？

　逆ですね。激昂していましたね。

　その日、裁判が終わってどうなりましたか。夜にそのまま帰宅されましたか？

　裁判を終えて出てきて夕食を誰と食べたか、黄仁喆と一緒に食べたと思います。焼酎も一杯飲みながら食べてから、夜11時に家に帰りました。あの時が7月11日か、そうでしたが、私が家に帰るやいなや、人相の悪い捜査官たちが2人か3人、入ってきました。そして『おい！ちょっと一緒に来い』と、それで夜11時頃、連行されました。家族たちもびっくりしました。それでその日の夜から2泊3日で調査を受けました。

２泊３日で中央情報部に連行、取り調べを受ける……

　２泊３日ですか？　令状もなしで。どこに連行されましたか？

　はい。その時は令状も取らずに南山（ナムサン）でした。南山にある中央情報部。その時、「南山」と言えば最高に悪名高かった。南山地下室といえば、もうそれだけで、泣く子も黙る時ですね。連行する時から、車の後部座席に乗せて、目を

つぶって頭を下げろって、外を見ないようにさせました。地下室に行けば、姜弁護士が私より先に捕まっていました。姜弁護士はすでに殴られた様子でした。まずは殴ってみるんです。その時、私たちを取調べたところが国内政治担当の情報部第6局です。

民青学連事件には第6局の名前がよく登場します。金芝河の「苦行……1974年冬」に出ます。とてもリアルに描写しています。

「情報部6局のあの奇妙な色の部屋、悪夢から目覚めたばかりであの白い壁を眺めた時のその奇異な感じをいつも感じさせる陰惨でぶきみな色の部屋。どんな甘美な思い出も、光かがやく希望も不可能にさせる、あの恐ろしい色の部屋たち。はるか昔の残酷な拷問によって口を開けている死んで乾いた死体がそのまま壁に数百年も腐敗しているような幻覚を引き起こす、あの鳥肌立つ色の部屋……　その部屋に閉じこめられたまま、私たちは十日、十五日、そして一ヶ月の間、絶えずもがき苦しみながら生死を決断しつづけていた……」

とても悪名高い所でした。私がその局長の名前を忘れないんです。局長室に行きましたが、姜弁護士がすでに捕まってきていました。ところが、私たちが捕まると、誰かが外部と緊急に連絡をしたようです。どのように連絡したのか……　その時、6局の副局長が検事でした。そいつは巨人で大酒飲みです。ウイスキーをボトルごと飲むんだから。ところが、人はいい人でした。酒が好きな人の中に、悪人がいないというじゃないですか。

ところが公安部の検事をすれば、人の善し悪しとかは何の関係もありません。役柄上、望もうと望むまいと、悪いことはすべてするんですよ。さっき言った司法書士の金栄範という人がいますよね。この人は新妻のようにおとなしかった。普通軍法会議の間、親が亡くなりました。黄仁喆と私はお悔やみにまで行きました。法学部出身で軍法務官になって、司法書士の役割をしていましたから。黄禎泰という法務官とこの人とが法学部出身でした。だから僕たちとこの司法書士と何の悪感情もないし、その人たちも命令で、どうしようもなく言われたとおりにするが、心中ではすまないと思っていました。

ところでその日、6局の副局長の文浩哲検事を通じて連絡したのか、とにかく姜信玉弁護士が情報部に連行されたという話が外の友人に知れました。夜な

＊第1部　1970年代の人権弁論　　　　　　　　　　　　　　　　　　57

のに友人が獄舎に電話をしたようです。調査するのは仕方ないけど、お願いだから殴らないでほしいと。そのおかげで私は殴られませんでした。その電話が入った直後に南山に到着したのです。

　私たちが出た日の朝のようですね。その時、情報部の6局長と平素に親しい弁護士たち二人が、わざわざ私たちの身上について頼みに来ていました。彼らが頼んで釈放された訳じゃないと思うけど、とりあえず釈放をしたが、釈放してから姜信玉弁護士にはすぐに拘束令状を執行してしまいました。

　その時、出る前に6局長のところに行って訓戒を聞いたんだ。そして情報部から釈放されました。私たちはそれで全部終わったと思いました。情報部で私たちが反共法違反で立件されて、被疑者尋問調書を作成したのですが、私が弁論した内容が反共法違反だって、一体ありえることなんでしょうかね？

　情報部の中で被疑者になったということですか。反共法違反の嫌疑で？　被疑者尋問調書を書きながら被疑者になったんですね？

　被疑者の立場になって、被疑者尋問調書を受けたんです。後に姜信玉弁護士の記録を見ると、それが貼ってあったんですよ。

　捜査記録にですか？

　はい。姜信玉弁護士がその時、拘束されて、その翌年の2月15日までムショ暮らしをしました。弁護士業もその後しばらくできなくて苦労しました。韓勝憲弁護士も1975年に何かの筆禍事件をでっち上げられて拘束され、反共法違反で懲役に服し、弁護士の資格も剥奪されて、1980年代初めまで「三民社」という出版社をしながら暮らしていました。その時はみんなの受難時代です。

　では、姜信玉弁護士事件が1人ではなく、2人になるところだったのですね？　姜信玉・洪性宇事件に。

　なるところでした。法律的に絡めることができれば、私までブチ込もうとしたんです。でも反共法違反では到底ダメだから。私は抜いて、姜弁護士を緊急措置違反で入れたのです。緊急措置1号を持ち出せば、全部が引っかかるよう

になっていました。維新憲法改廃の主張そのものが緊急措置違反で全部引っかかりますから。

　緊急措置違反と法廷侮辱罪で引っかけたようですね。

　ええ。そうなんです。　法廷冒涜罪。再び南山の話を続けると、6局長から一大訓示を聞いたんだけど、その時に私たちは2泊3日、その中にいたから、心理的にもかなり萎縮していたはずです。私の同僚弁護士たちが私たちを慰労するために6局長に会って話したら、彼が釈放する前に自分の部屋に姜弁護士と私を呼んで訓示をして出所させたが、その訓示内容ときたら、まったく……
　『男は三つの根っこに気をつけねばならない。口の根、手の根、Xの根に気をつけねばならない』。そんなこと言うんだから。

　釈放された日が、民青学連の宣告日ではないですか。結審して二日後に宣告したようですが。

　7月13日に宣告しましたね。宣告法廷に私は入れませんでした。完全に精魂尽き果てて入れなかったんです。その時、情報部に連行されひどい目に遭うと、殴られなくても精神的にヘトヘトになります。おかしいでしょう。私を担当した捜査官たちも、昔の捜査機関の連中ですよ。まったく話も通じないし。ああ、ところで、この話はしたっけ？。崔鍾吉教授の弟に会った話。
（チェジョンギル）

　いいえ、初めて聞きます。崔鍾吉教授はソウル法科大学教授として1973年10月に情報部に連行され、南山情報部で疑問死した方です。最近になってその死に対して国家の法的責任が認められ、国家賠償判決が下されました。その弟が情報部に勤めていたと聞いたのですが。

　崔鍾善ですね。情報部に捕まっていけば、担当係長が指揮し係長の下の捜査
（チェジョンソン）
官が私を調査します。尋問をして調書を書くのですが、捜査官が別の部屋に指示を受けに行き、私がしばらく息をつくことがあるじゃないですか。そんな時、部屋に私を一人にしません。絶対に一人にしません。自殺の危険性があるという理由で捜査官が外に出るときは、捜査補助員がそばで私を監視します。

＊第1部　1970年代の人権弁論

私は調査も大したことが何もありません。全部終わって、処分だけ待つ時間に二人きりで座っていると会話をすることになります。ああだこうだと話をするのに、この人が私によくしてくれました。心からよくしてくれているのはすぐ分かるじゃないですか。できれば私を慰めて安心させてあげようとして、この人の話は「早くうまくいって出られれば」という話です。

私はその時まで、少しひねくれたところがありました。『あなたも私が出て行くのを願っているのか？』って言ったら、『いや、弁護士先生、何をおっしゃるんですか』と、自分も人じゃないのかというんです。その時、真顔で『実は私の兄が崔鍾吉教授です』って言うんですよ。

その時、崔鍾善が捜査補助員でしたんですか？

後で調べてみたら補助員だったんですね。あの時会ってから、もう会えませんでした。それで実は崔鍾吉教授が自分の兄なんですが、去年そこで兄が死んで、死んだ時に遺体確認を自分がしたと話したんです。ところが、それまでは彼は情報部内で何んらの身分上の不利益がなかったと言っていました。そう言いながら辛そうな表情をしていました。

どれほどショッキングだったでしょうか？　その時、崔鍾吉教授が情報部で拷問で死んだ話を証拠がないが全部知っており……　その弟がその中で勤務せねばならない状況です。私は情報部に弟がいるとは知りませんでした。崔鍾善はその後、情報部を辞めてアメリカに移民しました。数年前に韓国に来て、兄の真相解明運動をしたりしました。

情報部に捕まった方の中で、姜信玉弁護士は結局、裁判を受け、1審と控訴審で有罪となり、大法院の判決は、れから10年後に破棄・差し戻しとなり、事件から14年が過ぎた1988年、ソウル高等法院で無罪判決が確定しました。洪弁護士の場合、その事件で被告になって裁判を受ける段階まで行かなかったんですよね？　洪弁護士はその後、もう二度、情報部に連行されたことがありましたね。

1975年に民主回復国民会議の事で捕まったことがあり、1980年に知識人宣言で捕まったことがあります。1975年、その時は強制捜査ではありませんでし

た。分かり切ったことでした。事務局長辞退しろ、辞退書を書けという話でした。そこ〔情報部〕で書かずに出て、先輩たちと相談して書けと言えば、書くからと言うと、出してくれました。

　話が出たついでに1980年に捕まる時はどうでしたか？

　1980年度に軍事政府終息闘争を主導した知識人宣言に署名したとして、新軍部が政権を完全に掌握した時、一度行きました。1980年7月17日の制憲節かな？　とにかく南山に2回目に行く時、まず中部警察署に行って一泊して、その次の日に南山で一泊しました。その他の前科はありません。

　いや、「前科者」じゃなくて、「体験者」で「生存者」ですよね。民主化のために活動して苦難を経験したのは犯罪者ではなく、民主愛国志士だと思います。すべて三度の情報部体験ですが、みんな2泊3日ですね。その中でいつが一番、大変でしたか？

　一番最初に行った時でした。一番怖かったからね。その次は少しだけ負けん気ができます。情報部だといっても、まさか人を殺すところではないだろう。でも人革党家族はひどい目にあいました。情報部で人革党の家族が拷問を受けた話を後で聞いてみると、どうして人間として、そんなことができるのかと思います。本人のみならず、家族まで。その家族の恨は何をもってしても解くことができない。

　再び、民青学連事件に戻りましょう。2泊3日の苦難を経て、これ以上やる気が無くなったり、萎縮したりはしませんでしたか？

　ところが、毒気が上がってきたからか、とにかくその事件を続けました。民青学連事件であまりにもたくさん拘束されました。そうだね。1審で、第1チームがあって第2チームがあったんだけど。第1チームは三十数人で、李哲、柳寅泰、金炳坤、金芝河もそこにいました。柳根一、李炯培、徐仲錫など30数人ですよ。名前は誰かと言えば皆思いあたる人たちです。このチームの1審裁判が終わってすぐに2番目のチームがいましたが、その数ははるかに多い

＊第1部　1970年代の人権弁論　　　　　　　　　　　　　　　　　　61

です。今、覚えているのが諸廷垢、兪弘濬です。

池学淳司教の拘束が転換点

> 控訴審は高等軍法会議ですね。控訴審でも弁論をずっと引き受けられましたか?

　はい。その前に思い出すことを少し話します。姜信玉弁護士と一緒に2泊3日、連行されて南山に行ってきた日、黄仁喆と連絡が取れました。その時、池学淳司教が……　民青学連活動に必要な資金、数十万ウォンを手当しました。金芝河が司教からもらってきて、趙英来に渡して、趙英来はまた誰かに渡して。当時の数十万ウォンはかなりの大金です。カトリックだから用意できたはずです。それが調査の過程で全部出てきたじゃないですか。

　池学淳司教が民青学連事件を捜査し裁判する時、外国に行っていました。ローマ法王庁かに行っていたはずです。司教が外国にいたので調査ができませんでした。私が情報部から釈放された時、帰国しました。それで調査をしたが、果たして司教に対して拘束捜査をするかどうか不明な状態でしたが、そのまま見過ごすはずはありません。カトリックは民青学連と全く関連がなく、ただ池司教だけが金芝河を通じて資金を少し提供した程度です。

　ところが、池学淳司教がその日、空港からまっすぐに連行されて、一旦釈放されてから明洞聖堂に来ました。司教は気になってしようがないんです。『私を必ず捜査するようだが、一体事件がどうなっているんだ』って。それを話してくれる人がいないじゃないですか。みんな拘束されているから。弁護士にも何とか会いたいし。それで明洞から池司教が弁護士に会ったがっていると、黄弁護士を通じて連絡が来ました。

　『夜に私と二人で明洞聖堂の後の修道院の某所に司教がいらっしゃるから会わないと。司教に対する監視が厳しいと思うし、情報部で監視しないはずがないが、なんとか入って会わないと。だから洪性宇弁護士は情報部から今朝、釈放されたので、少し気をつけて家にいてほしい。私と林昤圭と行ってくるよ』。

　でも、私も気になって仕方なかったんです。怖くもあったんだけど……　朝に釈放したのに、またそんなことしているのかと言われそうで。家で悩みぬい

た挙句、黄弁護士に会いに行きました。その夜に明洞聖堂に一緒に入りました。林吠圭弁護士と3人で。神父の案内で、こっそり無事に入って司教に会って、その間の裁判の話を全部、司教に聞かせました。

　そして私たちが出てきて、司教がすぐに拘束されました。民青学連事件は、司教を拘束したことが一つの転換点だったようです。その時からカトリックが立ち上がりました。韓国史上初めてカトリックの司教を拘束したのですからね。池司教は教区の教区長ですが、カトリックでは教区の王様です。司教は教皇庁から直接任命します。

　では、司教も教皇庁で任命して、教区も教皇庁で直接決めるんですか？

　それも法王庁の発令です。だから司教同士は互いに独立機関です。そんな司教を拘束するからカトリックが立ち上がり、正義具現司祭団が結成され、十字架を持って明洞聖堂の聖母マリア像の前に集まり、夜にキャンドルをもって礼拝を行い、そして全国のカトリック教徒がすべて司教を釈放せよと立ち上がりました。それが民青学連事件が学生事件から全国民的な抵抗へと拡大する重要な転機になりました。

　カトリックっていうのは、すごく恐ろしいんですよ。プロテスタントはその教団でちょっと話して、おしまいです。プロテスタントは臆病なので、特別なことを押し進めることはできません。

　カトリックは一糸乱れず立ち上がります。全国的にカトリックが非常に粘り強く抵抗をしました。死刑、無期まで宣告した重大事犯を翌年、2・15措置で大部分、釈放するのには様々な要因が作用しましたが、カトリックの全面的な抵抗が朴正熙政権の譲歩を引き出す上で決定的だったと思います。最も組織的な抵抗でしたからね。

　池学淳司教が捕まる直前に良心宣言をして、入獄しませんでしたか？　情報部に連行されると、適法な手続きもなく拷問を受け、スパイや北朝鮮と連携したとでっち上げられる時代に池学淳司教が「良心宣言」という解決法を作り出します。記録によると、池学淳司教は1974年7月23日に次のように良心宣言をします。

＊第1部　1970年代の人権弁論　　　　　　　　　　　　　　　　　63

『本人は……　刑事被告として、いわゆる非常軍法会議に出頭するよう召喚状を受けた。しかし、本人は良心と神の正義が許さないので召喚に応じない。本人ははっきり言っておく。いわゆる非常軍法会議で本人に対する何らかの手続きが行われたとしても、それは本人が自ら進んで出頭したのではなく、暴力で連行されたことをあらかじめ明らかにしておく』。

　このように宣言し、彼は『維新憲法は無効であり、真理に反し、国民の基本権を踏みにじった悪法だ。当時の裁判の独立性は認められない』と、一つひとつ指摘します。
　池司教の良心宣言は一つの良心の表現形態であり、拷問の時代に自分の意思を知らせる方法として脚光を浴びました。初めてその良心宣言が出た時、その方法の斬新さで大変注目されたと思います。

　良心宣言の方法はとても独創的なものですよね。池学淳司教が初めて開発したもので、それを受けて運動次元で良心宣言提唱運動を展開する。公式的には民主回復国民会議が発足し、「良心宣言運動」を提唱しました。
　公安当局に連行され拷問を受けて、無理やり陳述したことのためにいつまで良心の苦しみを受けねばならないのか。だから連行される前に自分の行動と意志を明らかにして、後で拷問や脅迫のために本心にない発言をしても、その良心的呵責から逃れ、当局の容共でっち上げと闘えるんじゃないかという趣旨です。その後、拷問が蔓延する時代に良心宣言という抵抗手段が広まるようになったと聞いています。

　池司教に対する裁判はどのように行われましたか？

　池学淳司教も裁判を受け、懲役をくらって、1975年の2・15措置で一緒に釈放されました。

　池学淳司教の事件は誰が主に担当しましたか？

　主に林哘圭弁護士がしました。私たちがみんな頑張りました。ところが林哘圭がカトリック信者だから……　林弁護士が拘置所の面会に行く際、原州教区

の行政書類を持って行って、司教から決裁を受けてきたことがあります。その
ため、林畎圭弁護士に対する懲戒委員会が開かれたりもしたが、うやむやに
なったことがあります。それだけ林畎圭弁護士が情熱を持って臨みました。

法廷に鳴り響いた愛国歌

次の民青学連事件の控訴審に移ります。高等軍法会議控訴審はどのように進
みましたか？

高等軍法会議裁判長が陸軍大将でした。フォー・スターの将軍が裁判長とし
て座っているから、どんなに威圧的だったでしょうか？　裁判はすぐに終わり
ました。一、二度審理して……　まあ、審理もほとんどしませんでした。控訴
棄却ですからね。いずれにせよ、その時の宣告公判における弁護人席に私一
人しかいませんでした。あの日、なんであんなことをしたんだろう。みんな、
なぜ遅く来たのか。被告たちは、ちゃんと示し合わせて入ってきたんです。法
廷で裁判長が着席するとすぐに、愛国歌を合唱しました。数十人が「東海の
水と白頭山が……」　と始めたのですが、その時は傍聴席に誰もいませんでし
た。

その時は看守たちが被告を一対一で戒護しました。重犯たちだと手錠をしっ
かりかけたまま愛国歌を歌うと、看守たちが学生たちの口を塞ぐんです。そし
て休廷して、みんな追い出しました。傍聴客もみんな追い出して、法廷がまっ
たく空になりました。法院で弁護人にどうか座っていてくださいって言うんで
すよ。その話を「法廷の愛国歌」という文に書いて『新東亜』に載せたことが
あります。

その「法廷の愛国歌」というエッセイは、韓完相^ハンワンサン教授の表現によると、後に
教科書に必ず入るべき名文だと言います。その内容に高等軍法会議の風景がで
きますが、その部分だけ一度引用してみます。当時書いた文なので、今より記
憶と実感がはるかにこもっています。

1974年９月28日、陸軍本部内の非常高等軍法会議の法廷で、いわゆる民青学
連事件に関連した約30人の学生たちに対する宣告公判が開かれることになった

＊第１部　1970年代の人権弁論　　　　　　　　　　　　　　　　　　65

が、軍法会議審判部が入廷して裁判長が開廷宣言をするや、起立していた学生たちが一斉に悲壮な声で「東海の水と白頭山が……」と愛国歌を歌い始めた。

学生たちの愛国歌斉唱が始まると、突然奇怪な事件が起きた。横から警護していた看守たちが大声を張り上げ、学生たちの口を塞ぎ始めたのである。愛国歌を歌う学生たちと、その口を塞ぐ看守たちの手と黙れという怒声……

手で塞いで押したおすので法廷は阿修羅場になって、看守の手を避けながら学生たちが愛国歌を続けると、裁判長は学生全員を退廷させるよう命じた。

その後、裁判を受ける学生は全員退廷し、傍聴していた学生の家族や新聞記者まで、全員が退場した中、がらんとした法院で7人の審判官、2人の検事、軍法会議の職員か捜査機関員のような傍聴人10人余りと法廷をぐるっと取り巻く憲兵たち、そして被告の学生たちの代わりに弁護人である筆者一人だけを弁護人席にぽつんと座らせたまま、すべてを合算すると百数十年はありそうな懲役刑が宣告された……

また、民青学連事件の枝分かれであり独自の重要性を持つ事件で、姜信玉弁護士に対する裁判が行われませんでしたか。

姜信玉弁護士が拘束されて裁判を受けたが、その時、法廷で弁論をした内容を問題にして、緊急措置違反、法廷侮辱罪で起訴したので、史上初の大弁護団を立ち上げました。その時は100人以上の弁護士が弁論をしました。

1988年に高等法院の判決が出た時、弁護人名簿が貼ってあったんですが、一番上に高在鎬弁護士の名前があって、私が数えてみると99人です。

その時、主に黄仁喆と私と弁護人の選任届をもらいに、同僚弁護士たちの事務室を訪ねてまわりました。でも、それさえしてくれない人もいたよ。

その選任届をもらいに直接、事務室を訪ねてまわりましたか？

私たちが走りまわりました。私は一緒に連行されたのに拘束されず、彼だけ拘束されたので、どんなに申し訳なかったか。世話を一生懸命しました。

では、姜信玉事件の法廷の雰囲気はどうでしたか？

　弁護士たちが完全に主導しましたね。検事が出ても話すべきことがあります
か。弁護士たちもその事件を弁護する時、黄仁喆と私はちょっと離れていろと
言われました。先輩たちが、法曹の元老たちだけが出て弁論をしました。そん
な弁論は大義名分もあるし。弁護士が弁論で法廷拘束された事件だから。それ
で金済亨、高在鎬のような在野法曹界最高の弁護士たちを前面におし立てまし
た。振り返ってみると、姜信玉弁護士は幸せな裁判を受けました。

　弁護士たちは何人法廷に来ましたか？

　数十人来ました。見物するんですよね。それしきの好奇の視線はともかく、
たくさん来ました。面会もよく行きましたし。

　法廷ではその検事も言うことがほとんどなかったようですが。

　そんな時、検事が本当に大変です。法曹界の先輩たちが集まった席で検事だ
けが悪役を演じねばならないのだから。そんな時は検事が可哀想です。

　姜信玉被告に対し、第1審判決は非常普通軍法会議で懲役10年、資格停止10年
が宣告され、控訴審は非常高等軍法会議で被告側の控訴を棄却しました。大法
院では事件をずっと塩漬けにしましたね。幸い主審判事が事件を無期限延長し
て、10年後に大法院で原審判決を破棄して、ソウル高裁に差し戻し、民主化し
た後、1988年に無罪が確定しました。そして民青学連関連の被告はいつ釈放さ
れましたか？

　翌年、1975年のいわゆる2・15措置で刑執行停止となりました。その時は民
青学連関係は大法院の判決まで確定しました。李哲をはじめとする学生たちも
出て、金芝河も池学淳司教も出てきました。姜信玉弁護士も釈放されました。

　その時解放されなかった人もいますか？

出られなかったのが、柳寅泰、李炯培、そして李康哲も出られなかったと思います。なぜかというと、２・15措置で釈放する名目が学生たちは釈放ということだったからです。とにかく李哲はこの時、学部４年生でした。そして、柳寅泰はすでに卒業していました。だからといって李哲はまだ純真な大学生だから釈放して、柳寅泰は大学卒業の無職だから釈放できない……　その時の基準がおかしいじゃないですか？　それで「無職者」の李炯培と柳寅泰が長く獄中にいました。

　民青学連が釈放されるのを見て、人革党で窮地に追い込まれた人たちも、死なないだろうという希望を少しは持てたと思うんです。李哲なども大法院で死刑判決を受けたのに釈放されました。

　いや、民青学連に関連して死刑宣告を受けた人の中で李哲、金芝河など5名は国防部長官の判決確認過程で無期懲役に減刑されて、刑執行停止で釈放されたのです。人革党事件の判決は1975年４月７日、大法院で確定しました。そして翌朝、８人を死刑執行してしまいました。その日は新聞が出ない日です。
　民青学連が釈放されるのを見て、人革党の関係者たちも希望を持ったでしょう。大法院で判決が下るや否や、処刑するとは想像もつかなかったでしょう。

　民青学連の関係者たちに１審で死刑、無期などの宣告が下された時、本当に死刑に処せられるだろうと感じましたか？

　私たちはまさか殺すとは思いませんでした。全く殺すような事件ではありませんでした。裁判の時は凄かったが、その後に民主回復運動や２・15措置やその前まで展開した国内情勢が学生たちの事件なので、まさか死刑にまでするだろうかと思いました。ところが人革党の被告を本当に殺すのを見て、朴正煕が本当に恐ろしいヤツだと思いました。

　民青学連の話を終えながら、この事件が洪弁護士に及ぼした影響の重要さについて、一度、まとめていただけますか？

民青学連事件を弁論する際、「良心囚弁護」、「政治犯弁護」、「人権事件」こんな風に呼びました。上品に呼べば「時局事件」で。その事件を引き受けてみると、『ああ、私がこれから進む道がこれなんだ』と思いました。一言で言って、弁護士としての職業にやりがいを見つけたのです。

　孤立無援の政治犯・良心囚の味方になること、彼らの法律的な立場や権益を保護し、彼らの主張を代弁すること、これが今、韓国の状況で弁護士がなしうる、また、なさねばならぬことではないかと痛感したんです。困難な中でも渾身の力をふりしぼって全力投球をするようになりました。われ知らずそうなったんですよ。本当にそんな事件は初めてで、アマチュアで、ただでさえも興奮しやすい性格ですが、本当に頑張りました。その時、私は37歳でした。

　当時の雰囲気では、このような事件を引き受けた場合、政治的報復の恐れもあっただろうし、みんな避けようとしたのに、洪弁護士はむしろやりがいと共に将来の道を見つけたということですね？

　1年余り民青学連事件を担当したため、黄仁喆や私が人権弁護士の道を行くことになってしまったのです。そのような事件にあまりに熱心に喰らいつくから、その後に学生たち、労働者たち、知識人たちの弾圧事件が次々と来るんです。手当たり次第に投獄した時代なので事件はいくらでもありました。ぶっちゃけたところ金にならなかっただけで、事件は洪水のように押し寄せてきました。

　それでは時局事件ではない一般事件は受任しにくかったでしょうね、当局の目に見えない圧力や干渉もあったでしょう。

　一般事件は激減しました。その時から私が弁護士をしながら、借金暮しが始まりました。人々の反応が敏感なんですよ。政治事件を受任し、民青学連事件の時は情報部にまで連行されたりもしたから、噂がひろがり普段親しい友達も事務室に電話もしませんでした。

　私が京畿高校〔1900年に設立、平準化されるまでは韓国一の難関校〕を出てソウル法大を出たので、当時は羽振りのいい友達が周りにいました。私が学閥をよく管理して、ただヘラヘラ過ごしていたら、俗に飯を食うには困らなかっ

＊第1部　1970年代の人権弁論　　69

たでしょう。でも僕が人権事件をしてるから、高校の同窓生の中にも電話する連中もいません。『あいつに電話したら盗聴されるって言うじゃないか』。そんなうわさも出回るんだから。でも、この道がそういう道だと分かっていても、やらないわけにはいきませんでした。

　最近、民青学連事件に対する一連の再審裁判が行われています。法院のお詫びが続いています。民青学連の主役である李哲は、『過去の歴史は正しく解釈されねばならず、記録を厳正に残さねばならないという理由で再審を申請した』と言っています。また『それなりに社会的補償を受けた人も多いが、当時、苦難を経て人生が狂ってしまった人の方が多い』と言及しました。

　法院は過去の誤った裁判による犠牲に対して反省と謝罪をしています。数十年も放置していたが、一つ一つ再審で正しています。民青学連事件の再審で無罪判決を下した裁判長はこう語りました。『法院は不当な公権力の行使から国民を保護する使命があるのに36年前にはそうすることができず、裁判自体が回復不可能な人権侵害の手段にされた。司法府は当時の裁判を30年以上も正すことができなかったことに対し当事者らに謝罪する。年老いたり、すでに故人となった方々に、法院の謝罪が十分な慰めにはならないだろうが、彼らの勇気と犠牲で韓国が民主化するきっかけができたので、彼らの苦労は無駄にならなかったと思う』。

人権弁護士陣容の形成
―李敦明、趙準熙、黄仁喆、洪性宇弁護士の結合―

　民青学連事件で黄仁喆、洪性宇両弁護士が初めて人権弁論に登場します。お二人はその後、民主化の入り口に至るまで15年以上、変わらなぬ友情と連帯で人権弁護士の中心になられたのですが、二人の親交はそれ以前からありましたか?

　私と黄仁喆弁護士とは、誰よりも良い同志関係を維持しながら仕事をしてきました……　彼と私とに共通点があります。法官になったが、経済的事情でやめたんです。二人とも家庭的に大きな責任を持っていたんです。大人数の家族の扶養責任者でした。本当に長い間。二人とも長男だし、弟も多いから、大体こういうこと（人権弁護）はしない口実は十分じゃないですか。私がやらなくても誰も非難できない状態でした。

　彼とは大学の同期だけど、その時までは特に親しかったわけじゃなかった。ただ普段にたまに会う同じ法曹界にいる大学の同期でした。大学通っていた時は名前や顔くらい知っている程度でした。

　黄仁喆、洪性宇の2人の弁護士の前に人権弁護士と呼ばれるような個人やグループはありませんでしたか?

　その時、私たちが神様のように敬った方が李丙璘弁護士ですね。李弁護士は法廷活動以外にも民主守護国民協議会（民守協）の活動をして、大韓弁護士協会の会長を2度、歴任しました。軍部独裁体制に抗して人権を擁護し、その後、保安司令部に連行され酷い拷問を受けたこともあります。1974年には、李丙璘弁護士はアムネスティ・インターナショナル（国際赦免委員会）の韓国支部長でした。私が民青学連事件を引き受けると同時に、李丙璘弁護士のアムネスティ韓国支部に関与することになりました。

　もともとアムネスティ韓国支部はすでに組織ができていましたが、私は遅れて使い走りのように入ったわけです。良心囚支援、死刑廃止、拷問防止、これ

がアムネスティの３つの主要事業なんです。アムネスティの活動を始めてみたら楽しかったよ。アムネスティの活動にやりがいを感じました。アムネスティは良心囚に対する支援をするところなので、私たちの活動と合っています。アムネスティには李丙璘弁護士が韓国支部長で、理事格の指導部には夫完爀〔『思想界』社長〕、そして桂勳梯〔社会運動家〕もそこにいました。李丙璘弁護士は人権弁護士の師表であり、行動する法曹人の表象でした。その下で多くの影響を受けましたよ。

　私たちより前に韓勝憲弁護士が頑張りました。私たちより約５、６歳上です。同じ年頃の人たちが一つの親睦グループを成していましたが、韓勝憲、尹鉉（牧師）、金相賢（政治家）、汎友社出版の尹炯斗、そして後に李泳禧教授が監獄から出てきて合流して、みんなとても仲良く過ごしました。ウァクセ（枯れススキ）クラブという親睦会がありましたね。私たちも集まりに２、３回出たことがあります。我々を引き入れようとしたんだけど、黄仁喆や私とは年の差があるので、２、３回出て行かなくなりました。

> 李敦明弁護士はどんなきっかけで合流することになりますか。

　当時、李敦明弁護士は50代初めです。私の16年先輩です。東亜日報が1975年初頭から広告騒ぎ〔朴正煕政権の東亜日報弾圧事件〕になります。1974年下半期に東亜日報が自由言論を標榜しながら勇気をもって書いた記事に対する報復として、政権は広告主に圧力を加えて、東亜日報に広告が出ないようにしました。弾圧です。それで東亜日報の広告欄が白紙になってしまって、市民たちが東亜日報を応援しようと激励広告を出します。

　この時、李敦明弁護士が本格的に乗り出します。他の弁護士の金を集め、「弁護士の激励」という広告を、広告面ではなく社会面に連続的に出します。数十回まで続くほど激励広告を主導したのです。その前に民青学連の弁論をしていた時、李弁護士が私たちのところに来て『事件の真相がどうなのか？』と真剣に聞いたこともあります。この時すでに李敦明弁護士が先導して法曹人が激励広告を出す意志を示したのです。李敦明弁護士が民主化運動に身を投じたのはこの時からですが、黄仁喆、洪性宇などと一緒に激励広告を出し、私たちも手伝いました。そして金芝河事件から完全に一緒に仕事するようになります。

趙準熙弁護士はどんな事件から人権弁論に合流しますか？

1975年に明洞聖堂で学生デモを企てた事件がありました。デモまではできなかったが、デモを企画して拘束された事件がありました。民青学連のすぐ次というわけです。学生たちは、とても強気で裁判拒否闘争まで行って、私たちも少し宥めながら臨まねばなりませんでした。

その時、裁判長が沈勲鍾部長判事だったんですが、沈判事ととても親しいのが趙準熙弁護士でした。そんな事情もあって、趙準熙弁護士に助けを求めたのです。趙準熙弁護士は私より1年先輩です。この事件で趙準熙弁護士は主に法廷に出廷しました。趙準熙弁護士は性格がとても穏やかで円満で合理的な方なので私たちとよく合いました。あの時から一緒になったのです。こうして4人のチームワークが形成され、1975年頃から緊急措置違反、国家保安法、反共法など時局事件全般にわたって李敦明、趙俊熙、黄仁喆、洪性宇の4人が主に担当することになりました。

このように先生がたがみな一緒にする時、お互いの役割分担はどうでしたか？

特に誰かが何するというような分担はありませんでしたが、書く作業は私たちが主にしました。老人に直接書けと言うのは申し訳ないからどうしても若者が書く方がいいので。

チームワークが一番よかったのは何の事件ですか？

何かの事件ではなく、チームワークはいつも良かったのです。私たちの誇りはとても人の和がよかったことですね。仕事と関連しても、個人的な問題と関連しても、私たちの間には意見衝突はもちろんなかったし、声を荒げたり、顔を赤かめたりすることが一度もありませんでした。そんなチームワークがなければ一人で十数年間、頑張れなかったでしょう。

人々がお互いに仕事をしていると、功名心のようなものが作用することもあり、格好いい仕事をやりたいこともあるし、そうじゃないですか。私たちはそ

＊第1部　1970年代の人権弁論

んなことが全くありませんでした。我々どうしでお世辞を言うこともないし、長い間、絆を保ちながら一緒に仕事を地道にできたのは、そんな人の和がたいへん助けになりました。

　これも口先だけのように聞こえるかもしれないが、私たちは道徳性の面で後ろ指さされるような弱点をつかまれることはなかったのです。そんなものがあれば、耐えられずに立ち去っていただろう。もし弱点があったなら、その不利益を他の弁護士よりも先に受けたはずだからです。

　私たちは本当に気を付けました。過ちのない人はいないだろうし、その点では私も同じだけど、友達が好きで飲み歩くこと以外に大きな弱点がなかったからです。黄弁護士もそういう面でほぼ完璧な友達でした。

民主回復国民会議

1974年、民青学連事件に飛び込み、洪弁護士はその舞台を法廷に限らなかったようです。先ほどアムネスティで幹事として活動したとおっしゃっていましたが、活動の半径をさらに広げられたようです。

1974年末、民主化運動に意味ある事件として民主回復国民会議が結成されました。その発足を知らせるために、「民主回復国民宣言」を発表することになります。反維新運動であり、民主主義回復のための在野の動きでした。その時、私は弁護士活動をしながら民主回復国民会議に関与することになります。そのために個人的にひどい目にあったりもしました。

民主回復国民会議はそれ自体が歴史的重要性を持つ運動ですが、その背景と結成の過程での秘話などもお聞かせください。

基本的には維新体制（1972〜1979）を批判し、民主主義を回復させようという運動です。維新っていうのはクーデタじゃないですか。一夜にして戒厳宣布し、「国会議事堂前に戦車を配置して」、国会を解散させて密室で作った法文書を持ち出して、これが憲法だと宣言したのです。維新憲法では大統領も国民の直選ではなく、体育館で「統一主体国民会議」なるものを開いて間接選出して、国会の議席の3分の1は大統領が指名するようになっていました。

だから民主主義の立場から見て、完全に憲政秩序を破壊したクーデタであり、一種の内乱です。全く話にならないんです。法律を勉強した人たちにとっては鉄槌で後頭部を殴られたような暴挙でした。今になって維新憲法で朴正熙が政権を取って韓国経済を蘇らせたと維新体制を合理化する議論がありますが、その議論の経済的妥当性がどうであれ、維新憲法はとんでもない暴挙でした。

維新憲法に反対し、改廃を主張して、維新憲法の無効を主張する維新体制反対運動が1973年10月から始まります。1974年の春になって維新憲法の撤廃を促すいわゆる民主化運動が本格化します。改憲請願する国民運動を抑えるために

大統領の緊急措置1号が宣布され激しく弾圧します。学生運動として民青学連事件が大爆発し、それを弾圧するためにまた緊急措置4号を宣言します。

反維新の求心点、民主回復国民会議

　そのように反維新体制運動が起き、民主化運動を主導した社会的著名人士を中心に社会運動として民主回復運動が本格化したのが1974年11月です。『民主回復国民宣言』が出され、それで民主回復国民会議が誕生します。

　1974年11月のある日、夜中に我が家に金正男が訪ねて来ました。その時、国民宣言の草案を私に見せてくれた。「招待状」の形にしてね。招待状には民主回復という単語は使っていません。招待者としては、李仁〔抗日弁護士、初代法務長官〕、金弘壹〔元独立運動家、野党指導者〕、李熙承〔朝鮮語学者〕、咸錫憲〔在野指導者、無教会派の思想家〕、李兌栄〔女性弁護士〕、姜元龍〔牧師〕、千寛宇〔ジャーナリスト、歴史学者〕、このようになっています。ところが、実際にこの中で積極的な役割を果たし、この集まりにも出た人は咸錫憲、李兌栄、姜元龍、千寛宇のような方たちでした。李仁、金弘壹、李熙昇などの方々は、あまりにも年老いて名前をお借りしますと言うと、『ああ、いいよ』となったんです。

　そのように招待状を回しましたが、これを実際に裏で準備した組織者がいます。若者の中でこういうオーガナイザーがいないと仕事にならないんですが、自分の顔と名前はださぬ韓国の民主化運動のオーガナイザーは大体、6・3世代など1960年代の学生運動世代です。表面上は社会的名望家たちが先頭に立つが、実際の仕事を進めるのは彼らでした。その時のオーガナイザーは金正男でした。当時活発に女性運動をしていた金正禮と金正男のコンビがやったと見てもいいです。それで11月20日にキリスト教会館の講堂に集まって、その場で民主回復国民宣言を発表し、民主回復国民会議を結成しました。

　洪弁護士の資料の中に、その招待状、宣言文と「国民宣言」参加者名簿が全部出ていますね。参加者を見ると数も多く、各界の代表者たちが網羅されている感じなんですが。この文書は歴史的資料ですね。

　当日、この国民宣言を採択しました。出席者名簿を見ると、その場所に参加

できなかった方もたくさんいます。政治元老、独立運動の闘士、制憲議会議員など象徴的な方々と、カトリック神父、プロテスタント牧師、そして僧侶、学界、文人、言論人、法曹人、女性界、政治家など各界の人士たちが含まれています。民主回復のための反維新運動は連合部隊でした。

　その中にかなり進歩的な知識人もいて、極めて保守的な人々もいましたが、反維新、反独裁については全部共感していましたね。その時は混然一体となって維新に反対しました。法曹界からは全部で6人が参加しています。李丙璘、洪性宇、黄仁喆、韓勝憲、林玟圭、そして女性では李兌栄ですよね。彼らを現場に出させることはとても難しいのですが、承諾を得て名前だけ上げるのも大変なことでした。

　この程度、総網羅したのは、1987年6月10日、国民運動本部を除いては例がないと思われます。どのようにして各界の要人から秘密に署名や同意が得られたのか、その企画と情熱に驚くばかりです。

　まさに総網羅ですね。だからその名前だけ見ても民主回復国民宣言の威力がすごかったのです。恐しい弾圧の中でも、『東亜日報』でトップ記事になったのだから。その時は『東亜日報』が少し息をして抗っていた時です。だからトップ記事にしました。私はその場に行きました。その日、司会を李丙璘先生がされたのです。その後も民主回復国民会議を主に率いたのが、李丙璘、千寛宇、咸錫憲たちです。

　国民宣言参加者名簿から法曹人として李丙璘、洪性宇、黄仁喆、林玟圭、韓勝憲5人の方のお名前が出ていますね。当時、この5人の間には連帯感がありましたか？

　この民主回復国民宣言のために私たち弁護士どうしで話し合ったり、そういうことはありませんでした。それは金正男が個別に接触した結果です。

　洪弁護士は民主回復国民会議でどのような役割を果たしたのでしょうか。

　会議で私を事務局長に任命しました。当時、私が李丙璘先生の使いをしてい

＊第1部　1970年代の人権弁論　　　　　　　　　　　　77

ました。民主回復国民会議の運営委員会として4人を置きましたが、事務局長の私と、咸世雄神父、文学評論家の金炳傑教授、そして金正禮の4人を運営委員に選任しました。その時は東亜日報が広告不掲載事態になる直前なので。東亜日報に李富栄記者がいました。文化部記者なのに政治的な民主化運動の記事が出ると、すぐ政治部に駆けつけて記者たちに記事を強引に書かせました。

民主回復国民会議の事務局長を務めるのは、本格的な弾圧を覚悟しなくては、できないことじゃないですか?

　私が事務局長に任命されたのが1974年末だと思うが、すぐ1975年初に捕まりました。中部警察署に金正禮、金炳傑と私を捕まえて行きました。カトリックの神父は簡単に問題にするわけにはいかないから、咸世雄神父は連行されませんでした。三人が、そこで夜通し調べられて情報部に引き渡され、情報部でまた一晩調査を受けて、2泊3日で釈放されました。私たちが捕まっていた三日間に署名した60人みなの脱退書を受け取りに行きました。世宗ホテルでしたっけ?　情報部があった南山のすぐ下のホテルですよね?　そこの一室に情報部員たちが陣取って、人を連行してハンコを押させるんですよ。
　ところが私はやせても枯れても事務局長なのに、それを脱退すると言って唯々諾々とハンコを押すって、どれだけ恥ずかしいことだろうか。それで『私はハンコは押せないし、外で李丙璘弁護士と先輩たちと相談してから押すかどうか決める』と言ったんですが。『何言ってんだ。みんなハンコを押したよ』と言うんだが、中では他の人が押したのかどうかも分かりません。そもそも李丙璘弁護士は押したりする方ではありません。彼は負けん気がとても強いのです。そうこうするうちに結局、私はハンコは押さないまま釈放されはしましたが、民主回復国民会の事務局長の役割はそれ以上できませんでした。組織が完全に瓦解したので、結成すると捕まえられるからです。
　ところで、民主回復国民宣言は、その時、すごく大きなニュースになりました。各界の大物がみな参加しましたからね。1975年の春になって、そのせいで李丙璘弁護士が政権に憎まれて拘束されました。民主化運動じゃなく、姦通罪で引っかけて。

民主化運動を瓦解させようとする政治工作の一環であることは明らかです

が、姦通罪で脅かされた時、李丙璘弁護士はどのように対応したのですか。

　拘束される２日前に情報部から訪ねてきて、姦通罪で検察に告訴されていると知らせ、彼らが事前に準備した『民主回復国民会議代表委員辞任書』を取り出してハンコを押せば立件しないと脅迫したのです。李弁護士はこの脅迫を言下に断りました。だから報復は予定の手順でした。

　李弁護士に、でっち上げられるような弱点がありましたか？

　姦通は配偶者が告訴せねばならない親告罪です。告訴人は日本料理屋の女将の夫で、元夫と別居していたが、戸籍上は分かれていなかったようです。弱点を探していた情報部が、この件で告訴状を作って夫にハンコを押させたんです。そこで柳鉉錫弁護士と李敦明弁護士が行って夫から離婚申請取下書をもらって法院に出しました。姦通罪は離婚申請とともに告訴せねばならないので、離婚申請を取り下げると姦通告訴は自動的に取り下げられることに着眼したのです。弁護士の機知で公安当局の虚を突いたんです。それで姦通罪事件自体はそれで終わりました。

　しかし、こんな成り行きがマスコミに報道され、李弁護士は拘束されてから22日後に拘束取り消しでソウル拘置所から釈放されましたが、赤っ恥をかかされたんです。全くなかったことでもなかったのです。李丙璘弁護士はとてもロマンチックな方です。純真だったんだよ。結局、李弁護士は侮辱されて、政治的にはほぼ葬むり去らました。事務室はめちゃくちゃになりました。依頼がくるはずがなく、数ヶ月分の事務室の賃料も払えずにいました。

　結局、李丙璘弁護士は1975年12月ですか、ソウルを離れて都落ちすることになります。その後、尚州と金泉などで弁護士を開業しましたが、民主化運動や人権弁論に一切関与せず、ただ流人のように暮らしていたようです。その時、洪弁護士あてに送った手紙が後に広く話題になりました。『旅立ちながら』という詩をめぐって、旧世代が新世代の弁護士に譲る『絶妙なバトンタッチ』だというマスコミの報道もありましたが、バトンを受け継いだ思いも一入でした。

　李弁護士がソウルを発ち、水安堡〔忠清北道の温泉保養地〕のソウル荘旅館

＊第１部　1970年代の人権弁論　　　　　　　　　　　　　　　　　　79

で詩数首と一緒に手紙を書きました。その手紙にも出てきますが、李弁護士がソウルを発つ無念さを思い、何人かの有志が送別会を兼ねて夕食をもてなしました。その席の準備を一番若い私がしたので、発った後に感謝の手紙をくださったのです。

李丙璘弁護士は「南行千里」で都落ちしましたが、それでも志を継いでいく後輩の人権弁護士たちを見て大きな慰めになったと思います。いつか私が洪弁護士の事務所を訪れ、『旧友に……』という手紙をお持ちかとお尋ねしたところ、原本を見せていただき、震える気持ちで拝見したことがあります。人権弁論展示会を開けば、第１号に値すると考えたことがあります。洪弁護士もその手紙に格別の思いがあるようですね？

<h2>涙も凍るかと、ハンカチに包む</h2>

その手紙は今もちゃんと保管しています。普通の手紙は読んだら捨てるよ。でも、それは捨てられたものじゃないですよ。李丙璘弁護士の直筆だから、すごく大切にして金庫に入れておきました。『旅立ちながら』と『良心囚』の二首は、誰が読んでもすぐに感動します。また『偶吟〔ふと詠む〕』という漢詩があるじゃないですか。

年去年來又一春	年暮れ年来れば　また春は来たる
白髪揮處友情新	白髪になっても　友情はまた新ただ
誰作病老離別苦	誰が病んだ老人に　別れを苦しませるのか
梅下分手與故人	梅の樹の下で　旧友との別れ

大韓弁護士協会館１階の廊下に李丙璘弁護士の胸像があります。弁護士の中で唯一のものです。それだけ弁護士の精神と気概を象徴する方なんですが。この「偶吟」という詩は、その李丙璘弁護士の胸像の後ろに刻まれています。

洪弁護士はすでに２回、中央情報部に連行されましたね。民青学連事件で２泊３日に続き、翌年の初めにまた２泊３日で情報部に連行され、苦難を経ましたね。そんな強制連行のせいで萎縮することはなかったのですか？　弁護士活

動に支障はありませんでしたか？

　1974年と75年に連続して捕まり、いわゆる「官災の厄」に会い、それからは一般弁護士業務はほとんどできなかったんですよ。一言で言って金儲けはできませんでした。ある時は事務所の前に警察が出張って、私たちの事務室に来る人をすべて調査するんです。『おまえは誰に会いに来たのか』と嫌味を言って。だから私の同業者（金公植弁護士）に私がどんなに申し訳なかったことか。１年間、私が弁論した事件を調査してその依頼人たちを苦しめました。『おまえ、この事件はなぜこんな弁護士に任せたのか？』『金はいくら出したのか？』。こんな風に電話かけて、すっかり調べあげたんです。だから、いったい私に事件を任せると、警察に訳もなく取り調べられて、どんなに気分が悪かろうか。これじゃ弁護士としてまともにやっていけません。

　だから私もいっそう熱心に学生事件、労働争議事件ばかり必死に走り回りました。私がすべきことは、それしか残っていなかった。それから約10年、1970年代半ばから1980年代半ばまでは経済的な試練の年月でした。なんでこんな話までするのか分かりませんが、弁護士をしながら事務室を維持できないほどでした。

＊第１部　1970年代の人権弁論

白楽晴教授罷免処分取り消し訴訟
―― 維新反対が「政治活動」なら、維新支持は？ ――

　1974年に洪弁護士が引き受けた事件の中でソウル大学の白楽晴教授に対する罷免処分の取消訴訟があります。民主回復国民会議の結成に関与したとして罷免されましたのですが、その背景と内容を教えてください。

　白楽晴教授が1974年末にソウル大学を罷免されました。それが不当だとして罷免処分取消の行政訴訟を起こします。原告を白楽晴、被告を文教部長官とする罷免処分取消請求事件です。
　白楽晴先生は私の高校の２年先輩にあたります。学校に１年早く入って、学校で飛び級をしました。大学はソウル大学校の文理科大学の英文科に通ってアメリカでブラウン大学を卒業して、ハーバード大学で博士号を取りました。ハーバード大学の修士課程の時、軍役を現役で服務しました。その年配でアメリカに行っていて、わざわざ韓国に戻って軍隊に行ったのは白楽晴先生しかいないと思います。

　当時の留学生の中で今、指導層になって人事聴聞会で兵役忌避で痛い目にあっている方々が一人や二人ではありません。ところが白楽晴の場合、大変な模範を示したのですね。

　新聞にも載るほどでした。当時、〔人が嫌がる軍役をすすんで務めること〕それは大したことでした。その時、我々より２、３年先輩たちで頭がよくて家柄がいい人たちは、ほとんど軍隊に行かなかった。あれやこれやでみんな抜けたんですよ。裏口からコネで抜けて、金を使って抜けて、だから軍隊に行った人はあまりいません。それでも、彼はハーバード大学に通っていて、軍隊を終えて、またアメリカに戻って有名になりましたね。
　博士課程を終えると、ソウル大学でも白教授を採用し、宝物のように迎え入れたんです。『創作と批評』を創刊した新進気鋭の英文学教授として文学評論の面でも優れた存在でした。1974年に大学の副教授の時だったと思います。

そんなに有名で社会や大学で卓越していた教授を大学で解職した具体的な事件は何ですか？

　民主回復国民会議に署名したからでした。白楽晴教授はソウル大学の教授として参加しました。大学の教授としては、その時に金潤洙教授がいます。金潤洙は梨花女子大学の専任講師で美学専攻です。いきなり署名して、すぐに切られました。

　「民主回復国民宣言」を出した数日後、YMCA講堂で民主回復国民会議を誕生させました。1974年12月９日付で教育公務員特別懲戒委員会を開き、白楽晴教授を12月20日付で罷免処分しました。それで白楽晴教授が罷免処分について訴請審査委員会に訴請を提起しました。被訴請人が文教部長官です。この訴請は裁判前の手続きに該当します。行政訴訟は１審で訴訟手続きを踏みませんか？　その訴請は棄却されました。

　白教授は民主回復国民宣言の頃から知りました。それ以来、この訴訟を私が引き受け白教授との個人的な親交が深まり、創作と批評社の顧問弁護士のようになって、今でも私は「創批」の株主です。創批の文人たちが中心となってその後に自由実践文人協議会という文人団体を結成しました。そして、それは民族文化作家会議になり、自由実践文人協議会と民族文化作家会議の活動の中で文人たちが筆禍事件を数多く経験しました。多くの人が物を書いたカドで拘束され、反共法違反もあって、まあ各種法律を絡めて裁判を何度も受けましたが、その度にそれを私が引き受けて弁論したわけです。その中で白教授事件が一番先でした。

罷免取消請求訴訟の争点は何でしたか。

　事実関係は争うことが一つもありません。『民主回復国民宣言』に私が署名しました。そして宣言文はこれだ。分かり切ったことじゃないですか。争点が何かありますか？　内容もこの通りです。法的争点はこの署名と出席が政治運動なのか、国民会議加入が政治団体加入なのかどうかなのです。国家公務員法65条１項に教育公務員（大学教授もこれに該当する）は政治団体に加入できないようになっており、政治活動禁止条項がある。ところが、民主回復国民宣言

に署名したのが政治活動なのか、政治団体加入かどうか、この点に対する法律的な争いだけがあるのです。我々は猛烈に争ったのです。当時の大学教授たちは維新支持署名を数え切れないほどしていました。

　大学の教授たちが自ら名前を掲げて維新支持をしたのでしょうか？　その名簿まとめると、当時の学生たちが批判していた「御用教授」の実態が明らかになりますね。

　そうですね。維新憲法が発議されると、大学ごとに群れをなして維新憲法を支持しました。「維新体制だけが生きる道だ」と、大学教授らの声明が出ました。目に見えない強要や誘惑があったのでしょう。
　でも、支持はよくって、反対は政治行為なのかと、争いました。それは我々の話が正しいじゃないですか。支持するのと反対するのと何が違うんですか。白楽晴教授の懲戒に反対する「教授自律権宣言」が出ましたが、そこでもその点を明確に指摘しています。こんな署名に公務員法を適用したことは、大学教授の批判的意思表示を封鎖するものとしか見なせないのです。
　このように道理が明らかであるに、大法院まで全て原告が負けました。そうして白楽晴教授は教授職を失い、朴正煕が暗殺された1980年、「ソウルの春」でやっと復職しました。

　維新体制の下で、法院は権力の走狗として権力の意志に従順だった時期じゃないですか。そんな時期には合理的な主張に耳を傾けなかったでしょう。

　ええ。それで白教授は大法院上告まで全て棄却され、6年間、教授職から追い出され、創作と批評の発行人として文学評論にだけに専念しました。この裁判で私たちが主張したのは『これは政治行為じゃない』です。政治行為とは、特定の政党や特定の政治家に対する支持、または反対と解釈されるべきなのです。少なくとも政治行為と認められるには、特定政党や政治家に対する支持または反対が明白に表示されるような行動を取ってこそ政治行為なんです。

　先の弁護士の主張にあるように、反対することが政治行為なら、支持することも政治行為じゃないですか。なぜ支持する行為は放っておくのか、それは論

84　　　　　　　　　　　　　　　韓国の人権弁護士　軍事独裁に抗す

理的におかしい。こんな主張に法院はどのような判断を下したのですか？

　だから判断しません。論理なんかありません。そのまま、お終いですよ。

　当時は法院の判決文はいつも短く、論理的説得力よりも我々はこう考えるという一方的な言明が多かったように記憶します。

　大法院の判決文はいつもたいへん短い。却下という一言で終わりです。宣告棄却するに決まり文句がありました。印刷しておいて使うかどうかは分からないが、言下に『理由なし』と言ってしまえばそれで終りでした。大法院の判決がどのように使われようが、それに誰も何も言えないんだから。そのためか韓国の大法院判決はでたらめな判決が本当に多かったのです。

　ソウル大学としても時局と関連して罷免されたのは、白楽晴教授が初めてじゃないでしょうか。

　罷免は初めてだと思います。白楽晴の罷免はかなりのセンセーションでした。何しろ白楽晴先生の先輩になる英文学の教授たちが、白楽晴教授に対しては誰もが認めて大事にしていたからです。罷免されてから聞こえてきた話ですが、高麗大学の某教授が高麗大学で白教授をスカウトして教授に任命しようと猛烈に主張していたそうです。学校財団でそんなことを容認する余地がありますか。それで長い間、野人として過ごした。

＊第１部　1970年代の人権弁論　　　　　　　　　　　　　　85

「法廷に刃が立った」金芝河詩人事件

──法廷に鳴りひびく「灼けつく喉の渇きで」──

　今から1975年、金芝河詩人の事件の話をしましょう。これがその時、弁護陣を困憊させた事件なんです。金芝河一人に対する事件ですが、とてつもなく大きくて衝撃的で、とにかくすごい事件でした。

　時代背景を語ると1975年2月15日、民青学連事件およびその他の緊急措置違反で拘束された民主人士、学生たちに対する一括釈放が行われた。2・15措置でしたが、民青学連事件で拘束された被告たちもその時は全て刑が確定した後です。

　2・15措置で出る時、私も西大門拘置所の前まで行きました。民主回復国民会議の関連の千寛宇とかもみな出迎えに行った。釈放される学生たちがたくさん出てきた。外国の記者たちがたくさんきて、拘置所の釈放前夜は、お祭りさわぎでした。先生のような方は後輩たちが肩車して練り歩いて、そんな感じでした。

　金芝河は一時、民青学連事件で拘束され死刑宣告まで受けたが、無期懲役に減刑になって2・15措置の時に釈放された。金芝河が釈放された後に、『東亜日報』に寄稿した『苦行……1974』を獄中手記として書いた。その中で刑事事件として起訴されたのが二つなんですが、人民革命党〔人革党〕事件に言及をしました。

　『苦行1974』は、民青学連事件裁判の問題点、そして特に人革党の被告が拷問され、デッチ上げられた実態を獄中での出会いを基に書いて大きく問題になった。当局としてはとても座視できなかったのでしょう。

　文章の中に河在完、李銖秉との通房〔獄中の禁を破って他の獄囚と連絡・疎通すること〕の内容が出てきます。拘置所で通房をしたんだけど。先ほど言ったように、民青学連の呂正男が同時に人革党のメンバーとして民青学連事件の裁判を受けた。このように二つの組織を関連付けて起訴をしたのです。人革党が民青学連の上部組織であるかのように。

金芝河が『人革党、それは本当ですか？』と聞くと、河在完が『もちろん、でっち上げですわ』。『ところで、どうしてそこにいるんですか？』と聞くと、河在完が『拷問ですわ』。『拷問を酷くやられましたか？』、『話にもなりまへんわ。腸が全部抜けて、こわれてもうて滅茶滅茶ですわ』。このような対話が出てきます。

　そして法廷で慶北大学生の李康哲が言うには、『私は人革党の人の字も聞いたことがないのに、それを認めないからと、検事が立ち会って電気拷問を何度もされたんだ』という一節もあります。だから人革党はでっち上げ劇で、電気拷問という彼らの伝家の宝刀を振るった結果だった。だから『苦行……1974』という文を書いた。

　これが、1975年2月26日付の『東亜日報』の3面に掲載されたんですね。公訴事実は『東亜日報』に載せられた文を問題にしています。それを報道して、人革党は拷問で捏造された事件だと宣伝する北朝鮮の活動に同調して反国家団体を利したという嫌疑です。金芝河がまず捕まるのは『苦行……1974』です。

　そして、金芝河の家を捜索して確保した、いわゆる「張日譚」、「マルトゥギ」〔言葉の意味は棒杭で、「でくの棒」のような意味だが、朝鮮王朝時期の民衆の演戯であるマダン劇に出てくる道化役〕という二つの作品のメモを問題にします。作品の構想をしながら金芝河が走り書きしたメモの束ですが、このメモを見つけて押収した。張日譚や『マルトゥギ』という譚詩〔ヨーロッパのバラードから来た詩の形式。金芝河はこの形式で風刺詩を書いた〕形式の戯曲を書こうと準備しておいたメモでした。そのメモを見ると、いわゆるプロレタリア革命をテーマにした作品を書こうとしていたに違いない。したがってこのメモは利敵表現物製作のための予備行為だ。これが公訴事実第1項になりました。

　いや、作品を作ったわけでもなく、あちこちで書き散らかした作品の構想のためのメモを利敵表現物製作予備として処罰するのですか？　これまで利敵表現物製作で処罰を受けたケースは多かったが、製作の予備まで処罰した例があるとは知りませんでした.

　そうですね。メモがあるだけだから、これが一体何になるか分からないんです。だから本当にとんでもない事件です。作品を一度書いてみようと、走り書

きしておいたのが、どうして完成した作品と同じなんですか。数々の構想が作品化されずに消えるケースはまたどれほど多いでしょうか。「マルトゥギ」は民衆蜂起を起こす主人公ですが、結局、ブルジョアは崩壊し、「マルトゥギ」の勝利で終わったと起訴状に記載した。マルクス主義の基本原則に基づく共産主義が宣伝するように資本主義国家における被支配階級のプロレタリアが支配階級であるブルジョアを打倒し、または彼らの活動に同調する内容の表現物を製作することを予備して……　このように公訴事実を列挙してあります。それで反共法上の利敵表現物製作予備罪です。これが公訴事実の1項で、さっき言った人革党関係の寄稿が第2項です。

金芝河に対する罪名は反共法違反、国家保安法違反で1975年3月17日に再拘束されましたね。刑執行停止で釈放されてから1ヶ月後に。

反共法4条1項、2項、5項の違反です。この条項で本当に多くの人たちを逮捕したんです。利敵表現物の製作、宣伝活動に同調したとして金芝河を捕まえて起訴した。私たちの推測なんだけど、中央情報部とか朴正熙政権の反共捜査機関で人革党問題にすべてをかけたようでした。必死ですね。人革党は完全に共産集団で、共産主義者たちを確実に処断せねばならないと固く決心したようです。だから結局、4月8日、大法院判決の翌日の明け方に8名をすぐ処刑をしたんですよ。金芝河は人革党の拷問でっち上げを正面から問題にして再拘束されたのです。反共法、国家保安法違反で金芝河をアカにするんです。金芝河が裁判を受けることになって、カトリックと連絡して家族たちが私と黄仁喆弁護士にこれを引き受けてほしいと言ってきて、私たちが弁護士の選任届を出したんだ。私たちは民青学連事件の時からつながっていますから。

反共法4条違反事件は単独事件〔比較的軽微な事件で判事一人が担当する〕です。法定刑が7年以下だから刑事単独に割り手当られます。だから懲役をいくら食らわせようとしても、7年が上限です。それで裁判を待っているうちにベトナムで米軍が敗北しました。それでソウルを死守しようという、死にもの狂いの雰囲気で政局が急冷しました。そんな中、こっそりと公訴状が変更されました。その際、反共法9条の累犯加重条項を追加して起訴したのです。

当時、累犯加重条項を調べてみると、反共法第9条の2（再犯者の特殊加

重）があります。反共法違反の刑を受け、執行中あるいは刑の執行後５年以内に反共法４条に違反すると、その罪に対する法定刑の最高を死刑にするとされています。死刑までにするというのではなく、死刑にするという確定的な規定が恐ろしいですね。

　その累犯加重条項を適用したのです。もともと起訴するときは反共法4条違反として利敵表現物製作予備罪で起訴した。ところが、こっそり検事が公訴状変更して、適用法を追加して反共法の累犯加重条項の一条文を追加して出した。金芝河を死刑に処しうる事件へと控訴状を変更したのです。そして、単独事件の裁判部に割り当てていたものを合議部に配当した。３年以上の重刑を受ける事件は合議部に割りあてるのです。そうなると、その時は『あっ！』と思いました。私たちみんなに恐怖感が襲ってきました。これって、金芝河を殺すつもりかも……　みんなそう思いました。

　すでに人革党の被告たちを処刑したのだから、「毒を食らわば皿まで」で、ましてやベトナム戦の敗北で反共ムードが絶頂に達しているからですか？

　そうですね。雰囲気が恐ろしかったのです。これは金芝河を殺しそうだ。弁護人たちももちろん、家族や金芝河を救おうとしていた友人やカトリック教徒は大へん困惑していました。再び対策を立てようと、それで様々な舞台裏の歴史が熾烈に展開します。
　前にも話したように６・３学生抗争（1964年）の時から金芝河の友達で同志である金正男が主にこの事件の実務をした。原州にも出入りして家族とつながり、カトリック原州教区とも頻繁に連絡を取り、ソウル大教区とも、正義具現司祭団の神父たちとも連絡をします。金芝河救命活動は金正男が個人的に実務をほとんど行います。主に家族以外ではカトリックがやりました。原州教区とソウル大教区まで合わせたカトリック神父たちが全面的に支援しました。
　その時、金芝河に対する初の合議部の裁判期日が５月19日に決まりました。４月末にベトナム戦争に敗北して、ソウル死守を叫ぶ決起大会が汝威島で開かれる雰囲気の中で５月19日に最初の裁判期日をピッタリと指定したんです。累犯加重条項を適用して合議部に移したすぐ後にです。
　危なかったんです。金芝河を生かす方法が何かを議論したが、決定打は金正

男のアイデアでした。『裁判忌避申請を優先しよう。それで時間を稼ぎ、考えてみよう。この雰囲気をとにかく避けねばならない』でした。それでは忌避理由をどうするのか。その時、合議部の裁判長が部長判事の権鍾根ですが、民青学連事件、人革党事件を非常普通軍法会議で裁判する際、民間法院から派遣された人です。

裁判部忌避申請で時間稼ぎする

軍法会議裁判に民間法院の部長判事まで派遣して進めましたね。法官を操り人形のように挟みこんでね。

そうです。民間法院の判事を出向させて、裁判部に一人ずつ入れていた。権鍾根判事は人革党事件を裁判した非常普通軍法会議の第2審判官として任命され、人革党事件の審理に関与したことがあります。そして1975年5月にソウル刑事地裁に来て、刑事合議部の主任判事をして、この金芝河事件を配当されたのです。

刑事訴訟法に法官の除斥・忌避の理由があるじゃないですか？　その忌避事由に「裁判の前提となる事実調査に関与した時」というのがあります。金芝河に対する公訴事実に「人革党事件は拷問による捏造だと主張した河在完らとの獄中対話などを世に発表したこと」が含まれていますね。ところが、人革党事件の裁判に関与した判事がこの事件を審理、裁判するのは、それ自体で「不公平な裁判を行うおそれがある場合」に該当するというのが我々の立場でした。それを忌避申請の理由にすることにしたのです。ところが当時の状況で忌避申請することも恐ろしかったのです。

当時、金芝河は重犯人中の重犯人であるため、独房に閉じ込めておいて極めて厳重に警戒して通房することも難しかったのです。一時は隣の部屋をいくつも空けておいて、人を近づけないようにしました。そんな状況で田炳龍看守はすべてをかけて、それを突き破って入って連絡を取ったりしました。その後も金芝河と外部との連絡は田炳龍がした。後には、そのために看守たちが何人か首になりました。

忌避申請は具体的にどうしましたか。法廷で？　それとも文書で？

私たちが田炳龍に頼んだのはこうです。忌避申請を弁護士がするより、本人がするようにしよう。それで中にいる金芝河に連絡をした。かくかくの事情で極めて危険な状況であり、これを避けるためには忌避申請の方法を選ぼう。それで金芝河と事前に連絡を取って、『裁判が開かれる初日に本人が忌避申請をせよ。理由はあなたも知っている通り、こうこうこうすることにした』と。

　実はその時は弁護人たちも、この事件をするのが怖かったのです。私も緊張して、20年間も法廷に出ていながらも、金芝河事件の時みたいに怖かった時はなかったと思います。法廷も厳重に警戒し、家族しか入れないようにした。そのように忌避申請するように約束し、当日、法廷に出た。

　看守たちが厳重に守って、もちろん機関員〔情報部員〕がずらりと出ています。殺伐きわまりないので、入る時から怖くなりました。後でその日の法廷の雰囲気を金芝河が「法廷に刃が立った」と表現しました。詩人らしい感受性でぴったりの表現をしたのです。

　権鍾根裁判長以下、裁判部が入ってきて開廷をして人定尋問すると、金芝河が『裁判開始前に話したいことがあります』と言い、『私は法院を忌避する。忌避する理由は、裁判長が人革党事件で非常普通軍法会議の審判官をしたからです。だから本事件に予断を持っているはずで、そういう予断を持っていながらこの事件の裁判をすれば、公正な裁判を受けられません』。

　他の弁護人はまだ入ってこないで、私一人で席を守っているのに、始まってすぐに忌避申請をしたんです。

法院や検事の反応はどうでしたか？　金芝河を殺そうとした公安当局は？

　だから忌避申請するとは、裁判部や検事、情報部も全然予測できなかった。それは一言で言って、匕口（あいくち）のようにいきなり突き刺したのです。速戦即決で裁判しようとして、死刑求刑しようとしていた矢先に裁判長が先に一発やれたので戸惑った。忌避申請すれば一応訴訟進行は停止します。忌避申請を棄却すれば抗告でき、抗告で棄却になると、また大法院にまで上がります。3審まで上がれます。忌避申請に対する決定は他の法院でします。だから金芝河の忌避申請に対して裁判部は戸惑ったのですが、いったん訴訟進行を停止すると、公判を延期した。忌避事件が終結するまで無期延期です。

＊第1部　1970年代の人権弁論

忌避申請は被告がしたが、弁護人が忌避理由の疎明書を出さねばなりません。3日以内に書面で。私たちが全部構想しておいた通り、あれこれの理由で忌避事由の疎明書を出したら、他の裁判部でそれを棄却して、私たちはすぐに抗告したが棄却され、最終的に大法院まで行った。当時の雰囲気で、私たちも率直に言って忌避理由があると認めてくれるだろうとまでは期待していなかったし、まず時間を稼ぎ極端な状況は「避けよう」でした。

　それまで 法院に対して忌避申請をしたことがほとんどないんですよね。

　珍しいですよね。ところが、忌避申請がたまにあります。一般事件でもたまにあるのです。忌避申請を明洞事件（3・1救国宣言事件）の時も……　裁判部の機嫌が悪いと忌避申請をそのまま黙殺して公判を進行したりもしました。ところが、これは権鍾根部長がうっかりしていて忌避申請を受け入れて訴訟を停止してしまったのです。もしそうでなく、事前に忌避申請が入ってくるだろうと予測していたら、そのまま強行していたかも分かりません。

　他の弁護士が入ってくる前に、極めて即効性のある事態ですね。法院は慌てて法の通りにし、捜査機関は予想できなかった。

　私たちが本当に怯えたもう一つの理由があります。この裁判の前に合議部の裁判に移送する時点で金芝河が書いたという怪文書を安企部で印刷してバラ撒いた。それが……

金芝河の良心宣言- 金正男、趙英来、田炳龍の隠れた貢献

　金芝河の自筆陳述書になっているものですね。『私は共産主義者だ』という自筆陳述書を大々的に広報し、また各国語に翻訳までして全世界に『金芝河反共法違反事件の真相』というタイトルで配布しましたね。後で良心宣言で金芝河はこの自筆陳述書に対してこのように釈明します。

　『情報部に連行され、私は最初からカトリックに浸透した共産主義者であることを認めるよう迫られた。5、6日間、私はローラーで引き延ばされて、ア

カイノシイカにされることを拒否して踏ん張った。……5、6日間、持ちこたえる間に極度の精神的試練と肉体的疲れを経験せねばならなかったし、体力は限界に達し意識まで混乱状態に陥った。……6日目には、彼らが事前に作成したいわゆる自筆陳述書の内容を彼らが読むままに落書きのように書き取り、投げ捨てたのだ』

　つまり、長期拘禁状態で拷問に耐えられずに書いたものであり、それも情報部でまず書いた内容を自分の字で写したものに過ぎないのですね。

　その自筆陳述書なる文書を黄表紙の金芝河事件の関係資料として情報部が大量にバラ撒いた。発行所もなく、それを見ると金芝河は間違いなく共産主義者だ。何の底意でこれを配るかといえば、金芝河を殺すのを正当化しようとしているとしか考えられないものでした。もちろん、ものすごい強圧的な雰囲気で金芝河が抵抗する気力を完全に失った状態で書かされたものです。
　この「でっち上げられた」自筆陳述書をひっくり返し、金芝河を救命するための準備をします。こうして外で金芝河の友人が熟議して、いわゆる「金芝河の良心宣言」が作られたのです。

　良心宣言の方法を使ったのは、池学淳司教が一番先じゃないですか？　その前にはそういう形が民主化運動で登場したようには思えないんですが。金芝河はカトリックの原州教区に属し、司教の援助を受けていたので、より自然にそんな方法を思いついたのでしょうか。

　民青学連事件で池学淳司教の良心宣言に言及した。ここで私が司祭の良心で真実を告白する文書を作ってから捕まると言って、良心宣言を作ったわけなんです。その後、カトリックを中心に良心宣言運動が起きた。
　それで金芝河も良心宣言をしようとしたが、金芝河が獄中にいた。獄中で良心宣言文書を書けますか？　幾重にも監視されて外部との接見・交通は完全に遮断されているからね。なので外から手伝わねばならなかったのです。その時は金正男が私たちの事務室にほとんど毎日通っていた。その時、金正男が裏でいろいろ細かい文書も作って、人を逃避させたり隠してやって、必要な資金もあちこち探し回って……　こんなことをたくさんした。

＊第1部　1970年代の人権弁論

民青学連事件で趙英来が逃避したが、その時、金正男が趙英来の面倒を見た。趙英来は在学中に学生運動を指導し民主化運動で投獄されたが、当時、民青学連の実際上の指導者として指名手配された。文筆力の優れた卓越した運動の指導者として知られていた。彼はソウル近郊の白蓮寺の下に民家を借りて逃避していた。その時、趙英来は伴侶と二人で暮らしていたのです。金正男と趙英来とが連絡が取れるから趙英来と良心宣言の問題を話し合いながら、趙英来が良心宣言の草案を作り、金正男がそれを拘置所に田炳龍看守を通じて伝えました。金芝河が自分の意見を加筆してまた出して、金正男がもらって趙英来のところに行き来する。これを何回かやりました。

　それは一度に作られたものではありません。何度も補完された。だから良心宣言を見ると、とても高級な理論がたくさん出てきます。神学者の話も出るし。金芝河が中で書籍もなく監視されている状況で全部書けるわけではありません。全部、外で整理して知らせてやったんです。神父たちから習ってきて、ピエール・テイヤール・ド・シャルダン神父の話もたくさん出ています。

　カミーロ・トーレス神父の話が思い出されます。

　『民衆を覚醒させ、激しい闘争に動員するために暴力の契機が避けられない。ガンジーもフランツ・ファノンもこのため苦しんだ。カミーロ・トーレス神父はこのために銃を持った姿で発射しないまま民衆の前で射殺されたのです。銃を持った神父の姿は神聖である』

　この愛の暴力物語に登場する神父についての叙述が印象的でしたよ。

　トーレス神父の話も出てきて、その次に解放の神学の話が広がります。極めて高級な理論が緻密に繰り広げられます。良心宣言の初稿は数回、獄中に出入りしながら完成した。金芝河はまた一生懸命勉強した。法廷で自分のものとして完全に消化して話さなきゃならないじゃないですか。こういう過程で良心宣言が作られた。

　次の難題は、この良心宣言を持ち出す問題でした。実際の搬出は、すでにしていますよね。原本を外で金正男が持っていますから。どうやって金芝河がこれを出したことにするかがカギです。外で作って運び込んだという話はできな

いから。

　どうにか妙案を編み出した。金芝河がいた拘置所内の獄舎にソージ〔軽犯罪者で獄中の雑役夫〕をしていた少年囚がいました。金芝河の良心宣言を封じ込んで、その表に魚二匹を描いて彼に与え、出所してから明洞聖堂の尹亨重神父に持って行ってほしいと頼んだのです。尹亨重神父はその時、民主回復国民会議の常任代表委員でした。それで尹亨重神父はこれをフィリピンのカトリックを通じて日本の相馬司教に伝え、相馬司教が日本で日本語と英語で同時に発表するように仕組んだのです。

　金芝河がソージに預けた物が尹亨重神父のところに行くには確かに行ったのですか？

　行きました。形式は、一応、踏まなきゃならないじゃないですか。

　私はそれも気になるのが、ソージは窃盗犯で雑犯です。田炳龍が書いた文を見ると、金芝河がソージに『明洞聖堂知っているよなぁ。そこに行けば尹亨重神父っているんだよ、行ってこれを渡してくれ』と言ったら、ソージがためらって受け取ったのですが、明洞聖堂で尹亨重神父を探すのも簡単じゃないでしょう？　明洞聖堂は知っているとしても、行って誰とどう接触すればいいか途方に暮れるじゃないですか？

　そこで受け取る準備がすでできていただろう。事前に緻密に仕組んだんだけど、とても苦心した。原稿はみな持っているから、搬出する形式を踏むのが問題でした。尹亨重神父は年寄りです。行ったことまでは調査できても、尹神父のところに行って強制調査はできないんじゃないですか。

　洪弁護士は、こういう持ち出しの準備が進んでいるのは知っていましたか？

　具体的に私は聞いてはいない。私は頭の痛いことは聞かないんですよ。大体は感じで掴んでたんですが。

　良心宣言の発表の影響はどうでしたか？

＊第1部　1970年代の人権弁論

すごかった。国際的にまで動いたのだから。良心宣言、読んだでしょ？

はい。一時代の記念碑的名文だと思います。被告の切迫した事情が切々と入っているし、それに該博な知識と感動を誘い引き付けられる点を持っていると思います。いつ読んでも胸がおどる……

まあ、書き方も上手で、すごい文書でしたでしょう？『これで勝負がついたようなもんだ』というほど、すごい快挙でした。この文書がどうやって出て行ったのか、情報部で探し出さなきゃならないじゃないですか。その少年囚も調査を受けた。だが『いや、俺は中身が何かも知らないし、魚を2匹描いてある手紙の束みたいなもの一つ、金芝河に持っていってくれと言われて、持っていっただけだよ』。だからと言って、そいつをどうするっていうんですか。それで少年をぶち込む訳にもいかないし。殴られたかも知れないけど……　後で金芝河の家族が、彼を少しもてなしたと言います。

それで良心宣言が発表され、急速に流布した。金芝河事件の忌避申請裁判は一旦再抗告までして、大法院まで行ってすべて棄却されたが、もう雰囲気も反転していて、こちらに主導権が移ってきたと言えます。一方的な守勢を脱して、さあ、一度裁判しようという雰囲気になりました。

1975年度には裁判が全く行われなかったのですか？

そのまま塩漬けになった。それが1976年末にこの第一審裁判が終わりました。とにかく1975年の4月と5月には、攻撃の切っ先を避ける私たちの作戦は成功したんです。良心宣言まで発表されたから、あっち側も金芝河裁判は気が抜けてしまって……。自分たちが不利になりました。金芝河がその良心宣言で一躍、世界的な人物になりました。ロータス賞〔アジア・アフリカ・ラテンアメリカ文学賞〕というノーベル文学賞に準ずる賞までもらい、第3世界の英雄になりました。

ただ不拘束事件は拘束期間に制限を受けない事件なのでそのまま先送りできます。でも拘束事件はそういうわけにはいかないじゃないですか。拘束事件は拘束満期があるので忌避申請もして、良心宣言もして、そうするうちに拘束期

間になりました。１審の拘束期間が６カ月ですね。４月に拘束されたが、秋に拘束満期だから、６カ月で満期なら令状が失効するから釈放をせねばなりません。それで法院が便法を使った。金芝河が1975年に２・15措置で釈放された時、法的には刑執行停止で釈放されたのです。だから金芝河をいったん、拘束期間満期で釈放し、その日に民青学連事件での刑執行停止を取り消してしまいました。

拘束満期の釈放と刑執行停止の取り消しが同時に行われたのですか？

そうです。だから実際には相変わらず閉じ込められていたのです。ただ、書類上だけで、今日釈放されて同時に刑執行停止決定の取り消して、再び収監されたのです。それで金芝河がさらに獄中生活を数年します。

ところで、ちょっと確認したいことがあるのですが。本当に多くの部分に金正男の名前が出てきます。全部極めて高級な理論が緻密に繰り広げられます。ほとんど主要な事件にアイデアを出したり、嫌なことは全部引き受けて、また仕事になるように全体を推進したりしますね。金正男は果たしてどんな方でしょうか。

金正男は６・３学生抗争の時に初めて登場します。あの時、刑務所にいた。1970〜80年代に金正男は在野運動圏の水面下の秘密兵器のような人でした。関与しないところがありません。民主化運動圏では知らない人はいない。小説家の李浩哲は、金正男を「職業革命家（professional revolutionary）」とまで言った。「民主化運動のゴッドファーザー」ともいいます。金壽煥枢機卿は彼について、「彼の足跡が及ばなかった民主化運動はなかった。その一方で、自分を表にあらわれることもなく、出しゃばったこともなかった」とおっしゃった。

そんなにたくさんの活動をしながら どうやって生計も維持して、長期間捕まることなく、本当にすごいですね。

元気な時は神出鬼没でした。1974年、民主回復国民宣言をした時、私は金正

＊第１部　1970年代の人権弁論　　　　　　　　　　　　　97

男に初めて会った。民主回復国民会議の活動のアイデアと組織を全的に金正男が実行したのです。金正禮と一緒に。金芝河事件を担当して始まった金正男との交友関係が今まで数十年も続いています。

その人が一時1970年代半ば、その時は尹潽善元大統領—海葦先生と呼んでいた—の舞台裏の参謀をしていた。海葦が発表する文書も大体、金正男が書いたものです。池学淳司教とカトリックで正義具現司祭団の名前で、または池司教の名義で発表された一連の文書は金正男が書いたものがとても多いです。

文章もとても上手なようですね？

とても素晴らしい文章家です。金芝河に対する弁論要旨、それも名文ですが、金正男が起草したものです。

その時、金正男は何をしていた時ですか？

その時、私の弁護士事務所によく来ていた。タイピングするものがあれば事務室に来てタイピングし、訴訟文書だけでなく他の声明書や色々な文書も私の事務室の事務員にタイピングさせ……　何年かしたら第一合同の李敦明弁護士事務室で連絡してタイピングしていた。何か与えられた役割があるのではなく、とても創意的に自ら仕事を作り出します。実際の仕事は一番たくさんした。後に朴鍾哲〔ソウル大学１年生の時連行されて、1987年１月治安本部で水拷問で殺され、全斗煥に反対する「６月民主化大構想」の導火線となる〕の拷問真相が捏造されたという暴露物まで準備し、結局、全斗煥政権に致命打を与える役割まで完璧に果たした。民主化運動のゴッドファーザー、あるいは第1貢献者といえます。

弁論要旨書は弁護士の専有物だと思いますが、金正男が金芝河の弁論要旨書を作成したのですか？

そう。私たちの弁護士たちがこのように膨大なものを数日間、徹夜で書くことは難しいのです。でも、彼は筆も早い。実際、弁護士たちが何か他の人に頼んで弁論要旨書を書いたとすれば、少し恥ずかしいことかもしれないが、この

事件の弁論の核心は法律と関係ないんですよ。金芝河が共産主義者かどうか、これを突き詰めるのですから。

金芝河の裁判がどのように進められたのか、本格的に取り上げてください。

金芝河にはずっと私が面会に行った。面会があまりにも不自然で、良心宣言が発表されてからは、さっき言ったように金芝河を独房に入れて人を近づけないように、右に5つ、左に5つの部屋をすべて空けた。だから完全に断絶されているじゃないですか。夜中にこっそり田炳龍看守が接近して必要な情報を知らせたんです。

田炳龍看守が金芝河と接触した時、他の看守たちも気づいたはずなのに、どうして密告されずに済んだんでしょうか?

面白いものです。特別な政治意識がなくても、看守どうしは自分たちの同志意識があります、友愛というか。田炳龍が行くと、通房や連絡に必要な助力も提供します。獄舎担当看守は別にいるから、田炳龍が自分で直接できないじゃないですか。みんな金芝河を直間接的に助けてくれて、それで全部連結するんですよ。
それにもかかわらず、一時は家族面会もさせませんでした。なんせ面会できないから、面会できるのは弁護士しかいないんですよね。金芝河にいろいろ連絡することや、金芝河の話を伝えるメッセンジャーの役割は私がしました。私は金芝河に何年も面会に行った。
実は田炳龍はいろいろな面で民主化運動で大きな役割を果たした。1970年代に刑務所に入った民主化運動関係の人々で田炳龍の助けを受けていない人はあまりいません。

金芝河事件についての本公判はいつ始まりますか?

翌年の1976年、年末に近づいて公判を始めた。その時、法院も変わった。沈薫鍾判事が裁判を担当した。

＊第1部　1970年代の人権弁論

│ 第一審裁判のことですね？

　一審です。それで1976年の年末に、クリスマスも近い年末に公判を終結した。沈薫鍾判事判事は、私より学校は１年先輩で、趙準熙弁護士ととても近い友達です。沈薫鍾判事は、とてもいい人です。人間的に文句のつけようのないほど高潔な人です。

　それでも公私の区別があるから裁判が始まると、沈薫鍾判事に対して私たちはもう一度、忌避申請を出した。忌避申請する理由を疎明せねばならないので、裁判公開の原則が守られなかったこと、私たちが申請する証人を受け入れなかったことなど全部挙げた。

　その時、私たちが李漢澤神父、鮮于輝『朝鮮日報』主筆、具常詩人のような方々をすべて証人申請をした。でも、受け入れられなかったんです。もう一つは金壽煥枢機卿を特別弁護人に選任してほしいと申請した。金枢機卿から許可も受けた。『私が法廷でできるだろうか』とおっしゃっていた。どれほど純真なのか、興奮しておられるようでした。

　特別弁護人を申請した理由は、私たちが実際にカトリック教理について知らない。いわゆる金芝河が主張する『マルトゥギ』や張日譚による民衆の蜂起、「救い」などが神学的に容認されるのか、こんなことは私たちがどうやって分かりますか。

　それで韓国カトリックの最高指導者である金壽煥枢機卿が特別弁護人として出て来る用意がある。金芝河はカトリック教徒だから、金壽煥枢機卿を特別弁護人として弁護人席に出させてほしいと申請した。それはすべて却下されました。実は、可能な話じゃないんですよ。

　沈薫鍾判事が棄却するから忌避申請をして、また抗告、再抗告まで行って、それでまた時間を稼ぎました。後で沈薫鍾判事に、いや、私たちが何か沈判事に『不満があるからではないんだよ。すまんな』と言うと、『いや、私も知っているよ』って言ってました。

　沈薫鍾本人は何も言いませんでしたが、情報部とかから判事にすごい圧力がありました。それを僕たちが何も聞かず、沈判事もそんなことに愚痴をこぼす人でもありません。でも、分かり切ったことです。証拠申請をすべて受け入れなかったことに対して、沈薫鍾判事が私たちをいじめたと思いません。

　それ以外では、裁判手続きにおいて私たち弁護人や被告の便宜を最大限に見

てくれました。この裁判記録を見れば分かりますが、もちろんこの公訴事実内の内容自体にすごく文学論争のようなものも入って、神学論争も入って、とても頭が痛いのです。それで誰かに聞いてから答えることが多いのです。でも、一度も制止したことがありません。聞きたいことを全部聞いて、いくらでも時間を延ばして答えるようにしてくれました。大概の人なら、かんしゃくを起こして、そのまま放っておかないのに。みんなに辯疏の機会を保障してくれました。そして弁論を終結する日、私たち6人の弁護士が弁論要旨を分けて読みました。これは何日もかかけて作った弁論要旨書なんですけど、これ見てください。いかに膨大であるか。弁護士の弁論だけで4時間かかりました。午後2時に始まって、6時に終わりました。だからみんな疲れて、晩飯食べてからにしようって、休廷しました。

　弁論要旨書の記録を見ると、1976年12月23日の日付ですね。弁護人として朴世俓、李敦明、李世中、趙準熙、黄仁喆、洪性宇弁護士の6人です。タイピングした用紙で265ページ分ですから、弁論が本1冊分ですね。韓国弁論史で単一事件でこの程度の弁論は初めてのことではないかと思われます。内容と表現においても本当にすごいですね。そして夕食を食べて帰ってきて、続けましたか？

　私たちの弁論は夕方前に終わって、また入ってきから、金芝河の最終陳述が始まりました。最後の陳述がこれです。これを全部話すこともできません。余りにも長いので読むより仕方がない。

　この最終陳述は筆写されているのが、全部で196ページの分量です。でもこの字は金芝河の書体ではないようですね。当時、金芝河に最終陳述のための執筆が許されたようにも思えませんが、この文書はどのようにして作られたのでしょうか？

　それは金芝河が最終陳述するのを書き取ったものです。一つ特記すべきことがあります。刑事事件の調書というのは書記たちが作成するじゃないですか。だから法廷で公判調書の作成は書記の勝手です。一時間を弁じても、ただ一、二行で済ませちゃって。だから「弁護人が被告のために有利な弁論をする」、

＊第1部　1970年代の人権弁論　　　　　101

それでお終いです。実際、裁判記録は大体そうなります。

　ところで、金芝河に対する弁論と最終陳述をそんな調子で書けば、すべて消えちゃいますよ。私たちが裁判を始める時、法的に刑事訴訟法に謄写、録取〔録音〕できるように根拠があります。それで私たちが「事件の重要性や性質に照らして、裁判の全過程をそのまま記録してほしい。しかし法院の都合上、それが難しいなら、被告側が費用を出して速記士を出すので許可してほしい」と要請した。

　それで法廷のすべての記録を速記して、それを弁論調書に入れようと申請すると法院で受け入れた。韓国の刑事裁判史上、初めて弁論と最終陳述をこんな方法で正確に記録したのです。それで金芝河の最終陳述が記録として残っているのです。そのまんま。

　以前、金芝河の最終陳述を読みながら、とても気になりました。あの膨大な量の内容をどのように読み通したのか、独裁時代なに耳目が集中した金芝河裁判で、〔当局が〕最終陳述を読み終えさせたのか、途中で制止したのか、そしてそれがどのように記録されたのか、そんな疑問を抱えていたところでした。

　だから沈薫鍾判事が制止せずに、陳述させたのです。

　全部話すのに、1時間以上もかかるんじゃないですか？

　1時間どころじゃないよ。3時間以上かかっただろう。夜10時までやりました。とにかく夕食を食べて開始が7時過ぎで、10時までやりました。

　当時、録音は慣習的に許可されましたか？

　そう、極めて例外的なんですよね。他の何よりも録音を許可してくれた点で、沈薫鍾判事に私たちが今でもありがたく思っているのです。

　最終陳述は本当に切々として良い内容です。私は、金芝河の最終陳述が、良心宣言とともに優れた文学的成果であり、時代的証言として計り知れない価値を持っていると評価したことがあります。最終陳述の最後の部分で自分を迫害

した人々にも恩寵が白雪のように降り注ぐことを願う部分が胸に残ります。今一度、探してみます。こうなっていますね。

『神様の恵みがこの不幸な民族の歴史に降り注ぎ、滝のように降り注ぎ、明星のような青年たちが二度とこのおぞましい分断の悲劇のために法廷に立って青春を萎えさせることのないように限りなく祈ります。そして明日の主のクリスマスを迎えて、みなさまに、みな祝福が降り、私をそんなに憎んで迫害して、いじめた現政権の最高指導者、朴正熙先生と中央情報部のすべての高級要員の胸と頭の上に白雪のように恩寵が降り注ぐことを祈ります。慈悲深い恩寵が……』

こんな膨大な内容を記録できるようになったのも、一つの恩寵であり奇跡でもありますね。その点で沈薫鍾判事の勇気を認められますね。

金芝河が裁判自体を幸せに受けました。裁判長は、いい人に会ったし、また、こういうのを全部録音させてくれて。金芝河としては世界的な関心を集める中で裁判を受けたから。金芝河はこの時、気分がノリノリですよ。

最終陳述する時、金芝河はメモのようなものでも持って来ましたか？

持って来なかったんです。使えないようにしたから。

そんなに多くの内容を頭の中に整理しておいて、一気にまくし立てたんですか？

金芝河は本当にすごい俳優です。みっちり準備しました。良心宣言を出したり入れたりしながら神学者たちの名前も勉強したりしましたが、原稿なしで数時間、まくし立てるほど話芸の役者としても大した人物です。金芝河が演劇を演出したこともあるじゃないですか。マダン劇もして、戯曲も書いて。大役者です。だから裁判の最終陳述を最高の舞台にして存分に演じたのです。

最終陳述まで話が出てしまいたが、金芝河裁判の6人弁護人の話をもっと聞

＊第1部　1970年代の人権弁論　　　　　　　　　103

かせていただきたいです。

　その時の弁護士が、私たちとしては動員できる精鋭部隊です。李敦明、趙準熙、黄仁喆、洪性宇が一緒に臨んだ最初の裁判として、私たちも格別の意味づけをできるでしょう。

著名な知識人、申相楚、鮮于輝、金炳翼の相反する証言と感情

　証人尋問にもいろんな人物が登場しますね。申相楚、孫正博、そして鑑定意見書として具常詩人のものもあるし、鮮于輝の鑑定意見書もあるし……　当時の知識人たちがそれなりに、この裁判に関与したようですね。

　証拠を申請する時に思い出すのが、検察が証人として申相楚、そして孫正博を申請した。申相楚は国際政治学の著名な教授です。政治家で学者なのに、この日、出てきて金芝河に不利な検察側の証人としての役割をとても忠実に果たした。結局、金芝河が作ろうとしたこの作品のあらすじは、これは典型的なプロレタリア文学、社会主義文学で、革命を構築する内容だ、こんな証言をした。申相楚は、もともとすごい秀才で、かつては大学街でかなり尊敬されていた人物です。自由党時代には代表的な批判的理論誌『思想界』に論説もよく書いて、いい本もたくさん出した。4・19の頃はそうでした。ところが、その後に変わり、維新体制になって崩れて権力の手先になった格好です。

　申相楚の証言について、私たちは反対尋問を少し痛烈にしたが……　今もはっきりと覚えているが、この人もとても辛かったと思います。午後に法廷に出てきたんですが、穏やかに反対尋問していたら、一杯飲んで出てきていた。しらふで出てこられなかったんです。酒を飲んで出てきた。ああ！この人が完全に堕落したんだ。それが分かったんです。

　これってあり得ますか？　『張日譚』とか『マルトゥギ』とか、ただのメモなんだけど。作品が完成して発表されたみたいに、これはプロレタリア文学だとかを問題にするならまだしも、これは今、頭の中にある作品構想で、こういうのはどうだろうかと、その時に思い浮かぶままに書いておいたものなんですよ。そのメモは全部そのまま戯曲に入らないかもしれないし、後で戯曲がどういう形で出るかもわからない。構想はしているけど、それがいくらでも変わり

えます。

　だから、まだ形にもなっていないものを起訴したんだよ。何てことだ。起訴自体があまりにも無理なんです。お前の頭の中の考えがアカいと言うのと同じです。その文学論争について、検察側の論理は誰が聞いても話にならないのです。それで申相楚が出てきて、そんな証言をしたが、無理矢理、情報部でやれって言うから仕方なく酒飲んで出てきたんだと思います。その時は別に論理もありません。申相楚は『レーニンとロシア革命』という本まで書いた人です。そしてここにも出てくるんですが、その本の序文で『読者はこの本の一部だけを読んで、この本を誤解しないでほしい』と書いてあります。私たちが同じく金芝河のメモ一枚を持って、金芝河思想を誤解するなと言うのと同じ話じゃないですか。

| そんな風に申相楚証人に反論しましたか？

　しました。だから不利なことは答えなかった。検察の証人などは分かり切ってるじゃないですか。ごり押しですから。尋ねる話には、自分がしたい話だけ一方的に喋るので、論争をしようともしません。申相楚はそうした。

　孫正博は解放戦略党事件で、懲役を数年食らっていました。証人とて出てきた時に孫正博は坊主頭の既決囚でした。大田刑務所かどこかにいる者を脅迫して連れて来て、このまま証言しろと言えば、そのまましますよ。

　孫正博という人物は……　金芝河は孫正博に何も反論しませんでした、あいつにそんことはできないって言うんです。昔の友達の中でも金持ちの家の子で、みんなに可愛がられている子みたいな友達いるじゃないですか。いい子で、彼が何をしてもあいつにはひどい事ができない。あいつがおれに悪くしても、自分が許して受け入れねばならない、そんな人間関係があるじゃないですか。だから孫正博に対しては、ほとんど反対尋問をしていないんです。

　孫正博の論理はそういうものでした。出てきて証言したのが金芝河は共産主義者だ。自分が毛沢東の『矛盾論』という共産主義の本を貸して読めと言ったし、どんな会話をする時はどうだったかとか、孫正博は証言する時、共産主義の言葉で証言します。南朝鮮がどうだとか。みんな教育を受けてからきた。孫正博の証言は、金芝河の思想的な傾向が共産主義思想を持っているということを検察が立証しようとして出てきたのです。孫正博もまったく……　だから私

＊第1部　1970年代の人権弁論　　　　　　　　　　　　　　　　　　　105

たちは哀れな気持ちしか湧かなかったんです。いや、自分で金芝河を共産主義者だと思っていると言うんだから、どうするんですか。

　私たちの証人は法院が採択しなかったと、先ほど話したよね。私たちの証人の中には、イエズス会の李漢澤神父がいます。カトリック教理を研究する学者です。西江大学で講義もする教授でした。カトリックではとても権威のある神学者です。後に議政府教区が創設され、その最初の司教として赴任した。そして具常詩人がいます。ここに鑑定書がありますよね？　具常の名義になったのは金炳翼先生が書いて、誰かが具常詩人の承認を受け、「このように先生の名前が出てます」と言って出したんです。

　はい、ここにありますね。最初のページに「鑑定意見書」──金英一〔金芝河〕のメモに関して作家的立場から──となっていて、「作成者、具常」となっています。これは31ページに達するもので、結論をこのようにまとめています。

① 文学作品というものは社会科学理論とは異なり、まさに現実的手段として適用されないのが常識だ。ましてや作品として構成される前の創作メモを政治運動、暴力活動の予備行為だと断定することはメモそれ自体だけでなく、人間の思想、文学創作の心理を全く考慮しないから生まれるのだ。

② メモを通じて見た金英一は、伝統的情緒としての恨がキリスト教の愛という理想世界へと止揚されねばならず、それは純粋な文学的叙事詩として作られるべきであると思っている。

③ この止揚の過程で「ブルジョアの打倒」と「革命」を提唱しているが、様々な理由から、それは共産主義的な発想や意図でなく、宗教的で人間主義的な色彩で終始する。

④ 部分的にマルクシズムとロシア革命について言及した部分も見られるが、それは金英一の全体思想のテーマから外れているのみならず、金英一式の知的好奇心からそれを論じるだけで、共産主義文学を創作しようとしたとか、共産主義者だと疑ったりすることはできない。

　具常は当時の元老詩人で、朴正熙大統領に近いということで、その名が知られたと聞いております。この鑑定意見書の実際の作成者は金炳翼先生で、当時

の文学評論家で、記者として名の高かった方ですね。黄仁詰弁護士の追悼文集を見ると、金炳翼先生と黄仁詰弁護士の数十年の交わりがありますが、次のような部分が出てきます。一つ引用してみます。

　「76年だったと思いますが、反共法で拘束中の金芝河の張日譚に関する獄中メモの鑑定を彼（黄仁詰）は私たちに頼んできた。その時、洪性宇弁護士と彼は高銀、白楽晴と共に私を招待し、貞陵のあるバンガローで一夜を明かし、コピーされた問題のメモを検討して所見書を書いてくれということでした。主に彼がメモの性格と問題点を詳しく説明し、我々は、外に流出てはいけない分厚いメモを回覧して検討した。翌日、家に帰った私は、そのメモに対する所見書を徹夜で200字原稿用紙で100枚を超えるほどのかなりの長いものを書いた。限りなく真剣で熱かったあの夜、そしてその文を書き終えた時、窓外に輝いていた夜明けの光！　私はその原稿に本当に感心し、感謝した。その鑑定書はある元老の文人の名前で法廷に提出されたという」。

　ところで、具常に続いて鮮于輝まで鑑定に出たのは意外な気がするのですが。

　鮮于輝は右派の巨木です。『朝鮮日報』の主筆でした。今日の『朝鮮日報』は鮮于輝が作ったと言っても過言ではないが、この人はまさに韓国に越えてきた北朝鮮出身の反共主義者の典型的な人物です。ところが鮮于輝は器は大きいんですよ。それで行って、誰が行ったっけ、柳根一でしたっけ？　鮮于輝にお願いしたら、快く鑑定書を書いてくれた。それは鮮于輝本人が書いた。鮮于輝の文体です。鮮于輝の鑑定は一言で詩人で文学をする芸術家が、自分が共産主義者ではないと言ったら、信じてやらねばならないということです。作品で嘘をつくことはできないというのです。それでかなり決定的な話になりました。
　李漢澤神父名義の鑑定意見書はカトリックの文書をまとめて実際には金正男が書いた。なのでそれを見ると、私が蛇足をつけるまでもなく、このメモを持って反共法で処罰するということがどれほどとんでもないことかが自明だとしています。

　『張日譚』や『マルトゥギ』のメモの量はどれくらいですか？

＊第1部　1970年代の人権弁論

結構あるようです。メモというのは小さなメモに書いておいた束ですから。

申相楚、孫正博、具常、鮮于輝、李漢澤などの方々が証人や鑑定人として登場したので、裁判そのものに重みがはるかに加わった。当時の保守的な立場、さらには朴大統領に近い人物までこの裁判が問題あることを認める方向を引き出した弁護士団の執念もすごかった。

「灼けつく喉の渇きで」、法廷での朗読

こうなると弁論過程はかなり豊かでした。過酷な時期に良い裁判長に出会い自由に話し、私たちが申請する証人採択ができなかったことは遺憾ですが、話したいことを全部話したんです。多分韓国ではこんな事件で弁護人が４時間も弁論したことはなかっただろうし、最終陳述を２時間を超えて３時間近くしたこともなかったはずです。

４時間にわたる弁論要旨書の作成は、実際にどのように役割分担が行われたのか気になります。

草案は金正男が書いた。金正男はその時、私たちの事務室にほぼ住みついていました。これを書いて６人で分けて読んだ。一人では全部読めません。朴世徑弁護士が一番前にやったと思うし、私が一番後ろの結論部分を担当した。

私が弁論した部分のアイデアは私が出しました。金芝河の作品の詩の最後の部分を朗誦しようとしました。「灼けつく喉の渇きで」という詩はよく知られているじゃないですか。歌にまでなりましたから。ところが当時はまだ未発表原稿でした。

「灼けつく喉の渇きで」という詩はどのようにして書かれたのですか、金芝河が獄中で書いたものですか？

金芝河が拘束された後、原州の金芝河の家に金正男が行ってメモをしたり、後片付けをしながら何かあるかなと思って見たんですが、その中にいくつか原稿が出てきました。

ああ、金芝河が書いておいたものを金正男が見つけたんですか？

　そう。「灼けつく喉の渇きで」が、その時は未発表原稿として誰にも知られないままだったのです。その原稿を見ると、とても完全で「最高」でした。この詩を法廷で朗読したくて、最後に弁論すると言ったんです。これが長い弁論の最後を飾りました。こんな詩を声も高らに詠う者が共産主義者であるはずがないということでした。論理自体はあまりにも単純かも知れないがメッセージは明らかです。

　弁論要旨書の最後の部分にその詩が入っているから、どうしたんだろうと気になっていたんです。

　私は金芝河の中でこの「灼けつく喉の渇きで」が一番好きです。これが最高の名詩のようです。
　「まだ明けやらぬ夜明けの裏道に／あなたの名前を書く／民主主義よ／私の頭はあなたを忘れて久しい／私の行き先はあなたを忘れて、余りにも余りにも久しい／ただひとスジある／燃える胸の中の渇きの記憶が／あなたの名前をそっと書く。民主主義よ……」
　これを朗読して、次のように締めくくりました。
　『私たちは、いま読んだ金芝河の短い詩の一編から金芝河の真実を知ることができます。歌の中にあふれる金芝河の真実、すなわち民主主義に対する、自由に対するその灼けつく喉の渇きと、燃える情熱がこのように、満ち溢れた感動で私たちの胸に響くのです。是非この法廷の判決が、金芝河被告のこの真実を克明に光の中にさらけだす立派な判決になることを願います』

　詩の朗誦はうまくできましたか。

　ああ！　私が考えてみても朗誦も本当に上手くいったようです。だからこの詩が世の中で日の目を見たのが法廷でなんです。数年たって、これが歌に作られ、日本で金芝河作品集を……　その何年も経たずに金芝河の救命運動をするとか、作品集を作る時、この詩が入ったりしました。金芝河の代表詩みたいに

＊第1部　1970年代の人権弁論　　　　　　　　　　　　　　　　　　　　　109

なったじゃないですか。

| その時の傍聴席の雰囲気はどうでしたか？

その時、多くの人が傍聴した。傍聴席は開いていた。ベトナム敗北の雰囲気は1年何ヶ月も前の話ですから。この時は雰囲気が以前ほど殺伐としてはいなかったですね。弁論も心おきなくできた。その時、怖い事は何もありませんでした。

| 一審判決は何でしたか？

懲役7年。

| 判決文はどうでしたか？

判決自体は公訴状と一字も違わず、そのまま出てきた。それはその時の雰囲気としては、沈勳鍾部長としても仕方なかったのです。私が言ったじゃないですか。公訴状の控えをそのまま貼っちゃうって。

| 判決はいつ宣告されましたか？

それが多分12月23日に結審して1週間後の12月30日に宣告したのです。ところが、金芝河はすでに民青学連事件で実刑を受けていた。金芝河は控訴しますが、この筆禍事件の裁判は確定しませんでした。1989年に至って満15年が過ぎて、裁判時効満了の免訴判決で終結します。法院もこの事案に対して有罪判決を推し進める動力を失ったと見られるでしょう。

| 金芝河弁論のために6人の弁護士はよく集まって議論しましたか？

よく集まりました。この事件弁論するための準備は緻密にした。これはまったく私たちが渾身の力をふるって弁論したのです。

それで結局、人革党の関係者のように死にそうになった人が、弁護人の必死の努力と知恵が合わさって助かったのではないですか？

　それで金芝河は世界的な英雄になったのです。国際的な人物になりました。英雄になったのは本人としては負担になる面もあったでしょう。金芝河にはその重圧感がちょっとあるようです。金芝河の性格がとても自由主義者で、自由思想家だと良心宣言にも出てきますよね。
　「私は自分自身を自由思想家だと思っている」って、「私はまだ思想的に未熟者だ。言い換えると私はまだ彷徨と模索を重ねているだけだ」と主張しています。
　一言で言えば、自由思想家だ。リベラリストということだろう。思想的に未熟な人だ。私の思想が何か正確に取り出して話できない。しかし、それはとても正直な話だと思います。ドグマとかが大嫌いな性格があるじゃないですか。教条主義的な理論にハマって武装したりするのが嫌いな……。
　私もそういうのは大嫌いなんだ。ところで金芝河もそんなリベラルな人間です。金芝河のようなリベラルな人が、1960年代末や1970年代初めの韓国民衆の惨状にぶつかった時、こんな思想が出てくるのは、とても自然です。その時は誰でも立ち上がって、軍部政権の打倒を考えた。普通の人なら。

　金芝河の獄中面会に通ったということですが、その時、金芝河が監房の壁が押し迫ってくるような心理的強迫感を後に何度も述懐しています。閉鎖恐怖症の一種だと思いますが。実際に精神的にどうだったのかも気になります。そして面会をする時、看守がすべて記録したはずですが、会話は容易でしたか？

　その時、その時で違った。良心宣言を発表して、厳重な警戒をする時には、隣の部屋に来て盗聴した。私たちが会話するのを情報部の要員たちがきて、全部聞いた。後には私たちも気を付けた。オープンにされていることを全部知って、秘密の話、知らせてはいけない話はしなかったが……　2年間ずーっと、そうだった訳ではありません。

　看守が会話内容の記録をずーとしませんでしたか？

＊第1部　1970年代の人権弁論

看守の記録は様々です。会話することをどうやって全部書くんですか。十言言えば、その中の一言書いて。看守たちが何さまの忠臣だと、全部書いたりするものですか。看守たちは、特に金芝河の事件だから、こんな政治的な事件はできるなら私たちの便宜を図ろうとしたのです。

　私がはじめてこんな話をしたが、私たちが苦労するから手伝おうとする人が多かったのです。法院でも普通の事件ではそうした面もあり、拘置所の看守も同様です。我々が金儲けのために通っているんじゃないことはよく知ってますから。

　だから、韓国社会が民主化されるには、民主闘士もいるし、人権弁護士もいる。このように看守たちの目に見えない支援、さらには刑務所内のソージの役割まで……　様々なお陰も必要ですね。

　後で聞いた話ですが、看守が良心宣言搬出の件で何人かクビになった。主に獄舎担当を務めた看守が問責されたそうです。それでも看守たちどうしの義理があって、田炳龍が関与した話は誰もしなかったそうです。もちろん看守を連れて行き、殴って調べたわけではありませんが、田炳龍を全部が隠してくれたので田炳龍がその後にも看守生活を問題なくできたのですから。

　それを吐かないのも簡単じゃないと思うんですけど。さらに彼は首になるところだったのですが。

　そうですね。田炳龍が辞めるまで情報部に全く露出しませんでした。金芝河だけではなく、緊急措置などで西大門拘置所に行った人は、田炳龍のおかげを被らなかった人はいないくらいです。

　表に出ない最も重要な２人の人物がいるわけですね。内には田炳龍、外には金正男が……　２人の関係はどうすか。

　あちらの言葉では、田炳龍が金正男の下部線であるわけです。２人は今も兄弟のように過ごしています。金正男や田炳龍と私を合わせて「パガジ〔水汲み瓢〕山岳会」という登山グループがあります。長い間、一緒に北漢山を週に１

112　　　　　　　　　　　　　　　　　　　　　　韓国の人権弁護士　軍事独裁に抗す

回ずつ登りました。

　弁護士のお話を今日総合してみると、また弁護士のお話の仕方や表情を見ると、金芝河事件に対して一番熱情を注ぎ、やりがいを感じておられたようですね。

　あの時は頑張った。わが民主化運動圏の最大の懸案だったから。この問題にほぼ集中していた。私も弁護士として私の努力と時間、精力を最も多く注いだのが、この事件だった思います。

＊第1部　1970年代の人権弁論

明洞聖堂事件（3・1民主救国宣言事件）

──在野民主勢力の求心点を作りだす──

　1976年3月1日、カトリックの中心である明洞聖堂で新・旧教関係者が参加した中で三一節記念ミサが行われました。李愚貞教授は在野人士10名が署名した「3・1民主救国宣言」を朗読しミサは静かに終わりました。ところが、翌日からこの事件を大規模な政治事件と決めつけ、在野勢力に対する大大的な弾圧を加えることになります。これが明洞事件、あるいは3・1民主救国宣言事件と言われるようになります。この事件に洪弁護士はどのように関与しましたか？

　他の事件に比べてそれほど高い方ではありません。1976年なんですけど、その時に金大中先生は軟禁状態でした。まず金大中先生の方から3・1節が来るのでマニフェストを一つ発表したいという話があって、私が声明書の草案を書いた。その草案の内容はかなり柔軟で穏健でした。『維新憲法を撤廃せよ』というような直接的なやり方ではなく、『議会民主主義の後退を懸念する』という風に間接的に言いました。その草案が尹潽善元大統領のところに行ったところ、尹潽善先生が見て、『これは弱すぎる。正面から維新憲法の撤廃、緊急措置の解除を主張せねばならない。このままでは私はやらない』と、突っ張ねた。

　一方、文益煥牧師は自分なりの現実診断と時代的な悩みから一人で3・1救国宣言を書いた。その内容が骨組みになります。もちろん後で色々と手が入ってかなり直ったけれども。この文書が李愚貞教授を通じて尹潽善先生のところに行くと、基本的に同意しながら内容を追加して仕上げました。

　文益煥牧師があちこち連絡をして、3月1日、明洞聖堂での祈祷会で終わる時に発表することにしました。文を書いて人を集めたのは文益煥牧師ですが、文牧師がそのまま捕まると一つひっかかる点があった。聖書の翻訳がほぼ仕上げの段階なので、それを仕上げることが大事だから自分が発表文を書くが、自分の名前も除いて朗読も他の人がしてほしいと言うので、李愚貞教授が朗読したのです。

ところが、この事件で文益煥牧師が中心人物として起訴されて、裁判を受けて、事前に口裏を合わせたのが簡単にばれてしまったじゃないですか。

　情報部で本格的に責めると、全貌があまりにも簡単に明らかになってしまった。たくさんの人が関与したので、うまく隠せるわけでもありません。だから捜査過程で文益煥牧師が書くだけで本人名義で発表しないことにした話まで全部出てしまった。
　当局は準備過程に少しでも関与したり、３・１節以前に問題となった発言をすべて集めて関連者を拡大します。宣言文に署名した人は10人ですが、起訴される時に被告の数は全部で18人に増えます。大部分拘束され、在宅起訴された被告が尹潽善、咸錫憲、鄭一亨、李兌栄、李愚貞、金勝勲などです。

　記録を見ながら正確に被告の名前を整理してみます。署名した方は10人です。ところが起訴された方は全部で18人です。被告を敢えて分類すると、政治家（金大中、尹潽善、鄭一亨）、在野（李兌栄、咸錫憲）、カトリック神父（咸世雄、文正鉉、張德弼、金勝勲）、プロテスタント系（文益煥、文東煥、李海東、徐南同、安炳武、尹磐雄）、学界（李愚貞）、このようになります。教界と在野の指導的人物が網羅されているわけですね。

　はい、大幅に網羅しました。張德弼、金勝勲神父、この２人は関与事実がとても少ないです、それで拘束されませんでした。拘束された方の中で尹磐雄牧師は小さな教会の牧師で、老衰と病気でとても貧しかったが精神はとてもまっすぐでした。

　弁護団の事情は良かったのですか？　重大な事件だから弁護を忌避しようとすることもありうると思いますが。

　この時はですね。ちょっと大げさに言うと、弁護士たちが蜂の群れのように集まりました。尹潽善、金大中先生が被告になるから。弁護士の中で政治に関与した人たちがいるじゃないですか。選挙に出て国会議員になったり、落ちたら戻ってきて、また弁護士をする人たちが結構いるんです。こんな方々があまねく関与したんです。

＊第１部　1970年代の人権弁論　　　　　　　　　　　　　　　115

だから法廷が豪華版なんだ。それまでは大部分の事件を黄仁喆、洪性宇などが引き受けたが、この時は私たちが前面に出る必要がなかったんですよ。この事件は多くの弁護士が先頭に立ってやろうとした。その時、弁護士が多いから担当弁護士を一人ずつ決めた。私は安炳武（神学）教授を引き受け、主に面会に行った。

法廷の雰囲気をちょっと紹介してください。

覚えているいくつかだけ簡単に話します。あの時、法廷に出た弁護士が全部で26人です。入廷するとお互いに前の席に座ろうとして席争いになるほどだったから。

法廷を考えてみてください。有名な金大中先生が拘束されていて、ヒゲをかっこ良くたくわえて白髪の仙人のような咸錫憲先生が座っているんだよ。尹潽善元大統領が杖をついて座っている……。

たとえ緊急措置の下であっても、この事件は国内外の耳目が集中した事件でしたよ。記者たちもたくさん入ってきた。国会よりここがスポットライトを浴びるようでした。政治家たちが国会には出なくても、ここは必ず出ようとする、そんな雰囲気でした。

弁護士が尹潽善被告尋問をするのだが、呼称を『閣下』としたんだ。だから『閣下って何ですか、閣下って』と、検察がすぐに食って掛かりました。だから裁判長が言ったんだ。今どういう意味で閣下って言ったのかって。『元大統領の尹潽善閣下です』と答えると、『法廷では法廷用語を使って被告と言いなさい』。被告とは言わず、しかし『閣下』とは言わずに、むにゃむにゃ言いました。

その次に金大中先生の尋問をするのですが、朴世徑弁護士が何と呼んだかかといえば、『金候補におかれましては……』って言ったんだ。こっちの方が怒らせた。その前の〔1971年〕大統領選挙で朴正熙に何十万票差で負けたじゃないですか。不正選挙じゃないかという巷説が多かった。それから間もなかったので、『金候補』と言ったら、検事がカッとなったんだよ。それで『候補って何ですか、候補って』とまたブレーキをかけて。弁護人が尋問で、『維新が宣布されて、だから日本に亡命したんです』と言うと、鄭治根検事が『亡命って何だよ、逃げたんだよ』って。極めて感情的だよ。金大中先生をへこませられ

116　　　韓国の人権弁護士　軍事独裁に抗す

なくって、腹立たしいという姿勢だよ。それで法廷が騒然として殺伐とした。

　では、弁論の内容は誰が主に引っ張っていったのですか？

　何名かですが、李宅敦弁護士が結構、役割を果たしたよね。その時は野党の
猛将でした。私が見るには、その裁判は政治性が強すぎた。内容もそうです
し、裁判の進行も国会議事堂で与野党が喧嘩をしているような雰囲気でした。
私は正直言って面白くなかったよ……　余りにショーマンシップがすぎる気が
したし。

　被告たちの話をちょっと聞きたいです。

　金大中先生はその前と後に政治的理由のためにあまりにも多くの苦難を経験
しました。その時、捕まってきて、葉書にとても細かい字で長い内容の手紙を
出し、それを後で編んで、『獄中書信』が出ます。この事件はそんなに大きな
事件じゃない。声明書一枚発表したことしかないのに、金大中先生を捕まえる
ようなことじゃなかったかもしれないが、政権がこれを機にぶち込もうとして
問題を大きくしたんです。
　李文永、徐南同、安炳武、こんな方々はみなプロテスタントのとても錚々た
る神学者たちです。徐南同教授は大学の神学教授で、安炳武博士は韓神大学の
神学教授でした。文東煥牧師は文益煥牧師の弟で、弁舌もさわやかで政治家み
たいな人でした。文益煥牧師は顔も白く完全に文学青年タイプです。
　文益煥牧師も宣言文を準備する時は、自分が監獄に行くことは予想してまし
た。聖書の現代韓国語への翻訳作業をたいへん重視して、聖書翻訳を終えるた
めに、後ろに隠れようとしたが、簡単に全貌が出てしまったのです。その事件
で拘束された人は全員懲役刑を食らって、相当期間服役して出てきました。
　この事件でプロテスタント牧師とカトリック神父たちが一緒につながること
になります。プロテスタントでは最も知名度が高く、理路整然とした方々であ
るのに対し、カトリックでの咸世雄、申鉉奉、文正鉉神父は当時、若手で、
民主化運動に本格的に足を踏み入れる段階でした。それで金壽煥機卿がそれな
りに気を使った。カトリックの神父がプロテスタントの牧師たちより劣る感じ
を与えてはならないので、法廷でもうまくやってほしかったのです。申鉉奉神

＊第1部　1970年代の人権弁論

父のような方は政治的にも論理的にもまとまっている方じゃないんです。それ
で枢機卿が弁護士たちに神父たちをよく弁護してくれと頼みもしました。

　3・1民主救国宣言は内容がとても長く、極めて包括的で具体的に当時の時
代を診断しています。法哲学的にも抵抗権理論も整然としており、維新体制の
問題点についてよく整理した文書だと思います。在野と民主化陣営で掲げよう
とする主張を網羅しているようです。

　総合セットですよ。その中で緊急措置を撤廃し、民主主義を求めて投獄され
た民主人士や学生を釈放し、維新憲法で名ばかりになった議会政治の回復を求
め司法権の独立を促し、民族統一を至上課題として力説します。この事件を緊
急措置9号違反としたが、『大韓民国憲法および緊急措置9号を誹謗、廃止を
主張し、これを宣伝・扇動し、国内外情勢に対する事実を歪曲、伝播した』と
いうのです。何が歪曲で何が誹謗なのか法理的争いも多く提起された。

　後から評価するに、この事件をきっかけに在野民主勢力の新たな連合が形成
されたというのです。3・1民主救国宣言が連合の産物というよりは、維新体制
がこの事件を大きくして本格的な弾圧を画策することで、逆にこの事件で政治
家-宗教家-在野勢力の連合を強固なものにさせたのです。

　3・1事件は実体に比べて、事件を作って大きくしたのです。その声明書に
維新憲法を撤廃すべきだという内容が入っているんですが、それ一つでそんな
に次々と拘束するようなことじゃないんですよ。何か騒乱やデモをしたわけで
もなく、祈祷会が終わった後に声明書を静かに朗読して終わったんです。
　政権の意図は、この機会に在野民主化運動の指導者たちにガーンと一発食ら
わせようと決心したんです。ところが金大中先生を拘束して、前職大統領まで
法廷に立たせ、それで事件が大きくなったのです。そしてこの事件の被告た
ち、家族たちはみなこの国の反維新・民主化運動の中心勢力になりました。

人権弁論を支援したNCCと宣教資金事件
── 司法府の恥ずべき自画像 ──

　1970年代の民主化運動にカトリック側から枢機卿、司教、神父の関与が続き、プロテスタントでも牧師と教団の社会参加と拘束事件が続きます。どの時代よりも宗教の役割が大きかったと思われますが、弁護士の立場から一度整理してください。

　まず、民主化運動の宗教的背景について話しましょう。1970～80年代の民主化運動圏の中で大きな役割を担ったのが学生運動で、その次にキリスト教でプロテスタント、カトリックの社会参加勢力があります。社会参加の宣教運動に積極的な民主化運動の流れがあった。
　1970年代の暗鬱な時代に民主化運動をした時、鍾路5街のNCCを中心にしたキリスト教運動や主に明洞聖堂の正義平和委員会、正義具現司祭団の運動、この新旧二つのキリスト教社会運動の潮流が民主化運動に寄与した功績が大です。場所から見ると、キリスト教会館（プロテスタント）と明洞聖堂（カトリック）が中心です。
　ここではプロテスタントの話をしたいと思います。民主化運動勢力の強固な土台や下敷き、支援軍になったのが教会勢力です。でもその中にプロテスタントでいうと、私がいちおうプロテスタント教徒なので、プロテスタントは私を通じて弁護士とつながっていた。NCC人権委員会が求心点となり、カトリックには正義具現全国司祭団正義平和委員会があった。李敦明弁護士や黄仁喆弁護士がカトリックでしたので、彼らが連結点になりました。

　弁護士の宗教的背景とNCC、カトリックがそれぞれつながっていたんですね。

　そうだったんです。NCC人権委員会が民主化運動の前衛組織のようでした。そこで私はずっと副委員長でした。委員長は牧師たちが順番に担当した。人権運動を熱心にした牧師が委員長を務めた。権皓景牧師、金東完牧師がみな

＊第1部　1970年代の人権弁論　　　119

猛将です。彼らが人権委員会事務局長を一期ずつ担当しながら、一番難しい時期に難しい仕事を任された。あれこれの関係で、私とは兄弟のように過ごしました。

　1974年頃か、その時にいわゆるキリスト教側で人権弁論に関与して、私も進歩的な牧師にたくさん会って、彼らが積極的に社会参加とか民主化運動に関与するのを見て、私も志を共にするようになりました。そうして、また私が教会に戻ることになりました。

　人権弁論をするには、その種の事件が弁護士に来なければならないのじゃないですか？　そんな連絡通路を作るのにも宗教の役割が大きかったのですか？被告は拘束状態で、家族たちは初めてこの事件に直面してどうしていいか分からないのが普通ですが、どうやって事件を引き受けられたんですか？

　大体二つの道があったね。一つは学生と知識人ですが、その場合は私たちと直接つながる場合があった。通常は学生たちや労働者たちが緊急措置違反や、労働運動における第三者介入禁止や労働組合法違反で拘束される場合は、大体、NCC人権委員会とカトリック正義平和委員会人権委員会の二つのラインで来た。家族がそこに訴えれば、私たちにつないでくれるのです。その時、プロテスタントのNCC人権委員会が大多数の事件を受け付けて、私たちに連結してくれたと記憶します。

　すると、NCC人権委員会とカトリック正義平和委員会人権委員会で弁護士を決めて、そちらに行くよう言うんですね。

　大体そのようにしました。でもこれは原則があるのではなく、『どこかの弁護士のところに行きます』と言う人もいるけれど、大体はそういう風になりました。学生たちの事件を見ると、これは弁護士が引き受けたところで釈放されるわけでもなく、無罪判決を受けるわけでもないだろう。ただ、学生たちがデモして拘束されると、精神的にとても寂しくて苦痛で、だからたとえ無罪判決を受けたり、執行猶予をもらえなくても弁護士は絶対必要です。自分が頼れる人が、助けてくれる人が必ず必要なのです。法廷で言いたいことの一言でも、弁護士がいなければ自信を持って話せませんし、弁護士もいないと話す機会も

得られないまま懲役を打たれたりします。なのでその時、私たちが手助けしながら刑を減らしたり、執行猶予にしたり、無罪判決を受けることはほとんどありませんでしたが、弁護士はとても忙しかったのです。

両機構は弁護士に対する財政的支援もしてくれましたか。

NCC人権委員会は弁護士に対する予算を立てた。被告の家族が経済的能力がない場合がほとんどでした。能力があれば家族に弁護人の選任費を少しもらうんですよ。でも、もらえない場合が大部分でした。そこで私たちにその当時、10万ウォンから始めて、弁護士の普通の受任料の10分の1ないし5分の1程度、その程度をNCC人権委員会の予算で配分しました。それでも弁護士たちが交通費にでもして通ったんです。そんな事件配分体制が続いた。その時、NCC人権委員会が役割をよく果たした。拘束者たちの逃避所であり、保護者と言うか！　そこで「拘束者家族協議会」〔後ほど、1985年12月12日に創立された民主化実践家族運動協議会（民家協）へと発展した〕が作られて毎週水曜日、木曜日に集会をした。私たちにも仕事をさせて訴えたりしたのです。

では、当時の政府とキリスト教会館側の間に自ずと緊張関係がかもし出されたでしょう？

当たり前です。その時、鐘路5街のキリスト教会館は極めて長い間、反維新、民主化運動勢力の橋頭堡のような役割を果たした。反維新・民主化運動、特に緊急措置などで拘束された良心囚の家族で構成された「拘束者家族協議会」の全ての活動がそこを本拠地として行われました。毎週木曜日に行われる木曜祈祷会がとても活発でした。その核心的な役割をNCC人権委員会が引き受けました。

NCCをはじめとするキリスト教の民主化運動勢力に対する政府の弾圧はありませんでしたか？

なかったわけがありますか。1975年5月前後のことと覚えています。牧師たちを拘束して裁判にかけた。拘束された牧師たちが朴炯圭、金観錫、趙承赫、

＊第1部　1970年代の人権弁論　　　　121

権皓景など４人です。朴炯圭牧師は当時、首都圏都市産業宣教委員会委員長、金観錫牧師はNCC総務、趙承赫牧師は社会宣教委員会の総務であり、権皓景牧師も当時、宣教機関の職責にあった。朴炯圭牧師は韓国のプロテスタントの産業宣教活動を開拓した方であり、趙承赫、権皓景牧師がすべてその指揮下にあったのです。金観錫牧師はNCCを長い間率いてきた名総務で、プロテスタントを代表する顔のような方でした。ところが、この４人の牧師たちを投獄したんですよ。

拘束者家族

何の罪名ですか？　彼らが一度に犯罪を謀議するはずがないようですが？

刑法の業務上横領、背任罪など破廉恥な罪名で引っかけた。嫌疑はBFW（Bread for the World）というドイツにある世界食糧援助機関からNCCに送られてきた宣教資金があります。この資金を宣教目的以外に拘束者の家族のためにむやみに使い、それが横領、背任に問われたのでした。

牧師たちが着服したわけでもなく、拘束者家族のために使ったのが横領だなんて……　裁判経緯や結果はどうなりましたか？

本当にあっけない裁判でした。牧師たちは終始一貫して、そのBFWの宣教資金は韓国の貧しくて疎外された人々のために使うように送ってきたものであり、緊急措置などで拘束された家族を支援するために使える資金だと正当性を主張した。もちろん、私的に流用した資金はまったくありませんでした。この問題が争点になると問題のBFWの事務総長を務めていたヴォルフガング・シュミットというドイツ人を私たちが証人として申請して、彼が韓国にまで来て、この事件の法廷証人として出た。

彼の証言も韓国NCCでBFWの宣教資金を拘束者家族ために使ったのが、宣教資金を韓国に送った目的に反するものじゃない、そんな用途に宣教資金を使ったことに少しも不満がないと証言をしたのです。さて、この程度なら法律を知らない人が見ても、これは無罪だろう。牧師が目的通りに使ったと資金提供者が証言したのに、どうして横領とか背任になるんですか？

では、判決は無罪となりましたか？

　いいえ。全部有罪判決が出て、懲役10月、８月とか、みんな何ヶ月も監獄暮らしをしました。

　いくら権力のやりたい放題の時代だと言っても、それは本当に理解できませんね。どうしてそんな判決が出るんですか？

　アゼンとしますよね。これが当時の私たちの司法府の恥ずべき姿でした。この裁判をソウル刑事地方法院の郭東憲判事が担当したが、郭判事はこの事件を法官の良心に従って無罪判決を下そうとしたようです。郭判事は判事として良識があり、姿勢が正しく良い人でしたのに、無罪判決をしようとする気配をどのように察知したのか、検察はもとより政府当局（情報部など）で様々な経路を通じて極めて低劣でひどい圧力を郭判事に加えてたようだった。
　私もその圧迫の具体的な内容まで詳しく知ることはできなかったし、また郭判事に問い詰めもしなかったが、そのしばらく後に郭判事が辞めて弁護士開業をした後で一緒に話したことがあった。その時、自分が置かれていた苦境と悩みを哀訴しながら、その時は死にたい気持ちだったそうです。一体どんなに追い詰められたら、死にたいとまで思ったでしょうか？　判事が……　私もその時、郭弁護士と一杯飲みながら、心の中で限りなく泣いた。その時、私たちの司法府が置かれた状況がこうでした。

李泳禧教授筆禍事件

—公訴状と全く同じ判決文—

　今日は李泳禧、白楽晴事件を話すことにしたんですね？　李泳禧、白楽晴ともに有名な知識人ですね。今、大学街では 李泳禧教授の『転換時代の論理』とか『8億人との対話』をあまり読みませんよね？　名前もよく分からないと思います。

　元版は絶版になり、ハンギル社から李泳禧全集（全12巻）として出ています。その本はそれ自体が歴史的事実であり、一つの伝説になったようです。

　1970年代に大学街で最も広く読まれた本です。『転換時代の論理』が1974年に出て、その次に『8億人との対話』、『偶像と理性』が77年に出た。前者は創批から、後者はハンギル社から出た。これらの本が知識人、学生に与えた影響は本当にすごいものでした。私たちの発想をがらりと変える衝撃的な本でした。だから大学街の必須の意識化教材なんです。以前から進歩的な論理はあったが、私たちの固定観念として根深くたたき込まれていた冷戦論理を根本的に揺るがし、破ってしまうような役割をした本でした。

　李泳禧先生は本当に独特な方で韓国の知識人社会にはっきりと残る方ですね。李泳禧先生は平安道出身なんですが、解放後に越南〔38度線を越えて韓国に来る〕して、一生、オモニとそして、妻と子供たちと一緒に暮らしました。あまりにも貧しかったので、学費がいらない国立海洋大学に通った。彼の学歴は海洋大学の卒業です。

　私も「海洋大学」の経歴が意外だと思っていましたが、海が好きだからではなく、学費がなくて選んだ大学ですね。

　学費なしで通える大学の課程を選だら、そこに通うことになったんです。それが朝鮮戦争になって軍隊に入ったんですが、元々は兵卒として入って、通訳将校になった。彼の特技が英語で、とても上手でした。

外国語に特別な素質がある人がいるじゃないですか。アメリカに行ったこともないのに、「ハウスボーイ」をしながら英語を習ったのです。通訳将校をしながら、米8軍の司令官のバンフリート大将の通訳もして、1957年に少佐で除隊しました。また、李泳禧先生は銃が上手です。ピストル射撃は特等射手。だから李泳禧に対する通俗のイメージとはかなり違います。英語がとても上手で、銃も上手で、陸軍少佐までしたから。

　除隊後、合同通信に外信記者試験を受けて合格した。正直言って、海洋大学出身がソウルの通信社の記者として合格するのは簡単なことではありません。しかし英語がとても優れていたようです。合同通信社の外信記者として数年勤務し、朝鮮日報社に移り、また通信社に戻って数ヵ所通った。

　ソウル新聞社にもいたようですし。6・25〔朝鮮戦争〕前には慶尚北道安東中学の英語の先生もした。外国メディアの記者として外国メディアに記事を書きながら、当時から情報部に出入りをして、1959年にはアメリカに行って数ヶ月いたんですね。一学期ほどノースウェスタン大学の新聞大学で勉強しました。朴正煕国家再建最高会議議長がアメリカを訪問した時、随行記者としてついていったりもした。そして1965年からは朝鮮日報の政治部の記者として外務部の出入りもした。そして朝鮮日報の外信部長をした。朝鮮日報を辞職し、再び合同通信社の外信部長をして調査部長を務め、1972年度に漢陽大学の新聞学科助教授として就任した。1974年、その大学に中国問題研究所が新設された時、そこの常任研究委員として教授兼任で勤務した。

　当局から追い出すように言われて1976年に解職された。それでも漢陽大学は当時は金連俊総長の時なのですが、あまりにも当局が追い出せと言うので、教授職は追い出したが、校史編纂委員として仕事をさせて月給を与えた。それで拘束されたのが漢陽大学校の校史編纂委員を務めていた時でした。

　1965年、朝鮮日報の政治部にいたとき、当時、外務部の出入りをした。国連総会で朝鮮の問題を討議するんですが、アジア・アフリカの一部で韓国と北朝鮮の同時加盟案を提出する動きがあることを取材して報道した。これが当時としては大変な話です。たとえ外国、第3世界でそんな動きが事実だとしても、国内ではそんな話もできません。しかも韓国と北朝鮮の同時加入だなんて。

　当時は北朝鮮でもなく「北傀」〔北の傀儡〕と呼んでいた時ですが、大韓民国は韓半島の唯一の合法政府なのに、どうして傀儡と大韓民国が同等の資格で

＊第1部　1970年代の人権弁論　　　　　　　　　　　　　　　125

国連に同時加入するのか……　そんな報道内容が事実だとしても、国内マスコミに報道するとは想像できない。もしかすると反共法違反の事案だ……冷戦時代の私たちの状況はそうでした。

　この記事を出したせいで、李泳禧先生は情報部に連行され、約20日間、取り調べを受けて拘束され裁判まで受けた。ソウル刑事地方法院で懲役1年に2年間執行猶予の判決を受け、控訴審に上がって宣告猶予に減軽された前歴があります。この人は生まれつきの反骨です。外信記者としてこの種の事故（？）をたくさん起こしたのです。それで結局、新聞社から追い出されます。当時は中国問題を研究するところにはありませんでした。中国と呼ぶこともできず、「中共」〔国家でもない中国共産集団、あるいは共匪の略〕と言っていたときだから……　少し前までは韓国はずっと「中共」と言っていたじゃないですか？

　子供たちがゴム跳びをする時も、『打ちてぞ止まじ、中共蛮族』という歌を唄いながら遊んでた時です。当時、中国は自由中国、つまり今の台湾のことで、大陸にある国は中共と呼ばれていた時期です。

　ところが、李泳禧先生は当時から中国に関するすべての西欧の資料を集めて中国研究をして、韓国で中国研究の最高の専門家になってしまったのです。当時までに翻訳した色々な文を集めて、『8億人との対話』という本を創批で出し、『偶像と理性』という本はハンギル社で出した。ハンギル社の金彦鎬社長が東亜日報の解職記者出身なので、そこでそんな本をたくさん出した。今はハンギル社が非常に大きな出版社になりました。当時は初期の頃です。
　毛沢東の中国に関する西欧学者、新聞記者たちがあちこちに書いた文や報告書を数編集めて翻訳をして出した本が『8億人との対話』（以下『8億人』と略す）です。西欧では左派、右派を問わず、中国共産党に対する研究が活発でしたから、中国の報告書がたくさん出ましたね。一番最初に出たのはエドガー・スノーの『中国の赤い星』（Red Star Over China）ですが、中国共産党の大長征を追って記録した記録文学として名高いですね。その話もこの本にずっと出てきます。私も事件を引き受けてから『8億人』を初めて読んだ。あの時の衝撃は今でも思い出します。ああ、毛沢東の中国革命ってこういうもの

126　　　　　　　　　　　　　　　　　　　韓国の人権弁護士　軍事独裁に抗す

だったんだ。そして、それを読みがら同時にエドガー・スノーの本も一緒に読むようになりました。私個人としても当時が転換時代です。私だけでなく、たいていそうでした。

『偶像と理性』（以下『偶像』と略す）は、李泳禧先生がさまざまな雑誌に寄稿した文をまとめたものです。その中で問題になったのが、『農業従事者、林君への手紙』でした。いずれにせよ、この二冊の本は知識人と大学社会に衝撃を与えた本です。1970年代にこの本が出版された時、イデオロギー問題や共産圏に対する問題、冷戦問題などの問題をめぐって悩んでいた若者たちにとっては、これが意識化の指針書のようなものです。それで今、一部では李泳禧先生の責任が大きい。学生運動の左傾化に李泳禧先生も責任を負わねばならないという話まで出てくるほどなんですが、とにかく当時としてはとても衝撃的でした。今でもこの本の価値は、一時代に知識人たちを覚醒させた意味があると思います。固着した冷戦観念を打ち破るのに非常に重要な役割をしたんです。

しかし、当時の公安当局の目から見ると話にならないだろう。ここで見ると、中国上海の医療保険制度がアメリカよりもよくできている。こういう私たちがびっくりする話があります。その他に色々と中国革命の過程での革命の胸さわぐような美しい姿があるじゃないですか。こういうのも全部翻訳して、李泳禧は反共法違反で起訴された。白楽晴教授は当時、『創批』の発行人でしたので、責任を負わせたのです。つまり李泳禧と共謀して北傀の宣伝活動に同調する『8億人』を売ったことで、反共法に違反したということです。『偶像』はハンギル社で出したが、ハンギル社の金彦鎬社長は起訴しませんでした。『偶像』に対する責任を李泳禧がまた負って起訴された。

法廷の雰囲気はどうでしたか？

当時、単独法廷でした。反共法4条1項、反国家団体に対する称賛・鼓舞・同調を問題として、7年以下の懲役でした。だからそれは合議事件ではなく単独事件です。刑事単独の判事に配当された。柳瓊熙判事は私より大学の3年ほど後輩になります。個人的には本当に良い人です。とてもスマートで優しい人なんだけど、前にも何度も話したけど、こういう裁判をする時はいい人も悪い人も関係ないんだよ。全部有罪判決しないといけないし。当時の雰囲気では、法院はすべて外から言われた通りにしたのです。柳瓊熙判事も心の中では本当

に辛かっただろう。弁護人たちも自分の先輩、友人、同僚であり、私的な席で会えば考えもあまり違わないし、話も通じるそんな仲です。事件を引き受けることになったから渋々裁判進行するという感じがありますよ。裁判進行をする時、弁護人や被告に対する手続き上の便宜のようなものは最大限保障してくれた。ところが裁判に関して話さざるを得ないのが、当時の担当検事です。『レ・ミゼラブル』に出てくるジャベールのようだと、当時、私たちがそう言った。その不気味なほど執拗に追及するのが非常に攻撃的で、思想的にも言うまでもなく全くの絶壁です。彼のせいで被告や多くの人が本当に不快に思ってひどい苦労もした。裁判進行をするのに、当時、弁護人たちがかなり華やかでした。

弁論を忠実にしたということが、資料がたくさん残っていることからも分かりますね。

資料が多いですよね。弁護人が当時、李敦明、鄭春溶（チョンチュンヨン）、趙準熙、朴斗煥（パクトゥファン）、金剛榮（キムガンヨン）、黄仁喆、洪性宇となっています。
　この事件をしながら各界が助けてくれた。李泳禧先生がジャーナリストで、大学教授でしたから。実はこれは本を問題にしたが、李泳禧先生が共産党だとか何かの活動をしたわけではないじゃないですか。話にならない。これ程学問的な作業をして、業績を出すということがどれほど貴重なことでしょうか。当時の雰囲気で特に。

経歴から見てもそうではないですか。朝鮮戦争に参戦して通訳将校もして、陸軍少佐で退職するまで軍隊生活が7年以上なのに、たとえ政府の気に入らなくても、基本経歴が保証してくれるものがあるのではないでしょうか。

だから思想的に疑いのない人です。米8軍司令官のバンフリート将軍の通訳もしたんですよ。李泳禧先生はお酒も好きで、交友関係もとても良いです。それで、色々と身近な人も多いですし、李泳禧先生が拘束されて裁判を受けると、嘆願書を各界からもらってきた。
　要旨は「李泳禧先生は冷徹な報道精神で高く評価され、論評、解説、外国文献の翻訳を通じて変転する国内外情勢を分析することで、多くの国民から共感を受けてきた。中国の現代史分野でも探求のために難しい先駆的な役割を担っ

てきた。李泳禧先生が中国問題において、学者として担当してきた役割は本当に貴重なものだ。韓国にとって今、共産圏の研究が非常に弱いのですが、共産圏との外交接触を試みようとするこの状況で、著名な中国問題研究者を拘束することは慎重に考慮せねばならない」ということです。多くの人々が陳情に署名し、この陳情書にずらっと出てきます。言論界の人々はほとんどした。4大日刊紙の主要ジャーナリストがほとんど署名したものです。ジャーナリスト、大学教授は進歩的な反政府人士だけでなく、連絡できる人々はほとんどしました。まあ創批の小説家たちもみなでした。リストがとても華やかです。外国から来たものもあります。署名はすべて本人の自筆で貰ってきた。

　この事件はとてもセンセーショナルで有名な事件でした。法廷もいっぱいで熱気がすごかったし、検事があまりにも憎らしいから、ますます熱気があがりました……　1審裁判の結果は、よく分かっていたのですが、判事はしようがなしに実刑宣告をした。李泳禧先生は拘束されて裁判を受け、白楽晴先生は在宅（不拘束）起訴で裁判を受けたのですが。白楽晴先生にも1審で懲役刑が出た。執行猶予は付きませんでした。そうなれば法廷拘束をするのが当時は公式です。ところが白楽晴先生を拘束しませんでした。結局、拘束をせずに監獄には行かなかったんです。ところが、李泳禧先生はあくまでも拘束して裁判して……。

　李泳禧先生は最初から拘束されて裁判を受け判決も実刑判決が出たのですね？

　そうです。最初から最後まで拘束です。今もずっとその話が出ていますが、判決宣告が1978年5月19日です。李泳禧は懲役3年、白楽晴は懲役1年を言い渡された。ところが判決文の「犯罪事実」が検事が出した公訴状の「公訴事実」と同じです。法官の判決文が検事の公訴状と同じなんですね。
　法廷の攻防がとても多かったのです。当時、著名なジャーナリストの宋建鎬
(ソンゴノ)
先生が法廷に出て証言もし、他の主張や弁護人の弁論も熾烈でしたが……　でも、この事件の争点は、客観的な事実は分かり切ったものじゃないですか。その本の内容がどんなもので、その論文はどこから持ってきたもので、だから評価だけが残ったのです。外国の学者や記者が書いたものを持ってきて編集した

＊第1部　1970年代の人権弁論　　　　　　　　　　　　　　　　　　　　129

ものだから、中共の実体を知るために最善の方法を取ったに過ぎないと話し、弁論要旨書も私たちがかなり細かく書いた。そんな公判廷での論争を全く無視して判決文を公訴状の内容と同じにしました。

　ここの第一審判決文と公訴状を見ると、最初から最後まで同じですね。一つや二つの部分で違うことがあることはあります。書体が同じですね。これは、公訴状を書いた後、検察側から判事に判決文自体をタイプし、アルファベットの英語の名前まで書き終わって、渡したことが明らかです。もしそうなら法院は検察の代理人じゃないですか。

　李泳禧教授が獄中で公訴事実と控訴審判決文の犯罪事実と比較して文字を比較してみたそうだよ。一字も違いなかったよ。公訴状を見て判決文をタイプしたのだから一字も間違えるはずがないでしょう。

老母の葬式にも行けなかった李泳禧

　この時、忘れられないエピソードがあるんだけど。控訴審が終わって大法院に行く年末頃です。ここを見ると、1978年11月26日に上告理由書を提出して未決だった時です。この時、拘束中に李泳禧教授の老母が亡くなりました。彼は北朝鮮から老母を連れて来たのですが亡くなられた。ところが、喪主にならねばならない息子が刑務所にいるから……　当時、高校生の孫が父親の代わりに喪主の役割をして学生が葬儀を執り行ったのです。

　それで周辺で『どうにか臨時釈放を斡旋してみろ』、拘束執行停止制度があるじゃないか。一時的に何日かだけでも。『一体、李泳禧が逃げるだろうか』。『彼の個人的書類を見ろよ、たった一人のオモニを連れてきて数十年を一緒に暮らし、そのオモニが亡くなって、息子一人なのに葬式もできなくてもいいのか』と言って拘束執行停止申請を出したが、それを冷酷にも棄却したんですよ。李泳禧先生は出られませんでした。

　結局、李泳禧先生の妻と息子が喪主となり葬儀を行った。彼の家は城東区
華陽洞にある小さな２階建ての家でした。通夜に行くと、運動圏の人々、在野の人々でいっぱいで、喪主はいません。そこで幼い息子を前に出して葬儀を行ったのですが、葬儀を行った翌日か、あまりにも非道いので、また拘束執行

停止申請を出したのですが、それも棄却されました。

　葬儀が終わった翌日か、また接見に行った。当時、こういう話をしていました。自分が独房に座り、オモニの葬式の日に独房で水一杯を汲んで、母のいる方に向かって冥福を祈って伏し拝んだ。カタ飯〔麦と米と大豆を混ぜた飯を等級が記された型で押した囚人の飯〕と水を置いて、おがんだと話してました。本当に胸がジーンとするじゃないですか。同僚たちや、友達の文人たちにその話をしたら、何人もが泣きましたよ。李泳禧先生はすごい受難を経験した。代表的な筆禍事件ですね。

　李泳禧先生が経験したことを考えると、本当に天倫も知らず、人倫も知らぬ政権の末期症状ではないかという気さえします。李泳禧先生に対しては当局の寛容が全くなかったようですね？

　全然なかったです。検事が法廷に出て、やっているのを見ると、どうしてあんなことができるのかと思うほど非道いんですよ。

　先ほど法廷では弁論の自由は保障されたとおっしゃったが、では時間に余裕を持って、一つ一つ問い詰めたのでしょうか？

　公訴事実に対して徹底的に問い詰めたのです。だから、本の内容で文句をつけるのだから、結局どう見るべきかという問題で、主観的な評価や判断の問題じゃないですか？　問題を争う余地もないじゃないですか。ただ、この本を出した意図は何か。学者のこんな努力が反共法違反で処断を受けねばならないのか。まあそういう点だったのです。

　でも、その『8億人』は翻訳書じゃないですか。原著者でもない翻訳者の翻訳を持って反共法で引っかけること自体が今見たら本当に話にならないじゃないですか。

　翻訳書です。なぜこんなものを翻訳したのか、その意図が何なのか、こういうことを問い詰めるのです。本当に二の句が継げません。だから1970年代、1980年代は、私たちの社会が完全に暗黒期だったのです。

＊第1部　1970年代の人権弁論

梁性佑詩人の筆禍事件

「冬の共和国」を書いたことで有名な梁性佑が詩で起訴された事件がありますね。「奴隷手帳」という詩と「私たちは10回も本を投げ出した」という詩を問題にしたようですね。まず、梁性佑を紹介してください。

梁性佑は高校で国語を教える教師で詩人ですが、1975年に、「冬の共和国」という長詩を書いて朗読したとして罷免された。検察が問題にしたのは、「冬の共和国」の後に出てきた詩です。みんな抵抗詩ですね。梁性佑の詩は朗読するにはとても良かったのです。「冬の共和国」の詩は民主化運動圏で集会する際、教会でも聖堂でも多くの人に朗読された。

「冬の共和国」はかなり長い詩です。「冬の共和国」以降に一連の詩を梁性佑が発表したことで緊急措置違反で起訴された。国家冒涜罪まで適用した。

事件の理解のために問題になった詩の内容を見なければなりません。

判決文に出てきた問題の部分を中心に見てみましょうか。「奴隷手帳」の一部です。

詩人たちよ、この地に詠うものは何があるのか
お前たちが楽しそうに叫びながら、この地に詠うものが何があるのか
人も路地も陰気なヤツらとため息ばかり
夜も昼も踏みにじられて
お前たちが詠う何があるのか
刃を振りかざしたヤツらの残忍な略奪行為で
血管まで、魂まで踏みにじられて
お前たちが楽しそうに叫びながら
この地に詠うものが何があるのか

この部分は大韓民国は独裁国家として国民は基本的人権を剥奪され、最小限

の基本権も享受できず抑圧されていることを描写し、続いて第1段落に、

　私は見た ぼろの中から、かますの中から、私は見た
　愛する隣人たちが死んでいくのを
　刃の切っ先に獣のように死んでいくのを
　死にながら一言も言えずに
　死んで、10回もまた死んで
　刃を振りかざした、あいつの下に倒れることを
　呪え 呪え 山川草木よ
　声を放ち、胸を打ちたたきながら、泣き叫べ……

　とても長い詩です。次に、「私たちは10回も本を投げ出した」という詩は、次のように始まります。

　私たちは10回も本を投げ出した
　軍隊のせいで、秘密警察のせいで
　おお、このごろはましてや飢えのために
　私たちは10回も本を投げ出した。

　生き残って、この地に
　白眼を開けて、生き残って
　私たちは理由もなく殴られて
　あるいは縛られて行き　しがみついて　死んでゆきながら……

　私たちは10回も本を投げ出した
　冬にも単衣で歯ぎしりしながら
　踏みつけられ　血を流しながら　さけびながら
　私たちは10回も本を投げ出した……

　これらの詩が抵抗詩に属するのは間違いなく、その際に韓国社会の問題を痛烈に批判し、間接的に、隠喩的に独裁体制を批判したのは間違いありません。

＊第1部　1970年代の人権弁論　　　　　　　　　　　　　133

政権が気に入らないのは明らかですが、これをどういう法条文に引っかけたのでしょうか？　判決文を見ると「韓国の国内外情勢に対して事実を歪曲し、大統領緊急措置9号を誹謗する内容の表現物を作成し流布したこと」を処罰しましたね。また1975年に刑法を改正し国家冒涜罪を新設した。海外の言論で梁性佑の詩を翻訳、掲載したことを大韓民国を冒涜したとして処罰しました。

　これらの詩を緊急措置の事実歪曲罪に引っかけた。ところで文学作品、特に詩に事実の歪曲が当てはまりますか？　事実そのまま書く詩がどこにありますか。誇張もし、隠喩法も使って想像力も動員して、自由に頭の中で思いつくままに往来しながら自在に書くのが詩ではありませんか？　これがすべて事実歪曲だ、韓国の現実を歪曲した。こんな風に起訴するのは、まさに無知極まりない行動です。

　これが文学作品なのに、因縁を吹きかけているのだけど……ここでも検閲のようなことをしているのですが、本当に的外れなことです。詩を事実歪曲罪で処罰するというのは世界史にもないと思います。事実歪曲罪という罪自体がないだろうが、これは大韓民国の司法史の恥です。緊急措置9号の法条項がそうなっています。事実を歪曲した者は懲役何年だとなっているんです。これは白紙の刑法と同じです。何でも処罰できるという話です。

▌詩の個々の句節で法廷攻防が行われましたか？

　攻防というにはあまりにも稚拙です。例えば梁性佑の詩で「隣の順姫が体を売りにソウルに行った」と言えば、「被告の隣に順姫が住んでたのか？　順姫が体を売りに行かなかったのに、なぜ行ったと言うのか」という風に検事が攻撃をするんですよ。文学作品というのはフィクションが基本で、矛盾や葛藤を劇化させて描くものなのに、当時の〔検事の〕水準がそうでした。文学作品に「事実歪曲」で文句をつけること自体がコメディだと思いますが、問題はそんな見方で文人たちを投獄し、法院は検事の公訴状をそのままコピーしているので、情けないことです。

▌この事件で法廷闘争の様相はどうでしたか？

134　　　　　　　　　　　　　　　　　　　　韓国の人権弁護士　軍事独裁に抗す

金芝河事件の後なので、梁性佑は自分も金芝河くらいしなければならないというのはあったと思います。当時は法廷闘争というのが一つの闘争記録のようなものでした。法廷で堂々とよく闘うことに対する誇りのようなものがあった。一旦起訴されて法廷に立つと、すべて有罪判決を受けて懲役に行くが、どうせ行くなら、法廷で自己主張を堂々として闘おうというのが知識人たちの課題でした。

　梁性佑もかっこよくやりました。「第2の金芝河」という声も聞いたので、梁性佑が一時、文壇のヒーローになりました。法的論争は時にはやりがいがありません。弁護人が論理を上手に作って声高く弁護しても全く響きませんから。しかし、私たちは私たちなりに頑張った。

　ところが裁判記録を見ると、梁性佑詩人が裁判を受けたのが一つではなく、二つですね。一つは詩が問題で、もう一つは何ですか？

　梁性佑は裁判をもう一つ受けました。抵抗した事件で裁判では下級審で懲役3年、資格停止3年を宣告され、大法院で上告中でした。

　シャウティングって言いますが、ソウル拘置所で他の学生たちが叫ぶ時、梁性佑が一緒に『緊急措置を解除せよ、拘束学生と民主人士を釈放せよ』というスローガンを何度も叫んだといいます。学生たちと示し合わせて通房して、こういうスローガンをよく叫んでいました。梁性佑も一緒にやったんです。ところが、大統領緊急措置を「誹謗」したと梁性佑だけ捕まえた。

　これがなぜまた緊急措置違反なのか？　緊急措置を「解除」せよと言うのが緊急措置の「誹謗」に当たるということですが、「民主人士釈放の主張」がなぜ緊急措置の「誹謗」になるのか分からない。少なくとも文理を解釈すべきではないですか。「緊急措置を解除せよ、民主人士を釈放せよと言って、緊急措置を誹謗した」　これが公訴事実で、そのまま有罪判決が出た。当時、私がずっと公判廷で主張しても、法院では有罪判決に理由を付けません。ただ「緊急措置違反だといえば、違反だと思え」という感じです。

　「冬の共和国」の詩のせいで、学校の教師もクビになったんですが、その詩は緊急措置違反じゃなかったみたいですよね。

＊第1部　1970年代の人権弁論　　　　　135

「冬の共和国」は引っかっていません。「奴隷手帳」がもっと過激だと見たのでしょう。おそらく、「冬の共和国」は起訴するには遅すぎたのでしょう。

「奴隷手帳」や「私たち10回も本を投げ出した」という詩を書くとき、捕まる覚悟で詩を書きましたか？

そういうわけではありません。詩人が詩を書く時に捕まると思って書きますか？　捕まってから、えい！　どうせ捕まったんだから、ちょっとかっこよくやろうと騒ぐけど……

詩そのものはどのように感じましたか？

詩は良かったです。梁性佑特有のトーンがあります。そういう抵抗詩なんかは本当によく書きましたね。

1970年代は文人たちの筆禍事件が少なくないですね。『糞地』の南廷賢、『五賊』、『張日潭』、『マルトゥギ』の金芝河、『奴隷手帳』の梁性佑など。こんな人々を弁論するためには弁護士も文学の勉強をしなければなりませんか？

文学の勉強を別にしたことはありません。ただ弁護士の中で私は文学に対する造詣や理解は少しある方です。私は高校の時、文芸部で、文人たちと交友もたくさんあった。そんな関心があったので、筆禍事件を弁護するのはそれほど難しくありませんでした。

1975年に韓勝憲弁護士が弁護士資格を剥奪される前は、文人たちの筆禍事件の弁論をよくしたと聞いていますが……

ほとんど専問でした。韓勝憲弁護士は1975年に筆禍事件で懲役になり、有罪判決を受けて弁護士の資格が剥奪されたんですよ。1983年初めまで復権になりませんでした。そのため、最も重要な時期に弁護士をできませんでした。韓弁護士は資格が完全に剥奪され、三民社って言う出版社をしました。　その前

136　　　　　　　　　　　　　　　韓国の人権弁護士　軍事独裁に抗す

には、南廷賢の小説『糞地』事件とか、また文人たち、東ベルリン事件に関与した芸術家たち、こんな事件は韓勝憲弁護士が全部担当した。韓弁護士は彼自身、登壇した詩人で自分の詩集も何冊も出していました。文壇に人脈も多いし、良い本もたくさん出しています。

| 梁性佑はどれくらい獄中生活をしましたか？

　詩のために懲役3年に、拘置所でスローガンを叫んだとして懲役2年を言い渡され、刑期が5年にもなりました。実際、獄中生活は約2年余りしました。

＊第1部　1970年代の人権弁論

緊急措置第９号違反事件
── ５・22 事件と「私たちの」教育指標事件──

　次は緊急措置第９号について一度検討してみる時です。洪弁護士の事務室を訪問したところ、洪弁護士への被害者の色々な感謝牌があった。「民青学連運動継承事業会」から受けた感謝牌もあり、「緊急措置９号時代の反独裁民主化運動参加者一同」名義の感謝牌もあります。

　「暗鬱だった維新独裁の時代、弁護士が緊急措置９号違反者にしてくださった無料弁論の恩恵を私たちは永遠に忘れることはできません。1995年５月12日」となっています。緊急措置９号違反者の数もすさまじいので、緊急措置９号が発動された期間（1975～1979）には、その違反者に対する弁論で目が回るほど忙しかったと思います。

　私は1977年、ソウル大学に入学しましたが、当時、先輩たちから洪性宇、黄仁喆、こういう弁護士のお名前を初めて聞きました。当時は維新体制下で法の権威が失墜し、法曹志望、法学部生だということすら恥ずかしい時なのに、それでも私たち法学部生たちは「人権弁護士」としての道もあると、自らを慰めたりしていました。それで緊急措置９号違反について、洪弁護士がどう弁論されたのか記録を見ようと思うのですが、意外と記録の中で緊急措置９号違反事件が残っていません。なぜでしょうか？

緊急措置第９号、希代の悪法であり憲政史の恥

　そうです。緊急措置９号違反事件を引き受けるのに本当に忙しかったのです。事件が多すぎるせいか、むしろ記録管理にあまり気を使わなかったようです。ただ緊急措置違反事件の内容は少し単純な方です。学校でデモを主導し、印刷物をばらまいた……　これなんです。印刷物には「維新憲法を撤廃せよ」「緊急措置を廃止せよ」というスローガンがもれなく登場しますが、そんなスローガン自体が緊急措置９号違反になります。

　緊急措置そのものが悪法であり、適用されてはならないという主張をしますが、法院は聴く耳も持たず有罪と実刑を宣告した。批判勢力の抵抗を弾圧する

138　　　　　　　　　　　　　　　　　　韓国の人権弁護士　軍事独裁に抗す

のに緊急措置を伝家の宝刀のようにむやみに振りまわしたため、当時、裁判を受けた人々はほとんど実刑宣告を受けて監獄暮らしをしました。

緊急措置９号違反者の内で、維新撤廃デモの主導学生たちは懲役３〜４年、単純加担者も懲役を受け満期で出てきた。民青学連事件で実際に服役したのが満１年にならないことと比較すると、９号違反者の目に見えない苦痛が非常に甚だしかったのです。1970年代の緊急措置違反事件について一瞥してから次に進むのが良いでしょう。

まず大統領の緊急措置は維新憲法で大統領が国会の同意なしに発動でき、法律と同じ効力を持つと規定された。当時、朴正熙政権が宣言した問題の緊急措置は、１号、４号、９号です。1974年、1975年に相次いで宣言された。朴正熙大統領の死後になって、ようやく緊急措置が解除された。　1980年代以降に生まれた世代は果たしてそんなことが可能かという怪物のような法律があったのをよく知りません。

1974年の緊急措置１号は維新憲法宣言直後に出されたもので、維新憲法に対する一切の批判や改廃の主張を基本的に禁止するもので、1974年の緊急措置4号は民青学連を反国家団体と規定して処罰する内容でした。そして、すべての政府批判を根本的に封鎖するために下された緊急措置9号が特に問題でしたが、その条文を一度確認してみましょうか。

大統領緊急措置第９号
（国家安全と公共秩序を守るための大統領の緊急措置）

１. 次の各号の行為を禁じる。

A　デマを捏造、流布し、事実を歪曲して伝播する行為。

B　集会・デモまたは新聞・放送・通信など公衆電波手段や文書・図書・アルバムなどの表現物によって大韓民国〔維新〕憲法を否定・反対・歪曲または誹謗し、またはその改正または廃止を主張・請願・扇動または宣伝する行為。

C　学校当局の指導、監督の下で行う授業、研究または学校長の事前許可を受け、またはその他の儀礼的・非政治的活動を除く、学生の集会・デモまたは政治関与行為。

*第１部　1970年代の人権弁論

D　この措置を公然と誹謗する行為。
以下、略

1975年 5 月13日

　そうです。本当にひどい法律です。これが大統領緊急措置ですが、法律と全く同じ効力を持つわけで、本当に近代の立憲民主国家に果たしてこんな法律があり得るのでしょうか？　一言でこの緊急措置という装置は、国民の基本権、特にすべての意思表示の自由や集会、結社の自由を根本的に統制し、はなから封鎖する希代の悪法です。考えてみてください。そのまま無条件にデマを捏造流布する行為、事実を歪曲して伝播する行為を禁止するとすれば、その規制、統制の対象が実に途方もなく広くなるのです。何がデマに該当するのか、事実歪曲とは？　ならば一体どんな基準で歪曲かどうかを判断するというのか、何の概念規定や価値判断の基準もなく、一言で権力者の恣意で国民のすべての意思表示を統制し、封鎖できるという内容です。
　しかも緊急措置違反者は法官の令状がなくても、逮捕、拘禁でき、司法的審査の対象にならないというのは、本当にものすごい暴挙ですよね。これは文字通り白紙刑法です。少なくとも近代立憲民主主義国家では到底見られない稀代の悪法であり、韓国憲政史の恥です。

5 月 22 日事件

　記憶に残る出来事を何件かご紹介します。1975年 4 月、ソウル大学農学部の学生である金相眞が校庭で切腹自殺した事件があった。良心宣言の形で「大統領に送る文」を発表し切腹をしたのですが、当時の大学だけでなく、全国的にも非常に衝撃的な事件でした。その年の 5 月22日、ソウル大学でデモが起こります。学生 4 千人以上が参加した大規模なデモでした。ソウル大学の校庭で金相眞烈士の葬儀を行い、「維新憲法撤廃」、「独裁打倒」のスローガンを叫びながら校内デモをすると、当局が彼らを緊急措置 9 号違反で手配した。その衝撃もすごかったです。
　当局はその報復としてソウル大学生53人を除名し数十人を拘束した。朴元淳〔元ソウル市長、弁護士〕の場合はそのデモで単純参加者として捕まったんで

すが、当時、大学1年生で除籍されてしまった。1年生だからといって大目に見ることもありませんでした。維新に反対する芽を完全に拾み取ろうという勢いでした。この事件を「オドゥルドゥル〔5・22の朝鮮語読み〕事件」と呼びます。

その中で私が特に覚えている学生は、劉相德、柳永杓、張萬喆、黄善辰の4人です。彼らは数か月間逃亡して、捕まり拘束され、翌年、ソウル地裁永登浦支院で裁判を受けた。その中で黄善辰を拘置所で接見したところ、逮捕された後、保安司〔軍情報機関である保安司令部の略〕ひどい拷問を受けた。

膝の間に角材を挟んで上から踏みつける拷問をしたそうですが、ズボンの裾をたぐり上げてみたら、そのやられた膝に野球ボールほどの黒い傷のかさぶたがそのまま残っていたんです。膝も砕けよとばかり残忍に踏みにじったのでそんな恐ろしい傷ができたんでしょう。その傷跡を見た瞬間、われ知らず恐怖に戦慄せざるをえなかったんです。

後で法廷で裁判を受ける時、どんな理由であれ、その傷を見せてその非人間的な拷問の惨状を告発する機会を持てなかったことが残念です。とにかく裁判を受けて劉相德、柳永杓は実刑1年6ヶ月、張萬喆、黄善辰は執行猶予を受けた。「5・22」の直後に捕まった学生たちの中の主導者級よりはむしろ軽微な処罰を受けたわけです。

資料を見ると、「5・22」直後に逮捕された学生のうち実刑を受けた学生たちは懲役2年、2年6月を受けましたね。数か月、逃げ回って捕まった学生たちは、おそらく事件の気が抜けたせいか、同じ主導者級であるにもかかわらず、やや軽い刑を受けたようです。もちろん「指名手配生活も第2の監獄」という言葉もありますが。

指名手配生活の話をすると、もう一つ思い出すんだけど。この時、柳永杓が「5・22」を主導して、当時梨花女子大学の教授だった金潤洙教授の家に3ヶ月ほど隠れていたが、その後、金教授が金芝河の良心宣言のコピーを数人の弟子たちに配布したと緊急措置9号違反で拘束され裁判を受けます。その公訴事実に柳永杓を3ヶ月間家に隠したことまで犯人隠匿罪として競合犯で処罰を受けた。金教授はそのせいか梨花女子大学の教授職を解職され、嶺南大学教授になり最近は国立現代美術館長を務めた。

宋基淑教授と「私たちの教育指標」事件

　緊急措置9号違反者は学生が最も多かったのですが、著名な知識人が引っかかって処罰されたケースも少なくありませんでしたか？

　おそらく知識人たちが集団で関連した事件で代表的なのが、1978年「私たちの教育指標」という事件です。当時、全国のすべての学生たちに暗唱させた「国民教育憲章」に「ここに私たちの進むべき道を明らかにし教育の指標とする」とありますが、この国民教育憲章が政権が提示した教育指標だとするなら、民主国家の国民が守るべき真の教育指標として「私たちの教育指標」を宣布したのです。

　その内容はこうです。1978年当時、延世大学の解職教授だった教育学専攻の成来運教授を中心に、私たちの教育現実の反民主性、反統一性などを批判し、真の教育の進む道を提示する「私たちの教育指標」という声明書を作った。人集めがままにならないので、成来運教授が光州に行って全南大の宋基淑教授に「私たちの教育指標」の発表をお願いした。

　結局、この教育指標は宋基淑教授と全南大学の11人の教授の名義で発表された。11人の教授は全員連行され教授職を解かれた。検察は宋基淑教授を緊急措置9号違反で拘束起訴し裁判をすることになりました。この事件で裁判を受けたのは宋基淑教授と成来運教授でした。韓国の教育現実を反民主的、反統一的であるかのように歪曲したということです。私はソウルから光州まで裁判の度に行き来しながら熱心に弁論しました。

　本当に緊急措置9号の事実歪曲罪は、その気になれば、何でも引っかけられる絶対的なものですね。その後の裁判はどうなりましたか？

　自然と韓国の当時の維新体制下での教育現場の非民主性、反統一的教育政策の問題点に対する検察と被告側の激しい攻防が展開されました。宋基淑教授が非常に理路整然と、堂々と法廷弁論を展開しました。

　公判自体は無理なく行われましたか？

そうでもなかったんです。当時のエピソードがあります。最近もそんなことがしばしばあるようですが、当時は刑事法廷の裁判長たちが被告たちに非常に高圧的、権威的な態度で裁判を進行をすることがよくあったが、当時の裁判長もどこかで宋基淑被告に高圧的な言辞を弄した。

　するとその瞬間、私と一緒に弁論していた洪南淳弁護士が裁判長に向かって鋭い目つきで色をなして、まるで町内の年寄りが村の若い衆の行儀の悪さをたしなめるかのように、「こりゃ！　そんなんじゃ駄目だ!」という表情で頭を左右に振りながら叱りつける身振りをした。すると洪南淳弁護士と目が合った裁判長が顔をアカらめ照れくさそうな表情で目をそ向けた。私はその場面をそばで見ながら、どれほど珍しくって、面白かったことか……

　洪南淳弁護士は民主化運動でも湖南地方を代表する象徴的な方であり、光州の元老として尊敬された方だったのでそんなことが可能だったと思います。

　当時、法廷が民主主義のための教育の場となり、多くの後輩・学生が法廷を参観をしましたが、教育指標事件の裁判はどうでしたか？

　当時、宋基淑教授は最終陳述でも非常に堂々と、毅然として自らの所信を明らかにしました。私は当時、多くの良心囚たちを弁論しましたが、宋基淑教授のその義のある堂々とした態度に感動しました。私たちは宋教授を「この時代の義人」という表現で弁論しました。結論はやはり有罪判決を受けて懲役刑に服しました。そして、この教育指標事件を事実上、背後で主導した成来運教授もその後、逮捕され、やはり光州の法院で実刑を言い渡されたんです。

　「真実和解のための過去事整理委員会」で最近「私たちの教育指標」事件に対しても調査を完了した模様です。そこで見ると、宋基淑教授は緊急措置９号違反（デマ捏造流布、事実歪曲伝播）で懲役４年、資格停止４年を宣告され約１年１ヶ月間、服役して釈放されました。署名した教授11人は全員職位解除されましたが、その年10月に復職したといいます。宋基淑教授の裁判が広く知られましたが、実際には教授たちの趣旨に共感する抗議デモが全南大学の学生たちを中心に激しく展開され、多くの学生たちが拘束され裁判を受けました。最近、全南大キャンパスで「私たちの教育指標」事件の記念碑の除幕があった

＊第１部　1970年代の人権弁論

真実和解委員会が入手した緊急措置事件の判決文1,412件のうち、維新体制と緊急措置に抗議する知識人、宗教人、学生、政治家など民主化運動関係者に対する処罰比率が32%で、一般国民の日常的発言をデマ流布という名目で処罰した事例は48%に達するということです。緊急措置１号、４号、７号、９号など政治的弾圧は、根本的にその法全体の違憲、無効化と共に、法の被適用者全体に対する名誉回復および補償措置がなされねばならないと思います。

ソウル医大スパイ団事件

──オモニの救援活動──

　1976年度に起きたソウル医大スパイ団事件というのがあります。本当に不幸な事件でした。これは厳密に言うと政治弾圧とか、でっち上げという面はそんなに強くありません。Kという在日韓国人の学生が故国に留学に来た。日本で大学に通っていて、韓国に来てソウル大学の医大に通っていた学生です。朝鮮語もできます。一言で言えば、日本にいたとき、朝鮮総連の関係者たちと親密に過ごし平壌に一度行ってきた。これは本人が自白したものです。

　ソウル医大で友達と親しくなると、私は実は北朝鮮にも一度行って対南工作総責任者の金仲麟にも会い労働党入党の宣誓もした。徐光泰という医大生にこんな話までしたんです。それで徐光泰が警察に通報でもしたら、こんな問題が起きなかったはずなのに、同じ学生どうしでそんなことはできないでしょう。徐光泰が悩んだ末に、周りに変な話をするやつがいる。同期の中に日本から来たやつが北朝鮮に行ってきたという。すると友達が。あいつとは付き合うな、大変なことになると言ったんです。これを聞いて徐光泰がKに話をしました。「おまえ、ダメだよ。そっち（北朝鮮）の関係を完全に断ち切りなよ。整理しろよ。そうじゃないともう俺たちと会えないよ」と言ったのです。

　だからKがまた、実は私が最近話したのは嘘で私は朝鮮総連の連中たちとの交流もきっぱりやめると、こうなったんです。公訴事実に出てくるKの言葉や他の友達の話を総合すると、私が今話した程度が事実のようです。

　でもこれは当時の他の事件とは違います。主犯が北朝鮮に行ってきたと自白をした事件ですから。工作金ももらって誕生日に金日成賛歌を作って送ったところ、とても反応が良く、その褒美として北朝鮮に行ってきたといいます。それが基本的な事実です。北朝鮮に行って、学生たちを包摂し学生運動を工作する組織を作り、どんなスローガンを掲げろって指令を受けたといいます。それで、北朝鮮に行って韓国で包摂した成果について話しましたとKが自白しました。だから他の被告たちが一部を認めて、一部は「ああ、そんな話はありませんでした」と言っても、大韓民国の法廷では自白した話だけを聞きます。

＊第1部　1970年代の人権弁論

| 捜査機関ではなく、法廷でも自白をしたましたか？

　捜査機関で一貫して自白しました。ここに被告が14人もいるんですが、弁護士が全部ついています。全部医学部の学生ですね。私が引き受けたのは羅炳植。この連中は運動家です。羅炳植は、民青学連の時の主要人物です。黄承周は先輩です。軍隊に行ってきて黄承周はとても頭がいい優れた学生のようです。

　民青学連事件の記録にも黄承周の名前が出てきます。李哲、柳寅泰の組織が黄承周と接触して医学部で組織を作るように連絡しました。そんな友達です。ところが、黄承周は民青学連で緊急措置が宣言された後、数日後に自首しました。自首のおかげで黄承周は処罰されず捜査段階で釈放された。

　このように黄承周は運動家ですが、この事件と実際に関係がありません。Kに会ったこともありません。ところが、徐光泰が変な話をする友達がいると相談した相手が黄承周でした。黄承周は徐光泰が会う者がスパイだということを認知したが、申告しなかった。これが国家保安法、反共法上の不告知罪になります。

| 黄承周は不告知罪で捕まったんですね。不告知罪というのは、実際に困るんです。その程度で、すぐに申告するのは人情にそぐわないし、ともすれば義理のないヤツになるうえ誣告罪にまでなりかねないからです。

　他の被告たちもここでKと一番人間関係が深い学生の順で起訴された。一番親しかった徐光泰が１次で、みなが弁護士を選任しました。弁護士のリストが派手ですね。被告の中に弁護士の息子も一人いた。

　裁判をしたのですが徐光泰が一番問題でした。徐光泰の家は馬山の貴金属商で裕福です。Kと会話をたくさんしているので、Kの立場から「これは包摂の対象だ」と判断したようです。「了解」って言いますよね？　スパイたちが人を抱き込むことを「了解」と言うんですよ。

　法廷でKが死刑宣告を受け、実刑宣告を受けたのが徐光泰が懲役15年、朴鐘烈が10年でした。そして他の被告は懲役３年に執行猶予５年で懲役に執行猶予が付いた。結局、実刑判決を受けたのは３人で、他の人はみんな執行猶予が付いた。それで３人を除いて全員釈放されたんです。

Kは死刑を受けたが、その後釈放されて日本に行った。その背後が今でもわかりません。Kの自白がどこまで真実なのか、これもまた捜査機関で功名心で相当部分でっち上げた話ではないのか、捜査機関でどれほど苛酷な扱いを受けたのかも不明な点がかなりあった。ただ、これは一般の運動圏の事件とは違いますよね。Kという問題の在日同胞がいたからこんな事が起こったのです。その前やその後に出てくる在日朝鮮人の学生スパイ事件は最初からただ拷問して捏造したものです。

　徐光泰のオモニのことですが、馬山から上京してきて、一生懸命息子の世話をしたようです。

　1970年代後半には緊急措置違反した側は国家保安法や反共法に明らかに抵触する事案とは距離を置こうとした節があります。民青学連と人革党関係者の関係にも似ています。徐光泰の場合はその中間くらいで少し困ったと思いますが、徐光泰のオモニが大きな役割を果たしました。馬山から上京してきて金芝河、柳寅泰のオモニと活動を共にし記者会見もして、徐光泰釈放のプラカードもかかげたり、救命活動にとても熱心でした。徐光泰が国家保安法違反で引っかかったが、オモニが熱心に走り回って活動したおかげで、徐光泰が早く出られた。また、徐光泰のオモニは私の家にもしょっちゅう来た。

　洪弁護士の家にまで感謝の挨拶に訪ねてきた被告や家族は多いですか？

　多かったよ。ありがとうって農産物を持ってきて。我が家に一番よく来たのは金芝河のオモニでしたね。金芝河のオモニは海辺の方だから、南大門市場とかでイシモチ、金石魚〔イシモチの一種〕の塩辛とか持ってきて……うちの家内のほうが私よりオモニがもっと好きだったようです。

＊第1部　1970年代の人権弁論

新聞記者労組弾圧事件

──不当労働行為判定を受ける──

　今度は韓国日報の記者労組事件について話していただけますか。時局事件の中で珍しく勝訴した事件なんですが、

　勝った。勝つ裁判もしないと。

　記者らしくその事件に関していい本も作りましたね。『維新治下、韓国日報記者労組闘争史1974年冬』というタイトルですね。

　その本が2005年に出た。事件から30年ぶりに整理したんですよ。韓国日報の労組をした友人たちが集まって作ったんですが、1973年に始まって1980年の初めに終わった。1980年の初め政治情勢がちょっと良かった時があったじゃないですか。当時、最終判決が出た。雰囲気が良くなければ、その程度の判決も出ません。

　労組の結成の経緯から聞いてみましょうか？

　今は韓国のマスコミ労組がものすごく強くなったじゃないですか？　いつからかマスコミ労組が合法化されただけでなく相当な社会権力にまでなったんです。ところが1974年には韓国にマスコミ労組が一つもありませんでした。1974年3月に初めて東亜日報のマスコミ労組ができた。「全国出版労働組合東亜日報社支部」設立申告書をソウル市に受け付けると東亜日報社は労組役員11人全員を社内秩序に違反したと電撃解雇し、続いてソウル市は労組役員らが解雇されたので会社に在職していないという理由で労組設立申告書を差し戻しました。解雇された記者たちが法院に解雇効力停止仮処分申請を提起し、黄仁喆弁護士が無料弁論をして勝った。それで解雇された記者たちがまもなく復職したと思います。

148　　　　　　　　　　　　　　　　　　韓国の人権弁護士　軍事独裁に抗す

> 東亜日報の労組事件は洪弁護士が担当していませんが、詳細に話せる根拠は何ですか？

　そんな東亜日報の先例に倣って韓国日報でも労組を結成することになったんです。またその後の事件の展開も東亜日報と似ています。事件を引き受けながら黄仁喆弁護士と議論を続けてきたこともあり、最近の記憶を確認しようと黄弁護士に問い合わせました。

　鄭英一弁護士は当時は東亜日報記者として労組事務長を務め解雇され、まもなく法院で勝訴して復職しましたが、1975年3月東亜日報記者の大量解雇で解雇され解雇された記者たちが作った東亜闘委で活動しました。私は刑事裁判があるときに東亜闘委の弁護士を務めました。鄭英一はその後、1983年に弁護士になりました。私とは今まで何十年も親交を続けています。

> また韓国日報の事件に戻りましょう。

　韓国日報という新聞は1960〜70年代に結構売れた新聞でした。韓国の4大日刊紙を朝鮮、東亜、韓国、ソウル新聞と数えます。ところがソウル新聞はあまりにも政府寄りで4大日刊紙に入れてはいるものの部数はそれほど多くなかったんです。世論形成への影響力は東亜、朝鮮、韓国ぐらいでしたね。その中で韓国日報は一番開放的で社会知性人が好みました。

　ところで韓国日報の経営というのがどれだけ牧歌的だったかというと、『出版物登録韓国日報社、業主張康在』という営業鑑札がたった一枚あるだけです。営業鑑札というのは税務署で税金徴収のために作るのです。今の営業申告書みたいなもので、これ一つで韓国日報という大きな新聞を発行しました。

　営業鑑札一つだけ持ってるのが韓国日報ですから、これは会社でもないし何でもないですよね。小さな店と同じように税務署に申告だけして運営するんです。出版物の登録だけして、いわく韓国日報社だけど個人のものです。では韓国日報の記者は何か？　韓国日報社の記者証となっていますが、記者は個人商人である社主が雇った雇用人になるのです。法的にはそうです。話にならないでしょう。そのように経営をしても、うまくいった。また、韓国日報の記者たちは非常に自由でした。記者たちを能力の限り走らせ、個人の創意力を最大限発揮させて良い新聞を作る、そんなビジョンのようなものを持っていた人で

＊第1部　1970年代の人権弁論　　　　　　　　　　　　　　　149

す。

　こういう形で新聞社をやっていると、人事も社主の思うままですよね。人事異動も好きにして。記者たちが労働組合を作ったのは言論の自由のためではありません。まさに労働条件のためなんです。あまりにも社長が自分勝手にするから純粋な労働組合で一度やってみようと言ったのです。労働条件や新聞社職員の地位保護・保全などのために労組を作ろうという議論を非公開にして、1974年12月上旬に労組を秘そかに作った。全部で31人です。当時の規定上では労組を結成するためには組合員が30人以上でなければならなかったそうです。労組の正式名称が「全国出版労働組合韓国日報支部」でした。31人が組合員になって署名をし、支部長として文化部の李昌淑記者を選任しました。労働組合設立申告書をソウル市に提出して労組設立手続きが終わるのです。彼らが12月10日午前に創立総会と役員選出をし、その日の午後４時頃、ソウル特別市に設立申告書を出して会社に４時半頃に入ってきて労組を作ったと公表しました。そして労組に加入する人に勧誘したんです。だから張基栄社主〔張康在の父、元副総理〕がびっくりして、その日の夜中に幹部会議を招集しました。鳩首会議をした結論が支部長に選出された李昌淑を解雇しようということでした。でも幹部会議を経る必要もないんです。張康在が解雇すればそれで十分です。法的には会社ではありませんから。解雇するのに懲戒手続き、会議手続きも全く必要ありません。商人の張康在に雇われている雇用人だから、やめろと言えばいいのに……　当時まで、韓国日報社は人事発令をする時、規模が非常に大きかった。人事発令をする際には社内掲示板に掲示を出します。李昌淑を解雇する時には掲示も出さずに解雇通知書を夜に作って12月11日０時30分に送った。当時は通行禁止の時間でもあったが、新聞社の車は自由に通ります。通行禁止時間が過ぎて光化門郵便局に行って書留で送った。その通知書が12月12日、李昌淑に届いたんです。

　解雇の理由は何ですか？　東亜日報社のように「社内秩序違反」ということでしょうか？

　いや、ただの「無断欠勤」です。あえて言うと李昌淑記者が無断欠勤を少ししました。12月７、８日欠勤して９日は日曜日かなんかで、月曜日に解雇されたからね。約３、４日間無断欠勤したが、なぜ無断欠勤をしたのかというと李

昌淑記者は『韓国日報』文化部所属でした。ところが李昌淑に対する人事発令が12月5日付で『週刊韓国』文化部へ出た。社内の認識では、『韓国日報』文化部記者が『週刊韓国』文化部に行くと左遷です。やられたんです。腹が立って『私がどうして週刊の文化部に行くの？　私、会社やめるわ』と言って、荷物をまとめて持って出てしまった。人事の時、こういうことは記者たちがよくやることなんです。腹が立ったら荷物をまとめて『辞めてやる』と無断欠勤すれば、目上の人がなだめて帰ってくるというのが慣習のようになっていた。

　ところが韓国日報社の創立以来、記者を解雇したことは一度もありません。しかも無断欠勤が解雇理由になるとは誰も知りませんでした。後で見たら、それが会社の規則にあったそうです。8日間無断欠勤なら解雇と規定されていますが、本来、連続する8日でなければならないのです。ところで李昌淑に対して無断欠勤の理由でひとまず解雇してみると、4日しか欠勤していないんですよ。だから、その年の11月に色々合わせて、8日が過ぎたからといって無断欠勤だと解雇しました。合わせて。それもいつ欠勤したのかわかりません。欠勤したという記録もありません。ただ総務課であの記者がいつ欠勤したと言うから、そうだと思うだけなんです。当時、マジで「どんぶり勘定」で経営をしていましたから。

　解雇通知書を12月12日に受け取って、それからソウル市庁にそれを通知しました。ソウル市庁は韓国日報の労組支部の設立を受けて大騒ぎになったんですよ。新聞社が労組を作ってソウル市が受け入れれば、政府で大騒ぎになるんです。だからすぐ連絡をしたから、彼女は12月9日付で私たちが解雇した人だと言って実際の解雇日は12日なのに日付を遡及して解雇通知書には解雇を12月9日にしたことにしました。そしてソウル市に私たちが12月9日付で解雇したので、彼女は労組設立申告する時には韓国日報の社員じゃないから支部長の資格がないという論理なんですよ。それで市庁は当然、差戻しです。労組設立申告書をソウル市庁で差し戻してしまった。そうなると、記者の何人かが、顔面蒼白で私の事務室に走ってきたんです。

当時、韓国日報の記者たちが洪弁護士をどうやって訪ねてきたのですか？

　当時、やって来た記者の中に個人的に知っている人は誰もいませんでした。韓国日報やソウル市、その背景にある政府と太刀打ちできる弁護士は誰だろう

＊第1部　1970年代の人権弁論　　　　　　　　　　　　　　　151

と考えたのでしょう。当時、私も興奮したよ。世の中にこんなことってあるのかと。解雇は無効だ。使用者の不当労働行為だ。労働組合を作ったからといって事後解雇したから不当労働行為だ。彼女には韓国日報の雇用人資格があるんだから、当然、労組支部長資格があると思った。それで「労組設立申告差し戻し処分取り消し請求」という行政訴訟をはじめた。

　後で裁判をしながらこれを全部問い詰めた。本当に解雇を12月9日にしたのかと証人尋問をしたところ、12月12日、労組設立申告した夜に幹部会議を開催して解雇し、真夜中に解雇通知書を発送したことが明らかになりました。12月12日に受け取ったことを記者たちの実力で明らかできないはずはないでしょう？　郵便局に行って確認すればいいことです。どの職員が受付印を押したのかということまで全部調べてきたから。日付は会社の主張が間違っているのは立証された。

　なぜ解雇をしたのか、能力不足で人事考課の点数が悪いのか？　人事考課の点数は全部見た。資料は全部出ていたよ。だから文化部の記者8人の中で、人事考課の点数が7位でした。点数を部長がつけるんですよ。部長に憎まれたから点数がちょっと悪いです。それで問い詰めたのが、最下位は置いておいて、なぜ7位を左遷させるのかと？

　裁判はディテールを争うものだという実感が湧きますね。12月12日か、12月9日か、被告の証拠を弾劾して原告の主張を立証することなど。マスコミ労組は政府が非常な関心を持って抑圧しようとしていたので、社主と政府が一致して労組設立しようとする記者たちを攻撃する模様ですが、記者たちは弁護士一人を頼って闘っていくことになりますね。

　裁判の過程は本当に興味深かったです。韓国日報の労組はそのまま公式化はできません。設立申告が差し戻されたので裁判をするための組織としてだけ残った。李昌淑だけが切られたが、他の記者たちはそのままでした。李昌淑を一人切って、他の人には手もつけませんでした。とにかく一緒に労組をした韓国日報の同志たちが会社を無断欠勤をすれば因縁を吹っ掛けられるので、昼間は仕事を終えて夕方に集まって意見を集め裁判進行経過などについてパンフレットを作って回しながら熱心に李昌淑を支援しました。

　それで裁判で一生懸命弁論しました。私も当時、37歳の時です。それなりに

152　　　　　　　　　　　　　　　韓国の人権弁護士　軍事独裁に抗す

血が騒ぐのでなおさら……　記者たちは資金もありません。私たちの事務室に
来て裁判書類、証人尋問事項を作るために毎日のように来た。時には夕食代も
なくて、私が飯までおごったりしました。しかし裁判には負けた。仮処分も負
けました。仮処分請求に対して法院はそのように緊急な必要性がないから本案
に行って判断を受けろと言って負け、本案訴訟である解雇無効確認訴訟を熱心
にしたのに結局は負けた。でも大法院に行って、これが破棄されて降りてきた
んです。大法院の破棄差し戻し判決を受けた時、歓呼がはじけました。ここの
大法院判決を見れば、私たちが主張したことをほとんどそのまま引用していま
す。

　大法院の判決が1977年8月23日付で出ていますね。「原審判決を破棄し、事
件をソウル高裁に差し戻す」という主文になっていますね。
　本文を見ると、「本件解雇は原告がその支部長に選任された後に成立したこ
とが時間的に動かせないので、被告が表明した原告に対する解雇事由が正当で
ないということは先に述べたとおりで……　解雇は勤労者である原告が本件労
組に加入して支部長に就任した正当な行為を決定的な理由として（会社側が）
表面に掲げた主張の解雇理由に仮託したものと十分に認められると言える。と
ころが、原判決が一言で不当労働行為の主張を排斥してしまった措置は理由不
備でなければ、法理誤解の違法を残していないとは言えないだろう」と判示し
ます。
　本当に完勝ですね。事必帰正〔結局は正義が勝つ〕ですが、1977年の雰囲気
でこの程度の判決を期待すること自体も異例のようです。当時、強権的政府の
反労働者政策が深刻だった時なのですから。

　大法院では私たちが主張したことをほとんどそのまま受け入れて破棄しまし
た。不当労働行為であることを明確にしています。労働組合を作ったという理
由で解雇したのだから不当労働行為だということですね。

裁判には勝ったが、労組支部長は結局、解雇

　それでは破棄差し戻し審である高等法院で簡単に解雇無効、原職復帰、労組
設立に向かう手順に進むのが当然ですが、資料を見るとまた複雑にねじれてい

＊第1部　1970年代の人権弁論　　　153

るようです。

　もう一つのドラマがあります。解雇が無効だから李昌淑を原職復帰させねばならないし、未払いの月給も全て与えねばならないでしょう？　李昌淑に対する韓国日報の社員としての地位を認めざるを得なくなったじゃないですか。当時、韓国日報社が術策を弄した。これまで個人業者だった韓国日報を「会社」にしてしまった。1977年12月3月1日付で。この判決が出た後に韓国日報という法人を初めて作った。それで以前の韓国日報の全職員を一括解雇し、新しく作られた「株式会社韓国日報」が新しく一人ずつ新規採用する形で雇用を整理しました。それと共に李昌淑とは雇用契約を新規に締結しなかったのです。

　その後、今の韓国日報の労組がしばらくしてできた。それで先輩たちがこの本、『維新治下の韓国日報記者労組闘争史　1974年冬』を作った。今、韓国日報とマスコミ労組などに言論界の先輩たちが闘った来歴がこうだったと知らせる意味においてです。
　とにかく韓国の労組支部長に選任されたから、（支部長を）解雇した行為が、明確に不当労働行為だという判例を生み出したのは意味がありますね。草創期のマスコミ労働組合の生成過程がこうだったということはマスコミ運動史の一頁として記録されることです。東亜日報も労働組合を結成したから解雇して裁判したりしましたが、東亜日報はもともと人が多くて、まあ騒いだりしましたが、それでも東亜日報はひとまず復職しました。韓国日報の場合、李昌淑だけが解雇されたわけです。

　個人的に気になることがあります。この事件が1974年末に始まり、弁護を引き受けたのが1975年以後だと思われますが、当時に民青学連事件を引き受け困難も多く、事件依頼人も訪ねてくるのが大変でしたようですが……

　民青学連事件がほとんど終わっていた時です。民青学連事件は1974年11月かに控訴審が終わったはずです。だから、これを民青学連事件のすぐ次に引き受けたんです。当時は私もちょうど脂がのっていた時です。私が考えてもこの事件はすごく頑張った。30人の組合員たちが私に連れ回されたんですよ、裁判

154　　　　　　　　　　　　　　　　　韓国の人権弁護士　軍事独裁に抗す

の時は。その人たちは社内では上司たちの顔色を伺って……　どれだけ気をつかったことか。あの労組のやつらめと烙印を押されそうなので、何としても弱点を握られないように会社の仕事も熱心にしながら夕方に私の事務室に来てパンフレットも作って意見も交わして……

最初と中間と終わりが一貫している弁護士

　最初に言及した『維新治下韓国日報記者労組闘争史　1974年冬』を見ると、当時の記者たちが洪弁護士を回顧した内容が出てきますね。　李昌淑が書いた文章の一部を引用して韓国日報の労組事件を終わらせねばなりません。

　洪性宇弁護士が最初から無料弁論を引き受けてくれた。私たちにはこの上なく力になる救援軍でした。81年法廷闘争が休眠状態になるまで約７年間、洪弁護士は労組のすべての訴訟を引き受けましたが、最初と中間と終わりが同じでした。初心を最後まで守り抜くということは人格が備わらねば難しいことです。能力のある人は多いが、人格者は探しにくい世相で、洪弁護士は自分の人格のとおりに、私たちのことを最後まで面倒見てくれた。洪弁護士の助けがなかったならその長い闘いにどうやって耐えられたでしょうか？　おそらく大変難しかったでしょう。（李昌淑支部長、277ページ）

　洪弁護士は記者の紹介で私たちの弁論を引き受けることになった当時、数少ない人権弁護士の一人でした。洪弁護士は私たちの要請に一言のためらいもなく快く私たちの弁論を担当してくださった。労組では数件の公判業務にともなう報酬はもちろん、印紙代さえ支払うことができなかった。洪弁護士はもちろん報酬をもらうつもりで私たちの弁論を引き受けていなかっただろう……　私たちが訴訟の件で事務室を訪問すればそのまま帰らせず、かえって酒をおごって励ましてくれた。その度に、私たちは私たちのために事務室が赤字になればどうするのかと申し訳ない気持ちを伝えた。しかし洪弁護士は『飯は食べていけるから心配するな』と、むしろ私たちを慰めてくれた……　洪弁護士は、私たちの忘れられない恩人として、みなの胸中に残っているだろう。（申相碩、307ページ）

＊第１部　1970年代の人権弁論　　155

東亜日報闘委の民権日誌事件
──言論自由の講演場になった法廷──

洪弁護士の資料を見ると、東亜闘委事件があります。東亜闘委は東亜日報で解任された記者たちが作った闘争委員会ですが、彼らは何度も弾圧を受けることになります。ところが記録を見ると、同時期にいろんな事件があって、ちょっと紛らわしいところもあります。まず1978年10月に始まった民権日誌事件からお話しください。

先ほども少し話しましたが、1974年末に東亜日報の記者たちが言論自由のための宣言をして、政府の干渉を拒否してまともな自由言論を展開することになります。それに対応して政府は東亜日報に広告を出す企業家に圧力をかけ、広告掲載ができないようにしました。それで東亜日報の広告面が白紙になったじゃないですか。国民が東亜日報を助けねばならないと言って、その白紙面の一部を買って自分たちが言いたいことを広告することになります。李敦明弁護士をはじめ法曹人も参加しました。結局、東亜日報の記者たちが1975年に入り大量に解雇され、解雇された記者が130人余りになった。朝鮮日報でも数十人の記者がクビになりました。彼らが結成した東亜自由言論守護闘争委員会は朝鮮日報解職記者の朝鮮闘委とともに、1970年代半ば以来、在野の言論自由運動ないし維新憲法の撤廃、緊急措置の解除を主張する民主化運動の最も強力な先導勢力となった。1975年の東亜記者たちの解職事態は130人余りに達する会員を持つ強大な反政府運動団体を一つ作ってくれたのです。公民権日誌事件も彼らの粘り強い自由言論運動、民主化運動の過程で発生した事件です。

公民権日誌と言われる事件の具体的内容はどうなっていますか。

1974年10月24日当時、東亜日報の記者たちが東亜日報の社内で発表した自由言論実践宣言が彼らの運動の出発点だったのですが、1978年10月に東亜闘委で「10・24」の4周年記念式を行い、当時の集いの機関紙格だった東亜闘委の便りなどを通じて、「真の民族民主言論の座標」という宣言文を発表します。そ

こに1977年10月から1978年10月までの１年間に起きた数多くの学生、労働者、知識人の民主化運動事件を列挙し、これを制度メディアが報道せずに黙殺したことはそれ自体が犯罪であり民衆を裏切ることだと、「報道されていない民主人権事件日誌」を発表しました。

すると当局では上記の発表内容が緊急措置に違反するとして東亜闘委の中核メンバーのうち７人を拘束起訴し裁判をした。委員長は懲役２年、残りの６人は１年６カ月、または１年ずつ、すべて実刑宣告を受けた。

続いて1978年末頃に当時の東亜闘委委員長代理で総務の常任委員である成裕甫などの３人がやはり緊急措置違反で拘束され刑を受ける事件があったが、その内容も他でもなく前の拘束された会員７人に対する拘束が不当であることを指摘し、自由言論に対する東亜闘委の決議などを主張するものでした。先ほどの民権日誌事件と事実上同じような事件ですね。

ところが当時の民権日誌事件の裁判記録を見ると、被告は７人なのに納得がいかない部分があります。一つの事件ですからまとめて起訴して裁判を受けるのが原則なのですが、事件がいくつかに分かれているようです。２人ずつ３件、１人１件で全部で４件に分かれて起訴されているんですよ。何か理由がありますか？

それがまた面白い。もともとこの事件は1978年10月にあった東亜闘委の10・24自由言論人権宣言４周年記念式行事が発端となった一連の事件なので、全て共犯として一件で起訴するのが当然です。ところが、東亜闘委という在野運動団体の委員長以下の核心メンバー７人を一度に一つの事件で起訴して裁判が開かれると勢力図が大きくなるんですよ。被告たちの家族、親戚はもちろん、東亜闘委の会員たちのほとんど全員と関係者、一般の学生運動家たちまで法廷に集まると法廷がぎっしり埋まり熱気がいっぱいで、その法廷は一言で自由言論運動、民主化運動の大衆集会場のようになってしまいます。

こんな法廷は、言うまでもなく、被告が入場した時から傍聴席で大きな拍手、激励の歓声が上がり、被告は手錠をかけられた手を上げて凱旋将軍のように入場します。最大の弁護団が構成され気勢をあげて被告たちを応援し、検事がなんだかんだと生半可なことを言うと傍聴席からブーイングが出て。こうなると法廷は完全に裁判を受ける被告たちのためのお祭りのようになってしまう

＊第１部　1970年代の人権弁論　　　　　　　　　　157

んですよ。また裁判の場面が知らず知らずに報道され噂が広がり、その影響力や波及力が実際に彼らが行った東亜闘委の4周年記念式よりはるかに大きくなってしまうのです。

　検察はこんな苦い記憶をたくさん持っています。例えば1976年の3・1民主救国宣言事件みたいなものですよね。当初、明洞聖堂のミサが終わる頃に李愚貞教授が一人で出てきて読んだ宣言文を聞かないふりして問題にしなかったなら、大したこともなく見過ごしていたはずの事件を公然と元大統領以下の要人十数人を一度に集めて法廷に立たせて裁判をしたために事が大きくなり、国際的なニュースになってしまったのではなかろうか。

　あれこれの苦い記憶のためだろう。この事件では検察が7人の単一事件を4つの別々の事件に分けて起訴し、別々に裁判することで注意を分散させようとしたのです。一言で検察の小細工です。

その小細工の試みは成功しましたか？　公判廷の雰囲気が十分に盛り上がらなかったりしませんでしたか？

　そういう試み自体が問題です。第1審は4つの事件に分けて進行されたが、私たち弁護人たちは粘り強く併合審理を要請しました。また、4つの事件の法廷ごとに必要な証拠を採択していない偏った裁判進行、法院の不当な先入観などの色々な理由で法官忌避申請を継続提起するなど粘り強く闘った結果というか、控訴審では4件が併合審理され一つの法廷で結審公判をしました。

控訴審の裁判過程はどうでしたか？

　まさに言論自由運動、民主化運動勢力の大衆集会場のような雰囲気で行われたよ。被告たちはエリート記者らしく、各自、言論の自由が民主主義国家でどれほど重要な価値なのかを自分たちの信念、所信にしたがって熱っぽく論じていった。法廷は言論の自由をテーマにした大討論会場のようでした。

記録を見ると、弁護団の面々も華やかで、その数も22人にのぼります。

　そうです。東亜闘委の様々な人脈を動員し、在野法曹界の元老金済亨弁護士

158　　　　　　　　　　　　　　韓国の人権弁護士　軍事独裁に抗す

を座長に大韓弁護士協会長を務めた大物元老弁護士まで大挙参加しました。

　私が一番先に弁論をしたと記憶しますが、当時は私も言論の自由問題についてそれなりに勉強をしました。私が法廷で西欧の理論である思想の自由市場論を引用した記憶があります。思想の自由市場によって誤った思想は自由市場の自動調整作用でまもなく淘汰され、真理は真理自身の力によって最終的に勝利することになるので、国家はこの自由市場に介入してはならず、ただこの自由市場が機能を果たすように助ける役割だけすれば良いという理論です。

　検察がこの東亜闘委の７人を起訴し、彼らは国家の安危を害すると言うが、彼らの主張が間違っているなら自由市場の作用によって淘汰廃棄されるだろうし、彼らの主張が真理なら彼らを断罪する検察や法院は歴史に罪を犯すことになるのだ。大体そんな趣旨で私なりに熱い弁論をした記憶があります。

　東亜闘委のニュースには「自由言論を圧殺する法と制度を撤廃せよ」という主張がありましたが、それを緊急措置９号違反で処罰しましたね。洪弁護士はそれに対してどのような弁論を行ったのですか。

　緊急措置９号によりますと維新憲法や緊急措置９号の撤廃を主張すれば、それがすなわち緊急措置９号違反です。その緊急措置自体はとんでもない悪法ですが、この件の場合、緊急措置９号違反ではないというのが私の主張でした。被告たちは「自由言論を圧殺する」法と制度の撤廃を主張し、「維新憲法」ないし「緊急措置」の撤廃を直接言及したわけではないんですよ。

　維新憲法でも自由言論は保障しているじゃないですか。自由言論を圧殺する「法と制度」を撤廃せよという主張はいつも妥当なものですが、そうした表現は「維新憲法」と「緊急措置」の撤廃を客観的に表現したものと見られるか？もし被告たちが表現したその「法と制度」が客観的に維新憲法と緊急措置を意味するものと法院が解釈するなら被告たちは有罪だが、この場合、法院は維新憲法と緊急措置がまさに自由言論を圧殺することを公認することになる……だから法院は「自由言論を圧殺する法と制度」という言葉だけで、直ちにその法と制度が維新憲法であり緊急措置であるということを導き出すことができるのか、法院がまず明らかにしてほしいと圧迫したのです。

　「的を射る」というのが、こんな論理の弁論を指すものだと思います。この

＊第１部　1970年代の人権弁論　　　　　　　　　　　　　　　159

│ 事件以降も東亜闘委は引き続き自由言論守護運動を続たでしょう。

　もちろんです。1975年春に130人余りが解雇されて以来、一夜にして職場を失った彼らは生計のためにあらゆる苦痛を受けながら東亜闘委という組織に固く団結し、粘り強く自由言論守護運動をしてきた。実際、東亜闘委は1970、80年代を経て熾烈に展開された民主化運動の中心の一つとして位置づけられていたと見るべきです。その組織はそれからも生きて、1988年、『ハンギョレ新聞』を創刊した主導勢力になりました。

│ 　1970年代半ば当時、東亜日報の記者と言えば自負心も高く、職場も羨望の的になっていましたが、彼らが職を投げうって維新体制の言論弾圧に抵抗し職場から追い出され茨の道を歩いたと言われています。

　とても胸痛む事情も多いのです。その中でも２代目の安鍾弼（アンジョンピル）委員長の死に言及せざるを得ませんね。1970年代半ば以来、最も苦しい時期に卓越した指導力で東亜闘委を力強く率いてきた安委員長が1980年２月、「ソウルの春」を目前にして肝臓ガンで亡くなりました。これまでの苦労があまりにも酷かったせいでしょう。臨終の数日前に病床の彼を見舞ったとき、見るに忍びないほど衰弱して呻いていた姿が今でも目に浮かびます。ソウル大学病院の葬儀場で行われた彼の葬儀はまさに慟哭の海でした。いい世の中を目前にして、本当にもったいない人でした。

東一紡績労組弾圧

——私たちはうんちを食べて生きていけない——

> 洪弁護士の弁論記録を見ると、韓国日報労組事件を筆頭に労働運動と関連した色々な弁論があります。その中で1970年代後半、労働運動に対する弾圧で最も悪名高かった東一紡績労組事件がありますね。

　概して1970年代初中半に入って朴正熙政権が終わるまでは、私たちの労働運動史上最悪の暗黒時期でした。労働組合も作れなかったし、作れば殺された時期ですね。朴正熙大統領の経済開発政策が今日の経済成長の土台になったと言い、またそれが相当部分事実でもありますが、その経済成長は1960、70年代の労働者の途方もない犠牲を土台にしたことを忘れてはなりません。今は労働組合の設立も自由じゃないですか。当時は韓国経済が主に手工業的な労働力搾取によって低価格の繊維製品を輸出して輸出産業が主導する時です。

　東一紡績は繊維製品の生地を織る会社ですが、労働条件の劣悪さは今では想像できないほどでした。劣悪な労働条件を改善するために労働者の団結権や団体行動権の行使は考えられない時です。当時、労働者の搾取をこれ程までしなければならないのかという問題意識を持ち、一番最初に労働者の覚醒と団結を通じた労働条件の改善運動の最先端に立ったのが都市産業宣教会です。当時、進歩的なキリスト教宣教運動の中に「都市産業宣教会運動」があった。

　その代表者が牧師です。その牧師が率いる長老派、メソジストなどに所属する進歩的な牧師たちだった。朴炯圭牧師はキリスト教長老会所属ですが、色々な教派の意識ある牧師たちに労働運動の必要性を覚醒させ、労働者を団結させる行動を宣教の次元でしたのです。

　劣悪な労働条件に対抗して、あちこちに労働組合が生まれます。当時の現実として、その労働組合らはかなり闘争的だったのに対し、上級労働組合団体はたいてい御用でした。東一紡績労組も御用労組の全国繊維労組と闘ったのです。都市産業宣教会の牧師たちが一線の労働者たちと共に労組結成を促す意識化活動をするので、政府と捜査機関でとんでもない悪宣伝と迫害をほしいままにしました。都市産業宣教会はアカだと誹謗する本まで作った。『都市産業宣

＊第1部　1970年代の人権弁論　　　　　　　　　　　　　　　　161

教は何を狙うのか』というパンフレットを産業現場にバラまいたりしました。そんな背景の下で当時、労働組合を作ること自体があまりにも大変で一度作ってもそれを支えることが難しかったですね。会社は警察と情報機関、上級労働団体の協力まで得て労組を粉砕するために策動しました。

東一紡績は永登浦と仁川にもある大きな会社ですが、1977年頃に労働組合ができた。その支部長が李総角という女性で、ちゃんとした労働組合活動を始めた。しかし会社はとんでもない事をする労働組合ができたと攻撃しました。李総角は労組を率いて会社に対して賃金の引き上げ、その他の労働条件の改善のための闘争をしました。最近は労組が政治闘争もよくするじゃないですか。当時は純粋に賃金引き上げ、労働条件改善などを要求しているのに激しい迫害を受けた。代議員を選出する大会を開催することになったが、代議員の選出方法をめぐって会社が労組内部の分裂を誘導し男子工を会社の手先にして弾圧をしました。

ここに3人の名前が主に出てきます。男子工30人程度が代議員選出方法を巡り労組執行部に対して異議を提起して紛糾を起こしたのです。そんな中で、李総角の執行部が自分たちが決めた通りに進めると主張すると、男子工など30人余りがその代議員大会に対して妨害策動をしました。ある日、男子工が群れをなして労組執行部の事務室と代議員会場にバケツを持って攻め込み人糞を浴びせかけました。男たちが女工の肩をつかんで頭から浴びせかけました。糞をまき散らし代議員大会は阿修羅場になりました。労働者たちが教会などで座り込みをして最悪の状況になった。

だから数日後、会社では組織内の紛糾だ、会社は知らないと言って、全国繊維労組も私たちが関与することではないと言った。とてつもない蛮行を訴えるために教会を訪ねる李総角などの女工たちに3日以内に会社に復帰するように命じたが、復帰に応じないからと、全員解雇します。それで120人余りを解雇しました。

この件は東一紡績で糞を食らわせた事件だとたいへんなセンセーションを巻き起こしました。女工たちは結局みな追い出され裁判は大法院まで行きました。この事件に対する裁判は二つですが、そのまま大法院まで判決文が同じです。組合員内の紛糾であり、会社や全国繊維労組が男子工を指図したという証拠がないと判決しました。その証拠をどうやって探すんですか。それで私が二人を証人に立てた。会社とぐるになっていることは誰が見ても明らかです。会

社は手をこまぬいていて男子工の謀議する場所を提供し、仕事もせずに労組を破壊する工夫ばかりしました。

当時、「撲滅しよう趙和順」というプラカードも掲げられた。趙和順はメソジスト教会の女性牧師ですが、企業家の間で完全に共産主義者だと罵倒された。後ろで趙和順が女工を操縦していると言いました。もちろん趙和順牧師が労働者を意識化しました。趙和順牧師は本当に立派な牧師でした。何の私心もなく、ひたすら労働者たちの宣教だけした方でした。それなのに大法院まで完全に負けた。

法院側に提起した請求の趣旨は何ですか？　解雇が不当なので無効にしてほしいということですか？

不当労働行為に対して救済申請をしたのです。この李総角が原告になったことがあり、もともと不当労働行為救済申請は労働委員会に出します。それが第1審に該当し、棄却すれば再審申請をして高等法院です。ところが、いくつかの判決文がほとんど同じです。1970年代にあった労働組合の設立および労働組合運動とそれに対する苛酷な弾圧の代表的な例が清渓川平和市場労働組合と東一紡績です。私は二つの事件に弁護人としてすべて関与しました。

その当時の労働者たちの惨状は目も当てられないものでした。平和市場の労働者は1日18時間労働しました。それも立ち上がれないほど低い屋根裏部屋にミシン3、4台置いて。「東一紡織も清渓市場よりはましですが、凄惨でした。草創期の繊維産業は低賃金と重労働などで労働者に犠牲を強いて行われたものです。労働運動を国家施策で弾圧し息もできないようにしました。この李総角や労組員たちが無理な要求をしたことはありません。

東一紡績事件といえば思い浮かぶ写真があります。さっき言った汚物を撒いた写真。女性労働者の顔と服に糞をまき、事務室の床に汚物がいっぱいの本当に人間以下の場面でした。弁護士が渡した裁判記録にもその写真が添付されていますね。

労働者が緊急に近所の写真師を呼んできて撮らせたものだと言います。機知を働かせたものです。それを法廷に持ってきた。本当に残酷ですよね。写真

＊第1部　1970年代の人権弁論　　　　　163

だけ見ても何かくっつきそうですよね。

「私たちはうんちを食べて生きていけない」

▍ 労働者たちは結局全員解雇されましたか？

　追い出された。当時は労働者が復職することは考えもしませんでした。それから後日談はよくわかりませんが、この李総角はその後、女性労働運動の指導者になりました。本当に賢かったです。

▍ 労働者との出会いはどうでした？　労働者たちが事務所によく来ましたか？

　よく来た。法廷にも一緒に行きました。この事件の余波は続きます。イースター（復活祭）礼拝事件というのがこの頃に起こったんです。東一紡績事件の無念さを訴えるために女工たちが汝矣島広場で行った復活祭礼拝でマイクを握って「私たちはうんちを食べて生きていけない」とスローガンを叫んで捕まった事件です。

　1970年、全泰壱烈士が『勤労基準法を守れ』、『労働者は機械ではない』というスローガンを叫びながら焼身自殺しました。これから労働問題に対する関心は大きくなりましたが、1970年代の労働争議関連事件を見れば司法府はほとんど一度も労働者の側に立った判決を下したことがありません。労働者の側に立たなくても、少なくとも中立的な第3者の立場で、誰が見ても使用者やその指示を受けた者による不当労働行為が明白な事案に対しても、それを無視して使用者の側についた。そんな法院の態度は使用者と国家権力が結託して労働3権をはばかりなく踏みにじっても良いという自信を植えつけた。

　東一紡績事件は、その時代が人間の尊厳と価値をどれだけ踏みにじることができるかを示しました。汚わい水は労働者の作業服にくっついたが、実際、当時の強者たちの水準というのが「人間に汚わい水を撒く水準」であることを示したものであり、司法府は「汚わい水を撒く人を見ても目をつむる」水準だったと批判されて当然だと思われます。

そうです。時局事件で法官たちの判決を見れば、なぜ良心に恥じぬ判決一つできないのかと恨みもしました。

　ただ法官たちの態度に対する理解を助けるために東一紡績事件と関連して話を一つしましょう。ある意味で私の過ちを告白する内容でもあります……

　東一紡績女工が全員解雇され、その直後の1978年復活祭には汝矣島でプロテスタントのすべての教団が連合礼拝を捧げるが、女性労働者数人があらかじめ計画して壇上を占拠をした事件があった。東一紡績労働者と九老工団のいくつかの労働者が加勢し突然壇上に駆け上がってマイクを奪い『東一紡績事件を解決せよ』、『私たちはうんちを食べて生きていけない』というスローガンを３、４回叫んだ。それで女性労働者数人が検挙され拘束された。礼拝妨害罪で。礼拝妨害罪はほとんど適用された例がありません。私たちも礼拝妨害罪という条項を初めて見た。

　私が担当したが、間違いなく１審で懲役１年ずつ実刑を受け控訴しました。それに全部実刑が出ましたが、マイクを奪って一度大声を出したことが、そんなにすごいことなのかと。弁護人の感覚で控訴審ぐらいまで行けば、執行猶予程度で釈放されると期待しました。それで控訴状を出しましたが私たちの事務室で事務錯誤をしました。１審判決に対して控訴し所定の手続きを経て控訴審で訴訟記録を受付ると控訴人と相手方にその理由を通知します。弁護人はその通知を受けた日から20日以内に控訴理由書を控訴法院に提出せねばなりません（刑事訴訟法第361条の３）。控訴理由書を出さなければ控訴棄却です。

　控訴理由書提出のための20日の期間は絶対的なものですよね。

　絶対的に遵守せねばなりません。でもうっかり忘れて何を間違ったのか20日を過ぎていたんです。控訴期間の「徒過（トゥァ）」と言います。控訴状は出したし、控訴審法院が控訴記録の受付通知をすれば、私たちが受け取った日付がキッチリと表示されます。ところが、これを「徒過」しました。どの法院に行くのか早くチェックをしてみろと事務員に指示をしましたが、事務員が高等法院控訴部をチェックをしたのです。地方法院の合議体になったことを知らずに……　これまで大きな事件ばかりしましたので、当然、高等法院だと思って控訴状を「徒過」したので、目の前が真っ暗になりました。この女性たちが控訴さえきちんとしていれば、情状酌量弁論だけでも執行猶予判決を受けそうだったので

＊第１部　1970年代の人権弁論　　　　　　　　　　　　　　　　165

すが、私の過ちで文句なしに控訴却下されればそのまま原審確定で獄中生活……　本当に死にそうでした。弁護士がそんな目に合うことが一生に一度くらいは必ずあります。自分や自分の事務所のミスで目の前が真っ暗になることがあります。経済的問題なら損害賠償で解決でもできます。損害賠償をする性質でもないし。弁護士事務所の看板を下ろさねばならないだろうかとも考えました。

　思案の末に担当法院を訪ねた。本当のことを告白しました。あれこれして『私の過ちで控訴理由書の提出期間を「徒過」してしまいました。何か救済する方法はありませんか？』判事が私に尋ねました。『そうだね、これをどうすればいいの？』、法学部の先輩だけど、私にそんなのによくしてくれる仲でもないし、私が頼むような仲でもないし……　それでも私に人間的に聞いくれるので、それまで悩んだたことを申し上げた。

　最初に控訴状を出すときに控訴理由をつけて出せば、後で補充書を出せばいいのです。だから「1審でこういう有罪判決を受けたが、こういう理由で原審判決に従いません」と量刑不当の事実を詳しく書いて出せば、控訴理由書を出したことになるということです。「事実誤認、量刑不当の誤りがあるので……」という内容を簡単に書けばいいと言った。控訴状を私が作成して私の名前で出したとしても、記録に編綴されれば公文書です。弁護士である私が出したとしても公文書を直せないのは当然です。その判事がにやりと笑って聞かなかったことにしますと言って、昼飯を食べに出て行ってしまった。

　控訴状にもう少し書いたよ。「原審判決は事実誤認および量刑不当の誤りがあると……」、こんな内容を付け加えた。そしてハンコを一つぎゅっと押しました。検事が知ったら大変なことになってただろう。何が事実誤認で何が量刑不当という具体的理由は後日補充書として控訴審裁判前に法院に提出しました。控訴審の判決でその娘さんたちも執行猶予で全部出た。

　そんな記憶がありますが、それが判事にとってもそのように認めてはいけないことであり、私は言うまでもありません。最小限、懲戒にはなるんですよ。そして、まず私の依頼人たちがどんな被害に遭うか分かりません。それで何十年もの間、口を閉ざして過ごしてきましたが。

| 　今日初めておっしゃるのではないですか？

いいえ。プライベートな席で友達に話したことが一度あります。20年って何だよ、30年経ったよ。すべて時効が過ぎた上に、韓教授が『何でも全部打ち明けてください』と言ったので、つい……

　控訴審の裁判長とは、その話を後日したことがありますか？

　ところが、裁判長のところに行って感謝を言えないんです。共犯（？）なのに……　これをなぜ話すのかというと、それほど目立つ方法でなければ弁護士はもちろん判事たちも被告を助けてやりたい気持ちがなくはなかったということです。その部長判事は意識があるとかという方ではありません。しかし判事たちが時局事件の被告や弁護士たちに判決しながらも罪責感のようなものがあったのも事実です。判決は有罪にしても、心情的には私たちに同情して目に見えない支援をしてくれたこともあります。

＊第1部　1970年代の人権弁論　　　　　　　　　　　　　　　167

清渓被服労組事件

東一紡織事件とともに洪弁護士が1970年代に精魂込めて弁論した労働事件が清渓被服労組事件だと聞ました。事件が重要なだけに記憶を最大限に呼び起こしておっしゃってください。

張琪杓の緊急措置違反事件

1977年の清渓被服労組に関連した刑事裁判は1つではなく全部で3つです。それがすべて連続線上にあるのです。まず張琪杓事件から話さねばならないようです。張琪杓は1960年代から趙英来、李信範と共に学生運動の指導者として本当に有名です。平和市場で全泰壱が1970年に焼身した時にした『僕に大学生の友達が一人いたら……』という話を聞いて、張琪杓は一番最初に全泰壱の霊安室に行って全泰壱のオモニ、李小仙さんに会い、全泰壱の葬儀をソウル法大葬で行わねばならないと説得しました。その当時から張琪杓と平和市場労働者の間の深い絆が結ばれ、張琪杓の調査と趙英来の執筆を経て有名な『全泰壱評伝』が誕生することになります。張琪杓と趙英来は、民青学連事件の首謀者として長い間手配されていた。たぶん民青学連の時に捕まっていたら、死刑か無期懲役を宣告されたほどの大物でした。張琪杓は結局、1977年に逮捕されます。民青学連の件はもう1975年度にすべて釈放して終わっていたので、それで捕まえることはできず、それで1977年に「民衆の声」という4・4調の風刺詩を書いて運動圏に配布したことを問題にしました。

金芝河の場合は詩作を問題にしましたが、張琪杓については風刺詩を問題にしました。朴正熙政権の独裁化と経済的収奪、労働者の惨状などを長詩で綴ったことを私も読んだ覚えがあります。ところで、これが何の罪名で引っかけられますか？

緊急措置9号違反ですね。公訴事実を見ると、「民衆の声」という詩を通じてこの国の民衆があらゆる政治的抑圧と経済的収奪に惨めに呻いているみたい

168 　　　　　　　　　　　　　　　　　韓国の人権弁護士　軍事独裁に抗す

に「事実を歪曲」したということでした。

| 法廷ではどのような争点で争うことになりますか。

　「民衆の声」に書かれたのが事実を歪曲したものか、事実を描写したものかということです。自然に法廷では、この地の民衆が果たしてそんな苦痛と抑圧を経験しているのかどうかという問題で熱い論争をしました。主に張琪杓が熱弁で理路整然と自己主張をくり広げました。

| 張琪杓と清渓労組の関係は、すでによく知られていますが、法廷の雰囲気はどうでしたか？

　張琪杓は普段から清渓被服労組を熱心に手伝っていたので清渓労組員たちがたくさん出てきたね。全泰壱のオモニ、李小仙さんを筆頭に法廷をぎっしりとうめつくし、張琪杓に拍手し叫びながら応援しました。その中で李小仙さんが激しく検事や法院に抗議し、やじったりしました。李小仙さんの立場では、検事の主張は到底ガマンできないものだったでしょう。すると裁判の途中で裁判長が法廷秩序を維持するという名目で李小仙さんを法廷侮辱罪で捕まえてしまった。これが清渓被服労組と関連した２次の事件になります。その事件の弁論も任された。

| 傍聴客の抗議に法廷侮辱罪で拘束するのも、以前にはほとんど見られなかったようですが。

　姜信玉弁護士事件で一度、使ったことがありますが、それは弁護人に対するもので傍聴客に対しては当時までほとんど例がないようです。結局、このことで李小仙さんはその後、ソウル北部支院で法廷侮辱罪で刑事裁判を受け懲役１年かいくらか服役をしました。当時、その事件も私が弁護したのですが、城東拘置所で李小仙さんを接見したところ、心ない周辺の女性収監者たちが公然と李小仙さんをアカだとか言いたてて、ひどく苦しめたようです。李小仙さんがとても気苦労をしました。

＊第１部　1970年代の人権弁論

最近、李小仙さんの『80年、生きてきた話し』の連載を見ると、その場面が次のように記録されています。検事が『清渓組合員の賃上げ闘争を背後で操り社会混乱を起こしただろう？』と尋問すると、傍聴席にいた李小仙さんが席から立ち上がって『一ヶ月死ぬほど働いて３千ウォンを受け取る勤労者が自分の権利を得ようと（張琪杓を）訪ねて行ったのだ。（張琪杓が労働者に）労働基準法を教えたことが何の罪なのか？　学んだ人が知らない人に教えるのが知識人の道理だ。それが罪なのか？」と。それで裁判を終えて帰宅した時に〔情報〕機関員たちが捕まえて城東拘置所にぶち込んだのです。

労働事件を引き受けた時に受けた衝撃

　張琪杓に続き、李小仙さんまで懲役刑を受けることになったので、清渓労組員としてはあきれて、憤激に耐えられなかったようです。それで清渓被服組合員全体が闘う事態になったのでしょうか？。

　はい、その直後に清渓被服労組で本当に大きな事件が起こった。清渓被服労組は単純な労組ではないんですよ。1970年代初め、全泰壱の焼身自殺を契機に作られた労組だから、その力もそうだし象徴性も圧倒的でした。そこに張琪杓、趙英来などが助けながら、1975年以来、清渓被服労組の労働教室がその一帯の労働者の組合員教育、各種小集会の組織活動、他事業場との連帯、支援活動を活発に繰り広げていった。いよいよ当局ではこの労働教室を閉鎖してしまわねばならないと判断し破壊工作に取りかかった。

　李小仙さんが法廷侮辱罪で懲役刑を宣告された直後の1977年９月初め、警察は労働教室が借りている建物の主人に圧力をかけて建物賃貸借契約を一方的に破棄するようにし、労働教室の退去を命じます。それと同時に警察力で労働教室の出入りを封鎖してしまった。すると1977年９月９日頃に数十人の労働者が自分たちの労働教室を取り戻そうと警察の阻止線を突破して、建物３、４階の労働教室を占拠して座り込みを始めた。当時から棍棒、手錠、催涙弾などで武装した機動警察と対峙し、追い出そうとする警察と労働教室を死守しようとする組合員の間で激しい肉弾戦が繰り広げられた。その渦中で関鍾徳が３階から落ちて脊椎が折れる重傷を負い、切腹、自害をする労働者も出てくるなど修羅場のような場面が繰り広げられた。しかし物理力で警察に対抗できますか。

全泰壱の弟である全泰三をはじめとする人が重軽傷を負い、そのうち何人も拘束されます。放火罪、特殊公務執行妨害罪などで裁判を受け、実刑を言い渡された。

　私は維新時代の民主化運動関連事件をたくさん弁論したが、初期にはほとんど学生、知識人の事件でした。そうするうちに東一紡織事件、清渓被服労組事件を引き受け、その当時、韓国の労働者が体験した抑圧と収奪の生々しい現場の姿に出会ったのですが、そんなことが私には本当に大きな衝撃になり、多くのことを考えるようになりました。

　それでは洪弁護士は清渓被服労組と関連して、張琪杓事件を第1次として李小仙さんの法廷侮辱罪事件を第2次、そして清渓被服労組員たちの放火、公務執行妨害などを第3次として、全てを弁論しましたね。労働者事件は学生事件とまたいろいろ違う点があったと思いますが……

　そうです。韓国の経済発展のための足掻きが、どれほど多くの労働者の血と汗と涙ぐましい犠牲の上に成り立っているかを目の当りに見て知るようになって私自身の生きる態度から振り返り反省するようになりました。私がいくら1970、80年代を人権弁論に専念して経済的には少し困難があったとはいえ、それでも私はこの社会で弁護士に付いて回る様々な社会的待遇、物質的恩恵のようなものを享受して生きてきたんです。

　ところが、東一紡織、清渓被服、こういう事件に出会って労働者が体験している物質的苦痛、社会的冷遇のようなものを見ることになり、なぜか自ら申し訳なく恥ずかしい思いがしきりにするのです。私が労働者と同じように生きられなくても、少なくとも彼らの人生、彼らの苦痛に寄り添う人生を生きねばならないのではないかという自己反省のようなものが生まれました。そんな考えは、その後の私の生活態度や社会的弱者に対する弁論に臨む姿勢に大きな影響を与えました。

＊第1部　1970年代の人権弁論

クリスチャン・アカデミー事件

──読書サークルを国家保安法で処罰？──

> 1979 年には、クリスチャン・アカデミー事件があったようです。知識人たちの穏健な社会教育活動を反政府運動に追い込むために拷問ででっち上げた代表的な事件として知られているじゃないですか。これからクリスチャン・アカデミー事件について話していただきたいと思います。

　クリスチャン・アカデミー事件は1979年の出来事です。この事件はいわゆる「ソウルの春」といわれた1980年の上半期に２審、３審までしたので、ちょっと幸いしました。一部無罪が出たものも全部無罪が出たものもあります。当時の基準から見れば、それでも一番よく裁判を受けた事件に属します。
　私の記憶で実刑宣告を受けたのが李愚済と韓明淑、張相煥です。その他には執行猶予、宣告猶予、無罪となりました。クリスチャンアカデミー事件の記録を見ると、報道資料というものが先に出てきます。捜査機関でこの事件の内容をマスコミにばらまいたもので、一言で言えば被疑事実の事前公表に当たります。プレスリリースを作って、事前に先入観を与えてしまうんです。このように国家保安法違反者を検挙して後で違った真相が出てきても、すでに形成された先入観を変えにくくなります。
　クリスチャン・アカデミーという社会教育機関で働いていた幹事たちを逮捕したのが1979年３月初めです。３月９日頃に韓明淑が一番先に捕まりました。李愚済、韓明淑、張相煥、金世均、黄漢植、辛仁羚、鄭昌烈の７人ですが、３月９日、13日、15日と順番に検挙していった。拘束令状が出たのは４月16日です。だから１ヶ月以上、不法拘禁したのです。その不法拘禁期間中に中央情報部で酷い拷問をして、強制的に自白を取って被疑事実を作った後で拘束令状を請求して拘束しました。韓明淑の場合56日間、李愚済は53日、黄漢植の場合は43日も拘禁状態で取り調べを受けた後に起訴された。
　韓明淑に対する捜査の手がかりが何だったのか、なぜ一番先に検挙されたのかは分かりません。中央情報部に捕まったので、みなあらゆる拷問と悪行にあった。初めに捕まったので韓明淑が一番に拷問を受けた。裁判を始める時、

法廷に被告たちが出てくるのですが、韓明淑はまともに歩くこともできませんでした。どんな拷問を受けたのか法廷で韓明淑が話さなかったんですよ。あまりにも凄惨にやられると拷問された話もうまくできません。歩くのも下手なくらいでしたから。

　クリスチャン・アカデミー事件の内容を見ると彼らが引っかかるようなことをしたことはありません。ただ集まって本を読んで討論して、彼らは今も同志愛が深いです。10年、20年経ってもたまに会います。数ヶ月前にも一度会った。集まってそんな話をしました。その事件について話しながら、私たちは何もしていない。何もせずに裁判を受けて恥ずかしいんだって。ただ勉強したことしかないのに。実際にそうなんです。

　当時、クリスチャン・アカデミーは雑誌『対話』を月刊誌にして、大学生がたくさん読んだ。その『対話』に「ある石ころの叫び」という労働運動家（柳東祐）の体験談が載せられ多くの注目を集めた。なぜ「石ころの叫び」かというと、人が沈黙すれば道端の石ころが叫ぶという聖書の句節から取ったものですが、労働者の沈黙が強要される時なので「石ころ」と表現したと考えられます。労働運動とは次元が違うが、純粋に知識人運動でもない、何かを標榜したものと思われますが……

　クリスチャン・アカデミーという機関は、キリスト教長老会の元老牧師である姜元龍牧師がドイツから宣教資金を受けてアカデミー教育課程を作ったものです。キリスト教長老会が韓国では教会の中でも最も進歩的な教団で社会宣教に力を入れた教団なんです。ですからクリスチャン・アカデミーのカリキュラムは非常に大切で、教会機関として当然なすべき非常に有益な教育課程です。

　クリスチャン・アカデミーの理念は中間集団理論です。中間集団の指導者養成ですね。両極化している現代社会に両側の葛藤を調整し、統合し、治癒する中間集団の役割が重要だ。だから現代社会で発生するすべての両極化現象を解消し統合する過程で教会の役割が絶対に必要だ。韓国が特に両極化が深刻じゃないですか。理念問題や貧富格差問題、女性問題まで含まれます。そのために両極化を統合調整する中間集団を育成せねばならない。そんな中間集団の育成活性化のための社会教育プログラムを作ろう。これがクリスチャン・アカデ

＊第1部　1970年代の人権弁論　　　　　　　　　　　　　　　173

ミーの教育です。姜元龍牧師が水踰里にあるクリスチャン・アカデミーに中間集団教育課程を作り、そこの幹事要員を選抜して教育をさせた。そこで主にクリスチャン・アカデミー内の教会社会問題、農村社会問題、女性問題などを解決するための中間集団指導者養成過程を運営するために選抜された幹事たちがこの事件の被告になります。

具体的に何を問題にしたのですか？

クリスチャン・アカデミーの実務者たちが互いに同志的な連帯感があるので、数回集まって一緒に討論して勉強するのです。これから私たちが勉強する会を作ろう。サークルみたいに。名称もありません。ただ勉強しようということだよ。だから団体組織にまで行ったのか、行かなかったのか？　団体だとするなら、この程度で国家保安法上の反国家団体になりうるのか？　まとまった規約はないが、お前たちが国外の共産主義活動に同調するような団体を作ったのではないか。これが容疑内容です。本当に荒唐無稽です。

実際に内容は左派書籍もあり批判書籍もありますが、本を回し読みして、その内容を討論することの何が問題ですか。昔の読書会というのはそういうものじゃないですか。それで終わりです。何も行動を起こさず、ただ勉強して討論しただけです。そういうのを団体組織だということで起訴したんです。過去の経歴をやたらにほじくり出して……。

複数の被告が登場しますが、お互いの関係はどうでしたか？

まず李愚済の昔の経歴が公訴事実に出てきます。李愚済は1936年生まれかそうなんです。ソウル大学獣医学部出身です。若くして4・19の翌年に作られた民族統一全国学生連盟（民統学連）にも一時いた。「学士酒店」という左翼の本拠地に関与したとして刑事立件されました。統一革命党かどこかにも関係があります。李愚済にはそんな革新運動の前歴があります。ところが、獣医科大学出身なので農村問題について本人が研究もたくさんして、韓国農村の現実的な問題などについて熱心に勉強し踏み込んだ人です。農村問題を研究するには李愚済が最も中心人物でした。李愚済が一番年長で、多分、李愚済がリーダーの役割をしたと思います。本を見て討論して。そのうちに経済学の書籍を読む

ようになり、進歩的な社会科学の書籍を読むようになります。必然的に。

　実は勉強するにはそれしか読むものがありません。右翼の理論は大したこと
ないのです。資本主義の弊害を批判することが経済学の問題であり、現実の問
題に悩む人々は勉強していると自然に社会主義系列の本が主流になります。し
ようがありません。商科大学に通う学生たちが今はどんな本を読みますか？
今の動向はよく分からないが。

　当時は大体そうだったようですね。ミクロ、マクロなどグラフが登場する経
済学系を除いて韓国経済の座標や問題点などで悩んでいる人たちは、たいてい
市場経済学を批判する政治経済学系統や後進国経済、貧困と低開発の原因を論
じる本を主に読んでたようですね。日本の本も読んで。

　だから、いわゆる正統派マルクス主義理論書があり、これに対して修正、補
完、批判などが多く出てきて色々な形態の本があるが、たいていは社会主義系
列の本が多いです。それで両極化問題だとか農村問題、労働問題などを勉強す
るには、こういう本を見なければなりません。

　検察から見ると、李愚済のような人を少し違うと見たようです。革新勢力の
周辺で徘徊していた人であり、彼はキリスト教徒ではないはずだ。少し色眼鏡
をかけて見れば、李愚済は思想がおかしいと思ったようです。李愚済という人
は自己管理が厳しい人です。少しも乱れた行動をする人ではありません。周り
の人たちは李愚済を尊敬しました。このグループのリーダーだった。この裁判
をしながら、こんな本を読んだのか、内容は何か、どう思うのか、こんな応酬
があり、それに対して社会主義思潮に対して私たちが必要な思潮を知らねばな
らなかったので勉強したのだ。そんな討論でした。左翼書籍の本一冊持ってい
ても、反共法・国家保安法違反事件で処罰された時代です。しかし、この事件
はそれでもタイミングが良かったので、一部無罪になったりしました。朴正熙
政権の時は宣告猶予、執行猶予なんていうのは出ませんでした。

　弁護士はどのように構成されましたか。

　弁護士は６人が参加しました。李敦明、鄭春溶、李世中、趙準熙、洪性宇、
黄仁喆、このように弁護をしながら面会に行かねばならないので、一人が６、

＊第１部　1970年代の人権弁論　　　　　　　　　　　　　　　175

７人もできないじゃないですか。黄仁喆は、女性被告は自分が全部やると言って、韓明淑、辛仁羚は自分が担当しました。李世中弁護士が李愚済を担当しました。

先日、辛仁羚先生の回顧談を聞く機会がありました。当時、捜査検事が朴哲彦だったのですが、検事の調査が終わったかなり後に再び検事室に呼び出されたそうです。人権弁護士チームで弁護団が組まれたのを聞いて、その弁護士たちを拒否しろと圧力をかけたということです。朴哲彦検事が『私が辛仁羚を監房で暮らさせてどうするんだよ。その政治弁護士さえ拒否すれば釈放してあげる』と懐柔して、怒鳴りつけたということです。公安検事たちも人権弁護士たちはやりにくかったようです。人権弁護士が出てくれば、善処弁論などはなく真っ向勝負せねばならないからです。

そんなことは一度や二度ではありませんでした。だから被告としては私たちを弁護人に選定するのも勇気を必要としたのです。

資料を見ると、控訴理由書が条理整然としていて内容もすごかったですね。

控訴理由書を私が書きました。複数の被告を合わせて一つの控訴理由書を書いた。30年前なのにはっきり覚えています。

控訴理由書にはどんな主張を込めましたか？

控訴理由書の最初の争点は長期間の不法拘禁と拷問と強要により任意性のある陳述が全くできなかった。したがって検事が作成した被疑者尋問調書は陳述の任意性がなく、証拠として使えないということです。この不法拘禁期間中に作成した調書は効力がないと主張しましたが、控訴審判決でこの主張がある程度、反映された。
　第二に、被告の行為である本を読んでコピーしたことが反国家団体を利したとは何か？　読書サークルで反国家団体を構成したという事実の認定は大きく誤っている。そんな主張です。
　特記することが一つあります。ここの控訴理由書を読んでみると、私たち弁

護人が社会主義に対して正面から勝負したんですよ。この事件以前には反共法、国家保安法違反事件に対して私たちが被告には全くそんな思想はありません。共産主義、社会主義を信奉する人ではありません。一貫してそのように否認するしかなかったんです。少しでも同調したとか言えませんでした。それ自体が降参するようで、認めているようだからです。ところが、この事件では本当に慎重ですが、社会主義の本を読んだことが何が悪いんだ、勉強をしなければならないのではないか、このように弁論をした初めての事件だったのです。

社会主義攻撃に対して正面突破した控訴理由書

　知識人として社会主義の本を読んで討論もできるという、より積極的な弁論をし始めたという話ですよね？

　そう。控訴理由書を読めば分かると思います。ただ共産主義や極端なマルキシズムではなく、社会主義もどれだけ種類が多く、どれだけ段階が多いのか。その中で社会民主主義や民主社会主義のような場合には、今ヨーロッパにそんな政党が多い。実際に西ドイツの社会民主党を見れば、社会民主主義を標榜するのに共産主義と激しく対立しているではないか。多くの欧州諸国で民主社会主義政党が政権を取るか、政権に参加しているではないか。イギリスの社会主義が色々な姿を持っているが、これを一律に国家保安法上の「国外共産系列」と言えるだろうかという主張を積極的に展開しました。
　今見るとちょっとおかしいです。こんなのを気にして書いたのかなと思うくらいですね。しかし、当時、私としては本当に勇気を出したのです。会議の時、私が言い張った。『今度は正面突破しましょう』と。今見ると正面突破でもないですよね。そのため、少なくとも欧州の社会民主主義政党のような社会主義系列は国外共産系列と呼んではならない。それは正しいじゃないですか。ヨーロッパには保守主義政党よりも社会主義政党の方が多いです。それで控訴理由書にそれを慎重に主張しました。これが判決に影響を及ぼしたと思います。罪名はみな似ているが、国外共産系列を利する意図があったかどうかを判断するのにおいて、ある被告は少し重く出てきて、ある被告は無罪を受けた。

　この事件は維新末期に始まり、第一審判決が1979年9月22日に言い渡され、

控訴審の判決が1980年1月30日に言い渡されます。被告たちの刑が減軽され、また無罪判決が出ることもありますが、時局の変化が裁判に影響を及ぼす兆しは確かに感じられましたか?

　第１審では李愚済が懲役７年、韓明淑が４年、張相煥、辛仁羚が３年８ヶ月、金世均が２年、鄭昌烈が１年６ヶ月と宣告されます。公訴事実のほとんどを認め法定最高刑が宣告されます。控訴審の判決が下される時は朴正熙大統領が死亡し、まだ新軍部が政府を完全掌握していなくて、凍土に若干の雪解けを感じられる時なので、李愚済、韓明淑、張相煥の刑が減軽され、辛仁羚は執行猶予、金世均は宣告猶予、そして黄漢植と鄭昌烈には無罪判決まで下されます。私たちが国家保安法、反共法違反事件で弁護を引き受けて、裁判した事件の中で最高の成功作だ。無罪判決を受けたのは初めてだったから。黄漢植は一部無罪ではなく、控訴審で全部無罪を受けた。それで私が、あなたはいい弁護士に会ったからですと冗談を言った。

控訴審で無罪判決まで下された部分はどんな部分ですか?

　何より反国家団体を構成したという原審判決の部分を認めませんでした。６人が反国家団体である秘密サークルを構成したというのが話にならないと見たのです。また国外共産系列を讃揚・同調したという部分も無罪で、北朝鮮政権構成員の活動を称賛したという点も無罪で、資本論を取得したという部分も無罪でした。控訴審で結局残ったのは不穏書籍を何冊か読んでコピー、配布、取得し、６人の読書会でそれに対する議論をした。それが反国家団体の活動に同調して益したというのが全てです。大した本でもありませんでしたし、市中で買えるような本と残りの本数冊の関係がすべてでした。

この事件の被告たちは個人的にどうでしたか?

　彼らは今も誰と言えばみな知っている人です。後に国会議員にもなり、国務総理もいますし、大学総長もいますし、国立大学の教授もいます。社会的に最高のエリートたちです。李愚済氏は国会議員を２回か、韓明淑は国務総理まで務め、辛仁羚は梨花女子大学の総長まで務めた。張相煥は慶尚大学の教授を

しています。黄漢植は釜山大学の教授、金世均はソウル大学の教授です。すべて指導的知識人で実践的な教授たちです。鄭昌烈は当時、漢陽大学の教授でした。

姜元龍牧師はクリスチャン・アカデミーを作って引っ張ってきた方ですが、幹事たちがみな捕まったので誰よりも心配したでしょう。姜牧師はどのように対応しましたか？

私たちが法廷で証人を何人か立てた。被告の性向について証言してほしいと私たちの方で２人を立てた。姜元龍牧師、邊衡尹教授（ソウル大学校経済学科）を立てて証言をしました。もちろん有利な証言をしてくださった。

2006年８月に亡くなりましたね。

亡くなるこの前、私がある集まりでお会いしたんですが、こうやって支えてきたんです。仁荷大学の教授の出版記念会でした。労働部長官だった李永熙教授もクリスチャン・アカデミーの幹事でした。事件当時、どこか外国に行っていて無事でした。ソウルにいたら李教授も引っかかっていただろう。私たちの年代は姜元龍牧師をよく知っています。一言で言ってすごいカリスマを持った人です。どの座中でも大衆を圧倒する人であり、理論も話術も全てが飛びぬけています。

クリスチャン・アカデミーの幹事を一網打尽にして、姜元龍牧師にはなぜ触れなかったのですか。維新政権のでっち上げの実力なら、姜牧師が幹事たちを背後操縦した首魁だと、でっち上げるのは問題でもなかったはずですが。

姜元龍牧師をこんなことで手を出すわけにはいきません。すごい大物でした。プロテスタントの代表的な尊敬される大物牧師としては、保守側の韓景織、ちょっと進歩的な側の姜元龍、それくらいでした。また、クリスチャン・アカデミーはドイツの方で確実な財政的後援を受けていたから、弾圧したからといって廃業させるわけにはいきません。姜牧師はそんな手腕も優れた方だった。

＊第１部　1970年代の人権弁論　　　　　　　　　　　　　　179

要するにクリスチャン・アカデミー事件は実体のない事件です。本を読んで、これはただ景勝地に遊びに行って討論したりすることだと。地下秘密サークルのような主張はどだい成立しえないもので、後に無罪判決を受けたでしょう。だから別に関係のない些細な口実で有罪判決をでっち上げたのです。

　この事件の登場人物の面々は後日、尊敬されるような人物たちですが、クリスチャン・アカデミーで幹事をよく選んだのか、それともこんな裁判の試練を通じてさらに強くなり、後日、立派な活動をするようになったのか……いろんなことが思い浮かびますね。

　当時クリスチャン・アカデミー事件の被告出身者たちは今でも全て弁護人たちと親しく過ごしています。みなが立派な人物たちです。金世均教授が裁判を受ける当時、その兄が金晋均ソウル大学校社会学科教授です。この前に亡くなったんです。「金晋均教授は最初は運動圏と表面的にはあまり関係がありません。ところが弟が拘束されると法廷の一番前の列に出て座っていたんです。そうするうちに家族どうしで一つの組織になってしまった。金晋均教授が家族会のリーダーを務め、金晋均教授も運動圏に自然に合流しました。その後は、金晋均教授がいわゆる汎運動圏の人物として多くの活動をしました。金晋均教授は人柄が円満で真実の人間なので親しく過ごしました。金晋均教授とはこの事で出会ったのです。

　金晋均教授は1980年に新軍部が執権し教授たちを解職する時、韓完相、李明賢教授と共に解職されます。1983年度に復職し全体民主化運動で知識人運動の中心的役割を果たしたといえます。

　純粋に家族代表の役割から出発して、さらに解職されたんです。そのため民主化教授の中心になりました。人間の人生はこんな形で発展することもあると思います。

第2部

1980年代の人権弁論

女性差別定年無効確認訴訟で勝訴を祝う会。中央に洪性宇弁護士、その右に勝訴した金英姫(キムヨンヒ)氏

左：日本で活発に活動した救援会広報物。
右：民弁会長として日韓法律交流会に出席し講演する洪性宇弁護士

＊弁護士として大活躍した時代

＊以前の被告人から肖像画プレゼントを受け取る

1980年、弁護士休業と
金壽煥枢機卿の恩顧

キムスファン

　今から1980年代の人権弁論の時代に入っていただきたい。民主化に関連して、80年代の最初の出発は79年10月26日の朴正熙大統領の暗殺です。総統的独裁者の死亡後、権力の一時的空白期を横取りしたのが79年12月12日、全斗煥、盧泰愚などの軍部クーデターです。80年の初めに入って「ソウルの春」という政治的雪解けの局面がしばらくあったが、まもなく新軍部勢力は80年5月17日に非常戒厳を全国に拡大し、銃刀で市民を殺し民主化の芽さえ摘んでしまいます。光州市民の民主化の叫びに対して無差別殺傷の蛮行で出帆した第五共和国政権は「生まれてはならない政権」という汚名をかぶります。80年代初め、洪弁護士はどうお過ごしだったのか気になります。

　朴正熙死亡後、政治的混沌はあったが、私たちは純粋な気持ちで民主化が来ると期待しました。いずれにせよ維新体制は終わりを告げ良い世の中への希望にあふれて酒も飲んだのです。12・12クーデタの時、全斗煥合同捜査本部長がテレビに出て鄭昇和参謀総長を拘束することになった背景を説明するのを聞いて、本当に印象が険しく見えたが、その発表をする時は全斗煥がそれほど軍部の実力者だとは知りませんでした。80年の「ソウルの春」を迎え、それでも大勢は民主化に向かうと信じていた。当時、金大中、金泳三の両金氏の権力競争が本格化するにつれ多少の憂慮はあった。世論は両金の分裂を望んでいませんが、両金をめぐる政治勢力は譲歩できない競争と考え、民主勢力間の分裂や破裂音が出て多少愛想が尽きたことがあります。両金氏が韓国の人権弁護士たちを招待して食事もして話を交わしたこともあります。私たちを味方に引き入れようとする試みもあったが、私たちは政治家でもなく政治的な行動をしたこともありません。どちらかの偏りもありませんでした。軍部の影が社会の全面に広がっている状況で、民間では両金の競争が露骨になり先行きが不透明になる感もあったが、それでも民主化の大勢があるのにまさか何かあるだろうかという考えでした。

＊第2部　1980年代の人権弁論

当時は政治的事件や人権弁護士を必要とする事件はありませんでしたか？

金載圭裁判、内乱目的殺人か民主革命の決起か

一番の事件は朴正熙を処断した金載圭[キムジェギュ]中央情報部長とその部下たちの裁判でした。金載圭が獄中で私たち人権弁護士の話を聞いたと家族を通じて私たちに事件を引き受けてほしいという依頼が来た。金載圭が腹立ちまぎれに犯した行為なのか、あるいは民主化に寄与する目的で行った義のある行為なのかという点について私たちは半信半疑だったのですが、金載圭側が「義挙」と主張するに足る色々な情況を提示しました。私たちも獄中で接見を何度も行い、この弁論を引き受け金載圭事件に１審から上告審までずっと関与しました。

関わった弁護士の陣容はどうなりますか？

控訴審と上告審を基準にすれば、李敦明、趙準熙、黄仁喆、洪性宇、私たち４人と金済享弁護士が参加しました。特に姜信玉弁護士が情熱的に取り組んだ。先ほど話したように姜信玉弁護士は民青学連の弁論中に有罪判決を受けた状態で大法院に事件が係留中でした。姜弁護士は金載圭事件に本当に熱心に飛び込んだ。また安東一[アンドンイル]弁護士が金載圭弁論を頑張った。安弁護士は軍法務官出身で私たちと人間的に近かったのです。軍法会議事件を普段から常に行っていたので、軍法会議裁判部や検察部と人間的にコミュニケーションがとれていたので金載圭にとっていろいろと役に立っただろう。それに加えて第一審では政治的性向が強い数人の弁護士が関与しました。

金載圭裁判は紆余曲折が多かったのではないでしょうか？　１審の進行中に金載圭が自らを直接弁論して弁護人を全員解任してしまい仕方なく国選弁護人が弁論したケースもあり、軍法会議控訴審まで一瀉千里に進行した後、上告審である大法院が事件処理を若干躊躇するように見えると、新軍部の核心人物が「大法院を戦車で押し潰そう」という暴言を吐いたと聞いています。

金載圭の裁判で私たちは責任感を持って主軸になって弁論しました。１審公判廷では他の弁護士たちが先頭に立って前面に出て、私たちを後回しにする方

でしたが、控訴理由書や上告理由書などは非常に誠実に準備し提出しました。決起後に非常戒厳を宣布して軍法会議の管轄を受けることの問題点も指摘し、抵抗権は憲法的権利であることを力説しました。後ほど大法院判決は私たちの主張を一蹴しましたが、論理的には私たちの意見がより妥当だと思います。裁判自体は非正常でギクシャクしました。金載圭も1審でどういう考えだったのか、私選弁護人を一斉に解任したため1審では最終弁論もできず、金載圭の最終陳述も聞くことができませんでした。控訴審で再び私たちを弁護人に選任し大法院まで引き受けた。上告理由書は私が書いておらず、おそらく李敦明、姜信玉、安東一弁護士が主軸になって書いたのではないかと思います。

金載圭の行動が私的感情による偶発的殺人なのか、それとも緻密に準備された決起であり、民主革命のための義のある決起なのかについて当時も議論があり、今もその議論が続いています。金載圭を近くで接触できた弁護人たちはどう評価したのか気になります。

彼については弁護士の間で見解が違った。最も積極的に評価したのは姜信玉弁護士です。姜弁護士は金載圭の決起の動機が明らかに民主革命だったと評価し、歴史的に安重根義士と肩を並べるものだと言った。金載圭氏の最終陳述は民主回復のために決起したことを詳しく述べています。実際、金載圭はいろいろと安重根を意識した節が多く見られるのは事実です。『大韓民国陸軍士官学校は安重根ような人物1人を輩出しても成功だ』という話もあり、金載圭の決起日が10月26日なんですが、安重根の義挙もたまたま（1909年）10月26日なんです。それに対して私たちはそこまで評価するのに躊躇する立場でした。権力の中枢にいた人物で、しかも民主化運動を弾圧した中央情報部のトップが独裁者の大統領を暗殺して民主革命だと主張しても、なかなか納得できない面があるんですよ。金載圭個人の独特な個性や偶発的行動である面もあるのではないか。そして金載圭と車智徹（朴正煕大統領警護室長）の権力闘争の過程で生じた軋轢のためではないかという感があるので少し懐疑的だった。ただ弁護人としては被告が主張する真意を尊重した上で熱心に取り組み、その事件の意味をより積極的に理解しようとしました。姜弁護士は最も積極的に評価したので、はるかに積極的に取り組んだのは事実です。

＊第2部　1980年代の人権弁論　　　　　　　　　　　　　　　　　185

> 80年の春に洪性宇弁護士の個人的な面でもいろいろあったのではないかと思われますが……

　そう言うと、すぐに思い出すのは趙英来に会ったことです。趙英来は民青学連の時に手配され長期間逃避生活をしました。もちろん趙英来はただじっとしているだけの存在ではありません。その逃避期間中に有名な『全泰壱評伝』を完成させ、金芝河の良心宣言の実際の執筆も行った。80年の春を迎え、趙英来は逃亡生活を終え法曹人になる準備をしようとしました。司法研修院在学中にソウル大学生内乱陰謀事件（1971年）で研修院から除籍されていたので、まず除籍を解かねばなりませんでした。おそらく軍法務官だった趙英来の友人たちが仲介して軍の捜査機関でしばらく調査を受けて終わったようです。趙英来が私を訪ねてきたのは結婚のためです。逃避中にすでに結婚はしており息子まで産んだのですが、この時期に結婚式をするので〔媒酌人を〕頼みに私の事務所に来た。80年2月のことです。

> 趙英来としては法曹人の道を歩もうと思うので、自分のロール・モデルとも言える洪弁護士に結婚の主禮〔媒酌〕をお願いしたようです。このように80年春に一時、民主化に向かうようでしたが、新軍部が5月17日、政権を簒奪するクーデターを起こし抵抗する人々を予備検束し、抵抗する光州市民にむごたらしい殺戮を行ないます。全国的に大々的な連行と拷問、処罰が続いた。当時、洪弁護士と他の人権弁護士たちもひどい目にあったと聞きました。

　本当に恐ろしい時期でした。新軍部が戒厳令を全国的に拡大して国会解散して光州虐殺をやりました。学生・知識人たちをむやみに捕まえて色々な名目で検挙旋風も吹きまくりました。戦車を市内のあちこちに配置する時です。
　人権弁護士といわれる私たちも、もうそのままでは済まなそうだということで、みな身を寄せた。李敦明、黄仁喆、私、趙準熙まで。とにかく全部。当時、東亜、朝鮮闘委の解職言論人たちも全部逃げる時でした。逃げながら誰かが私に電話をして、『君たちはなにしているんだ、早く逃げろ』と言いました。そうして、うちの弁護士たちはみな身を隠しました。
　私は友人の家で何日か寝たり、黄仁喆、李敦明弁護士はどこか仁寺洞の片隅にある飲食店に行って寝泊りしながら何日か過ごしました。でも事務室に電話

してみても捕まえに来た人がいないそうで、家でも何もないと言って。だから気が緩むじゃないですか。逃げたけど捕まえに来ないから。それで家に帰った。逃げる時は捕まえに来ないのに、家にいると捕まえに来るんですよ。当時、7月に一斉検挙しました。

李敦明弁護士と私を情報部に連行して、2泊3日間、地下室で調査をしました。事案は大したことないんです。当時、「ソウルの春」を迎え、知識人たちが民主化宣言を出したことがあります。「134人宣言」ですか。そこに名前が入ったということです。そういう声明書を出せば法曹界の関係者もいつも何人か入ったんですよ。私に許可をもらったかどうかは私もよく覚えていませんが、とにかく名前が入った。そこに名前が入った人を全部問題にしたようです。そこで法曹界の人たちを見て、悪質は李敦明と私だと思ったようです。それで私たち二人を連行して。黄仁喆、趙準熙弁護士も多分情報部に連行されて、一晩寝て出てきたと思います。全部、覚書を取られたよ。覚書を。

二度と人権弁論なんてしない、ということですか？

二度とそういう事件は絶対しないという内容ですよね。ところが李敦明弁護士と私は2泊3日間、安企部、つまり国家安全企画部（中央情報部がこの時、名前だけ変えて悪名を洗濯しようとした）で調査を受けるのですが、情報部だ、安企部だというと、本当におぞましいところです。捕まるだけで気持ちが悪いのに、それがもう3次の連行だなんて。知識人宣言は大したことではありません。1980年の「ソウルの春」の時には類似した宣言文が続出したからね。安企部側は私に弁護士を休業しろというんです。休業を！

南山で休業届を書かないと釈放しないと言うから、書かずにいられますか。分かったからと言って仕方なく書いた。李敦明弁護士も書きました。

「このことは一生秘密に」

この休業届で実際に休業しましたか？　いくら軍事独裁政権だと言っても、何の法的根拠もなしに無理強いしたのですか？

休業届を書いて釈放された。弁護士が休業するには、当時の手続きとしては

＊第2部　1980年代の人権弁論　　　　187

休業申告書を作成して法務部に直接送るのではなく、所属弁護士会に行きます。そして大韓弁護士協会を経由して法務部に行くのですが、当時がまさにソウル弁護士会と第一弁護士会が統合をする時です。

もともと弁護士会がソウルで二つに分かれていたのですが、その統合運動に私が先頭に立った。統合のために署名をもらいに通い、必要な文書作業を依頼しました。統合弁護士会が発足し、会長文仁龜、副会長が朴承緒弁護士になりました。このお二人が会長団に就任したのですが、その会長団の初めての仕事が李敦明、洪性宇の弁護士休業届を処理になったのです。妙な具合にそうなりましたね。その人たちも呆れました。私が個人的にも親しい先輩たちなのに。

休業になるから、これから何をしようかなと思って出てきたが、休業届を統合弁護士会に受け付けたら、文仁龜会長が握りつぶして法務部や安企部側に『私はこれを法務部に伝達できない』と突っぱねた。だから休業届は書いたんですが、法的に休業の効果は現れませんでした。

このように開業弁護士の資格は維持されたのに、休業しなかったから何ができますか？　事件が来なきゃ仕事になりません。ただでさえ事件がないのに休業届を書いたという噂が広まったので、みんな休業したのかなと思った。だから事件がよけいに来なくなったんです。

　では当時は事務所にも出ませんでしたか？

事務室には出た。当時、職員が３人もいたのに職員の給料を払うことができませんでした。一銭も収入がなかったからね。

　そうすると事務所が開店休業でも出費される費用はあるのに当時、何で暮らしていたのでしょうか？　何の対策もなしに。

これは公開するよりは記録だけにしたいんですが……　枢機卿、私たちが一生忘れられない方です。彼が私たち弁護士たちに本当によくしてくださった。他の人々が不平を言うほどでした。『弁護士は食うに困らず、刑務所に行く人〔顧客〕も多いのに、なぜ弁護士、弁護士とかばうのか』と言ったね。そんな不平が出るほど枢機卿が弁護士によくしてくれた。弁護士ほどの資格を持って社会的品位を維持して暮らせる人たちが、こんなのに大へんな仕事をしている

のに、これは本当にどれほどすごいのかという考えです。

　たまには聖堂に行って美味しい食事をご馳走してもらって……　明洞聖堂でも美味しい食事を作れば、どれほど美味しいか分からないでしょう？　その後に修道院がありますが、修道院で最高のパーティーを開いてくれたこともあり、何かあれば弁護士たちを呼んで相談しました。もともと李敦明弁護士はカトリックで、黄仁喆弁護士もカトリックですが……　黄仁喆弁護士はそれでカトリックの〔洗礼〕を受けたんです。あれこれの感化のせいで。

　この話をなぜするのかというと、私が1980年に休業届を書いて出てきて、本当に情けないことに仕事もなく呆然として数ヶ月が過ぎたある日、司教館から私に枢機卿が呼んでいると電話が来て、司教館の枢機卿の執務室で二人きりで会った。

　『洪弁護士。このことは洪弁護士と私だけ一生秘密にしなければならない。絶対に人に話さないでください』と言いながら、封筒をくれたんです。当時、ドイツの金で2万マルクでした。「2万マルクを韓国の金に換えたら、600万ウォンでした。当時の金で、600万ウォンなら本当に大金です。私がそれで半年は事務所を維持して暮らすほどだったんです。

　枢機卿が一生秘密だとおっしゃったが、こんな美談をずーっと隠しておくだけが能ではないようです。枢機卿が「一生」をすごして召天されたので、もう公開する時点ではないかと思います。これは対談者の職権（?）で必ず公開せねばなりません。そして他の弁護士たちは事情はどうでしたか？

　私たちの中で事情が一番良いのが李敦明弁護士でした。彼は第一合同法律事務所に所属しましたが第一合同は非常に模範ケースに属します。第一合同には金済亨、柳鉉錫、李敦明の4人が同業しました。金済亨弁護士は、以前ソウル地方法院長を歴任した方として非常に尊敬されていた。他の方々は部長判事出身です。このように4人が合同事務所を1960年代末に開業したんですが、収入の共同均等分配の原則を立てた。

　ところが、この原則を維持することが、どれほど難しいのか分からないでしょう。熱心に稼ぐ人や李敦明弁護士のように何か浮気したように時局事件、金にならない事件だけを熱心にする人も内部持分比率や権利が同じなのです。金済亨、柳鉉錫弁護士が立派なのか、そんな原則を最後まで維持したのです。

＊第2部　1980年代の人権弁論　　　　　　　　　　　　　　　　　　　189

金済享弁護士は主に事務室の長老の役割をし、柳鉉錫弁護士は実務者として非常に有能で民事事件には本当に明るくて金儲けになる事件も上手です。それで李敦明弁護士は経済的な苦労はあまりすることなく自由に活動しました。

　話しがちょっと脱線しましたが、そんな苦境に枢機卿から大きな恩顧を受けた。そのことを一生口にしないようにと言われて、あの方が亡くなってから初めてここで話します。その前には一度も話したことがありません。

　1990年に趙英来弁護士が亡くなった後、「法と社会理論研究会」で『法と社会』の特集を出し、「人権弁論一時代」という座談をしたことがあります。当時の人権弁護士の回顧を見ますと、『枢機卿が人権弁護士が好きで、よく呼んで世間話を聞かれたりした』と書いてあったが、枢機卿とよく接触した弁護士は具体的に誰ですか。

主に私たちからお聞きになった。

　なぜ枢機卿は人権弁護士から世間話を聞きたがっておられたのでしょうか？おそらく世の中の険しさが法廷に反映され、人権弁護士に来るので、権力が隠している実状をきちんと聞いて正しく判断されたかったからでしょうか？1970〜80年代に金壽煥枢機卿が民主化運動や人権運動に及ぼした影響がすごいじゃないですか。明らかになったことに劣らず、明らかになっていない部分まで合わせるとさらに……。その枢機卿の判断に人権弁護士らが及ぼした影響が少なくなかったと思われますが、そうですか？

　それは言葉では言い尽くせません。あの方の配慮や後押しなどがどれほどみなの力になったのか分かりません。当時もそうでした。
　『この金は私がドイツに行ってドイツのある司教に「私が必ず使わねばならないところがあって貧しい友達を私が必ず助けるのに使うことがあるから」用途は聞かないでほしい』と言って、ドイツで作ってこられたそうです。2万マルクを。それがどれだけ難しいことだろうか。ほぼ機密費のように貰ってきて私にくださったのです。これを話すのがすごく恥ずかしくもあり申し訳なくも思ったのが、金壽煥枢機卿が助けている人がどれほど多いでしょうか？　障害者から多くの恵まれない人々まで、ひたすら愛だけを実践することだけに人

生をささげた方ですが、その金を他に使えばどれほど多くの人を助けられたでしょうか？

　枢機卿がお金を公平によく使われたのでしょう。その困難な時代に数少ない人権弁護士の士気を盛り立てておくべきではないでしょうか？　そうしてこそ将来の困難な事件、無辜の隣人のために人権弁護士を使うことができるのではないでしょうか？　人間的な同情もあったでしょうが、時代があまりにも暗いので事件もさらに多くなるだろう。だから弁護士の士気を高めて、よく準備しておこう。そんな深謀遠慮も作用したのではないでしょうか？

　ところで金壽煥枢機卿と人権弁護士の連帯はいつ、どのように始まったのでしょうか？

　始まりは1974年、民青学連事件に巻き込まれ池学淳司教が拘束された時からです。池学淳司教の釈放を求め、明洞聖堂から若い神父たちが十字架を持ち出して聖堂内で夜間ミサを捧げるようになった時からです。当時から私たちとカトリックが本当に近かったのです。それで枢機卿もそうですし、池学淳司教が私たちを三陟に招待して、そこで夏休みを過ごしたこともあります。

　時局の重要な問題についても意見交換をしたりしましたか？

　そうですね。昼夜を問わずそういう話をしました。金芝河事件でも私たちが枢機卿や池学淳司教と緊密に連絡をした。

　ところで1980年の夏から休業届を出して、開店休業のままだと言っていませんでしたか？

　そうです。事実上、開店休業状態でした。落ち込んでしまって、時局〔政治的〕事件はできないし、一般事件も全くありません。ほとんど事務所に座って無為徒食しました。当時、1982年に米文化院放火事件が起きた。事件があまりにも大きくて殺伐としていたから、普通の弁護士で引き受けようとする人がいませんでした。弁論する方法にも慣れていないでしょう。それで米文化院事件

＊第2部　1980年代の人権弁論

に関連してカトリックから崔基植神父の件で連絡が来たので、いくら休業でも
なんとしてもやろうと、時間も経ったし事実上休業を破って一番最初に引き受
けた事件が釜山米文化院放火事件です。

金壽煥枢機卿の「深謀遠慮」が日の目を見はじめた瞬間ですね。2年間の休
業を脱し、よりによって一番難しい事件、みなが忌避するような事件を引き受
ける勇士たちがいよいよ出番になったのですから。それから1980年代、人権弁
護士としての活躍が本格化するようです。1970年代と比べると80年代の状況は
どうでしたか?

1970年代と比べると、80年代の時局事件はかなり変わった。70年代は維新体
制と緊急措置に対抗する反独裁民主化闘争の時代だと言えるでしょう。1980年
代は光州民主化運動と光州虐殺で始まるだけに、その強度がはるかに強く行動
的でした。光州虐殺をアメリカが黙認ないしは後援したからと言って光州が反
米になり、左傾の傾向が強く表れます。人権弁論の現場で弁護人は主に国家保
安法違反事件、集示法違反事件を多く扱うようになります。よく70年代が「緊
急措置時代」なら、80年代は「国家保安法時代」と呼ばれた。

事件数はどうでしたか? 人権弁護士たちが担当せねばならない事件が増え
れば弁護士たちもはるかに大変ではなかったですか?

それでも幸いなことに1980年代半ば以降は人権弁論を担当する弁護士がはる
かに増えました。1970年代と1980年代初に学生運動をして民主化運動の経験を
積んだ友人たちが1980年代に弁護士になり人権弁護士の隊列に合流したのが
1980年代半ば以降からです。我々を第1世代の人権弁護士とすれば、1980年代
中後半に1・5世代、第2世代の弁護士が合流し、人権弁論活動はさらに活気
を帯びるようになります。後輩たちが実務をするようになると、私たちは自然
と座長的役割をするようになりました。

釜山の米文化院放火事件

―― 釜山、大邱を行き来しながら被告を生かす ――

1982年の釜山の米文化院放火事件を弁論することで洪弁護士の80年代の弁論が幕を開けるようです。当時は釜山米文化院事件といえば知らない人がいないほどすごい注目を浴びましたが、まず事件の内容を詳しく説明してください。

釜山米文化院〔広報院〕事件は1982年の３月に起きたんですが、国中を揺るがせた大事件ですよね。文富植を含む高神大（高麗神学大学）の学生たちが釜山米文化院に放火した事件です。火をつけて文化院がほぼ全焼し、一人が亡くなり、２、３人が怪我をしました。米文化院に火をつけた理由を理解するためには当時の背景や時代状況を先に話す必要があると思います。

80年に全斗煥軍部が執権し非常に強大な軍事独裁体制で強圧的な雰囲気が蔓延していた時です。執権の過程で光州で大量虐殺を行い、多くの民主人士を拘束し弾圧しました。５・16クーデタ直後の朴正煕政権時代の軍事独裁体制よりもはるかに強化された暴圧的な政治体制でした。捜査機関、情報機関が勢力を得て、国民の意思表示とか政治的行為を徹底的に弾圧する時代でした。

80年５月、新軍部が権力を掌握する過程でアメリカが新軍部を支援したことは天下が知る事実でした。特に光州虐殺でアメリカの責任が大きく問題になりました。アメリカの承認なしには韓国軍の兵力が動員されることは到底ありえないので空輸特戦団〔ブラック・ベレー〕や陸軍が光州に派遣されたのはアメリカが承認したからだ。だからアメリカも光州虐殺の責任を負わねばならない。こういう論理でした。80年代の民主化運動の熱気が反米問題にまでつながったのは光州虐殺に対するアメリカの責任論のためです。

米文化院放火事件は釜山が初めてではありません。80年12月に光州で米文化院放火が一度起きた。ところが厳格に報道統制をして当局も知らせようとせず、そのまま埋もれてしまった。光州の放火事件も光州虐殺の背後勢力としてアメリカに責任を問うという点で釜山放火事件と同じです。光州ではもっと切実だったでしょう。でも全然、報道されてないじゃないですか。ここに釜山米文化院事件の学生たちが放火をすることになった動機が出てきますが、その重

＊第２部　1980年代の人権弁論　　　　　　　　　　　　　　　193

要な理由として光州で文化院放火を中途半端にして全くイシュー化できなかったのが問題だと見たのです。それで彼らはこれを世界的に世論化させねばならないと考え火をつけて写真を撮ったのです。リーダーの文富植は自分の同僚たちに火をつけさせ、向かい側のビルから撮影しました。撮影をして「外信に送ろう。それで警戒心を呼び起こそう」というのが彼の動機になっています。時代背景はそうでした。非常に暴圧的な政治体制の下で、民主化運動の熱気が自然に反米運動と結びついてしまう、そんな雰囲気の中で起こったのです。

　もう少し話しますと、82年から始まり84年、85年となり、ソウルを中心とした大学街で熱っぽく展開された学生運動が反米的な色彩を強く帯びてきた。その背景には12・12クーデタや5・18光州虐殺でアメリカが軍部政権を後援したことに大きな原因があるのです。

　弁護士として参加するようになった具体的なきっかけは何ですか？　事実上、休業中に一番大変な事件を最初から気軽に引き受けることはできなかったはずですが。さらに事件が釜山で起きたのですから裁判があるたびに釜山まで下らねばならないというのも躊躇する要因になっていたはずなんですが。

　釜山の米文化院の放火を主導した文富植、金恩淑などが原州に逃避すると、彼らを崔基植神父がかくまった。光州の金鉉奬はその前に原州に逃避し崔基植神父が隠しました。ところが、これで崔神父を犯行便宜提供、犯人隠匿などで拘束したためにカトリックが憤慨した。いや、いくら罪を犯したからと言っても司祭が逃げた者を当局に直ちに差しださねばならないのですか？　一旦は受け入れて話をしながら、当局に自首するように勧め、結局自首をさせた。ここに咸世雄神父が行ったり来たりしながら自首するのに中間的な役割をしました。こんな行動は司祭の役割に忠実な行動だったのではないですか？　ところが司祭を拘束したんですよ。以前、池学淳司教の拘束の時、カトリックが総決起したように、この時もカトリック側で激昂しました。原州教区はもちろん、ソウルまで。司祭をこんなことで拘束するなんて、それも共産主義者だとおとしめて……　崔基植神父が拘束されたため、カトリックが中心になって弁護団を構成しました。仕方なくまた李敦明、黄仁喆、洪性宇に要請が来た。３人とも当初は黙っていたんですが、話を聞いたら本当にまた血が騒ぐんですよ。新聞に当時報道されているのを見ながらですね。ところが弁論に飛び込むのも普

通のことではありませんでした。釜山までどれくらい往復すればいいのかも分からないし。どれほど危険な事件なのだろうか。弁論するのも難しいじゃないですか。アメリカ文化院で火をつけて人が死んだうえに、マスコミでは最初から共産主義者たちがしたことだと断定してしまった。スパイだって。誰もがそれに軽々しく手を出すわけに行かなかった。ただでさえ〔朴正熙が暗殺されて〕強要された「自粛」中なのに。思いもよらなかった事件ですが、カトリックから要請が来た。これをやらないわけにはいかない。話を聞いてみるとマスコミの報道に出た通りではないようだ。崔基植神父の話を聞いてもそうだし、弁論せねばならないようだ……と。

　それまで枢機卿と池学淳司教から聞いた事実、私がカトリックで受けた恩恵のようなものがあります。以前話したように、枢機卿と池学淳司教が70年代にくださった本当に暖かい配慮を考えると恩を返す立場からでも行かねばなりません。それで本当はちょっと怖くもあったが、李敦明、黄仁喆と相談しました。一緒にやりましょうと。そうして弁護団にもっと人をたくさん入れたくて他の人たちに一緒にしようと言ったんですが、人を集めるのが簡単ではなかったんです。それで私たち確信メンバー３人だけで釜山に行って、弁論を引き受けることになったのです。

事件の内容を具体的に紹介してください。

　この事件で拘束されて裁判を受けた被告が十人余りになります。釜山の現場で文富植、金恩淑そして放火事件に直接加担した学生たちがいた。一部の学生たちは火をつけて、文富植は写真を撮って、１、２ヶ所のデパートと建物の屋上でビラを撒いて、これを立体的にやりました。そのため、放火現場で実行したのは文富植、金恩淑、柳承烈、李美玉となっています。

　金鉉獎は放火を教唆したとされています。金鉉獎は問題の人物です。金鉉獎の公訴事実を見れば、５・18光州虐殺以後に後輩たちを意識化すると言って、グループ別に集まって本を読んで勉強し討論し、こういう役割を果たしました。原州でもやりました。釜山の文富植と数人をカトリック原州教区教育院に呼び、民衆運動レベルの社会教育、いわゆる意識化教育をしたのです。問題はこの放火における金鉉獎の役割が何だったのかが大きな争点です。控訴状には当初の放火のアイデアや放火の指示を金鉉獎が文富植にしたことになってい

＊第２部　1980年代の人権弁論

て、判決もそのように出ています。それで死刑まで受けたんですが、金鉉奬は
この事実を絶対否定しました。『お前が放火を実際に指示したか教唆をしたか
だろう』と言うと、俺ではないと息まいた。私たちはその主張を受け入れて弁
論をしました。実際に文富植のアイデアで放火をしたのか、金鉉奬がコーチを
したのか、それはわかりません。ああ、ところで本人がしなかったと言えば、
私たち弁護人というのはしなかったと信じねばならないのです。捜査の過程で
はひどい拷問を受け、その拷問の最中に警察、検察では放火教唆を自白したこ
とになっています。

　事件は82年3月18日に起きた。金鉉奬がその2月にも釜山に来て文富植に
会って色々話しましたが、当時、文富植が放火計画を立てておいて金鉉奬に報
告をしたそうです。捜査の段階ですごい拷問を受けながら、そのように自白し
たことになっています。

　さっき言ったように、なぜ光州での放火が失敗に終わったのか。これは世界
の世論に訴えるような考えがなかったからだと判断しました。それで放火の細
部計画をかなり緻密に仕組んだ。緻密に組んだから放火も実行した。文富植、
金恩淑と何人かが事前に米文化院を実地検証もして、そこで会員加入もして
おいて、計画を立てて印刷物の下書きを作成した。放火当日、チームを分けて
役割を担当するのですが、金恩淑、李美玉がガソリンを30リットルほど買って
きた。30リットルならかなり多い量です。これを玄関にまいて廊下にぱっと注
いで、崔仁淑と金志禧とが放火棒に火をつけて投げて。文富植は建物の廊下で
写真機で堂々と撮って。柳承烈はデパートの4階に行き、あらかじめ準備した
「北〔朝鮮への〕侵攻準備完了した全斗煥政権打倒」などの印刷物を散布し
て。朴願植と崔忠彦も国都劇場の3階で印刷物の散布をして。これで煙が出
て、写真を撮れれば大成功だと思った。

　一番予測が間違っていたのがガソリンの性能です。どれだけ大きな引火力が
あるのか、爆発力があるのかをよく知りませんでした。それでガソリンを30
リットル撒いて火をつけたら、そのまま一気にものすごい火が出てしまったの
で廊下だけ焼いて煙が出るくらいの写真だけ撮ればいいと思ったんだけど、結
局、その火事で米文化院に勉強しに来た学生が一人亡くなり、二人が3週間の
火傷を負ってしまった。実際、彼らが現場検証をする時、死傷者が出たりする
不祥事を防ごうと努力しました。放火する時間も人が一番少ない昼休みを選ん
で、場所も文化院内に人が一番少ない所に火をつけて。自分たちなりには慎重

に、まあ象徴的な打撃を与えて写真だけ撮ろうとしたのは間違いありません。ところがガソリンの力に無知だったせいで途方もない結果が出たのです。

　この事件が起こると、直ちにマスコミで特筆大書されたのが「これは共産主義者の行為だ。北朝鮮の指示を受けたスパイたちの行為」だと。捜査前からそのように断定してしまった。金鉉奬は現場にいませんでした。後で教唆犯として捕まえたのです。文富植、金恩淑などは、彼らが仕事はしたが途方もない結果になったので、本人たちもどれほど驚いただろうか。それで逃避したんですが、原州に行って金鉉奬に会って、そこでとりあえず身を隠したんだけど。身を隠す時、金鉉奬が話して教区職員たちが助けたのだけど、結局、崔基植神父がこの子たちがやったんだと思ったんです。隠匿することで済む話ではなくなったんです。それでソウルにいる神父たちと連絡し、咸世雄神父が当時、正義具現司祭団をほとんど代表する神父でしたので、当局に連絡をして自首させた。この子たちに自首するように勧めて……　後で自首の経緯について咸世雄神父が法廷に出て証言もしました。証言する時、検事が咸神父に『いやカトリックではこんな暴力犯も隠さねばならないのか。どう思うのか』と問い詰めると、咸神父が『司祭にそんなことを聞くものではありません』と言った。それで笑いが爆発したんですが。この事件がさらに大きくなったのも崔基植神父が関連して拘束されたためであり、それでも最善の収拾をして終わったのもカトリックが介入したおかげだと思います。

　最初から完全にスパイや共産主義者として決めつけたから拷問はすごかったでしょうね。背後が何かと問い詰めて無理やりまた誰かとむすびつけようとすると、拷問がさらに酷くなるでしょう？

　本当に彼らが捜査を受けながら、ものすごく拷問された。何人かは放火とは関係ありません。放火と関連がないのに関連有無を追及するために惨たらしい拷問を受けた。殴ったり水責めは基本です。女性被疑者を裸にしてパンツ一つだけ残して全部脱がせて殴ったり、水を浴びせたりしました。人間として到底耐えられない拷問をしました。

　ところが、当時はこの事件がとてつもなく、アカか、共産主義者か、こういうことに焦点が合わさっていたので拷問問題は大きく与論になりませんでした。法廷でもちろん弁護人たちが拷問に対して多く尋問もし、被告たちも拷問

＊第2部　1980年代の人権弁論　　　　　　　　　　　　　　　197

事実を吐露しましたが、拷問はあまり問題になりませんでした。

▎崔基植神父の容疑は何だったのですか。

公訴事実の中で崔基植神父は簡単です。公訴事実が３項目しかない。金鉉奬を原州教育院に隠したということと。また、李尚憲という学生は公州師範大学でビラ散布して逃げて、数日間、崔神父が隠してやった。これがまた犯人隠匿で、そして放火事件が起きた後に文富植、金恩淑が来た時、数日間隠してあげたのも。それを隠して自首させたんですが、その隠したこと自体を犯人隠匿として拘束起訴しました。

「崔基植神父を拘束したのは全斗煥政権が間違ったようです。いらぬことをして面倒をおこしたんだよ。カトリックがこういう時、一丸となって立ち上がります。崔基植神父は本当に立派な人です。カトリックがこの地に入ってから約200年経ったじゃないですか。先代の高祖夫か曾祖夫かの中に殉教した方がいます。そんな家門です。生まれついての神父です。そんな人を共産主義にこじ付けるなんて話にならないじゃないですか。金鉉奬、文富植、金恩淑がそこに数日いて、崔神父とも食事をして話をたくさんしたと思います。当時、崔神父に誰かが言ったそうです。『神父様は結婚もせずに、何の楽しみで生きていますか？』当時、崔神父が「熱い心で生きる」という話をしました。疎外された階層や抑圧された者たち、社会的弱者に対する愛の話をしながら、「熱い心で生きる」そんな話をしたのを覚えています。

▎被告の立場ではもちろん、弁護人たちにもその法廷の雰囲気が非常に重苦しかっただろうと思います。

法廷の雰囲気は開始時には非常に殺伐としていました。最初から共産主義者だと断定して裁くから……　私たちがその壁を突き破ってそんな雰囲気を和らげ、法廷の雰囲気を私たちの方に持ってくるのに本当に大変で苦労しました。最初は傍聴客もあまりいなかったし法廷の雰囲気も冷え冷えして殺伐としていましたが、ソウルから弁護士たちが群れ集まってきて熱心に弁論をしたから次第に雰囲気が好転しました。当時、李敦明、黄仁喆、洪性宇、そして金正男が一緒に通った。釜山に行くと、広安里にブンド修道院というのがあります。裁

198　　韓国の人権弁護士　軍事独裁に抗す

判日の一日二日前にそこに行って、修道院の迎賓室に泊るんです。ホテルの部屋ほどじゃなくても、修道尼たちが準備しておくとても清潔な来賓用の宿があります。そこに泊まりながら弁論関係の文書を作成して寝て、その翌日、弁論してソウルに上がってきた。

弁護人たちはソウルから３人（李敦明、黄仁喆、洪性宇）と……釜山でも熱心に参加しましたか？

ここの１審判決を見ると、弁護団名簿がずっと出ています。ソウルからいつも一緒に下った私たち３人、そして釜山から李興祿、金光日、鄭且斗弁護士の３人。このように６人が被告全員を受任して最後まで弁論をしました。この時、盧武鉉弁護士がここの弁論に加わって、盧武鉉弁護士を初めて見たんです。釜山に釜林事件〔釜山大学生を中心にした全斗煥政権に反対するデモ事件〕という有名な事件があった。私はその事件を弁論したことがないので内容はよく分からないが、釜山地方の人々はよく知っています。釜林事件を弁論する時、盧武鉉弁護士は初めて時局事件を引き受けることになり、被告学生たちのおかげで自分が意識化したと言っています。釜林事件で学生たちを弁論した縁で、その人脈に近い数人の被告たちを盧武鉉弁護士が選任届を出して弁論をしました。金華石被告が直接盧武鉉弁護士と繋がります。それで、この被告の中で放火事件の主犯を除いて盧武鉉を弁護人に選任した被告は柳承烈、李美玉、崔寅純、金志禧、文吉煥、許珍洙、金華石です。事件の全体的な性格や流れは、ソウルから行った弁護士たちと李興祿、金光日などとやった。その他の学生の場合、意識化の問題や情状の問題はそれほど珍しいものではありませんでした。

弁護士たちがたくさん参加しましたね。ソウルチームと釜山チームはどのようにコミュニケーションを取り役割分担をしていますか？

弁護人の中で金光日、李興祿の２人の弁護士が70年代から釜山で民主化運動に関連した事件を熱心に弁論した中心です。李興祿弁護士はもともとソウルにいて、この事件が起きる少し前から釜山で弁護士をしました。金光日はもともと釜山にいた。残りの弁護士たちはみな釜山の人たちです。全体の方向はソウルから下った人たちが構成しましたが全体の弁護団はかなり多かった。

＊第２部　1980年代の人権弁論

放火と放火致死という客観的事実が厳然とあり、当時、反米や親北朝鮮など
の要素が少しでも含まれていれば非常に不利だったはずですが、弁護人はどの
ように方向性を定めこの事件を弁論したのでしょうか？

　結局、放火の動機についての論争です。検事側では、お前たちは現在の資本
主義体制に否定的な考えを持って社会主義に進むべきだと考える社会主義者、
共産主義者たちだ……。　こういう前提の下に動機を設定するじゃないです
か。それに対して法廷で学生たちが話す放火の動機は概して４つです。
　一つは、自国の経済的利益のために全斗煥独裁政権を支援しているアメリカ
に対する警告だ。第二に、光州事件に一定の責任があるアメリカの処置に対し
て韓民族として正当な報復だ。第三に、韓民族自らに民族的自覚を訴える目的
がある。自由民主主義を愛する一般的なアメリカ国民にも韓国民のこんな衷情
を知らせねばならないと考えたということです。

　これがレーガン大統領の時代です。全斗煥が大統領になった直後にレーガン
大統領が全斗煥訪米を招請しました。レーガン元大統領が招待した初の外国首
班が全斗煥です。レーガンと握手してきた後、この連中は自分たちが政府の民
主的正統性を得たと言った。実際にそうでした。アメリカの大統領が呼んで
握手すれば、当時の私たちの雰囲気としては、これまでの問題が解消し正統性
を持つ政府であるかのようになるのです。ところが、実はその裏にはまた金大
中死刑を免除するオプションが付いていた。米CIAやアメリカ大使館が死刑宣
告された金大中の救命要請を全斗煥にすると、全斗煥は『それじゃアメリカ大
統領が私を招待してください』という取引があった。それで金大中は81年の年
末に釈放されてアメリカに渡る。しかし、その取引は後で知られたもので、当
時、表面的にはアメリカが全斗煥政権を確固として支持していたのです。そ
れについてアメリカ国民もアメリカの進歩的世論も批判的でした。ニューヨー
ク・タイムズでは釜山米文化院事件を報道し、アメリカがしっかりしなければ
ならないという視点で、アメリカに責任があるとアメリカ人が考えていると報
道しました。
　第四に、学生たちの主張にはまだ間接的に韓国支配を夢みている日本に対す
る間接的な警告の意味もありました。

こういうことを放火の主な動機、目的として主張したんです。

直接的な契機は12・12事態の時にアメリカが〔全斗煥を〕支援したので、5・18光州虐殺に対するアメリカの責任と全斗煥をアメリカに招待した責任を問うことなどです。その時、余剰農産物に関するスキャンダルがありました。アメリカの余剰農産物を国際価格よりずっと高い値段で韓国で買わせて、アメリカの穀物商が得た利益の相当部分をワイロとして韓国の要路に食わせた。こういうスキャンダルがかまびすしく報道されたんです。それは反米世論を高めるうえで大きな役割を果たしました。

また当時、米8軍司令官はウィッカムでした。彼とウォーカー駐韓アメリカ大使に韓国人に対して卑下する言動があったことが問題になった。ウィッカムは韓国民は野ネズミのようだと言った。野ネズミは横は見えず、前だけ見て後ろについて行くそうです。それで韓国民は野ネズミのようなので、強力に抑えつけながら引っ張っていけば全部ついてくるとウィッカムが韓国人を卑下して、騒々しく問題になり、民族的侮辱を受けたと本人たちが決起の理由に挙げました。

被告たちの日ごろの性向はどうだったですか？　最初から確信犯的運動家みたいではなかったようですが。

思想的背景を見ると、文富植も金恩淑もすべて高神大神学校の学生たちです。高神大は非常に正統保守的なキリスト教信仰を教えます。彼ら全部がキリスト教の家柄です。文富植の父は5人兄弟ですか、その5人兄弟のうち4人が陸軍士官学校出身です。文富植の父は陸軍士官学校8期で朝鮮戦争に参戦して戦功を立てた人です。そして叔父は朝鮮戦争の時に戦死した。文富植は少年時代から教会に通う、とても敬虔なキリスト教徒です。金恩淑の家も非常に伝統的なキリスト教の家庭で、従祖父が博士で韓国の旧約神学の泰斗です。母は勧士〔キリスト教で牧師の補助役、平信徒の中では一番高位〕で祖父は長老で、そういう家柄です。それで、その家庭背景では共産主義者になれるはずがない……　このような点を私たちが弁論する時、非常に強調しました。

文富植が原州に来て咸世雄神父と崔基植神父の手配でそこに隠れていて、自首をしたんだけど。自首する前に本人がこの事件に至った原因、心境を明かす手紙を枢機卿宛に書きました。手紙に自分たちがこんな事件を起こすように

＊第2部　1980年代の人権弁論　　　201

なった本心と、こうしたことを訴える宗教的な覚醒や、反省や、悔悟などをすべてを込めて枢機卿に送る手紙を書きました。後に法廷で被告に有利な資料として提出されましたが。この事件で本人たちが事件を実行した動機は純粋だったと思います。この人たちが純粋でない理由がありません。地方の神学生たちはすれ切った運動家でもないし、とても純真な若者たちなのに。でも純粋な人がある動機を持った時、非常に過激な解決法を追求することがあるんですよ。そんな行為をしたということが少しは理解できると思います。

　動機をそのように理解できれば、結果の問題が残りますね。放火して罪のない大学生を巻きぞえにしましたから。

　ガソリンの威力を知らなかったのが決定的なんです。自分たちが30リットルも買ってきて、ふりまきながらも多い気がしたんだって。だからみんな撒かないで、残しました。残したのが量になったんです。それだけガソリンの引火性、爆発力が強かったということです。それで最終陳述で学生たちは謝罪の言葉もないと言いました。

　弁論要旨書が膨大ですね。準備するために苦労したと思うんですけれども。

　弁論しながら弁護士たちが苦心しました。反米問題をどのように弁論しなければならないのか。新聞に共産主義者たちの放火、反米事件だとすごかった。裁くまでもないくらい、こんなヤツらは殺さなければならないという雰囲気でした。弁護士としての彼らの動機の純粋さ、放火行為の実行における試行錯誤、こういうことを弁論するのに苦労しました。
　この弁論要旨書がとてつもない量です。数十枚あるんですが。約2〜3日かかって書きました。草案は金正男が書いて。行為動機の反米部分を私がちょっと直して、また書いて直して。なるべく穏やかにする作業を私が何時間もやった記憶があります。段落を分けて、一部は李敦明弁護士が書き、事実確認部分を黄仁喆弁護士に任せ、結論と情状部分で反米の動機を私が書きました。前の文句は大半が草案の通りにして大した問題はなかったが、反米部分について弁論するのに、かなり気を使ったんだ。米文化院に火をつけたことを、よくやったとやるわけにもいかず……　なんとか弁護をしなければならないが、イデオ

ロギー問題が引っかかるから気をつけなきゃなならないし。とても苦心しました。弁論要旨書くとき、脂汗を流したことが今でも思い浮かびます。弁論自体が膨大だから法廷で2時間ほどを読まなければなりません。それで分担して弁論しました。

桜判の結果はどうなりましたか？

惨憺たる結果となりました。執行猶予が一つもなく、金鉉奬、文富植、金恩淑まで死刑です。そして一部無罪が多分あった。放火に加担していない部分について一部の被告へ。一部無罪になったのは些細なことで、決定的なことではありませんでした。とにかく釜山では1審をそのように終えて、控訴して大邱高等法院で控訴審裁判をしましたが、大邱高等法院もソウルから私たちのチームがそのまま行ったり来たりしながら最後まで弁論をしました。本当に頑張った。大邱高等法院に行く時もそこの修道院を利用しました。

ブンド修道院で寝泊りしながら、あらかじめ高等法院の裁判準備をして、ソウルに戻ってきたりしました。それで、この裁判を苦労して終えたのですが、結論は全て有罪判決で死刑宣告も受けたが、それでも全カトリックが支援し、弁護人たちが全心全力で事件を弁論をして、かなり功を奏したのです。事件の雰囲気を変えたからね。結論は死刑で有罪となったとしても、『ああ、その人たちはそれでも殺してはいけない。民主化の衷情や熱情のために、こんな行動にまで至ったのだ』。そんな共感が社会的に広がるのにカトリックと弁護団が決定的な貢献をしたのです。

口コミが広がって世論が形成されたので、結局、国でも刑執行をできず、後には刑執行停止で釈放して赦免したりしたのです。とにかくこの事件は80年代初めの非常に象徴的な事件です。韓国の運動史にも政治史にも長く残る事件です。肯定的な評価、否定的な評価、みなありますが、とにかく事件の面で本当に重要な事件です。

人権弁護士の方々の渾身の努力を通じて、結局、人を助けたわけですね。判決を変えられなくても事件の動機を理解するようにして、その人たちの真心を波及させることで殺せない雰囲気を社会的に作り出し、それによって死刑を防いだわけですね。

＊第2部　1980年代の人権弁論

私たちが弁護人に選任され、釜山1審、大邱2審を最後まで熱心に追いかけながら渾身の力をふるって弁論をしたことがこの事件を救ったのです。私はそれを自負する。金鉉奬とか、文富植とか、全く支援なしに寂しく法廷に立っていたら、あるいはただ適当に形式的な情状弁論や個人的な次元で弁論するような事だったら、その人たちは死刑執行を受けた可能性が多分にありました。実際に判決を言い渡す時には金鉉奬、文富植に死刑が出た。ずいぶん後に刑執行停止になって免除になったんだよ。もしこの事件で崔基植神父を拘束せず、いわゆる民主化運動の常連弁護士たちが貼りついて弁論をしていなかったら、この事件の結果は大きく変わっていただろうと思います。どう考えても私たちがそのように引き受けて頑張ったことは本当によくやったと思います。

　ソウルと釜山の弁護士たちの間の役割分担は？

　一緒に集まって飯も食べて会議もしました。全体の進行は私たちが主にするので釜山の弁護士は各被告を担当しました。盧武鉉弁護士も一緒に食事して一緒に付き合ったりしました。当時、縁があってそのチームの一部が後に正法会と民弁を立ち上げる時にすべて加担したのです。

　弁論要旨書などは、どこでどのように作りましたか？

　修道院で徹夜しながら準備した。これが枚数がどれくらいのになるか分かりますか？　タイピングして80枚に達します。弁論要旨書というのは、ただ思いつくままにスラスラと書き下ろすのではないのです。調書を見て、公訴状を見て、資料を山のように散らかしておいて、ここを見て、あそこを引用して反論して。本当に時間がかかります。金正男が本当に筆が早いんです。こんな事件は彼の貢献が本当に大きいのです。

　放火致死か、放火殺人か論争はありませんでしたか？

　人を殺すつもりがないという点はお互いの認めるところでした。だから放火致死傷となったのです。

釜山と大邱でブンド修道院に泊まったのですが、それはカトリックが全体的に支援したから可能だったでしょうね？

　そうですね。センターで指揮をするから。修道女たちは私たちを手厚く貴賓待遇をしてくれた。もともと教区の迎賓館は神父のための宿舎のようなものです。部屋は小さいんだけど。とてもきれいです。ホテルで寝るより気楽です。崔基植神父が関連しているから、カトリックが全面的に支援してくれた。

　捜査過程ではものすごい拷問を受けたが、法廷で被告たちの発言は自由にできましたか？

　私たちができる役割がそんなことです。そんな事件で実は李敦明、黄仁喆、洪性宇といえば全国的に有名な強力チームで、その手の訴訟を専門的に担当しましたから。釜山の法院のようなところでも噂で私たちをよく知っているんじゃないですか？　そう、むやみなことはできませんでした。私たちは法曹人どうしだからルールを守る限り法廷で話す機会を尊重することに当局も文句をつけられません。たまたま裁判進行そのものを強圧的に偏向的にするダメな判事たちもいたが大抵はそこまで行かなかったんです。

　人権弁護士たちの主要な役割が事件の内容を熱心に調査して、法廷で事件の雰囲気を変えていく役割だと言っていませんでしたか？

　あ、そうですね。本当に大きな役割です。

　そのように被告に有利な雰囲気をつくるための何かノウハウがありますか？普通の弁護士の場合は世論が沸騰しているときは、できるだけ裁判をゆっくりしようとか……。

　これはまあ、ゆっくりすることもできませんでした。被告が十数人になったから拘束事件の公訴事実が長く、それで裁判を早くやらなければなりません。そうしてこそ6ヶ月以内に終わります。これは遅延策を使ってできる問題では

＊第2部　1980年代の人権弁論

ありませんが、遅延策を使う場合もあります。例えば、前に言った金芝河事件の場合は遅延策を使うために私たちが忌避申請したんですよ。しかしこの事件は遅延策を使う問題ではありませんでした。頑張るしかありません。あらゆる情熱をふるって献身的に弁論をすれば雰囲気がそのように自然についてきます。被告も次第に勇気を得て、傍聴客の雰囲気も活気が出ます。

| 最初は傍聴席がひんやりしてましたか？

はい。そんな事件は最初はいつもそうです。

| そうするうちにいつから？

最初はその事件を怖がっていても、口コミを聞いてみるとその事件は一見の価値がある。そうなると、すべての雰囲気やペースが私たちの方に来るのです。

| 釜山（第一審）と大邱（控訴審）との雰囲気の差はありませんでしたか？

差はありませんでした。裁判進行自体はルールを守りながら厳格に公正にすると言ったので不満はありませんでした。そして1審で私たちがなすべきことを全部したでしょ。控訴理由書を書いて補充説明をちょっとして、控訴理由書によって弁論して。だから高等法院の裁判が新しいとか、難しいとかはありませんでした。一審で大体、結論が出た事件だから。ただ被告を殺すかどうかが関心事でした。

在日同胞留学生に対するスパイ捏造事件

　80年代初めにはスパイ団捏造事件が本当に多かった。洪弁護士が弁論した中で在日韓国人留学生をスパイにでっち上げた事件が何件かあります。尹正憲、趙一之事件がそうです。また80年代初めの最も悪名高いスパイ団捏造事件として、宋氏一家スパイ団事件というのがありますね。これらの事件で、洪弁護士をはじめとする弁護士たちの努力がすごかったと思います。まず尹正憲、趙一之ら在日韓国人留学生らがスパイと決めつけられ、処罰を受けた事件からお話しいただきたいと思います。

　尹正憲、趙一之事件は1984年にいわゆる保安司令部で在日韓国人留学生を拷問をして事件をでっち上げたものです。その背景はこうです。1979年に10・26〔朴正熙の暗殺事件〕が出たね。当時、中央情報部長が大統領を殺したじゃないですか。その後、情報部（第５共和国に入ってからは国家安全企画部、略称安企部）が滅茶滅茶にやられてしまった。全斗煥の親衛隊といえる保安司〔国軍保安司令部＝軍情報機関〕が安企部を完全に占領してしまった。法的に占領したわけではないが、安企部が完全に罪人扱いを受けることになったので……第５共和国初期に実権を掌握したのが保安司令部であり、全斗煥が保安司令官だったから、すべての対共関係捜査を保安司が引き受けることになったのです。

　実は保安司は情報機関としてはアマチュアです。もちろん拷問したり、でっち上げしたりは全部やるけど、情報部がはるかに精巧で緻密で、保安司は斧で何かをブチ殺すようにしました。昔の憲兵やCIC〔国防部調査本部〕下士官出身が保安司の主軸ですが、水準も低いですし、はるかに格が低いのです。ところが保安司が権力の中枢になり、すべての捜査の実権を掌握すると、彼らも実績を上げねばならないのです。しかし軍にスパイが入ってこそ保安司が実績を上げられるのに。何か実績を上げようと、こういう事件をでっち上げたんだと思います。捜査は保安司で全部行った。民間人に対する捜査権がないから名目上捜査官は安企部の捜査官が捜査したことになっているんです。日本に住む在日韓国人は、朝鮮総連も民団も全部日本で一緒に混じって暮らしています。お

＊第２部　1980年代の人権弁論　　　　　　　　　　　　　　　207

互いに隣どおしで行き来して暮らしてるんです。もともと韓国人同胞の代表団体は朝鮮人連盟だったでしょう？　ところが、思想的葛藤のために民団が離れて出てきた。朝鮮人連盟から親韓国勢力が離れて作ったのが民団です。それで最初の勢力は朝鮮総連の方が大きかった。朝鮮総連は学校もたくさん持っていて建物も資産もあった。民団は体ひとつで出てきたので劣勢になるしかなかったのです。それで日本にいる韓国人の学校教育をほとんど朝鮮総連が担当しました。韓国人が朝鮮語を学ぶためには朝鮮総連の学校に行かねばならなかった。民団は教育機関がほとんどなかったから。今はずいぶん変わったと思うけど。

　1980年代になるまで日本に住む韓国人は差別をたくさん受けた。勉強しても一定以上には上がれませんでした。会社で言えば課長まで行けば終わりだよ。そんな雰囲気が広まったので同胞の中には金を稼いだ人も出てきて、経済的余裕もできて子供たちを出世させたくなったが、社会的な壁のせいでうまくいかないので、韓国に来て朝鮮語を学んで韓国の教育を受けて韓国の大学を出て、ある程度、身分上昇を成し遂げようという風潮があった。

尹正憲事件、保安司が拷問ででっち上げ

　80年代初め、キャンパス街に公安機関の情報員を潜入させたことがあり、これをフラクションションと呼んだ。在日韓国人の中で拷問し、脅してフラクションを作ることもあったが、これは金丙鎮という留学生が自分のフラクション活動を暴露する本（『保安司』）を書いて広く知られるようになりました。

　尹正憲は京都大学畜産学科を卒業しましたがその父親はパチンコで金もかなり儲けたようです。趙一之のオモニは焼肉屋、尹正憲の父親はパチンコ。ところで尹正憲が医者になりたいと職場を辞めて韓国に来て語学堂に通って、高麗大学の医学部予科に編入して約３年通ったと思います。父が韓国に来て家一軒を買ってくれて、韓国の女性に会って結婚もして子供も生んで幸せに暮らしているのに、青天の霹靂のように一夜にして保安司に連行されたのです。尹正憲が保安司で捕まっていたのが約40日ぐらい。その間、父が一度、面会したそうです。父も当時、調べることがあると連行して、怖がらせるために面会させたんだそうです。

この40日間は記録上では任意同行（という名の強制連行）で、40日後に逮捕状請求となりました。この40日間不法拘留しながらあらゆる拷問をしたんです。この記録を見ると、いろいろな拷問が出てきます。椅子に縛っておいて足で蹴って殴るのは基本で、タオルを顔に当てて鼻に水を注ぐ水責めもしました。そこは西氷庫の保安司の地下室でした。絞死刑をするように椅子に縛って座らせ急に地下室にバンと落とすので、どれほど驚いたことか。それを何度かすれば、人は半死になって……　とにかく40日間、そのように拷問しながら尹正憲の犯罪事実をでっち上げた。何度も陳述書を破っては書き直しながら、陳述書は数十ページですが、実際は数百ページを書いたはずです。作成日はすべて逮捕状を請求した日になっています。

北朝鮮に行ってきたと拷問で捏造

　内容は、尹正憲が日本にいたとき朝鮮総連の誰かと会って北朝鮮の共産思想に関する教養を受け、韓国に行って機密探知をしたなどです。なんでもない人間を北朝鮮に行ってきたことに作り上げた。いつ出発し何に乗って北朝鮮に行って一週間か十日間教養を受けて帰ってきたと……　情報部や保安司のようなところに行けば、北朝鮮コースに関するカリキュラムがあるようです。北朝鮮に行って、どこを観光してとコースを決めているようです。尹正憲が北朝鮮に行ってきたと自白したと捜査記録にあります。でも40日間も拷問されると、『お前が金日成だろう』と言われれば、『金日成です』と言いますよ。拷問に勝てる勇士はいません。尹正憲が北朝鮮に行ってきたと作りあげて、韓国から随時日本に行って朝鮮総連と会って、韓国で探知収集した内容を全部報告して金ももらってきて、また探知をして、こういうふうにスパイにでっち上げられた。

　ところで、これがどれだけ馬鹿げたものか……　スパイの内容が、どこかの田舎に行けば農村にテレビも電気も入っていたよ。こういうのが農村生活に対する国家機密なんだって。そして地下鉄の料金がいくらなのか、韓国の日常の出来事をできるだけ集めて報告したということです。一番面白いのが尹正憲が韓国に来て日刊新聞の重要記事のスクラップをして、それを日本に行って報告したということです。日刊紙に掲載された記事の数ヶ月分を報告したと言います。これがスパイなんです。でも日本では購読の申し込みをすれば韓国の新聞

を誰でも見られます。どんなドジなスパイが日本に行って韓国の日刊紙の内容を報告するのかって言うことです？　でも捜査記録を見るとそうなっている。あまりにも荒唐無稽です。

　これは誰のせいですか？　大法院の過ちです。大法院の判例が「韓国の新聞に報道された公知の事実であっても、北朝鮮に知られるのが国益に反する時は国家機密になる」という判例を数十年間維持してきた。国家保安法事件を受任してみると、大法院がこれは国家機密に属さないと判断して省いたものは一つもありません。判決は公訴状そのままコピーしたものです。ソウルから水原まで行く高速道路に中央分離帯がなく道が広くなるところがあるが、これが非常滑走路だ。これが国家機密だ（今はなくなり、全部中央分離帯を作った）。公訴状を見ると、笑わずにはいられない話を並べ立てています。

　一番呆れるのは、北朝鮮に行ってきたことです。当時の状況では、実際に行ってきたなら言い訳が難しいですよ。尹正憲は68年度くらいに北朝鮮に行ってきたことになっています。これが84年に事件になったから、15年経ってるんだ。それでそれは公訴事実として入れられなくて、公訴状の前段の冒頭に入れたんだ。被告はこのように共産主義の学習を普段から受け、そんな思想を持って、北朝鮮にまで行ってきた者であると。スパイ活動なるものは誰が見てもスパイ活動だと言うことさえ笑止なものです。それを弁護しようにも弁護することもありません。でも北朝鮮に行ってきたとなると、話しが変わります。冒頭の事実に入っていますが、北朝鮮に行ってきたことを打ち破ることに弁論の重点に置いた。公訴事実を判断する上でも重要な論点になりそうで……　尹正憲の父親の尹淳春（ユンスンチュン）という方は本当に熱意があって几帳面な方です。裁判のたびに日本から来て傍聴して。息子の世話を一生懸命しました。息子が家の希望で、見栄えのする若者です。それで父の助けでいろいろ証拠収集をしました。

　北朝鮮に行ってきたという自白を破ることも容易ではないじゃないですか？　行かなかったことを立証しろと言われると馬鹿らしいのですが、当時は行かなかったことを立証しないと有罪になってしまう雰囲気でしたからね。

　もちろん証拠を確保せねばなりません。尹正憲が1968年9月末から10月初めまで日本で自動車運転免許教習所に通った記録が残ってるじゃないですか。日本の自動車教習所は30日、必ず出席する義務があります。それに北朝鮮に行っ

てきた日付を含めると運転免許を取れません。それを立証しました。結局、北朝鮮に行ってきたという件は法院が外しました。それにもかかわらず公訴事実は全て有罪で懲役7年を受けた。その後、90年代に日本に行ったら、尹正憲がやってきたんです。当時を思い出すとおぞましいらしいよ。

尹正憲は再審請求をしました。先日、「真実和解のための過去事委員会」で尹正憲事件のために私に話を聞きに来たんだ。私の弁論内容は控訴理由書に全部詳しく書いた。家で集中できないからどこか小さなホテルの部屋を借りて2日くらいそこで寝泊まりしながら徹夜で書いた。委員会の調査官に言いました。『控訴理由書を読んでみると、無罪であることは確かに分かる。しっかりした判事ならこれを見て疑う人がいるはずがない』。ところが当時の法官たちはそれを見なかったふりをして有罪判決を下しました。

尹正憲事件のことをおっしゃる時、最近の世代が想像しにくい事件なので、事件自体の理解に困難があるかもしれません。そのため、前後関係や事件の脈絡を全く理解できない人々におばあさんの昔話のようにやさしく説明する必要もあるかと思います。尹正憲の朝鮮総連関係の話はどのようにして作り上げたのでしょうか？

尹正憲の上部線となっている人がBです。彼が大学に通っていた時、朝鮮文化研究会というサークルに入った。日本にいる同胞の学生たちが集まって朝鮮語と韓国の歴史を学ぶために集まったサークルなんです。政治的な色はなく中立を標榜する団体です。朝鮮総連であれ、民団所属であれ、誰でも入れた。そこでは朝鮮総連所属というのは大したことではありません。彼らのアボジ（父）、オモニが朝鮮総連所属だということなんですが、みんな総連か民団のどちらかに属していますから。その朝鮮文化研究会の他に朝鮮留学生同盟があった。これは朝鮮総連系のサークルですが、尹正憲の父親が忠実な民団会員でしたので、後で留学同の方にあまりに影響を受けるようだからと、尹正憲は足を抜いた。でも韓国では留学生同盟に通っていた時からの行跡を問題にして、当時、誰かに会ったんじゃないか？　上部は誰かと拷問を受けたので名前を作って陳述した。留学生同盟で北朝鮮に一度行ってこい、行ってくる価値のある所だと教育を受けたと。

＊第2部　1980年代の人権弁論　　　　　　　　　　　　　　211

┃　尹正憲の北朝鮮滞在がいつ行われたと書かれていましたか？

　1975年８月２日、新潟港でＢの引率のもと万景峰号に乗って行き、８月14日まで北朝鮮に滞在し、その間、金日成大学、革命博物館、万寿台議事堂、紡織工場などを見学したとなってるよ。

┃　公訴状ですね。当時の検事は誰でしたか？

　この時の検事は最近まで国会議員をして、ハンナラ党の法司委員長もして。いい人なのに公安部に入って……　公安部に入ったら、どうしようもない。

┃　その事件の公訴状は25年ぶりにまた見るのですか？

　そうですね。裁判してから25年しか経っていないのかな？　北朝鮮行きの事実関係の争いはこうです。1975年８月２日から北朝鮮に渡ったということですが、後で領事証明書を取ってみたら、８月２日には北朝鮮に行く船がありません。万景峰号もその頃は８月６日に行ったことになっています。もちろん当時、北朝鮮に入国した人のリストがありますが、そこにも尹正憲の名前はありません。尹正憲を連れて行ったというＢは、北朝鮮に行ってきた人です。その人も75年８月には入国した記録がない。後に日本の記録によって明らかになったのは、尹正憲が７月22日から９月５日までの46日間を京都にある山科自動車教習所で免許教習課程を履修したと教習所の卒業証明に出ます。そして８月17日から28日までの12日間は韓国に旅行をしました。だから46日から12日はまた除かねばならない。そしたら34日が残るでしょう。だから韓国にだけ行ってきて、日本にある自動車教習所に毎日行ったとしても34日間です。ところが、自動車教習の過程のためには27日以上を必要とするので、もし被告が８月２日から14日まで13日間、北朝鮮に行ってきて、またソウルに旅行に行ってきたら日数が合わない。自動車教習所で履修した期間は明白なことだし。ソウルに来たのも出入国記録があるので、その残りの期間では、北朝鮮に行ってくると、自動車教習所の時間を満たせないんです。簡単な推理でも証明できます。弁護人と家族の努力で公判過程でこんな証拠が明らかになったのです。だから北朝鮮に行ってきたと自白したことが虚偽の自白であることが公判の過程で明らか

になったので、捜査機関で自白した他の事実も当然、信憑性の基礎が崩れるのではないですか？　ところが、この北朝鮮行きのように証明されたものを除いて、他はすべて有罪判決が出てしまった。

　当時、法院は検察が出した証拠に対して合理的な疑いを提起したことがほとんどないようですね。特に「スパイ」や「公安」事件で法院は適法性の監視者としての役割を全く果たせなかったようですね。北朝鮮行きの場合も弁護人と家族が明白なアリバイを立証できなかったら、被告が北朝鮮に行ってきたことを当然視したのではないでしょうか？　法廷で否認しても捜査機関で強制自白をさせたからです。また気になるのは、尹正憲は在日韓国人で留学生としてソウルに滞在しましたが洪弁護士とどうやって結ばれたのですか。

　もともと、尹正憲が拘束されたときに弁護士を選任していた。黄山城^{ファンサンソン}弁護士です。検察にいたとき、黄弁護士が面会をしましたが、どこで私の噂を聞いたのか、その家族が私を再び訪ねてきた。それで私がやったんですが、黄弁護士も選任届を出したまま最後まで一緒に行った。法廷にも一緒に出たりしました。その後は私が主にしました。

　面会などは難しくなかったんですか？

　私が引き受けた後には面会は難しくなかったです。当時は法院で起訴された後だから。

　当時は拷問の跡とかはなかったんですか？

　ありません。傷は残さなかったんです。

　心身が萎縮した状態ではなかったですか？　精神に衝撃が来たとか？

　元気はなかったが、精神ははっきりしました。その頃、不法拘束が横行していた。新軍部が入った80年から85〜86年の間は人権に関する限り完全に死角地帯でした。

＊第2部　1980年代の人権弁論

▌ 法廷攻防は激しかったですか？

　私はこの事件で本当に頑張ったよ。判決は有罪と出たが内容的にはすべて勝ったと思います。尹正憲がスパイではないＢとの関連性などはすべて架空で作ったということを全て認めざるを得なくなりました。一つだけ例を挙げてみましょう。公訴状に東一条喫茶店という京都にあった喫茶店が出ます。Ｂにどこで会ったのか？　いつ会ったのか？　Ｂとは昔、留学生同盟で顔を何度か見ただけですけどね。Ｂが尹正憲を何年後に韓国に留学することを見越して教育をしたと思いますか？　でも全部教育をしたとなっているんだ。全くなかったことなのに。尹が留学生同盟を脱退してＢに会ったこともないのに、それをずっと指示してソウルを往来する時、その都度会って報告して指示したようにでっち上げたから。では、どこで会ったことにするのか。会ったことがないから会った場所を知っているはずがなく、それで適当に作った。「京都のどこかに東一条という喫茶店がある」と。でも、後で父が調べてみたところ、東一条ではなく、東国城かという喫茶店はあるのですが。尹正憲がそれも間違って記憶した喫茶店で数十回か会ったことになっています。

　Ｂは80年まで京都に住んでたが、80年以降、東京新宿にある朝鮮総連の朝鮮新報社の記者として働いていた。80年12月以降は当然彼の居住地は東京です。ところが、公訴事実によりますと、81年以降もＢを10回も京都にある東一条喫茶店で会ったとなっていて、これが全部有罪になったんです。尹正憲は80年以降大阪に住んでた。ところが、東京と大阪にそれぞれ住んでいる人が日本の京都にある東一条で会ったということになった。それも東一条という地名は京都駅で降りてバスに乗って30分くらい行かねばなりません。だからそもそも話にならないんです。なかったことを拷問であったことにしたのを弁護士が厳密に暴いて、でたらめな内容が明らかになりました。

▌ 当時、判事は弁護士の論理に心の中では説得されたと思いますが……　ただ、当時はこんな事件の無罪判決を下す勇気を持った判事が見当たらない時ではないですか。それでも北朝鮮を訪問して、韓国の機密をずっと日本の朝鮮総連系スパイに報告したという犯人（?）にとって「７年懲役」なら、それも異例のことだと思いますね。本当に事実だと確信したら、判決は長期刑や無期懲役

214　　　　　　　　　　　　　　　　　韓国の人権弁護士　軍事独裁に抗す

程度は宣告された時代ですから。

　そうです。それでも最低刑です。スパイ罪の中では最低刑というわけです。

　北朝鮮に行ってきたことが判決文には抜けているんですって？

　抜けてもスパイ罪というのは変わらないから。スパイというのは国家機密を収集探知すれば既遂になります。敵国に知らせる必要もありません。

　国家保安法やスパイ罪で国家機密になるには「大韓民国で公知の事実も国家機密に当たる」という無限拡張的概念は1997年になってようやく憲法裁判所の決定で違憲となります。それによって大法院の判決も変わることになります。その後、例えば『新東亜』の雑誌の内容などをファックスで北朝鮮大使館に送ったのは国家機密に該当しないというような判例が出てきます。
　北朝鮮に行ったということは証拠がないという趣旨の内容が判決文には記録されていますか？

　彼については判決文に何の言及もありません。控訴状の部分は判決文で言及もせず、こっそりと抜かせばそれでお終いです。

　アリバイの攻防も法律家としては興味深いですね。8月2日、8月6日、8月14日にいろんなことがあったとアリバイの抗弁をしたが、弁護士が証拠収集のために日本に行くこともできないじゃないですか？そんなアリバイ主張の証拠はどのように収集したのですか？

　尹正憲の父親が日本で証拠を収集し続けて提供しました。今は亡くなられたんですが、当時もお年寄りでしたが、尹正憲の場合、それでも家族がいるからこの程度の弁論と裁判記録が出たのです。
　Bの場合もそうです。Bは当時、日本で朝鮮総連新聞の記者をしたので、自分が尹正憲に何時から会っていないという陳述書を公証して送ってきた。でも法院は見向きもしなかった。

＊第2部　1980年代の人権弁論

尹正憲はいつ釈放されましたか？　1987年の後に出ましたか？

約3年何ヶ月も懲役に服し、1987年に釈放され日本に行った。私も後で知った。

控訴審と大法院の判決も同じでしたか？

同じでした。ただ問い詰めることもせずに棄却した。再審すれば誰が見ても無罪判決が下されざるを得ません。

これは私が非常に心血を注いで書いた控訴理由書ですが、真実和解委員会から来てそこの調査官たちが控訴理由書をすべて見たと言っていた。これを見たら一目瞭然なんです。

尹正憲事件は今、再審中だと聞いています。当時、熱心に弁論し、控訴理由書などに公訴事実と原審判決の問題点を証拠に基づいて一つ一つ挙げたおかげで、今再審で被告に決定的に有利な資料になっています。

悔しければ再審しろと言うが、再審も容易なことではないですね。拷問、長期拘禁などは明白でも当時弁護士が熱心に争わなかったならば、今、立証しにくい点もあります。そしてもう一つ人間関係の面で簡単ではない点もあると思います。過去に韓国に留学した人の中でスパイ団事件に絡んで苦労した人たちが拷問を受けて誰かを密告しろと言われて、自分と関係のない誰かを引き込むじゃないですか。だからお互いのに対して恨む雰囲気もあり、考えるのもぞっとするし、一緒に集まって議論することさえはばかられると言うんですよ。拷問の被害者が同僚学生の加害者になってしまう状況でした。日本社会に吸収されず祖国に来て学業を続けようと、韓国に来た青年たちを対象に独裁政権が権力維持や個人的出世のためにスパイ団事件をでっち上げて、拷問し処罰したことは、国家レベルで反省し許しを請うべきではないかと思います。

趙一之事件、保安司の度重なるスパイ作り

尹正憲事件の次に趙一之事件ですか。おっしゃってください。

背景は尹正憲事件とほぼ同じ在日韓国人スパイ団事件です。時期的にも同じ頃だし。趙一之は日本で高校を出て京都産業大学に通っていた。尹正憲は朝鮮語が上手なのに対し、趙一之が朝鮮語が下手で裁判を受ける時ももっと苦労した。京都産業大学に通っていた時に朝鮮人学生会に入った。黄和夫という友達と朝鮮人学生会に何回か往来して、Kという朝鮮総連系の学生を知ったという事実までは認めるんですが、ただの知り合いですよ。その人が工作員でもないのに、趙一之をスパイにした工作員として設定したのです。趙一之もずっとKという人から北朝鮮に関して教育を受け、韓国に往来して機密を彼に渡したと出てきます。尹正憲事件と構成が同じです。ところが、趙一之は保安司に任意同行の形で連行され一ヶ月で拘束令状を請求した。9月2日に連行されて29日に令状請求をしたんだけど。ものすごく拷問を受けながら、そこで作った加工の事実をすべて本人がしたと認めたのです。それで自分の上部の線を名前を一つ作ったんですが。金練鎬と作った。金練鎬はどうやって作ったかというと、自分の下宿の主人が金栄守と言うのですが、それが思い浮かんで金練鎬という名前を作ったそうです。

　尹正憲の場合、東一条喫茶店という名前も作ったが、趙一之の場合は会った場所が大阪近くの屋号不詳喫茶店となっています。言い換えれば、公訴事実が一つも特定されていないのです。六何原則に一つも合わない。「日時不詳に屋号不詳喫茶店」とありますから。趙一之の家族の場合、私が尹正憲事件を先に引き受けたという話を聞いて、訪ねてきたようです。趙一之もオモニが手厚く世話した。

　趙一之を有罪にしたのは、趙一之が属しているサークルがあった。ソウルに来て留学する在日同胞留学生たちの親睦会みたいのがあって定期的に会って飯を食べて騒いだりする集まりだと思う。そこで話した時、趙一之が言った話をGという人が趙一之が高麗連邦制を称賛する話にして、それを告発した。留学生どうしが集まって統一案について話す席で、多くの人があちこちで騒いでた時、趙一之が『高麗連邦制の統一案が正しいと思うと話した』と告発されています。

　Gは日本で趙一之の家にも遊びに行ったりしました。ところが趙一之の家の本棚に『主体の国、朝鮮』という本が差し込まれていたそうです。趙一之に『兄さん、こういう本を読んではいけないんじゃないの？』と言ったら、趙

一之が『それは高校の時に先生がくれたものだから大丈夫だよ。僕も大体見たよ』と言ったそうです。それが宣伝パンフレットみたいなもので、日本だと朝鮮総連の近くではいくらでも手に入るものだそうです。

　最近、聖公会大学の教授にその話をしたことがあります。

　韓洪九教授は『ハンギョレ新聞』に独裁時代の司法府の誤った面について連載をしています。『韓洪九教授が書く司法府―悔恨と汚辱の歴史』というタイトルで司法府の誤りに迫っています。

　一部は私がした話を整理して連載したりしました。趙一之の容共的な行動に一番焦点を合わせたのが高麗連邦制を称賛したということと『主体の国、朝鮮』という本を見ろと言ったということです。留学生の集まりに参加した人々を証人として何人か呼んだ。あなた　こんな話聞きましたか？　そんな話をちゃんと聞いた人がいるかって？

　趙一之が高校に通っていた時、奨学金をもらった。奨学金を与えた機関があるのですが、この機関は朝鮮総連でも民団でも全部くれることになっていますが、ここでは朝鮮総連の金だと決めつけてしまいます。

　高校時代の担任の先生がここ韓国の法廷に証人として出てきます。正木という方なんですけど。自分のクラスに韓国人の学生が一人しかいなかったそうです。それで、彼が推薦するから奨学金をもらうようにと勧めて、もらえるようにしてくれた。趙一之の両親が行って話して知ったのか、正木先生は自分のせいで何か大きな濡れ衣を着せられるんじゃないかと思って韓国に来て裁判のたびに傍聴したりしたんですよ。私は驚いた。私が正木先生を証人に立てた。趙一之の容共的な性向がこの裁判で問題になるなら、趙一之が高校の時どんな学生だったか高校の担任の先生の証言を聞いてほしいと。それで、正木先生が来て証言をした。

　証言の内容はどんなものでしたか？

　本人は72〜75年まで日本広島にある広島電気大学付属高等学校教師として在職した、趙一之が高校2、3年生の時に担任をした、証人が推薦して趙一之に朝鮮奨学金〔朝鮮総督府の奨学金の後身で、「朝鮮奨学会」は日本と総連と民

団の理事が共同運営をする独立法人〕を受けるようにしたことがある。在日韓国人の学生会の集まりなので心配しなかったという要旨です。『主体の国、朝鮮』の本については中原先生が被告に与えたことを確認した、中原先生の公証をもらってきて提出したということです。

実はこの事件の証人になるのは並や大抵のことではないはずなのに、自費で時間を作って韓国の法廷で傍聴し続け、さらには証人に立つというのですから。

私が本当に日本の人々に感動した。彼が来て証言をするのに、その人は中立的な態度を堅持しながら趙一之という学生が優秀な学生であり、品行も良い学生で、いかなる容共的な性向もなかった自分がその奨学金を受け取るよう斡旋をして……と、全部証言をした。本当にありがたかった。韓国の高校の先生なら、果たして自分の弟子に対して千里の道をもいとわずに外国まで行って傍聴して証言までする人がいるだろうか。私は正木先生のおかげで、日本人に対する良くない先入観が変わった。これが日本人の誠実さなんだね。彼は裁判の度に傍聴をして証言をした。趙一之に対する決定的な証言でもなく、情状に関する程度のことだよ。彼は容共的な性向が普段からなかった。奨学金、それは誰でももらえるものだということだから。

驚くのはその次です。この証言をした日、正木先生が金浦空港から出国する途中に捕まったんです。情報部の職員たちが抑留して、所持品の検査をして、2、3時間、拘束していたそうだよ。そうするうちに結局、帰したというけれど、それを聞いて、韓国人としてどれほど恥ずかしかったか、私の顔が熱くなった。日本人が韓国をどう見ると思いますか。その先生の教育者としての誠実さに感動し、私の先入観まで変わるほどでしたから。そんな人を捜査機関で逮捕して取り調べをし、なにもないから所持品検査までして帰したそうだよ。当時、軍部独裁の実状がそうでした。

正木先生は日本語で証言をしたんじゃないですか？

通訳を使った。正木だけでなく、趙一之を含めて証人たちに法院で通訳を付けた。私が昨日資料でその証言を見た。公判調書の一番端に貼ってあります。

＊第2部　1980年代の人権弁論　　　219

この件は真実和解委員会に陳情しませんでしたか？

　幸い趙一之が真実和解委員会に陳情をして調査結果「真実究明決定」が下された。これから刑事再審手続きを経れば趙一之が無罪判決を受けられそうですね。私が韓日の弁護士会が交流する時、日本の弁護士たちに正木証言の話をした。私がそれを見て日本人に対する先入観を変えたと。趙一之の公訴事実を見れば本当につまらない内容しかないが、その程度の事実は一度叱って送ればそれで十分です。問題になった本は日本にいくらでも出回っている本で、それも韓国に持ち込まれたわけでもなく、ただ日本の自分の部屋の本棚に一つ差し込んであったということなんですが、それを国家保安法違反だと起訴して、法院は有罪判決をしたんです。

　ところが、こんな些細な事件を国家保安法、スパイ罪、反共法にかけて懲役７年も宣告しましたね。当時、国家保安法、反共法に引っかかると何の対策もなく、重刑が普通に下りましたね。当時は当たり前のように見えたかもしれませんが、今改めて考えてみると一体なぜそうしたのか疑問に思われます。

　当時、保安司と情報部が実績競争をした。保安司が当時威勢がよかったときですが、保安司でスパイが捕まらない。軍事スパイが捕まえてこそ保安司じゃないですか。だから件数がありません。国家機関は件数がなければ予算が削られます。翌年の予算が削られ、人数が与えられます。予算を維持するためには事件がなければならないのに事件が起きないから、でっち上げたようです。その当時にこんなことは沢山あった。

　もう一つは、国家保安法事件を捜査した捜査官には巨額のボーナスを与えることになっていて、昇進に決定的な影響を与えます。だから捜査官としては必死で事件を捜し出すしかありません。力も縁故もない人たちを捕まえて、どうしても自白だけを受ければ法院は無条件に有罪判決を下してくれたので、でっち上げても構わなかったのです。検察と法院が少しでも自分の役割を果たしていたなら、このようにスパイでっち上げ事件にブレーキがかかったはずなのに役割を少しも果たせなかった点で人権擁護機関としての使命を裏切ったのです。

1980年代にスパイが下りてきて接線を試みた事件はほとんどなかったじゃないですか。

　公安事件のいろんな記録を見ますと、北朝鮮からスパイを送り出して韓国の家族や知人と接線を試みたのが4月学生蜂起があった1960年度にはちょっとあったようです。当時、たぶん北朝鮮では、これが絶好の機会だと判断したようです。昔、北朝鮮に渡った人々を工作員として送り出した。もちろんそんな工作が効果をほとんど上げられなかったが、家族と接触を試みた事実があるので、その事実を土台に十数年あるいは二十年が過ぎて、まっとうに暮らしている家族をスパイ団にし拷問で事件をでっち上げました。

　検察の役割について考え直します。検察は情報部、安全企画部など公安機関の権力乱用を牽制せねばなりませんが、公安機関の手下の役割をして人権侵害の監視者の役割を全く果たせませんでした。被疑者たちが拷問の主張もできず、拷問の主張をしても黙殺するか、いやむしろ糾問しています。

　検察ですね。組織論理っていうのがあるじゃないですか。検察に対して何か批判すると検察組織自体が揺らぐといって。組織を前面に出して個人を殺すことはマフィアのような組織暴力団に当てはまることで、検察でこんな組織、組織と云々すること自体が話になりません。
　法律家というのは、検察も法官も法の前に独立した存在として立つことができねばならないのです。自分の良心を守らなければならない。ところが韓国の検察組織は完全に上命下服の組織体です。そのため検察で組織論理が横行している。法律家集団がそれではいけません。
　検察がまともになるためには、そんな組織論理を破らねばならない。人が作った組織の中で検察組織より怖いものはないから。ある意味、韓国の検察組織や現在の意識を見ると、検察権を独立させることも問題です。組織論理にとらわれた検察を独立までさせたら、完全に検察共和国になると思います。これは逆説ですが、今は検察を完全に独立させれば大統領も振り回されるでしょう。

＊第2部　1980年代の人権弁論　　　　　　　　　　　　　　　　　221

本当にジレンマですね。検察を独立させれば検察ファッショを招き、独立させなければ権力の顔色を伺い国民の人権を守ることもありません。

　だから人を捕まえておいて重箱の隅をつつくような権力を一つの機関が握ったとすれば、ものすごく怖いんだ。そのため、その権力に対して合理的な牽制装置を作り、それをきちんと作動させ、検事の意識に気概と所信が定着してこそ公正で正義のある検察になれる。今のように前提条件が満たされないまますべての権力を一手に握り、刃を振り回すことは恐ろしいことです。今、それでも検察を牽制できるのが世論と市民運動です。それがいわゆる韓国の80年代末、90年代に入って政治的な民主化の最も大きな所得だとするなら、そんな市民運動と言論の活性化を通じて検察と政権に対する監視牽制装置を発達させてきたということです。それがなければ他のものでは牽制できません。

　検察や法院が公安機関情報機関のでっち上げ工作に歯止めをかけねばならないのに、検察は欠かさず起訴し、法院はそのまま受け入れて有罪にしてしまい、上訴審では理由がないと言ってしまうので、でっち上げスパイ事件が本当の事件に化けて多くの人々に血の涙を流させた。

　公安事件は法院でフリーパスをするから。この時は、公訴状の副本をそのまま判決に付す時でした。でも、こういう判決をした者をすべて弾劾すると、法院でも自由な人はいません。当時、刑事部の判事をした人で、後ろ暗くない人はあまりいないでしょう。

　では、趙一之はその後どうなりましたか？

　懲役に処せられた。ある程度獄で暮らして仮釈放されたはずです。事件が起きたのが84年だよね、だから87年になると６月抗争が起きて、盧泰愚政権になってから日本に行ったと思います。まあ、やられるだけやられて懲役刑になったから韓国のほうに振り向くのも嫌だということになるだろう。

　弁護士との連絡も全くありませんか？

ところが、彼が先日、韓国に来て私の事務所に来た。真実和解委員会に申請が受け入れられ、法院に再審請求をするために韓国に来たので訪ねてきた。本当に嬉しくて涙が出たよ。私に再審事件も引き受けて弁論してほしいという。私はもう弁護士も引退したのだと、代わりに若くて元気な後輩弁護士を推薦したよ。

　四半世紀が過ぎた後の思いがけない再会だったのですか？　当時、洪弁護士が心から、全力をふるって弁護したことが深い印象と感化を与えたと思われます。尹正憲、趙一之の控訴理由書を見ると、本当に心血を注いで書きましたね。控訴理由書をよく読んでみれば再審するに困難がないほどです。

　そうですね。私たちが当時、それでもこんな事件や控訴理由書を熱心に書いていた。そうすることもできなかった事件も少なくありません。時間もないし。こんな事件はほとんど弁護人たちがしなかった。一応受け持った弁護人たちも途中で辞退してしまって。裁判の途中で弁護士事務所に行って脅かしたりしたから。

　では、洪弁護士にも脅かしましたか？

　いや、私にはそんなことしませんでした。私はどうしょうもないと思われているからか何も言いませんでした。新しく引き受けた弁護士を脅かすんでしょう。すると、その人は恐怖に怯えて私に泣きついたりしました。

　＊尹正憲、趙一之の両人は2010年、韓国の法院で再審裁判を経て無罪が確定した。

＊第2部　1980年代の人権弁論　　　　　　　　　　　　　　　　223

宋氏一家スパイ団事件

──有罪と無罪を行き来した7回のピンポン裁判──

　80年代初めに最大の公安事件と呼ばれた事件で、いわゆる宋氏一家スパイ団事件があります。一家全体をスパイ団と決めつけて処理し、ひどい拷問とでっち上げの頂点をなす事件でした。特にこの事件で大法院がそれでも勇気を発揮して破棄差し戻し（無罪趣旨）をしたが、破棄差し戻し審で再び有罪へと覆し、大法院で再度無罪趣旨の破棄差し戻し判決を下すと、下級審で再び跳ね返って有罪とし、結局は大法院で有罪で終った波乱万丈な事件です。そのためこれを「ピンポン裁判」と呼ぶこともあった。その事件の主弁論を引き受けた洪弁護士から真実を詳しくお聞かせいただけますか。当時の検事、判事たちは一体どんな気持ちでこの事件を扱ったのだろうかという疑問が濃く残っています。

　宋氏一家の事件は当時、すべての情熱を傾けて弁論をした事件として記憶に残っています。1982年9月、宋氏一家スパイ団というのが発生した。安企部の作品です。

　第5共和国下で勢いに乗った保安司は主に留学生スパイ事件のでっち上げに重点を置いた反面、安企部は名誉回復しようと努力します。その会心の作品としてでっち上げたのが宋氏一家スパイ団事件です。正確には安企部の清州分室で作られた事件です。事件はほとんど捏造されたものです。安企部がこの事件を作る時には、これは間違いなくスパイ組織だと確信した、そんな片鱗が見えます。なので、どうにかして何かを掘り出そうと色んな手段を使ったと思います。そのため、このように無理な捜査をしたのです。

　事件関係者が何人もいるのですが、そのすべてを洪弁護士が担当したのですか？

　私はこの中で宋基駿被告を担当した。宋基駿被告の家族が私にこの事件を任せたいと訊ねて来たが、どんな経路で来たのか私にも分かりません。拘置所

224　　　　　　　　　　　　　　韓国の人権弁護士　軍事独裁に抗す

は、いろいろ情報が多いところです。確かめるまでもなく、宋基駿本人が拘置所内で自分がこんなに無念な目に遭っているというと、周辺で家族に洪性宇弁護士を訪ねて行けと言ったようです。それでその奥さんが私に来た。ところが私に任せたことで安企部の捜査官たちに相当苦るしめられたようです。なぜよりによって、そこに頼んだのかということです。私たちの事務室に出入りするのを明らかに知っているじゃないですか？　その奥さんが色々な理由で安企部の職員たちに苦しめられ心理的に萎縮していたようですが、死に物狂いだから藁にもすがる思いで私のところに来たのです。

　この事件が高等法院、大法院を往来しながら弁護人がどんどん増えた。私が最初で、しばらくしてから朴承緒弁護士を選任して、一緒に引き受けた。朴弁護士にはもちろん私が頼んだんだよ。

　宋氏一家の一人、つまり宋昌燮はスパイだと言えます。対南工作部の要員であることは間違いありません。ところが、彼は北朝鮮に居住していて、韓国当局の手中にはありませんでした。宋基福はその宋昌燮の娘です。宋基福は当時、新光女子中学校の教師でしたが宋基福が拘置所に面会に来た夫に黄仁喆弁護士を選任しろと言いました。それで宋基福の弁護人は黄仁喆弁護士でした。また、韓光洙という人がいます。その人は梨花女子大学の音楽教授でしたが李範烈弁護士を選任した。宋鎮燮は趙準熙弁護士を選任した。私の個人的に親しくなったり一緒に働く人たちをこの事件に全部繋げて取り組んだ。それで黄仁喆、趙準熙、李範烈、朴承緒、洪性宇など多くの人が力を合わせて推し進めることになります。

　弁護人一人や二人では手に負えない事件でしたようですね？

　当時、私が83年にこの事件で接見して公訴状を見たら、これは大変でした。彼らはみんな殺されそうでしたよ。数ヶ月間この事件で、狂ったように動き回りました。興奮してしまって……　世の中にこんな事件があるとは、彼らが殺されそうだ。これは拷問ででっち上げたのに、何とかこの事件に関心を持ってほしいと言って。弁護士を集めて選任し、また在野側に知らせた。新聞には事実報道もできず意見表明もできないが、それでも当時、いわゆる運動家家族を中心とした在野世界があったじゃないですか。そこに私が声を大にして言った。こんなひどい事件があるかって。このスパイ団事件に世間の注目を浴びる

＊第2部　1980年代の人権弁論　　　　　　　　　　　　　　　　225

ように世論化させ、最後まで法廷闘争をもりあげて大法院に２回も往来させたのです。そのようにこの事件の無念さを浮き彫りにするラッパ手の役割を果たした。この事件は忘れようにも忘れがたい事件です。

　結局、私は宋基駿一人を弁論したが朴承緒、李範烈、趙準熙、黄仁喆がこの事件に全部食らいついたのです。私たちがずっと主張したのが拷問によるでっち上げだ。検察調書さえも強制自白で、任意性がない陳述だ。こんな基調で弁論をした。その弁論が成功したので、大法院で安企部はもちろん検察での自白も任意性がないと判示し原審判決を覆した。それも２回も。

　事件の概要を具体的に聞きたいです。

　発端はこうでした。1960年の４・19直後に北朝鮮で金日成主席がどういう判断をしたのか分かりませんが、とにかく〔南北統一の〕絶好の機会だと思ったようです。韓国で李承晩政権が崩壊し百家争鳴で混乱状態になったのは学生たちによって政権が崩壊したからです。それなりに当時（50〜60年代）は北朝鮮が好調だった時でした。私たちはそれを知りませんでしたが。それで４・19になると好機だと思い、韓国に縁故のある対南工作員を多数派遣した。宋昌燮は４月末に下りてきたそうです。

　宋昌燮が下りてきて最初に出会ったのは宋基燮です。宋基燮は宋昌燮のいとこですが、当時、区役所で末端公務員をしていた。宋基燮が驚いて、宋昌燮を連れて自分の父親のところに行った。小さい部屋が二つしかない家なんですが、そこで会った。

　おじは驚いて、どこからどうやって来たのかと聞いた。宋昌燮の妻が韓敬姫で、二人の間に生まれた娘が宋基福です。それで宋昌燮が宋基燮の家に来て座り連絡して、来いと言われて韓敬姫と宋基福が宋昌駿に会った。一緒に一晩を過ごして、全部『大変なことになる。帰れ』と言ったそうです。宋昌燮の立場では工作のレベルで下りてきたので、どうしても何かの工作網を作っていかねばならない状況だったようです。でも家族が説得してなだめて、もみ消してしまったんだよ。そして、私が他の記録を見ると、宋昌燮がすぐに帰らずに２、３日近くに滞在したようです。韓龍洙が韓敬姫の弟です。一緒に一晩泊まって、その場でこの韓龍洙を抱き込みました。乱数表を渡したりしたんですって。金をどこかの無人ポストに埋めておくから持って行けと言って。その一部

を韓龍洙が認めた。それで、何かちょっと言いがかりができたんだよ。

そして、この宋昌燮がまた別の人に会いに行った。政府の要人をですね。私の記憶では新聞にまで出てきたんですが、金映宣は民主党政権の時に財務長官をした人なんですが、その人が宋昌燮を訪ねて会ったことは小さく記事が出ました。

金映宣が当局にその事実を申告した。その人がスパイだと言ったわけではありませんが、越北した人が現れたとかが記事になった。でも当時は治安状態がそんなことに気を使う時じゃなかったんです。警察じゃなくて学生たちが交番で受け付けをして治安維持をしていた有様だったから。とにかく宋昌燮が下りてきて家族、知人と２、３日滞在しながら、そんな行動をして消えた。

私が引き受けた宋基駿は、自分は宋昌燮の顔も見なかったと言う。実際に見たことがないようです。宋昌燮は朝鮮戦争の時に附逆〔北朝鮮側に付いて協力する〕をして越北したので、その後見たことがないそうです。ところが、その家に訪ねて行ったら、宋基燮の父親が昌燮が家に訪ねてきていたと言った。それで噂が立たないようにして送ったのだが、お前もどこかでこのことを言うなと口止めされて帰ったそうです。宋基駿はそれが全部だというのです。

宋基駿の年齢が当時、何歳ですか？　そして、安企部でこの宋氏一家を疑うことになった具体的な契機はあるのでしょうか？　宋昌燮が1960年度に訪問したことだけで、いきなり20年余り経って何かの作品を作らねばならないと決心した側には、その決心のきっかけがあったと思いますが？

宋基駿は1928年生まれです。今言ったことが基本的にあった事実のすべてなのに、なぜ彼らが疑われたのかは正確には私にも分かりません。安企部の清州分室で長い間、この家族を注視していたようです。何かちょっと事件になるかなと思って。彼らは何か情報を持っていたのでしょうか？　宋昌燮が60年度に訪れたということは、ほとんど公知の事実だった。とにかくこの捜査の手がかりをどこでつかんだのかは私も分かりません。記録上出るわけじゃないから。

４ヶ月間不法拘禁し、家族を拷問

1982年３月初めに宋基駿、宋基燮、韓光洙、宋基福が捕まりました。この事

＊第２部　1980年代の人権弁論　　　　　　　　　　　　　　　227

件に私が興奮せずにはいられなかったのが、３月７日頃、宋基駿を捕まえて行ったのですがただの不法連行です。令状もなしに安企部に引きずって行ったのです。後で書類上は任意同行と処理されていますが、令状を請求して発給されたのが116日ぶりです。だから約４ヶ月間不法拘禁をして無慈悲な拷問をしたのです。先の留学生スパイ事件をでっち上げる時、不法拘禁したのが約１ヶ月で、尹正憲を不法連行したのが40日余りも経っています。でもこれはなんと116日だったんですよ。捜査を開始した安全企画部清州分室で相当期間、拷問捜査した後、安全企画部本部に移牒し本部で継続拷問した。大部分の不法拘禁は安企部本部で行い、事件を完全にでっち上げます。ただ『知らない。そんな事実はない』と言うと、『その場合はこうだが、こうするのか？』と言うと、仕方なく『そうです』と言って、そのように４ヶ月にわたってでっち上げた。

　宋鎮燮の話では、自分がこれまで供述書を書いたのが約2500枚程度になるそうです。４ヶ月間！　捜査機関に行って供述書を書かせるのですが、これは自分が勝手に書くものではありません。隣でずっとああだこうだ、ちゃんと白状しろ、ああしろ、こうしろって、指示しながら方向を決めて、あらすじを作って自供書を書かせます。自分の字で書くものなので形は自供したようになります。書きながら彼らが望む方向と違えば、消して書き直せと言われ、破ってまた書けと言われます。拷問を受けなくても、それだけ３、４日すれば、疲れ果ててとても苦痛なのです。ところが、彼らは随時拷問を受け、殴られ、蹴られ、４ヶ月間も自供書を書いたのです。そうなると、北朝鮮に行ってこなかった者も『行ってきた』と言って、『無人ポストに行って何かを持ってきた』と言って、いろんなとてつもない話が入るんです。

　私がさっき公訴状がなくて残念だと言ったが、検事の公訴事実を見ると、宋昌燮が60年以後にも何度も〔北朝鮮から〕頻繁に往来したことになっています。いや、南北の間でどうやって頻繁に往来するんですか。さらにあきれるのは、宋昌燮の娘、宋基福ですが、宋基福はあまりにも酷く殴られて、１審法院に初めて出た時、満足に歩くこともできませんでした。前もって言いますが、もっとあきれたのは、この事件の内容からすると宋基福がスパイ網のメンバーになっています。無人ポストに行ってきて何かを復元してなんとか……（宋昌燮の妻）韓敬姫が死んだ。控訴状には韓敬姫が宋昌燮と連絡して、みんなを操縦したことになっています。韓敬姫は死人に口なしで、宋基福に『お前は、これを韓敬姫に報告した』と言うと、『はい、そうです』と言わせた。でも面

白いのが安企部によると宋基福の父親 宋昌燮が北朝鮮の対南工作部の副部長級で、かなり地位が高い。だから対南工作スパイを送る指揮線にいる人なんです。

　ところで、宋基福の夫が宋某ですが、空軍中佐でパイロットです。ヘリコプターの編隊長です。この事件が起きた時、空軍本部で勤務する中佐でした。空軍士官学校を出た中佐で朴正熙大統領専用のヘリコプターを操縦したパイロットでした。私にも『私がよくお供した』って言うんですよ。だから考えてみてください。北朝鮮の対南スパイ工作網の親玉の婿が大統領の操縦士だって？宋基福が本当にスパイだったら、これはすごいことです。それも知らずに、スパイの夫を大統領専用のヘリコプターの操縦士をさせた韓国の情報部はみんな首ですよ。だからこれがどれほどでたらめな事件なのか分かります。

　安企部は、宋基福をオモニである韓敬姫の話を聞いてスパイ網のメンバーにしてしまった。私の事務室にもよく来ていた宋某中佐の話では、この事件の後に軍は自分に何も言わないと言ったが、すぐに身分上の不利益を被るわけでもないのに、間もなく彼が耐えられなくて依願除隊しました。こんな事件に絡めば軍ではどうすると思いますか。どこか閑職に回したり、結局は耐えられなくして辞職に追い込もうとするでしょう。冷たい目で見られるから、結局、辞表を出して移民に行って、アメリカでガンにかかって早く死んだ。宋基福は今も元気ですが、宋氏一家はこれで滅茶滅茶になりました。

> 　具体的には、安全企画部でどのような内容ででっち上げ、どのような内容の拷問をしたのか知りたいですね。

　私が担当した宋基駿を中心に話しましょう。宋基駿は宋昌燮を見たこともないのに最初に取り調べを受けた時、宋昌燮に会ったことにしてあり、宋昌燮に取り込まれたスパイ網の一員として睨まれた。「随時に何かを探知」と言うが、探知というのは本当に笑わせるじゃないですか。国家機密であることを探知して報告しと……　また韓敬姫が「しばらく、やみドル屋」の商売をしたそうです。それで、韓敬姫からドルをもらったとでっち上げて。宋基駿が三養社の職員として会社に通いながら苦労をした。人は真面目でおとなしい人で、自分の弟たちをその会社の宿直室で起居させ、弟たちに勉強をさせたりした人です。また会社でそれを大目に見てくれたようです。その後、三養社を辞めて

＊第２部　1980年代の人権弁論　　　　229

1966年頃に一人で、七星〔サイダー〕飲料の代理店をしたりした。彼を調査していて、宋基駿を確実にスパイにさせるためには北朝鮮に行ってきたもらわねばならなかったようです。「韓敬姫が『あなた一度、北朝鮮に行ってきた方が良い』と言うから、北朝鮮に行ってきたんだろう……」そうやって、こじつければいいんです。

いや、世の中に他のことはともかく、どうして北朝鮮に行ってきたって、誰がすぐに自白するもんですか。行ってもいないのに。それに、その自白がもたらす恐るべき結果を知っているのだから。それで、かなり頑張ったのに、結局は4ヶ月間も大変な苦痛を受けたんです。4ヶ月じゃなくて1ヶ月、いや1週間だけでも音を上げますよ。そうやって地下室に孤立無援に閉じ込めておいて拷問しながら聞くと、『お前が金日成だろう？』と言われても、『はい、そうです』と白状するようになってしまいます。長期拘禁の中の拷問に耐えられる人はいないんですよ。

この事件でも何人も北朝鮮に行ってきたという自白を安企部で作り出した。検事のところに来ても自白した。それで北朝鮮に行って何をしたかというと、安企部が作ったコースがあるんだ。万景台〔金日成の生家〕に行って、劇場を回る観光コースがあります。『北朝鮮に行くと、こうするようになっている。お前もそこに行って、教育を受けて労働党に入党したんだっけ？』このようにセットで提示すると、すべてそのようにやったことになってしまいます。

前回の尹正憲事件で北朝鮮に行ってきたという自白について、アリバイ立証に成功した弁論のことをおっしゃったが、この場合は北朝鮮への潜入脱出についての安企部と検察の主張をどう突破したのでしょうか？

宋基駿の弁護をしながら、北朝鮮に行ってきたということは何としてもまず外さねばならないと思ったのです。いろいろと工夫した。北朝鮮に行ってきたというのが検事の公訴事実の一部として入っていた。当時、彼が9月末頃から10月初めまで10日間、席を外して北側に行ってきたことになっています。ところが、その頃、彼が釜山で七星サイダー飲料代理店をする時です。彼が三養社を出て代理店を立ち上げて金儲けをしていた頃なんですが、控訴状に当時、9月末から10月初めまで時間を作って、北朝鮮に行ってきたことになっていて、その点に集中して弁論をした。当時、秋夕〔中秋節〕が長かった時なので、あ

なたが七星飲料代理店をしながら、大へん忙しい時ではなかったのかと尋ねると、目も回るほど忙しい時だっというんです。

　もう一つは彼がとても恐妻家です。奥さんに頭が上がらない。だから外泊が一日もできない人なんだよ。奥さんも知らないうちに一週間もソウルに行ってくるなんて思いもよらない人なのに……　彼が家から離れられなかったのは間違いない。ところが、北朝鮮に行かなかったことを立証せねばならないので、それが普通の難しさではありません。

　当時、宋基駿が連れていた職員の中から証人として私が申請した。1966年頃にその人はそこに長く勤務をしてなくても、当時のことを覚えています。『宋基駿がソウルに行ってくるとか言って、十日ほど席を外したことがありますか?』、『ああ、それはできません』と言いました。当時、忙しい時だしどこかに行ったこともありません。『妻が怖くて、そんなにさぼるような御仁ではないんですよ』と。それで私が彼を法廷証言させた。もちろん証言しても判事が証言を信じられないと言って、そのまま蹴ってしまえお終いですよ。全部認めないのに呆れてしまった。

　私が証言させる時は私たちの事務室に来て証人尋問事項を作ります。たいてい証人尋問事項を作る時、「はい」、「いいえ」で答えさせます。仕方がないんです。当時は長々と話すのを書記が書き取れず、そのように書き取ることも考えない時です。◯×で答えられるように、証人尋問事項を作ってくるようにします。そうしてこそ書記が書きます。だから書記は証人答弁を◯×で表記して、後で調書を整理したりします。だから弁護士は「証人は当時、どこに行って何の仕事をして誰とこういう話をしたよね?」と質問すると、証人は「はい」あるいは「いいえ」と答えることになるんですよ。元々は証人はその人に会って何の話をしたか?　そうしてこそ正しい。でも全部◯×式で答えるようにしました。でも1審で有罪判決を受けた。後で調べてみると、その証言をした日に検事がその証人をぶち込んだ。

　いや、法廷で証言をした証人をすぐに捕まえるんですか?

　そうだよ、証人を偽証罪で捕らえた。証言が終わって法廷から出て行った人を検察庁に連れて来て、『こいつ、ここがどこだと思って嘘をつくんだ』と脅しつけて。お前、これは洪性宇が全部やらせたことだろうとか、変なことを言

＊第2部　1980年代の人権弁論　　　　　　　　　　　　　　　　　　231

うんだって。私が頼んだのなら私を呼べばいいでしょう。彼が懲役を務めた後に知ったんだ。開いた口が塞がらないよ。

| その証人が偽証罪で懲役になったんですって？

そう。実刑を言い渡された。６月か８月の懲役生活で満期出所をした後、私の事務室に訪ねてきた。弁護士のせいで私は懲役生活をしてきたんだって。その検事は本当に悪いヤツだよ。私としてはその証人に返すべき言葉がなかったんですよ。そう、私は当時まで、その証人の家族が私に話をしなかったので、知りませんでした。私は公安検事たちと喧嘩も沢山したが、これはひどいと思ったのです。ところで、当時、私になにができますか。そうして曖昧に過ぎてしまった。私が検事を懲らしめる方法がないじゃない。

検事がそう言ったんだって。お前、洪性宇が頼んだんだろうって。その証人が来てそんな話をするんだよ。数年後に飲み屋に行ってビールを飲んでたら、向こうにその検事が来て座っていた。私と目が合うと、ただ立ち上がって、百年来の友達に会ったように嬉しそうに挨拶したよ。本当に怖いヤツだと思った。とにかく、これは余談ですが、こんなに事件が捏造された、ビハインド・ストーリーも多いよ。

| 弁護人どうしの協力はスムーズにいきましたか？

あれこれつながって力を合わせて私たち弁護人たちは本当に頑張った。私たちは法廷で大喧嘩をした。弁護人が何人もいるから、私も元気が出て喧嘩した。当時、あまりにも弁護士や被告たちが激しく争うので、安企部の捜査官たちをみな証人として呼んだ。ここに証人尋問調書がありますね。証人数人が出てきたのが大体、安企部の調査官たちと拘置所の看守たちです。

| 拘置所の看守はなぜ呼んだのですか？

こうなりました。宋基駿が検察に４ヶ月ぶりに送致されると、その前日、捜査官が『お前、しっかり聞けよ。検事の前で「お前」がこれを否定すれば大変なことになる。お前は、ここにまた逆戻りする。だから他のことは考えずに、

ここで言った通りにすべて自白しろ』と厳しく脅して送った。ところが、宋基駿が考えてみると、他のことはいざ知らず、北朝鮮に行ってきたということを死んでも認められなかったんです。認めれば死刑だし、それが一番怖いことで、行ってきたことがないから。

国家安全企画部（安企部）の捜査官の
脅迫のもとに作られた検察調書

　検事の前に来て初めて尋問を受けた時、『検事、私は北朝鮮には行っていません』と最初そうでした。そうすると、『そうか？　こいつ、まだ正気じゃないな』と言って、検事が出て行くと、すぐ隣の部屋にいた安企部の捜査官たちが入ってきて、『こいつ、また安企部に行かないと分からないか』と脅迫するので真っ青になりました。それで安企部の捜査官が怒鳴りつけて約束しろと言うもんだから、『ごめんなさい』と言って、また謝ったそうです。そして安企部の捜査官が出て行くと、一分も経たないうちに、また検事が入ってきたそうです。こんなふうに調査をしたんだよ。大法院で原審の有罪判決を破棄・差し戻しする時、まさにこんな調書作成の不法状況を認めて破棄したのです。

　そのように破棄差し戻しをすると、破棄差し戻し審で捜査官と看守を偽証を強要した証人として呼ぶと、彼らは千編一律に『いや、そんなことありません』と答えたんだ。看守たちも『君たちが拘置所で被疑者を相手にする時、そばで全て録音したのか』と聞くと、『いや、あるものは工作上の機密事項だから書かないでほしいと言われて書きませんでした』と答えたりした。千編一律に『強要した事実はない。脅迫した事実はない。みんな素直に自白した』と言うんですね。調査官と看守を何人も全員尋問しても、全部そのように口裏を合わせておくんですね。

　ところが、とにかく一旦、拘置所で検事が尋問をすると否認するから、安企部の調査官が来て面談をした事実自体は否認できなかった。検事と安企部から来たのはすべて記録に出ますから。ただ内容を脅迫しなかったとか、殴らなかったとか、こんなことを言って。だからこれが高等法院までそのまま上がったが、大法院でブレーキがかかったのです。これは（自白が含まれた検察調書は）いくら検事が作成したものでも、調書の内容が任意性のある供述だと見ることはできない。証拠能力があると考えられないとして、破棄差し戻しになっ

＊第2部　1980年代の人権弁論　　　　　　　　　　　　　　　233

たのです。

　当時の雰囲気で、大法院がスパイ団事件について無罪趣旨の破棄差し戻し判決を下したのもすごいでしょう？　おそらく検察や政権の立場では、虚を突かれたような気分だったと思うんですが……

李一珪大法院判事の破棄差し戻し判決、しかし……

　これほど大きなスパイ団事件で、原審の有罪判決を覆して大法院で破棄差し戻したのは当時としては画期的でした。大法院判事が主審でした。李一珪判事が法曹界で尊敬される理由の中で、おそらくこの事件の判決が一番大きな理由だと思います。大法院でこの程度に破棄差し戻せば、破棄差し戻し審ではその趣旨に従い無罪判決して簡単に終わるのですが、耐え難いことが連続します。高等法院であれこれ頭をひねって、また有罪判決をして、〔大法院に〕上げます。原審判決の趣旨をそのまま固守して形だけ少し削って……　そしてまた大法院でもう一度破棄差し戻し、再び高等法院では有罪判決をします。ついに大法院で有罪判決を受け、裁判が確定し有罪判決が確定してしまった。

　先ほどのお話の中で、平壌行について補足質問させていただきます。安企部で被疑者に平壌に行ってきたと供述させ、それを調書に入れたのですが、検事の前でその事実を否認したということですね？　だから検事が『まだ正気じゃないな』と、しばらく席を外すと、隣の部屋に待機していた安企部の調査官たちがまた来て怒鳴りつけることが繰り返されたということです。すると、平壌に行ってきたと言葉を覆さねばなりませんでした。

　そうです。行ってきたと言ったが、法廷では平壌に行ってきたことを一貫して否定した。

　では、一審と二審の判決文では平壌訪問を認めましたか？

　これはですね。判事ではなく普通の一般人が裁判してもすぐに分かります。どこまで捏造で、どこまでが事実なのか。ところが宋基駿と宋鎮燮は潜入・脱

234　　　　　　　　　　　　　　　　韓国の人権弁護士　軍事独裁に抗す

出の容疑で起訴され、最初はこの部分について下級審では有罪を言い渡し、死刑を宣告した。大法院でこの部分は無罪判決を受け、2次の破棄差し戻し審でこの部分に対して無罪判決が確定します。下級審で全く事実に対する常識的検討をしなかったんですよね。

　それでは洪弁護士がこの事件を引き受けることになったのはいつからですか？　また宋氏らと初めて接触した弁護士は誰ですか？

　私が引き受けたのは起訴された後です。金成基、文永吉、朴宗演弁護士たちが私より先に選任された人です。朴宗演弁護士が何を弁論したのか私もよく分かりません。金成基弁護士は裁判が終わって事務室に入ると、安企部の捜査官たちが来て脅すから本当に苦しがっていた。だから法廷でもしっかり厳しく問い詰めようとしなかったんです。他の連中も大体そうでした。

　裁判が長引きましたが、法廷の雰囲気を聞きたいです。被告たちは法廷では言うべきことをちゃんと言いましたか？

　第一審の法廷から一旦被告たちが力を得て陳述をし始めた。ちゃんと。私たちの弁護人たちが力を吹き込んであげて。それで法廷の雰囲気はかなり反転した。あまりにも昔のことなので、よく思い出せないんだけど。安企部の捜査官たちが証人として出たきたことがあります。彼らが宣誓して証言をしたことがあったんですが、私たちが反対尋問した後に、被告たちに『捜査官たちに何か尋ねることがあるか』と弁護人が話をさせるので、『裁判長、私はあの捜査官を見ると、身震いがします。あの人たちに殴られたことを考えると悔しくて震えます』　と言ったりもした。
　宋基福が何の話をしたかというと、ある捜査官を指しながら一人部屋で調査を受けるためにいたんですが、ズボンのベルトをスルッと抜くから性的暴行をしようとするんじゃないかと、身がすくんで。でもそのベルトで殴るんですよ。法廷では被告たちがその程度の告発をする雰囲気にはなりました。
　正直言って法廷の雰囲気は反転したのですが、当時、1983年は、安企部や保安司がいきり立っていた時期でしたので、概して恐怖の雰囲気はそのまま続いた。しかし今や被告たちも死に物狂いでした。1960年度に一家がしたのは、顔

＊第2部　1980年代の人権弁論　　　　　　　　　　　　　　　　　235

を見て追い返しただけなのに、このように４ヶ月間、ひどい苦痛を味わい、み
な死ぬほど拷問されてスパイにさせられたからです。彼らも死に物狂いで、そ
の後の法廷闘争を本当に粘り強くやりました。それで大法院に往来した時、こ
こに選任された弁護人たちは破棄控訴審までみな食らいついて本当に熱心にや
りました。それでこの事件は結局、有罪で懲役を暮らしたものの、事実上は被
告、弁護人側が勝った裁判です。歴史の前では無罪が証明されたと私たちは考
えています。

　　最近、宋氏一家の事件に対して再審開始の決定が下ったじゃないですか。当
時、弁護人たちが食らいついて証拠争いをし証人尋問を徹底して、控訴理由書
や上告理由書を精密に書いて残したおかげで、2000年度以後に過去清算の次元
でこの事件の真相調査を行い、その真相調査に力づけられて、今回、再審開始
決定まで下されたと思います。当時、無罪の確定判決までは得られませんでし
たが、その無罪判決のための踏み石を当時にしっかり残したと思います。とこ
ろで当時、弁護士たちの協力や役割分担はどうされましたか？

　　私たちどうしでは協力が本当にうまくいった。趙準熙、朴承緒、黄仁喆、李
範烈は私が一緒にやろうと誘ったし、個人的に本当に親しい方で実力もありま
す。内容については事前に議論するまでもありませんでした。明らかなことだ
から。弁護士たちが自分が引き受けた被告一人一人を弁論して全体的にうまく
和合したのです。

　　長期間呼吸を合わせてきたうえに、みな人権意識が透徹していて、弁護士
団として最もやりがいのある仕事をされたのではないかと思います。当時の検
事、判事たちの姿勢はどうでしたか？　あまりにも重要な事件であり、下級審
と大法院が衝突したので、もう少し細かく覗いてみる必要があると思います。

　　事実、判事たちに対して言及を自制したいが、こんな事件を裁判したことを
見れば本当に腹が立ちます。1970年代の維新から、87年頃、全斗煥政権が終わ
るまで。1972年の維新の時から87年までの15年間は法院は死に体だったのです。
有罪、無罪を私たちの力でどうやって判断するのかというような有様でし
た。それで公訴状を書き写すようにして、有罪判決を下してしまったりもしま

した。そんなことを被告たちは知らないじゃないですか。公訴状の副本をもらって判決文の後ろに貼って判決文の一部にしてしまうことも少なくありませんでした。司法史上、非常に残酷な暗黒期としか言えません。これは本当にしたくない話なんだけど。最近、李容勲大法院長が就任して、過去に誤った判決、事件を調査して整理をすると言いましたね。

　司法60周年の記念式典でも、大法院長が司法府の判決の中に恥ずかしい判決を下した時代があったと反省しました。2005年の大法院長就任の辞で、『独裁と権威主義の時代を経て、その荒々しい歴史の荒波の中で司法府は政治権力から独立をまともに守れず、人権保障の最後の砦としての役目を果たせなかった不幸な過去を持っています……　権威主義時代に国民の上に君臨した誤った遺産を清算』することを約束しました。

　当時に刑事裁判をした判事、検事の中でそんな状況から自由な人はほとんどいません。問題の事案があまりにも多いので、どのように清算するかも途方に暮れるほどです。

　だから一応、司法府の首長として反省すべきを反省したのではないですか？　意見表明したこと自体が以前に比べると一歩前進だと思うのですが。反省の意を表した上で、問題の事件を具体的にどうするかを点検して議論できるのではないですか？　問題の事件を類型化してみると、たとえば緊急措置違反事件全体が悪法を機械的に適用した「あってはならない判決」だと結論付けられるのなら、それに対して緊急措置の無効化法を制定する必要性を裁判を通じて明らかにし、立法府が法を制定する方法などに進展するのではないでしょうか？

　具体的な解決方法はまた考えてみねばならないでしょう。本当に残念な話ですが、最近もある法官が当時を考えると本当に恥ずかしいとか、当時の判決を所信どおりできなかったことが心のしこりとして残っているように告白するのを見ると、良い意味に解釈しても時々腹が立ちます。

　宋氏一家の事件にまた入ってみましょう。この事件で最も特異だったのは、大法院で原審判決を破棄したことです。当時の恐怖雰囲気で、公安当局が特別

＊第2部　1980年代の人権弁論

に悪意を持ってとんでもない宣伝をした事件で、第1審と控訴審の有罪判決はある意味、当然のことです。珍しいのは大法院の判決でした。大法院で原審判決が破棄されることは、当時には全くなかったでしょう、雰囲気的には。

　当時の雰囲気としては全く期待してませんでした。私たちが李一珪大法院判事を本当に尊敬しているのがそこです。法官の良識を持っていれば、誰が見ても破棄されねばならない事件だと思います。誰も勇気がなくてできなかっただけです。李一珪大法院判事がまさにその「勇気」を出したのです。

　第1審と控訴審で弁護人たちが激しい証拠争いと論理争いの成果を集積していたので、真実が自然にあらわれたのではないですか。

　そうですよ。そんな事件は捏造の匂いがします。被告たちがもちろん罪を犯しても否認する場合が多いが、公訴された犯罪類型と被告の姿勢を見れば、被告が犯罪を犯さなかったから否認するのかどうかは難しくない判断です。

　大法院でその程度の勇気を出したら、破棄差し戻し審の裁判部はただ大法院の判決に寄り添って無罪判決を下せば、司法府の恥を免れ歴史的判決として残ったはずなのに、本当に不思議なのはなぜ破棄差し戻し審を引き受けた判事たちがその大法院の判決の趣旨を破って再び有罪判決を宣告したのか、本当に納得がいきません。高裁判事たちの権力に対する忠誠心がそんなにすごかったのですか？

　そんな判決の背後を私はよく分かりません。破棄差し戻し審で、なぜまた妥協的にごまかそうとして有罪判決をしたのか。多分背後があると思います。当時が83〜84年頃で、強大な安企部が何かの作用をしたと推測します。でも誰も話さないよね。やられた人も判事たちも話しません。

　国情院の過去事委員会でこの部分を少し明らかにしたようです。韓洪九教授がまとめたものを見ると、安企部はこんな大法院の判決が維持されれば、今後スパイ捜査は事実上不可能であり、スパイ事件の裁判に多大な否定的波及効果があることを懸念したといいます。李一珪判事を1ヶ月以上尾行したり、泥

棒を偽装して家の中まで探ったりもした。公訴維持をできなかったのは検察の責任だと検察を圧迫したりもしました。また兪泰興大法院長はその判決文と記録を検討し、対策を講じるよう秘書陣に指示したりもします。国情院過去事委員会で安企部の各種秘密文書を閲覧することで、こんな事実が明らかになりました。韓洪九教授は大法院長の指示と秘書陣の判事らのアイディア提供のような仕事について、宋氏一家事件の最終有罪判決が「目覚めようとする司法府を殺したとするなら、その毒薬は司法府内でこのように準備されたもの」だと整理しています。安企部が主導的な役割を果たし、大法院長が内部で役割を果たし、李一珪判事の判決を再び覆すための執拗な努力をしたということです。破棄差し戻し審はそんな総合的影響に耐え切れず有罪判決を下してしまいます。ところで、先ほど破棄差し戻し審の判決をめぐって妥協的判決だとおっしゃったが、その意味は何ですか？

妥協的というより、大法院の判決をうまく避けた判決と見るべきでしょう。2番目の大法院判決の要旨が「長期拘禁状態、不当待遇などの環境で作成した検事の被疑者尋問調書は任意性がない」と判示しましたね。長期拘禁は明白な客観的事実だから覆すことはできず、それで考案したのが長期拘禁をしても不当待遇はなかったと言えば良いのではないか、また調書作成は自由な状態で行われたという立証をすれば検事作成の被疑者尋問調書は証拠能力があると解釈できるのではないかという論理を突きつけます。破棄差し戻し審はそんな趣旨を受けて大法院判決を再び覆したのです。

実に蛮勇であり屁理屈の極致ですね。不法な長期拘禁そのものが拷問的環境で、その上に途方もない拷問と暴行を繰り返し受けたのに、暴行と拷問事実は証拠がないから理由がないと言ってしまい、長期拘禁そのものは否認できないが自由な状態だったという横車が連続します。安企部で捜査を受ける時は問題ですが、検事の前に行けばすぐに自由になるという発想は本当に人間の心に対する基本的な認識も無い判事たちですね。ただ破棄差し戻し審で、それでも一抹の良心でもあったのか、一部の公訴事実に対しては無罪が出て量刑は半分程度に削られました。いずれにせよ、その破棄差し戻し審の裁判部は大法院の名判決を守れなかった恥辱の判決として長く記憶されねばならないでしょう。最後の寄り処を大法院が作ってくれたのに、それを蹴って忠誠判決をでっち上げ

＊第2部　1980年代の人権弁論

たのですから。でも、それで終わりじゃないですね。

　その破棄差し戻し審の判決に対して再び不服上告し、大法院で再び無罪趣旨の破棄差し戻し判決が下されます。それを受けて、また高等法院では大法院の判決を再び覆します。大法院が当時３つの部に分かれていたが、２つの部がすでに事件を一度ずつ処理したので、もう１部しか残っていませんね。その部で結局、高等法院の有罪判決を受けて、上告棄却で終に有罪判決が確定してしまいますね。それで宋氏一家の裁判を指して「ピンポン裁判」と言い、「下克上裁判」とも呼ばれるような奇怪な有り様が連続しました。

　上告棄却の有罪判決で終わり、審級を行き来した複雑な事件ですが、正確に再現しようとすると消えてしまった記録があり、全貌を確実に把握することは難しいのです。後で誰かが本格的に一度研究をして学位論文でも一つ書いてほしいですね。これは博士学位論文一つくらいは問題なく出てくる事件だ。

　それで争点一つ一つ、判決一つ一つを分析せねばなりません。1980年代に最も恥辱的な疑惑事件です。それで今、再審過程を踏んでいるじゃないですか。再審に関与した弁護士や判事たちに少しずつ聞くことになりますが、本来の弁論要旨書、上訴理由書に加え李一珪判事の大法院判決など名弁論と名判決が積み重なっているので、判断するのには困難はないのではないかと思われます。

　そうなんですよ。新たに証拠調査しなくてもいいんです。この記録を見ると分かります。

　法官としては弁護人の控訴理由書の上告理由書もありますが、大法院の判決が全部で３つもあり、そのうちの２つは無罪趣旨の判決ですから、再審で無罪判決のために活用しやすかったと思います。次に、被告たちについて少しお聞きしたいのです。被告が多いのではないですか？

　全部で８人です。被告ごとに弁護人がみな一人ずつ付きました。

　弁護人を立てられる状況だったでしょうか？　弁護人の名簿を見ると、おそらく当時、確保できる最高の弁護団のようですが、それがどのように可能だっ

たのでしょうか？

　被告の家族が行って一人ずつお願いし、私たちが一人ずつ引き入れて。法廷で本格的に私が先頭に立って問題を提起して騒ぎ立てるから。当時がいくら厳酷な時だとしても安企部側でも公開的にやらかすわけにはいきませんでした。
　でも今はどれほど弁論しやすいか。今、正直に告白するけれど、私も最初はすごく怖かった、心の中で。最初行ってみたら朴宗演、文永吉、金成基、彼らしかいませんでした。以前、時局事件の弁論をした方々ではないので、私一人で青筋を立てているんです。あの時は一人で喧嘩してるみたいでした。だから私もなにかと心細かった……　正直言って。私だって仕方がなかったですよ。だから駄目だと思って友軍を引き入れようとしました。こうして、それなりに陣容を整えた弁護団になったのです。

　それで黄仁喆、趙準熙弁護士を引き入れてみると……

　そして、朴承緒、李範烈は時局事件をする方ではありませんが、刑事事件が本当に上手な弁護士たちです。個人的に本当に近い先輩のように付きまとえる人たちで。それで一緒にしようとお願いしたのです。どれほど力になったかわかりません。

　今、この事件に対する再審裁判を趙庸煥弁護士が行っています。趙弁護士から聞いてみると、宋氏一家は何と７審までしながら財産を全て使ってしまった。宋基駿は離婚し、子供たちは結婚失敗、学校からの退学、精神異常になるなど家がすっかり廃墟となり、本人は拷問後遺症に苦しみながら無残に暮らしてきたそうです。宋基福はカトリック信者であるうえ、咸世雄神父とつながり、それなりに社会生活を送られたそうです。この事件の当事者たちは出所後に自分たちがどうしても連絡が全くできず離れて過ごさねばならず、子供の中には事件後今まで行方が分からない人もいるということです。洪弁護士と他の弁護士たちに感謝の気持ちがあっても、本当に表現する余裕もなく暮らすしかなかったそうです。安企部のスパイでっち上げ工作がこのように途方もない罪悪を招いたことに対して加害者側の真実な反省が必要だと思います。

＊第２部　1980年代の人権弁論

＊宋氏一家スパイ団事件は2009年の再審で無罪が確定し、被告たちは刑事補償及び国家賠償を勝ち取った。

元豊毛紡労働組合弾圧事件

―― 控訴理由書を念入りに書いた理由は？ ――

　洪弁護士が扱った事件を見ると女性労働者と労組に対する弾圧事件の弁論が多数あります。すでに70年代に東一紡織事件があって、80年代初めに元豊毛紡事件、そして電話交換手の定年問題などについての一連の事件が続きますが、70年代後半、80年代初めには女性労働者が中心となった労組に対する弾圧が多かったのです。弾圧の形態も原始的な暴力で一貫したものでした。そんな局面で洪弁護士の参加が非常に目立ったと思われます。80年代前半にこの種の事件での役割を聞かせてください。

　まず1982年の元豊毛紡事件から始めましょう。この事件も本当に頑張ったんですが、当時の記録を27年ぶりに初めて出してみたんですよ。元豊毛紡事件っていうのは、すごく大きくて血を沸かせた事件だったんです。頑張ったことは記憶に生々しく、元豊毛紡の主役が方鏞錫、朴順姫、鄭善順だったということくらいまでは覚えているが……　具体的な内容はほとんど忘れてしまった。後にこの事件が話題にのぼる機会があったわけでもなく……　今回またのぞいてみると、あの時の記憶がはっきりとよみがえります。

　まず、元豊毛紡という会社と、この事件が起きるまでの労働組合の歴史を簡単に理解した方がいいと思います。元豊毛紡という会社はもともと韓国毛紡で、韓国の紡織業者の中ではかなり大きくて古い会社です。ソウル永登浦の新大方洞と新吉洞の間にあった韓国毛紡が元豊毛紡になったのが1974年頃です。韓国毛紡の時に労働組合が63年頃できたのですが、当時は全国繊維労働組合ソウル地域支部韓国毛紡分会となっていた。67年に韓国毛紡支部に昇格し、会社の名称が元豊毛紡に変わり全国繊維労働組合元豊毛紡支部となった。

　1980年７月のことです。当時、新軍部政権の直後なので戒厳令を宣布し、気に入らない人々を勝手に閉じ込めて首を切る時でした。権力の横暴が横行していた時です。当時、新軍部が労働界の浄化を命じた。それに伴い、当時元豊の労組支部長である方鏞錫、副支部長である朴順姫を解雇した。そして繊維労組で組合員除名措置をした。方鏞錫は金大中内乱陰謀事件に関連させられて除名

＊第２部　1980年代の人権弁論　　　　　　　　　　　　　　　　　　　243

され手配された。それを口実に二人を解雇してしまったわけです。その年末に当時の労組執行部数十人を全員連行して辞表を取り、その中から半分以上を追い出した。そのようにして労組を弾圧した。元豊労組が最も労組らしい労組だったから、そんな弾圧をしたのでしょう。こんな労働組合を置いておけば、労組の声が大きくなって、やっていけないということです。新軍部は極右の中でも特に反動的な極右でしたからね。

それにもかかわらず、この労組が82年２月に新しい執行部を構成したが、ソウル市は監査をすると脅した。面白いのが、元豊の持ち主が元豊ですが、ソウルにある元豊毛紡と釜山の元豊タイヤがあります。一つは毛紡会社で、もう一つはタイヤ会社だから、主人だけ同じで全く違う企業なのに労働部が一つの労働組合にするためにこれを合わせるように指示した。統合しなければ解散すると労組をすごく苦しめた。でも、無理に統合しようと思って会合をしたら釜山から来ないんだ。３、４回失敗したが、労組を潰そうといろいろ工作しました。

当時、恐怖の雰囲気で、すごい剣幕で捕まえようとするので、「元豊」の組合員は「私たちは死んだ」と言って、団体行動も一切せず、労組を維持するために死んだふりして過ごしている中に、この事件が起きたんです。

労組を殺そうとするので、組合員たちは死んだように過ごしているのに、何か言いがかりをつけて、本格的に弾圧してこそ刑事事件になるんじゃないですか？

1982年９月27日、当時の労働組合長が鄭善順で、副支部長が梁承花、総務が李玉順だったんですが。元豊毛紡内に労働組合事務室があるので事務室で彼らが集まっておしゃべりをしたり食事をしたりしていたんですが、９月27日の昼休みに突然会社の工員と社員たち数十人が労組事務室を襲撃しました。事務室にいた人々を殴り什器を壊して追い出し、鄭善順組合長を監禁した。誰も入れないように労組事務室に釘まで打ちつけ、外を会社員たちが守って監禁してしまった。それでその日の午後１時半頃からその翌日の早朝６時まで、鄭善順をその事務所に監禁して、労組支部長の辞表を出せと殴って水をぶっかけて、このスベタ、殺しても飽き足らぬなど、ありとあらゆる罵詈雑言を浴びせながら、男子工が徹夜で脅迫した。セメントの地べたにひざまずかせて、トイレも

行かせませんでした。セメントの床にそのまま小便しろって。到底、人として
できることではありません。そんなことを夜通しやったんです。

　鄭善順の顔を今もはっきりと覚えています。落ち着いて静かながらも意志の
強い娘です。20代後半だったか？　私の命に代えても組合長の辞表は書けない
と最後まで突っぱねた。だから一晩中苦しめた。会社員たちがぐるりと取り囲
んで暴行をするから、追い出された組合員たちは外で泣き叫びながら座り込み
をする事態が一晩中続いた。その翌日の明け方までがんばって最後まで辞表
を書かなかったが、どこかから電話がかかってきて、鄭善順を見てこのしぶと
いアマがと言いながら車に乗せて、どこかの道ばたに捨ててしまった。朝6時
に。そして、そいつらは車に乗って立ち去ってしまった。

　鄭善順が完全に何も食べられずに一晩中辱しめを受けて道端に捨てられてか
ら、約3〜40分間、失神して倒れていたが、やっと通り過ぎるタクシーを捕ま
えて会社に戻ろうとしたがタクシーに乗ってみると、自分が靴も履いていな
かったそうだ。靴も履かずに裸足で捨てられたのです。それでもタクシー代
はあったみたいで、市場に行って靴を一つ買って会社に行った。会社に行って
もみんな追い出されて労組事務室に入ることもできませんでした。この事態に
抗議する座り込みをするんですが、それを他の理由で（解雇に抗議すると）座
り込みデモをしたと公訴状に書いてあったのです。3人が共同で82年10月11日
から13日まで座り込みをしたのは、まさに労組事務室不法占拠および組合長監
禁事態に対する抗議ではないですか。ところが、他のことで公訴状を書いた。
結局、そんな経緯で鄭善順以下の労組執行部がみな追い出された。元豊労組を
政府と会社と工場の他の工具と警察が力を合わせて破壊した事件です。

　本当に凄惨で無惨で人間性をかなぐり捨てた労働弾圧ですね。それでも組合
長なら会社員と互いに知りあいの間柄なのに、上部の指示だとそんな仕打ちを
するのを見れば、本当に人面獣心の暴力の時代だったと思います。

　ここに私が書いた控訴理由書などを見れば、当時のその状況が詳しく出てき
ます。拘束された人たちに会って、この事件を担当してみたら本当に血が沸い
てきたんだ。この事件は私と李敦明、黄仁喆の3人が引き受けたが、私がほと
んど主任弁護士をした。文書の一から十まで、証人尋問事項もそうだし、控訴
理由書も全て私が書いた。ここに鄭善順、方鏞錫、李玉順の反対尋問事項があ

＊第2部　1980年代の人権弁論　　　　　　　　　　　　　　　245

ります。鄭善順に対する反対尋問事項が69項目です。これまで鄭善順が当時に
やられたことを公判調書にきちんと書いてくれないから、被告たちが答えねば
ならない内容を全て質問にして書いたのです。ですから反対尋問の事項を読ん
でみると詳細な経緯がすべて出てきます。

　この事件は80年代初めに新軍部が入って、まともな韓国の労働運動を武力で
本格的に弾圧した最も代表的な事件です。しばらくの間、労使紛争は追い出さ
れた組合員たちがデモをした程度でした。これ以上何をするんですか。監禁す
れば、組合長を放せ、労働組合の事務室を返してくれ、梁正模社長退陣せよと
いうことでした。だからこれは実際に労働争議ではなかったのです。賃金を上
げてくれというわけでもなく、最悪の労働条件の改善を要するせよという程度
ではないですか？　労働組合事務室を奪われ、組合長を監禁されて、それに対
する抗議だから、これは労働条件と関係ないじゃないですか。これは不法な住
居侵入、不法逮捕監禁に対する抗議に過ぎない。でも、それを労働者たちがデ
モをしたと決めつけたのです。労働争議調停法違反で、彼らはみんな実刑を言
い渡された。本当に開いた口がふさがらない事件でした。

熱い心で弁論した時代

　洪弁護士が扱った事件の中で、とんでもない無理強いと拷問ででっち上げた
事件が少なくないのですが、それでも『血が煮えくり返った』とまでおっしゃる
のは初めて聞きました。

　この事件の記録を27年ぶりにまた取り出してみたんですが、全部忘れていた
のが記録を読んでみると当時の感じがそのままよみがえります。この控訴理由
書、こんなに厚いんです。タイピング用紙で76枚です。これを書こうとすれ
ば、数日間旅館に閉じこもって寝食を忘れて没頭してこれくらい書けるんで
す。自分の頭の中にあるものを思い出して、すらすらと書くのでもなく、事件
記録を全部見ながら、このくらいの分量を書くことを考えてみてください。一
冊の本を書いたのと同じだよ。

　鄭善順の反対尋問事項も原稿用紙の70枚には十分になります。また、方鏞
錫、李玉順ともに長文の尋問事項を作ったが……　これは私が丸一週間作業し
たと思います。そうで無ければ書けません。こんなのに大変で念入りに書いた

ことはほとんどないと思うほどです。もちろん鄭善順が9月27日に監禁され、一晩中ひどい目に遭い、翌日、捨てられ経緯は量刑不当問題として全て書いた。

あんなに丁寧に反対尋問をし、控訴理由書を書かれたのですが、弁論の焦点はどこに合わせましたか？

私は刑を減らしてほしいという量刑ではなく、本格的にこの事件の性格を明確にしたかったのです。それで全体の話を私が書ける限り詳しく書いて出したが、もちろん弁論の効果は当時の法院には何もありませんでした。すべて有罪判決が下されましたが、私が考えても当時ものすごく興奮してたようです。私の義侠心では、この事件はそのまま見過ごせない事件でした。崔基植神父の言う通り、当時は「熱い心で生きていた」と思います。

当時が40代半ばですよね？

45歳くらいだろうね。しばらく怖いもの知らずで仕事をした時です。そうやって熱く生きる時があったのは振り返ってみると懐かしくもあり、微笑ましい点もあります。私が当時に再び戻っても、このようにするしかなかったという気がします。誰が私をどのように評価しても、私は私がなさねばならないことをしたと思います。それでこの事件を見ると本当に感慨深い。

他の事件にも血を沸かせて怒るものも多いじゃないですか。ところで、この事件について話しながら、特に血を沸かせるものは？

鄭善順がやられた事件。これは許されない事件です。70年代末、80年代初め韓国の労働運動は立ち上がろうとして壊わされたり、殴られたり、追い出されたりした事件なんですが。そんな時代に新軍部が犯した罪悪は許せません。今、韓国が経済開発を成し遂げ、貧しい国を食べていけるようにしたのは朴正熙大統領の功労だという世論が多いそうです。私は実は困惑しています。韓国がいっぱい食べて、いい暮らしをするために労働者たちの途方もない犠牲があったが……　これは何よりも生きようとする運動です。労働運動は生存の

＊第2部　1980年代の人権弁論　　　　　　　　　　　　　247

ための運動でした。これを暴力を動員して弾圧しながら成し遂げたのが経済成長だとすれば、これを甘受せねばならないのか。当時、それが不当だと叫ぶのが、我慢できなかったのが、何の過ちだというのか。そんなことを今また誰かがやれば、私は当時と同じように飛び込んで労働者を弁護するしかないと思う。

| 労働者はどのような処罰を受けましたか？

監禁された側を逆に拘束して裁判して、みんな実刑を受けた。鄭善順を不法監禁した者に対しては、もちろん何の措置もしなかったんです。

| それで元豊労組はすべて壊れましたか？

壊れた。全斗煥が政権を握っている間は労組が息を吹き返せなかったのです。

方鏞錫は後で労働部長官もして国会議員もしましたが、この事件の関係者たちとその後に会ったことはありませんか？

方鏞錫は高卒で代表的な労働運動家として大きくなったんです。人物もハンサムでリーダーシップがあります。鄭善順はほとんど見かけませんでした。労働部関連機構で働いているという話をずいぶん前に聞いたが……。少し悲しい話ですが、労働者に対して熱心に弁論もしているのに、終わってから私にはあまり訪ねて来ません。どうもちょっと取っつきにくいみたいです。私がちょっと遠くにいる人みたいに。

東一紡織も元豊も男性労働者と違って女性労働者に対する攻撃の方法があまりにも低劣です。糞尿を撒く、一晩中監禁してしまうとか……　どこの女性が生意気に労働運動までするのか、そんな家父長的意識のためでしょうか？

それもあるし。闘争において女性たちが非妥協的なこともあります。男性は懐柔をすると騙されたり、お酒をおごってもらったりするんですが、女性は純

粋じゃないですか。それで優れた指導者の中に女性が多い。昔、東一紡織の李総角とか、ＹＨ貿易事件にも崔順永がいるじゃないですか。崔順永も国会議員でしたよね。ＹＨ組合長でした。韓国日報の労組で李昌淑もいます。

控訴理由書をそのように数十ページにわたって念入りに書いても、当時の判決に反映されないじゃないですか。それにもかかわらず、そのように念入りに書いた理由は？

読んでみろということです。そのように書くしかなかったのです。私が弁護士をしながら一番全力をふるって書いた書面だと思います。一度時間があれば読んでみてください。このように書いたのは、私一人で控訴理由書や弁論要旨書の形でも真実を明らかにせねば自分自身を許せないという気持ちでした。また、こうして被告たちに勇気を与え慰めたかったのです。弁護士の一番大きな役割がそれです。彼らの所信が正しかったし、所信を曲げないことで自負心を感じられるようにすること、70〜80年代に法廷弁論をしながら私の主な役割がそれだと考えてきました。

＊第２部　1980 年代の人権弁論　　　　　249

女性の定年差別是正訴訟
―― 金英姫事件、女性定年の障壁を破る ――

　洪弁護士の労働事件の弁論中に、女性の定年が間違っていると訴えを提起した事件がありますね。原告は金英姫で、「定年退職無効確認請求の訴え」となっています。訴えを起こしたのは1983年ですね。その後、女性定年に対する差別的慣習を是正する最初のきっかけとなった事件として有名です。

　女性定年事件は政治的な意味があるわけではありませんが面白いです。女性労働者の権益を伸張させた事件であり、女性活動家たちに関心が集まる事件です。

　韓国に逓信部の電話局があった。もう電気通信公社に変わった。したがって逓信部公務員がすべて雇用継承になりました。逓信部の時も、電気通信公社に移る時もそうだし、電話交換手という職種がありました。昔は市外電話は電話局に電話してつないでもらいました。ところが交換手の定年が43歳でした。他の公務員は55歳なのに　なぜそうなったのか？　交換手は声でサービスする職種ですが、伝統的観念では年取った声は爽やかな感じを与えられないということです。男尊女卑思想が下敷きになって43歳定年になっていた。ところが電気通信公社になってから、なぜか誤って定年規定を55歳にして、43歳という特別規定を引き継がなかったんです。金英姫がここに来て仕事をした時は特別規定がないと思って喜んでたんですが、後で公社側がこの規定が抜けていることを気づいて入れた。あなたは43歳だから出て行けと定年退職処理にした。

　定年退職無効訴訟を金英姫一人で問題提起をしたことは、本当に勇敢なことでした。これがわずか二十数年前ですが、当時は女性運動の芽がやっと出る時です。それで一人で弁護士もなしに１審訴訟で負けた。その次に私に依頼が来て、私が２審から弁論した。なぜ憲法上の平等の原則に反するのか、男女差別禁止の原則に反するのか、という理論的な闘いだった。被告側、つまり電気通信公社側の主張はこれは差別ではなく職種の特殊性や代替人材の需給状況などを総合して例外規定を置くしかないというものでした。そして規定上、　職列〔「職列」とは、職務の種類が類似しており、その責任と困難性の程度が互い

250　　　　　　　　　　　　　　　韓国の人権弁護士　軍事独裁に抗す

に異なる職級の群をいう。国家公務員法5条〕職員が女性で、43歳ではないという主張もした。男性交換手も7000人余りの職員の中で3人いました。国際電話局に英語を話す人が必要なので、その人材を求めて男を使ったようです。事実上、全部女性で実質的には女性差別なんですよね。

| この男性3人も43歳の定年規定に該当するのでしょうか？

　同じだよ。後で裁判をして私たちが勝って、その人たちも恩恵を受けた。こんな争点について韓国には先だつ判例がありませんでした。それで日本の判例を求めた。これも本当に頑張った。この時、理論的な整理が必要だと思って、辛仁羚教授に依頼した。男女差別に関する問題なんで、これに見合う研究をしてほしいと。

　男女差別の根拠に関する理論、団体協約の効力問題があります。名目上は労働組合があるのに43歳に変えたことを労組が承認した。労働組合の一部組合員の権益を会社が正面から侵奪する時、それを労組が承認したことがどんな法的効果を持つかが一つの争点でした。その準備書面を私がよく分からないことは辛仁羚教授の助けを借りて書き出した。この事件は控訴審では敗訴したが、大法院に行って勝った。「大法院で勝って下りてきたので、規定を変えたんです。43歳の制限規定が55歳になりました。金英姫には「復職したければしなさい」と言って。この事件で金英姫はかなり有名な女性運動家になりました。この裁判をしながら女性運動をする会館に行って歓迎も受けて、政務長官が私に感謝牌もくれた。金英姫は当時、未払い給料を遡及して全部もらった。

| 金英姫は55歳の定年まで勤務しましたか？

　勤務していません。その過程を経て女性運動家になったので、交換手として残らなかったようです。夫も労働運動をする人でした。

| 80年代初めにしては、大法院でめずらしく前向きな判決を下したようです。辛仁羚教授の後押しと洪弁護士の弁論がうまく作用したのですが。

　私たちが上告したのが85年だから、すごく時間を引っ張ったよね。政治的な

背景などはありません。

先ほど辛仁羚教授の理論的支援をおっしゃったので気になることは他の事件でも法曹人ではなく、他の専門家の助力を得たことがありますか？

労働法学者、辛仁羚教授が書いた論文をほとんどそのまま準備書面で出したような助力を受けたことはほぼありません。法律的に整理するのは私たちがなさねばならない。他の分野は専門家たちが書いても私たちは文章を書き直します。もちろん意見書の提出などで助けてもらったことはあります。文人たちの事件では文人たちが文学的評価や文学評論的な意見を書くこともあった。

その後、女性の定年が不当だとして起こした訴訟が数件あるでしょう。洪弁護士が関与していないものの中で。

李敬淑事件がありますよね。趙英来弁護士が引き受けたはずですが……。大体事件の性質が似ています。以前は結婚した女性や妊娠した女性、出産した女性に職場を辞めさせたんですよ。結婚退職、妊娠退職、出産退職が慣習のように強要されたんですよ。強制的に追い出す場合があるから裁判になった。今はこんな事件は想像できません。そんなことで裁判するのは今考えると大昔の話です。二十数年しかたっていないが。

定年事件を受任して一度で勝てると思いましたか？

勝たねばならない事件だと思った。苦戦はしたが結局は勝った。後で溜まった給料をもらって、うちの事務室に大きなコピー機を買ってくれた。

先ほど金英姫氏が１審では一人で訴訟を行ったということですが、控訴準備しながら洪弁護士を訪ねてきたようですね。どのように繋がりましたか？

人権弁護士を探しているうちに人脈がなくても、人権弁護士のタイトルのために来たようです。その前後に女性運動をする人たちともしばらく交流があったりした。

ソウル大学校
キャンパス・フラクション事件
──おとなしい人間を闘士にさせた時代──

　1984年ソウル大学校キャンパス・フラクション事件が起こります。ソウル大学で学生会の復活を進めていた学生の一部が警察の手先だと思われる人たちを捕まえて暴行したということです。警察の手先のことをあの時、フラクションと呼んでたから、この事件もソウル大学校キャンパス・フラクションションになったわけです。この事件を口実にして政府はマスコミを動員して学生たちを暴力集団として決めつけ、学生自治組織の復活を弾圧する口実にした。洪弁護士はこの事件の内幕についても十分よくご存知でしょうね。

　ソウル大学のキャンパス・フラクション事件に関する記録をあまり保管していないんですね。覚えている通りに話します。関係者はソウル大学総学生会を構成した主な人物です。背景はこうです。1980年代初めにはひどい軍部独裁体制になっていたが、84年初めに若干の融和局面に入ります。いわゆるキャンパス自律化措置をとり、大学の学生会が任命する学徒護国団体制から学生たちが選出する総学生会体制に変わっていく頃に起きた事件です。その過程で白泰雄<ruby>白泰雄<rt>ペクテウン</rt></ruby>が総学生長に選任されます。白泰雄は学生会中心の活動を企画し、学生自治組織である総学生会を構成する先頭に立ちます。そんな背景のもとに総学生会が復活し、84年下半期に総学生会長として<ruby>李政宇<rt>イジョンウ</rt></ruby>が選出された。

　白泰雄が総学生長だった時に起きた事件です。春だったと思うんだけど、事件は簡単です。自律化措置が融和局面だったので、キャンパスに常駐した戦闘警察の兵力が一時撤収し、除籍生たちが復学する流れがあった。春風が吹いて晴朗な雰囲気だったのですが、そのとき学内に保安司から派遣されたフラクションが入ってきているようだ、怪しいヤツらがあちこち見回っている、偽学生のようだが情報収集のために入ってきているようだという噂が立った。それで学生たちが何人かを捕まえた。ソウル大学の学生ではないことは明らかです。このように偽学生だと捕まえたのがここに出てくる全某という人物ですが、他に3、4人を捕まえた。

＊第2部　1980年代の人権弁論

捕まえて『お前ら、保安司からの差し金で情報活動したんだろう』と、学生たちを閉じ込めて尋問をしたりした。学校のある事務室に閉じ込めて、この学生あの学生が出入りしながら追及をする過程で何発か殴ったようです。でも当時、誰が殴ったのか分からなかったんだ。殴ったという学生は一人もいないし、みんな殴ってないって言ってるけど。それで当局の立場では、いわゆる学生運動組織の責任者を適当にぶち込んだ。学生運動を瓦解させる好機だ思ったかもしれない。その当時、柳時敏〔後に保健福祉部長官、国会議員〕は復学生の協議会運営委員長か、そんな職責を持っていた。柳時敏は80年度に学生会の幹部をしたが、新軍部によって除名され軍隊に強制徴集されていた。兵卒として前方警戒所を守って除隊しソウル大学に復学した復学生グループのリーダーでした。白泰雄は総学生会長で、李政宇は84年下半期に結成された総学生会会長で、呉載栄、尹浩俊の二人も総学生会の幹部でした。でも、この中に殴ったという人は一人もいません。実際に殴らなかったようです。この学生たちを見ると、本当に殴るような学生じゃなかったんだ。

監禁された連中が、何の罪もなくフラクションと決めつけられて殴られたと言って、家族と力を合わせて告訴して診断書を取った。その人たちがキャンパス・フラクションではないかと疑われたが、実際に保安司のフラクションだという確証もない状態だった。その証拠があるはずがありますか？ 保安司がキャンパスのフラクションを運用したのは事実です。「網員〔秘密組織のメンバー〕」とも言った。しかし、彼らがフラクションだという確証はない。

ソウル大学には偽学生が多いんです。キャンパスが広くていいから、誰でも入ってくるじゃないですか。もぐりで講義を聞く学生も沢山いて、彼女に格好つけようとソウル大学のバッチをつけて通う偽学生もいるし、ソウル大学に対する羨望もあるし、いろんな理由でソウル大学に出入りする連中が多いじゃないですか。特に悪意がなくても、いろいろな若者たちがたくさん出入りしたようです。ところでその中でどうもおかしいと捕まえて殴ったり監禁したりしたんですが、そいつらが学生会の幹部たちを告訴したんですよ。

そのように狙われた学生会の幹部たちはみな有罪判決を受けた。公訴事実を見るとつまらないです。政治的な争点などは全くなく、暴行犯の公訴事実だけです。誰々が合同して監禁し殴ったということだから。

80年代初めには戦闘警察が冠岳〔ソウル大学が冠岳山にあるので、ソウル大

学をそのように呼んだ〕キャンパスにテントを張って常駐したんですよ。84年には若干、融和局面となり警察は撤収したが、代わりに「フラクション」を植えつけて学生たちの動向を探知し、その一部が後で確認されたりもした。ですから学生運動指導部では「フラクション」に対して神経を尖らしていた時期だったようです。被害者たちが果たして「フラクション」なのかという確証はありませんでしたが、ソウル大学の学生でないことは明らかで、メモなど怪しい面がある場合もあり、学生たちは彼らをフラクションと見て取り調べを行ったのです。暴行をしたのは学生運動指導部、すなわちフラクション事件の被告にさせられた学生たちではないことは確かですが、公安当局がこの機会に学生運動指導部を弾圧する口実にしたのがこの事件の本質だと思います。そして当時に捕まった学生たちの法廷での態度や書いた文などが多くの注目を集め、学生運動のスターも誕生するなどエピソードも少なくなかったと記憶しています。

　当時、面白い話が本当に多かったです。二十数年前ですが白泰雄は今でも私がはっきり覚えていますが、本当に素晴らしい指導力を発揮した学生でした。まさにカリスマのある総学生会長だった。他の学生たちもそうです。白泰雄は低い声で沈着に演説するが、水を撒いたように静かになるといいます。学生たちを完全に掌握して指導するリーダーシップがある学生会長だった。
　この裁判で有名になったのは柳時敏学生でした。私たち弁護士の控訴理由書より、柳時敏学生が書いた控訴理由書のほうがはるかに有名でした。当時、すでに柳時敏に文才がありました。柳時敏が出した本がいくつかあり、『逆から読む世界史』とかベストセラーが多いじゃないですか。柳時敏が社会科学分野で文筆に卓越した天才性があります。柳時敏の控訴理由書を読んでみましたか？

　当時、柳時敏の控訴理由書は多くの人々の心に響いた。月刊『新東亜』に全文が掲載されました。いくつかのフレーズを引用してみましょう。

　『輝かしい未来を考えるたびに胸をときめかせた19歳の少年（大学１年生の頃）が７年過ぎた今、許されない暴力団のように非難されるようになったのは、決しておとなしい少年が凶悪な青年になったからではなく、この時代が「最もおとなしい人間の中から最も熱烈な闘士を作り出す」不正な時代だから

＊第２部　1980年代の人権弁論

です。この被告がこの7年間経験してきた人生の旅程は決して特殊な例外ではなく、この時代のすべての大学生が共有する普遍的経験です。本被告は軍事独裁政権に抵抗して民主制度の回復を要求する学生運動こそ、沈黙を強いられた民衆の魂を揺さぶる夜明けの鐘の音であることを確信する次第です……』

　そして、最も多く引用された部分は最後の部分です。

　『矛盾だらけなので、ますます韓国を愛する本被告は、不義が横行する時代なら、いつでもどこでも妥当な格言であるネクラーソフ〔ロシアの詩人〕の詩をもってこの独白を終わらせたいと思います』

『悲しみも怒りもなく生きていく者は祖国を愛していない』

　もともと独裁政権は学生運動の純粋性を抹殺するために「暴力」の要素を引き出し、学生運動家を暴力団と罵倒する戦略を常套的に駆使してきた。この事件でも学生運動の主役を「暴力犯」と規定する試みに対して流麗な反論を提起したと記憶します。他の資料を見ると、柳時敏の控訴理由書が広く配布されたことにも弁護団の役割がありました。一度、柳時敏の回顧を移してみましょう。

　「1年6ヶ月の懲役刑を下した1審判決に従わず控訴をしたら、看守が「控訴理由書」を書かねばならないと話した。言いたいこともあるし、執筆室で書いている間は0.7坪の独房に閉じ込められなくてもいいので、3日間、暇さえあれば控訴理由書を書いた。ところが当時、無料弁論をしてくれた李敦明弁護士が一人で読むのがもったいないと、姉（柳時春）にコピーをくれた。姉はそれを持って乙支路の裏通りの印刷所に行って、「チョンタ・マスター〔清書した原本〕」をとった後、法院の記者室とマスコミに回した。……『新東亜』の論説委員を務めている記者が偶然それを見て、本人の表現では一か八かで記事を書いた。編集局で数日間、止められたその記事はボックス記事である「窓」に掲載された。そして、読者の反応が尋常ではないということで、地方版には分量を2倍に増やして送った。そのおかげか控訴審の裁判部は刑量を6ヶ月減らし、出所後、私は民青連をはじめ在野の民主化運動団体の声明書を作成する仕事を数多く引き受けることになった」。

本当に残念なこともあった。ここの記録を見ると、白泰雄の自首経緯書というのが出てきます。白泰雄が手配されて、釜山鎮警察署かどこかで白泰雄を捕まえに行ったんですが、そこにいないから、両親に少しだけ調査を受けさせて出てくればいいと口車に乗せて白泰雄を自ら出頭させた。ところが、自首させて連行して警察は検挙報告をしてしまった。その親が『うちの息子は私たちが探し出して自首させた』、『私たちが警察に協力したのに新聞を見ると検挙したと出てくる、こんなことがあり得るのか』と経緯書を書いたのです。親心も痛かったでしょう。自分たちが騙されて息子を刑務所に送ったのと同じだと自責しただろう。しかし、警察や保安司ではその程度は何でもない。当時、その程度は悪いことにも入りませんでした。

　残念なのが白泰雄が控訴審で裁判を受ける時、この父親が突然亡くなりました。夜10時頃に家で息子に手紙を書いていて急に倒れて亡くなりました。それで父親の葬儀に行かせてくれと弁護士たちが拘束執行停止申請書を出したんです。その申請書の控えが記録に残っています。

　当時、私はソウル大学法学部の大学院生で、後輩の白泰雄に関する話を知っています。ソウル法大で恩師が百方手を尽くして臨時釈放を要請し、また黄仁喆弁護士も法務部に要請したと聞いています。李壽成教授が私に病保釈もあるのに、こんな場合に保釈できる論理がないかと尋ねるので即席で研究をした。朝鮮時代に保放制度がありますが、親の喪に服すれば葬儀を行えるように臨時釈放する制度です。これは人情にそぐわしい良い制度ではないか。それで朝鮮時代にもそんな場合は保放したが、ましてや、それよりはるかに服役者の処遇が良くなった国で、その程度もできないのか……　という論理を作り、教授たちに提出したことを思い出します。結局、弁護人たちの色々な努力で白泰雄は看守２人の同行で釜山で弔問を行い、再び収監されたと理解しています。

　この前話したが、李泳禧教授が1979年に拘束されていた時にオモニが亡くなったが、拘束執行停止をしてくれなかったので、李泳禧が監獄の中で、水一杯を汲んで冥福を祈ったことと比較されます。

　この事件で各個人が誰かを暴行し、監禁したという証拠はないんじゃないで

＊第２部　1980年代の人権弁論　　　　　　　　　　　　　　　　　257

すか？　こんな時、共謀共同正犯理論を持ってきて処罰することを見れば刑法学者として腹も立ち、まだそんな十羽ひとからげ理論を排除できなかったことを反省しなければなりません。関係者の名前を数え上げ、彼らのうち誰かが全某を暴行した……　すると彼らが「共謀」して共同で犯行した、それで彼らを全て暴行犯として処罰できるという論理です。誰でもやれるようになっていて、検事もあまり立証する必要もありません。「共謀して」という一言だけ付ければ、なんでも処罰できるのです。それも問題です。

　そうです。共謀共同正犯だ。その中で誰が殴ったかは分からないんだが、一緒に相談して監禁して殴ったことに責任があるとして共同正犯になるんです。さっきの話を続けると、もう一つ胸が痛む記憶があるんですが、この中に沈充男という学生がいます。沈充男は哲学科でしたが、沈充男はちょっと殴ったようです。他の被告たちの話は沈充男が棒きれを持って往来するのを見たという話があったんですよ。当時、沈充男は責任のある学生でもなかったのですが、沈充男が拘束された後に発作を起こした。精神錯乱です。見たら瞳が完全に焦点を失っていたんだ。私が直接引き受けて行き来したから分かるんです。それで鑑定留置申請をした。精神病専門医に鑑定させた。ここに診断書があります。それで、彼は結局、裁判を受けられず、ずっと病院の精神科に入院した。拘束執行停止状態で裁判を終えられずにいたが、1992年度かこの事件を終えねばならないので法院でこの事件を提起したが、当時の状態を調べてみたら全く良くなってなかった……　彼は永遠に廃人になったと思う。その後は私も消息が分からない。拘束されたことが直接的な精神的な衝撃になって、精神病の発作を起したのかどうか、精神病というのは原因が明快に現れたりするわけではないので分からないけど、1984年の事件ですが、1992年にまた彼の状態を調べてみたら、裁判を受けられる状態ではありませんでした。それでまた先延ばしにして、その後は私も知りません。

　この事件は全体的にどのように整理できるでしょうか？

　このフラクション事件は暴力行為などの処罰に関する法律違反で、公訴事実だけを見ると暴力犯です。一人一人は非常に優れた人物であり性格も良い学生でした。こんな学生を暴力犯として断罪したことに対して私たちは非常に不満

です。それで柳時敏の控訴理由書が出て来たのではないですか。

暴力犯として断罪されれば、長く獄中生活を送る可能性があるはずですが、いかがでしたか？

これらの人々の刑務所にはあまりいませんでした。事件の基本が政治的な攻撃だから良心囚になってすぐ解放された。

尹昊重（ユンホジュン）は国会議員をしながら報道官もしたりした。白泰雄は再び朴労解（パクノヘ）と一緒に社労盟（サロメン）事件の中心人物として長期間服役し後に釈放されてアメリカに行って勉強し、カナダのUBC大学〔その後、ハワイ大学〕で教授をしています。李政宇は後日、司法試験合格して弁護士をしましたが、法廷に通っているかどうかよくわかりません。

民主化推進委員会（民推委）事件

　1985年からは学生運動が非常に複雑な革命理論を作り出し、激しい理論闘争が繰り広げられます。反政府デモも激しくて多様になります。このように新しい学生運動の本格的な展開の最初のテープを切った事件が民推委事件ではないかと思います。弁護士としても新しい流れに沿って準備も違ってくると思いますが。

　80年代初めには国民も絶望に陥り学生運動も表面化することが難しかったのです。それが83〜84年になると、凍土の氷を砕き始めたのが民青連（民主化青年連合）でした。金槿泰が主導する民青連が旗をあげます。民青連の運動に対する考えはこうでした。従来型の名望家中心や野党を信じ、またアメリカに期待するような民主化運動はもうだめだ……　こんな絶対的な独裁の前にそれが何の役に立つのか……　そのため、いわゆる民族民主革命によらずにはこの政権を倒すことはできない……　簡単に言えばそれです。

　ソウル大学の運動圏にもいろいろありますが、文龍植を中心とする民主化推進委員会（民推委）のメンバーがいた。文龍植、安秉龍、黄仁相、などがいます。彼らは民推委という組織を作り、「旗1号」「旗2号」を出し、ソウル大学の運動圏を引っぱった。でも「旗」という印刷物が出てくるから情報当局がビックリしたんだよ。従来の運動圏の闘争方式とは全く違う……　本格的な革命論が出た。それでそこに対する弾圧が始まるが、その中心に文龍植という学生がいた。私が今まで経験した学生運動家の中で理論的にこんなに優れた人は見たことがないと思う。話術はちょっと苦手で、雄弁家ではないが、素晴らしく筆が立つ……　後で文龍植が書いた控訴理由書を読んでみてください。80年代の学生運動論の典範のようです。本当によく整理されています。一つの時代を理解する教養書という意味で一度読んでみることを勧めます。当時の学生たちの悩みなどを一目瞭然と理解できる。たとえ革命論であり左傾の色が強いとしても、その内容を読むと切々とします。

　当時の軍部独裁の残酷な弾圧を経験した者として、これに共感しないのが難しい程です。文龍植が中心となって何人かが民推委を作り「旗」を製作して散

布しデモを主導してこうした活動をしたのが「旗事件」です。「旗」という
印刷物で当局の捜査が始まり、捕まって裁判を受けた。公訴状もあまりにも長
いので私がその内容をいちいち説明するのは難しいのですが、控訴理由書一つ
読めばこの事件が分かります。大学生が果たしてこのように整理ができるのか
と疑うほどよくできています。

控訴理由書の分量も内容もとてつもないと感じました

　文龍植の控訴理由書の序文には一審裁判に対する感想を述べています。『裁
判の過程で、それでも真実を明らかにするために最善を尽くした』、『公訴事
実で水増しされた部分と誤って記載された部分を一つ一つ正すことが必要だっ
たからです』、『有罪や無罪、刑の軽重より小さな記録でも正確に残すことを
目標にした』、『ところで、これは何だ。公訴状と一字も違えない判決文を出
すとは……』と猛烈に批判しています。『判決文が240ページを越すのに、公
訴状をそのまま書き写してどうしてその膨大な判決の内容にできるのか』とい
うことです。公訴状をそのまま書き写すなら、大げさにメンツを揃えて裁判す
ることに何の意味があるのかと司法府を批判しています。『自ら権威を貶めな
がら、どうして権力に身を売った侍女という非難を免れられるのか』と司法府
の問題点を指摘しています。こんな法とは何か、こんな法の審判を見れば法と
は『少数支配集団が大多数の民衆を弾圧する道具でしかない。こんな時、法の
審判というのは無意味だ。歴史の審判だけがあるだけだ……』。こうして始め
た点がまず目に付きます。

　維新と第5共和国当時の刑事判決、時局事件の判決を通じて、法院は自ら
「権力の侍女」という屈辱的な批判を受けたのではないでしょうか。法の支配
そのものに対する懐疑と批判が積み重なる時代像を表現したのでしょう？　控
訴理由書の分量が膨大ですが焦点は何ですか？

　まず拷問捜査の問題があります。検察は「捜査過程で被告が犯行一切を素直
に自白した」と書いています。いったい検察がこんな嘘をどうやって平気でつ
けるのか。これは嘘をつきながらも、それが嘘であることを知らない徹底した
自己催眠の状態ではないかと批判しています。考えてみてください。文龍植は

24日間、治安本部の対共分室で捜査を受けた。捜査は拷問から始まり、拷問に終わった。この対共分室は拷問の糾弾をいつも言い逃れていたが、朴鍾哲拷問致死で拷問の産室であることがさらけ出された機関です。検察は捜査指揮の責任を負っているのに警察捜査での拷問の訴えを完全に踏みにじって、警察での行為は自分たちの知ったことではないと、しらばっくれるのか。それで、どうして「素直に自白」云々の言葉が出るのか。こんな検察の主張は根も葉もなく、検察自体が集団催眠の状態に陥っているということです。

実際、どのような拷問をどのくらい受けましたか?

「旗」のような押収文書がありますが、彼自ら革命論を書き終えた。ところが文龍植の民族民主革命論を検察でしきりに社会主義暴力革命論にこじつけようとするから、強く否認したのです。それで捜査過程でものすごい拷問を受けたんです。

後に金槿泰も同じ拷問を受けたが、金槿泰は電気拷問まで受け、文龍植は主に水拷問を受けた。南営洞に昔、拷問で有名だった場所がいくつかあります。「南営洞」は治安本部〔警察〕対共〔共産主義者に対する〕分室、「西氷庫」は保安司対共分室で、「南山」は中央情報部の地下室です。この3ヶ所が拷問で最も悪名高い所です。文龍植は拷問を受けた実状を生々しく控訴理由書に書いた。

まず「七星板」というのが拷問台です。もともと七星板とは人を埋葬する際に土を掘り、そこに木の板を敷きます。その上に棺を置くのですが。その木の板を七星板と呼びます。拷問台を七星板と呼ぶというと、人を完全に殺して棺に入れるという恐ろしさを与えるじゃないですか。それが七星板です。

人を裸にして七星板にしっかり縛ります。動かせるのは手と足の指しかなくて、裸にして縛っておいて水を注ぎかけるんです。凄惨な話ですが、水を1時間も飲ませると、最初は腹の中のものを全部吐いてしまうんですよ。水だけ出るまで吐いて……　その次はおならが出るそうです、その次は便が出るそうです。内臓を完全に水で洗い流すんだ。それで失神するんだって。それが繰り返されるんですよ。水責めを2回受けたら抵抗の意志を完全に失い、抵抗自体も完全に忘れてしまいます。拷問が終わってしばらくして拘置所に帰ってきて水拷問が終わったのに自分の喉から水の匂いがするんだって。水におぼれたこと

がある人は分かりますが水をゴボゴボ呑むと、水の匂いがするそうです。それがしばらく無くならないそうです。そんなに恐ろしい拷問を受けた。このように南営洞の対共分室で被疑者が拷問を受けながら捜査機関が要求する通りに叩き合わせてきたことを検察はそのまま追認します。拷問されたと主張しても聞かぬふりをして、しかもまだ〔拷問の〕味が分からないのかと脅します。こんな過程を経て、社会主義暴力革命論を無理やり作った。

拷問の主張以外に、裁判で集中的に争われたことは何ですか？

文龍植の控訴理由書の全面に出てくる内容ですが、これを見ればマルクス主義に対して正面から対応する学生たちの態度が迷いなく出てきます。検察では彼らが革命論を主張し、その革命論はマルクス・レーニンの革命論に類似していると主張します。実際に文龍植がマルクス主義を深く研究した。本がすごく押収されています。押収リストだけ見てもマルクス主義をきちんと研究したことが分かります。

文龍植はマルクス主義をいかに見るべきかを書いた。文龍植の話では、たとえ民族民主革命（NDR）を完成させたとしても、それは社会主義革命とは全く違うものだ。文龍植らは民族民主革命を主張しています。それに対して検事の公訴状では民族民主革命が社会主義革命の前段階だ、2段階革命論の1段階革命だと述べていますが、それは間違っていると文龍植は弁疏しています。

私たち弁護人に会って、1審法廷で拷問に対して告発して勇気を得た後に、自分の主張するNDR革命論に対して法廷で話し控訴理由書にも書いたりした。ところが当時、この事件を私たちが接した時、文龍植や他の被告たちが話しているのを聞いて、私たち弁護人たちがまず当惑した。それが果たしてマルクス・レーニン主義で言う暴力革命論とどう違うのか。部分的にかなり違いますが、基本骨格はマルクス・レーニン主義の理論的技法をそのまま持ってきたのではないかという疑問がありました。

当時からNDRとかCDRとかいう論争が始まるようです。民族民主革命（National Democratic Revolution）など英語字のイニシャルを捉えて革命論を作り、それを目指す学生運動の求心体を作り論争しているようです。完全に百家争鳴の革命論時代と言えるでしょうが、文龍植の革命論は一つのフレームを

＊第2部　1980年代の人権弁論

| 先導した感じです

　とにかくNDR〔民族民主革命〕などの理論を見ると、それなりに精巧です。文龍植が当代の学生運動圏に隠れた最高の理論家だったとも言われ、学生運動の後輩たちは文龍植を運動圏のレーニンだと思っていたとも言われています。非常に優れた革命理論を定立した人がいると。文龍植の理論はいわゆるNDRですが、彼がこれを展開する前にマルクス主義に対する話をしています。マルクス主義を我々がどう扱うべきかという問題を正面から提起したのです。最近はマルクス主義は本を抱かせても読まない人が多いだろうが、社会学や経済学を本当に考える人たちはマルクス主義を今も勉強しないわけにはいきません。マルクス主義はある意味で永遠の古典です。いくら経済理論が変わっても、マルクス主義は経済学の勉強をしようとすれば、経ざるを得ない部分です。でも勉強しているとそこにハマったりするんですが……　その意味で社会科学をする人は、マルクス主義に対する自分の姿勢を持たねばなりません。いつでも正面突破を考えるべきで、避けるべきではありません。

　マルクス主義の問題を避けず、正面から向き合いながら、受け入れるべきは受け入れよう。後でレーニンの「マルクスの暴力革命」のような話に行けばまた変わるが、分析の枠組みとして「マルクス主義」は非常に有用なものであり、今も有用だ。それで社会科学をする人々がこんなマルクス主義を避けずに正面から対決し、それを克服することが必要だと思います。

日本軍の諜報学校出身が不穏書籍を鑑定

　私がマルクス主義について無知だからそう思うのか、この学生はマルクス主義に本当に通暁しているようでした。実際に文龍植の家で膨大な本が押収された。それを対共分室で全部分析すると言って見た。ここの「証拠書類目録」に押収された本の目録が出てきます。このリストに「意見書」がありますね。これは内外政策研究所にいる者が本を鑑定したものです。内外政策研究所は治安本部対共分室の付設機関のような機関です。これがまた珍しい機関です。本を何冊か持って反共の立場から鑑定するのですが、この本がどんな本で、これは共産主義を宣伝する本で、これは一般人が見ればすぐに共産主義者になる危険性があり見てはいけない……　韓国では出版してもいけない、見てもいけな

264　　　　　　　　　　　　　　　　　　　韓国の人権弁護士　軍事独裁に抗す

い、専門的な研究者以外は見てはいけない。千編一律的な結論でした。

　鑑定書であらゆる著書に対する評価をし、みんな不穏書籍と規定する。

　文龍植の家で押収していった本がエーリヒ・フロムの『マルクスの人間観』、ポール・スウィージーの『資本主義発展論』、E.H.カーの『ロシア革命史』、カール・コージックの『具体性の弁証法』、サミール・アミンの『帝国主義と不平等発展』、そして「旗」チームが作ったという印刷物、トロツキーの……　こういった本です。印刷物を全部押収して分析したんです。例えばエーリッヒ・フロムの本については「その内容がマルクスの思想を正当化しているだけでなく、共産主義の主要論文を収録しているという点で不穏冊子といえる」。ところがこの本は英語でした。それに対する意見はこうです。「本書が英書で比較的難しいMarxの哲学部門の本であるという点で、この本を所蔵した者は共産主義理論の学習に関心があったという判断を可能にする」。

　エーリッヒフロムを「アメリカのネオ・マルクス主義者」と断定して、始まりますね。エーリヒ・フロムは反ナチ思想家で、マルクスとフロイト、そしてユダヤ教の知恵を集めて現代に大きな影響を与えた思想家ですが……　マルクスに言及すればマルクス主義者になります。当時フロムの本は最も多く翻訳され、おそらく韓国の大学生と知性人が最も多く見た本の著者と言えるのですが、その人が韓国にいたら公安当局によって国家保安法で重刑を受けたでしょうね。また、イギリスのE.H.カーの『歴史とは何か』は、大学生たちの必読書でした。その本の内容は、イギリスのBBC放送でしたものを本にまとめたものです。カーの主著は『ロシア革命史』でした。そのカーの著作について、「本書は英国のマルクス主義歴史家である著者の主著の一つとしてボルシェビキ革命を何の批判もなく正当化した著作である。一般の学生、知識人にとっては共産主義革命とその体制を妥当視する考え方を肯定させる危険性のある不穏書籍である。したがって、本書の所蔵者が本書の原本のコピー所持していること自体が不純であろう」とありますね。不穏、不純を抑える内外政策研究所の水準は、おそらく日本の植民地支配末期に治安維持法を適用した日本の思想検察と同じレベルだと思われます。

＊第2部　1980年代の人権弁論

先ほど韓教授が読んだ鑑定書の鑑定人が誰かと言えば洪性文となっています
ね。内外政策研究所の研究委員代表という肩書きをつけて。ところが、この洪
性文が問題の人物です。彼は70年代後半から不穏書籍が出てくると鑑定をし
た。まるでマルクス主義の専門家であるかのように……、最初は本を読んで
鑑定しているから何かの学者かと思った。ところがその人が荒唐無稽です。私
が1977、78年頃に汽車旅行をしていて、退屈して読んだ本の中で見た漫画があ
ります。その内容が上海臨時政府時代の地下独立団体の話なんですが、その漫
画に日本の密偵とか出てくるんですが……　中野諜報学校が出ています。日本
陸軍省の傘下にある諜報学校です。日本軍のスパイ養成学校なんですが、この
学校を出て日本の密偵となって韓国の独立運動などに浸透して破壊する役割を
します。
　ところが70年代から検察側の鑑定人として洪知英という人物がよく登場しま
す。当時、洪知英の名前で『都市産業宣教会は何を狙うのか』という冊子が出
ています。都市産業宣教会を企業を「倒産」させるアカとして険悪に罵倒しま
す。ところがキリスト教会館の方で誰が手に入れたのか、洪知英の履歴を一つ
手に入れて私のところに来た。見ると、「中野学校」出身となっています。中
野学校というのは後で知ったよ。この洪知英が洪性文です。法廷に彼を証人申
請した。彼が学生たちから押収した書籍を全部左翼書籍だと言うが鑑定の弁を
ちょっと聞いてみようと申請して、洪性文が法廷に呼んだ。

|　洪性文という人をその法廷で初めて見たんですか？

　初めて出た。あなたが共産主義理論の専門家であるかのように話している
が、学校はどこを出たのかと尋ねた。すると上海にある東亜同文書院大学とい
うところを出たそうです。それで、それで何学科かって聞いたら、政治学専攻
だって。あなたは日本の中野スパイ学校に通っていないかと聞くと、それは否
定できませんでした。
　その学校が日本帝国主義のスパイ養成学校じゃないかというと、そうじゃな
いと激怒するんです。東亜同文書院大学というのも密偵の本拠地です。中国大
陸と後にロシアまで日本の侵略対象ではないですか。大陸併呑の前哨基地とし
て作ったスパイ養成機関だよ。
　それで、すごく言い争った。自分がそこに出たのは間違いないと言いなが

ら、そこで共産主義を研究したと言って。聞いた話では、彼が偽装でソ連共産党にも入党したという話もあります。諜報員としてソ連共産党の党員になったという噂まである人です。内外政策研究所の首席研究員という肩書きを持って内外政策研究所を彼が率いていたんだ。内外政策研究所の事務室がどこにあるかというと、南営洞対共分室の中にあります。同じ建物の中にあったよ。

そのとき内外政策研究所の事務所の所在地がまさに治安本部対共分室のあるところだと分かっていましたか？

当時から分かっていた。だから治安本部の常連客だよ。報告書を書いてほしいと言われたら、すぐそこで書いた。洪性文がそこの責任者で、金栄学、金勝昊などは脱北者です。金日成大学で教えたとか、教授をしたとか、こういう人たちが、共産主義研究者として、この機関で給料をもらっていたんだ。
この連中が大学生と知識人たちを共産主義者だとレッテルを貼っているのだから、まったく……　これは全部その何人かが書いたものです。字も同じです。この鑑定人たちの言うとおりすれば、全部見てはいけない本になります。

その後も洪性文と法廷で向き合ったことは？

80年代に私が何度も法廷証人として申請したので、当時は何度も法廷で会った。でも、すごくあつかましくて、少しも恥ずかしがらずにぬけぬけとしてました。

80年代半ばの理念論争の導火線

文龍植の革命論を見て最初はちょっと当惑するとおっしゃったが、弁護人としては被告の立場を十分理解しようという姿勢から出発するのではないですか？　革命論が出た背景とか行動の動機とかを、どう整理されたんですか？

1980年代初めと半ばに国を心配する学生たちなら、80年に光州で残酷な事態が起き、それをアメリカも黙認または支援したと考え、そのうえこんな事態を防止せねばならない野党指導者たちは政権争いに没頭して新軍部の登場に対応

＊第2部　1980年代の人権弁論

する何の準備もなかった。こんなことが学生運動圏を絶望させたのです。それで結局、革命しかないと革命論が出てくるのを理解できます。当時はそれなりに頑張って弁論をしたが、実は国家保安法は検察や法院では必ず有罪判決をすることになっていた。その一方で、なぜ学生たちの運動論理がこれ程まで発展せざるを得なかったのかを理解しようとしたのです。私も弁護人ですので、これが見慣れない理論であり危険な理論でもありますが、全身を投げうって弁論をした。絶対にこれらの人々を危険視するな。これらの人々は私たちの分身だと言った。今この弁論要旨書を私がもう一度見ると、私のこの事件にに対する熱意がよく分かります。これはすごく大変な弁論だったんだよ。後でこの弁論要旨書を誰かに見せれば、本当によくやったと言うんだろう。これしかできないだろうと思いながらも、最善の弁論だったと思います。

80年代半ばの理念論争は当時も局外者にはついていけませんでしたが今、それを説明しても、きちんと聞き取れるかも疑問です。

良心囚の所信を守るのが人権弁護士の役割

そうです。今は彼らがその後の韓国の政治発展をどのように解釈するか分かりません。今、私たちがNDR〔民族民主革命〕を成功させて革命政権を立てたんじゃないですか。

弁護士になるというのは何かという質問がまた出て来ますね。被告たちが新しい思想で武装し新しい概念を作り出せば、弁護士はそれをすべて学習して消化せねばならない……。

NDRなどが私の政治的な所信とあまりにもかけ離れていて合わないとしても、私が一応、文龍植の弁護人を引き受けた以上、あきらめることはできません。非常に破廉恥な思考、反道徳的思考でない限り、私がついて行って、かばえるところまでは最善をつくして擁護しなければならないと思います。

被告たちの当時の主張と今の考えがいくらでも違いうるじゃないですか？当時に主張した「革命」が成就しなかったと言って、その主張が誤ったものと、

268　　　　　　　　　　　　　　　韓国の人権弁護士　軍事独裁に抗す

事後評価されねばならないのでしょうか？　では、当時の主張の純粋性を弁論したことを事後的に評価することはどんな意味があるでしょうか？　こうした反論をする人もいると思いますが、実際の被告にとって弁論の長期的意味は何でしょうか？　本当に難しい質問ですが、そんな質問も一度してみてもよろしいでしょうか？

　私が弁護士として政治犯たち、良心囚たちを弁護しながら、私の最小限の役割がその人の所信を守ることだと思うと言ったじゃないですか。ある人が反維新、反軍部独裁、民主主義を回復せねばならない、こんな抑圧的な体制は崩壊させねばならないという政治的所信を持って飛び込む時は、自分なりにはすべてを捧げて運動に飛び込むのです。自分の所信が間違っていると信じない以上、『私は私の所信が正しいと考えて、あきらめることはできない』と考える以上、その所信を保護することが良心囚、政治犯を弁護する弁護士の役割だと思います。それが弁護士の最も重要な役割です。

　良心囚もそうです。法廷で有罪判決を受けて懲役刑を受けても、時には死刑判決を受けても、その所信を堂々と守り最後まで曲げないことが良心囚たちが進む道だと思います。

　その当時は、それがその人のためのように見えるが、一人の長い人生を考えてみるとそれは間違っているのです。この事件を見ると、十数人が一緒に裁判を受けたのですが、この友人たちはみな決然とした同志意識に結ばれていたのでしょう。苦難が迫ってくることが明らかなのに一緒に行動する覚悟もあり同志愛もあるのです。もちろん思想そのものは変わります。NDRというのは今考えると過激でもあったし、分別のない時に強く主張したような気もしたけど、当時はそれがすべて正しいと思って一身をなげうったんですよ。それでも最後まで一緒に行ったじゃないですか。だから懲役食らって出てきて激動する韓国社会に生きながら、いくら重刑を受けても数年も経たないうちに社会に復帰するとまともに正常人として活動したんですよ。

　1987年以降に制度圏にも入りますし。賢い学生たちですから司法試験を受けて弁護士も、判事も、検事も、公務員もして、また社会のあちこちで熱心に活動していますよね。当時は卵で岩を打つような気もしたし、拘束されれば将来は終わったという絶望感もあったでしょうが、長い目で見れば卵で岩を打ち続

＊第2部　1980年代の人権弁論　　　　269

けると岩も割れることもあるという気もします。絶壁のような絶望感も乗り越えれば、若い時の苦労は人生の薬だという気もしますし……。

　実際にそうでした。ナウヌリという会社があります。ナウヌリのCEOが文龍植です。コンピューター産業の初期に収入も良かったでしょう。パソコンもちょっと天才だと思う。黄仁相も弁護士で、安秉龍も弁護士です。外国に行って勉強して大学教授になったからといって大したことありますか？　一時、苦楽を共にした自分の同志たちと最後まで一緒にできず一人で引き退ったこと、その申し訳なさを振り払うことは難しいでしょう。それで少なくとも良心囚、政治犯は周辺で無理やり転向させたり謝らせたり、自分の所信を曲げさせたり、反省文を書かせたり……　そのように意志を曲げさせて権力と妥協させることは望ましくありません。

　この事件の弁護人としてあらゆる情熱を注いだとおっしゃったが、その後、彼らとの接触がどれくらいありますか？

　一生懸命弁論をした。自分の体を投げるようにして危険な革命論を危険ではないと汗だくで弁論をしたが……　そんな真実が通じたのか、彼らがその後も私を訪ねてきたりした。釈放された後に毎年正月に新年の挨拶に来た。
　私が思うにそうです。左の理念というのがナイーブで、ある意味、若者たちの人生一度の通過儀礼です。ハマるんです。それを私たちが理解せねばなりません。でも右派は理解しようとしない。あいつは一度アカだったから最後までアカだと思うのが右翼の共通の考えですが、今そうでない人がどれほどいるだろうか。若くして進歩的な左翼理論に耽溺し、いつか変わった人がいくらでもいるのに……。

　「通過儀礼」という言葉が正確なようです。若くして現実の矛盾を体験しながら、こんな世の中を大きく変えねばならないと決断し、望ましい世界の設計図を描くようにデザインするじゃないですか。また、この矛盾を早く無くさねばならないので革命論に心酔するようになり、その方法としてマルクスであれレーニンであれ、カストロであれ、チェ・ゲバラであれ、フランツ・ファノンであれ、手あたりしだいに引っ張ってきて。ただ革命、革命といっても、本当の革

命のように銃を持って闘争する事はなく、暴力革命をしなければならないとしても「言葉だけで」するのが私たちの運動の特徴だったようです。いわば「銃が必要だ」と言いながら「私が」銃を持つつもりなどありません。ところが、そんな運動に対して途方もない弾圧を加えました。ひどい拷問をして、仲間を密告せよと良心をふみにじり、マスコミでは相手にできない共産主義者だと罵しり、そんな試練の中で捜査と法廷と監獄を通過することになります。また、時間が経つにつれ「現実」というものがどれほど途方もない規定力として作用するのかも感じ、自分の長期的生活と職業に対して具体的に悩みもし、月日の流れに適応してみれば、いつの間にか「革命がうとましい世代」になるのが人生ではないか……　そういう点で青年の革命論も急進左派的思考も一つの通過儀礼ではないかという気がしますね。先ほどおっしゃった思想犯、良心囚を弁護する弁護士の役割に対する考えも胸に響きます。その考え方は初めて良心囚弁論に飛び込んだ民青学連の時から持っていた考えでしたか？

　そうではありません。こんな事件を担当しながら、私がなぜこんなことをするのか。私がすることの意義は何か、私はこれを絶対にせねばならないと思って飛び込んで汗を流しながら追いかけているんだけど。

　通常、弁護士の役割が拘束状態を免れるようにすることであり、刑務所に行かせないようにすることです。反省文であれ、何であれあらゆる手段を動員してでも……　それが有能で優れた弁護士だという考え方が広まっているじゃないですか。当時は処罰もはるかに苛酷で、後の報復も激しかったので、そんな考えがより強かったと思いますが。

　いわゆる破廉恥犯に対してはたいていそうです。窃盗だ、暴力だ、経済事犯だ、こういうのはいくらでも反省文を書けと言うこともありますよね。弁護士が積極的に一番先に話すべきかどうかは分からないが。ところが、その点で一般刑事犯と政治犯、良心囚とは違うのです。良心囚は「良心」を保護しなければならないという大原則を立てねばなりません。「政治犯（political prisoner）」というのは自分の行動が実定法に反するとしても自分の所信に従ってその行動をするしかない。それでその行動が実定法に違反して法廷に立つのが政治犯です。大学時代に政治犯について学んだのですが、アムネス

＊第2部　1980年代の人権弁論　　　　271

ティの活動をしながらその用語が良心囚となっています。良心囚（prisoner of conscience）という用語は、アムネスティを通じて広まりました。弁護士の役割が主に良心囚の「良心」を保護する役割であらねばならない。良心を捨てて反省の色を見せるなら、懲役を打たずに見逃すという誘惑に対してどのように対応するかは一次的に本人の決断でしょう。しかし弁護人としては所信や良心を守ることの意味が何か、その点について助力できるでしょう。

本人が選択して決断した範囲内での良心と自由と思想を保護し、助けるということですね？

そうです。人間として自尊心を守って生きねばならないじゃないですか。人間的な品位を守り、体面もあり、法廷で節を曲げずに自分の所信を堂々と語れば有罪判決を受けて懲役に行く可能性が高いのです。ところで懲役になるとどうですか。大韓民国の屈曲の多い政治史を見ると、ほとんどが赦免復権され一般社会人として復帰します。そうするとそれが一生の誇りになります。でもそこで『すみませんでした』と節を曲げて出てきたら、一生堂々とできないんです。それがどれほど重要かわかりません。

1985年、それとも86年かと思いますが、西小門の方を歩いていて偶然、法廷に入ることになりました。当時、大学生たちが被告だったのですが、事件は覚えていません。一言で言うと、『こういう腐りきった独裁政権の走狗である法院の裁判を拒否する』と言って出て行こうとしたんですよ。当時、弁護士が趙英来弁護士でした。趙弁護士が『これまで言いたいことがあれば今言える。全部言ってみろ』と静かに勧めた。だから一人が自分がこれまで惨たらしく拷問されたことを一つ一つ並べ、続いて他の学生がまた拷問されたことをずっと話しながら判事たちは私たちの主張を尊重してくれるはずがない、あれば言ってみろと判事を促し、だから私たちは裁判を拒否するのだとまくし立てた。判事は雷に打たれたように何も言えずにいました。その日の公判はそれで終わった。当時に見て感じたのが、ああ弁護士はこんな中でも被告が一言でも話せる雰囲気を作り出すんだなと、弁護士の役割について考えたことがあります。

裁判拒否するという時に一番困ります。弁護士は在野法曹人ですが、裁判と

いうシステムは受け入れねばならないのが弁護士です。裁判自体を拒否すると弁護士も立つ瀬がありません。かといって、裁判拒否をよくやったというわけにもいかない。結局、裁判を受けながら言うべきことを全て言おうよ。拒否しても懲役に行くのは同じだが、言いたいことだけでもはっきりと言おうよと勧めます。でも勧誘が80年代半ばが過ぎると、だんだん通じなくなりました。1985年くらいから裁判拒否が激しくなります。

　普通、複数の弁護士の名前がある時、洪弁護士が主弁護人をすると、他の弁護士たちは法廷に出ますか？

　出てくる場合もあるし、他の事件を引き受けると抜けたりします。私がこういうのを一人で一生懸命やって80年代には人権弁護士の中で最左派の烙印を押された。

　「最左翼の烙印を押された」弁護士に一度、整理を兼ねて聞いてみます。80年代半ばから学生運動に「反米主義」が決定的に重要なものとして登場し、「反戦反核」を叫ぶ動きが激しく展開します。その学生たちと最も近かった既成世代として反米主義についてどのように整理しましたか？

　60年代や70年代に生まれた世代が物心ついて国や民族の問題などを自覚する時、若者たちが一番理解できないのが、なぜ韓国に外国軍隊が来ているのかということです。なぜ韓国軍隊の作戦指揮権を米軍司令官が持っているのかという疑問を提起します。私たちの既成世代は米軍がここに来た時から生きてきたので免疫性もでき、既定事実として運命のように受け入れながら暮らしてきたが、いつか分別がついてみると韓国が独立国ではないように見えるのです。実際、とんでもないじゃないですか。「北朝鮮にソ連軍がいるという話は聞きませんが、ここは韓米連合司令部の指揮権を米軍が持っていて、休戦会談の時も北朝鮮代表と米軍が正代表で、こういうところで若い学生たちが混乱に陥るのです。それでその後、80年代の運動が米軍に責任があるという光州事態を経て、急激に反米主義に進むしかなかったようです。

　青春を燃やした体験はそれ自体で大切なものだと思います。その時代の運動

＊第2部　1980年代の人権弁論　　　　　　　　　　　　　　　　273

はあらゆる苦難の茨の道を歩きながら血まみれで進行したのではないですか。自分の利己心からではなく問題を見て悩み、目の前に迫る不利益にもかかわらず躊躇しながら飛び込んだ人生でした。当時と今の考え方は違っても、関心の焦点は違っても、当時を回想すればその悩みと決断の青春時代そのものは大切なのではないでしょうか。もちろん当時の拷問の苦痛や、自分の弱さなどに及ぶようになれば、考えたくない悪夢かもしれませんが、そんな苦痛や弱さも人間本来の一つの姿でもありますから。

ソウル大学生がソウル米文化院を占拠

——学生運動は民主化運動の主流——

　1985年5月、ソウルの大学生たちがソウル米文化院〔アメリカン・センター〕を占拠して座り込みをする事件が起こります。当時有名な事件です。洪弁護士は80年代初め、最もひどい時期に釜山米文化院放火事件を弁論されたが、ソウル米文化院事件も弁論を任されたと聞いています。釜山事件のことを話しながら、学生たちがなぜ米文化院なのかということをおっしゃっていましたが、この事件はその意味や波紋から釜山とはまた違った流れにつながいたのではないかと思ったりします。

　この事件を理解するには、まず当時の政治的背景を知る必要があります。1985年に最も重要な政治的事件は2月12日の国会議員選挙でした。全斗煥の新軍部が権力を掌握した後、野党らしい野党はありませんでした。当時の第一野党という民韓党（民主韓国党）という政党は、ほとんど新軍部が作った政党でした。当時の政権党が民正党（民主正義党）でした。民韓党は民正党の第2中隊だという話が当時に出た。実際にそうでした。民韓党の事務総長は誰、こんな風に新軍部が野党の人事まで牛耳った。新軍部の目から見て政治をしてもいい人だけを選んで国会議員にもなり、野党党首にもなり、というのが民韓党です。その際、国会議席の3分の1は全国区で与/野の議席比率で分けていくようにしたのですが、ただ全体の全国区議員の半分は大統領が任命した。三権分立は当時は形式的にも崩壊していました。

　そんな体制が続いていて、1985年2月に国会議員選挙が実施されることになったんです。真冬で選挙運動の期間もほとんど与えず、政治大物は最初から出馬も封鎖され、それでその選挙は「凍土の選挙」と言いましたが、総選挙を前にちょっとした融和局面に入って、言論の自由とかキャンパスの封鎖政策も若干解けた。当時、焦眉の関心事は両金（金泳三、金大中）の立場でした。両金は政治規制に縛られて選挙に出馬することもできなかったが、正統派の野党を指導する立場でした。選挙を前に民韓党に属した国会議員のうち、両金系列の人物が民韓党を離党し新韓民主党（「新民党」）をつくった。総選挙では結

＊第2部　1980年代の人権弁論　　　　　　　　　　　　　　　275

局、民正党、民韓党、新民党の対決になったんですよね。

　当時、野党旋風が巻き起こった。官制野党である民韓党ではなく、民主的正統性を持っていた新民党が事実上勝利したのです。このように野党らしい野党が生まれ85年に政治の季節を迎えます。学生運動圏も本格的な大衆活動をするようになりました。大学ごとに総学生会が作られ学生会長を直選して、全国大学生総学生会の連合体として全学連がつくられ、その傘下に闘争組織として三民闘が生まれます。この三民闘が主導したのが、85年のソウル米文化院占拠事件です。学生運動の急速な成長と大衆化に対する反動で、その年の９月頃に全斗煥軍部政権は民青連を弾圧し金槿泰議長を捕らえ無慈悲な拷問して降参を強要する強硬策に出ます。それで一連の裁判が行われることになります。

　85年頃には学生運動が一つの事件ではなく、連続的、多発的に起きるようになり、運動理念も一年ごとに新しい内容で満たされます。でも大衆的影響や印象と関連して一番大きな事件が1985年５月の米文化院占拠事件でしょうね。

　米文化院事件っていうのは大学生たち数十人が計画的に市庁の隣の米文化院２階の図書室に一気に駆け込んで占拠した事件ですよ。大使館と違って文化院は一般に開放された空間ですから警備が手薄なんですよ。計画を立てれば占拠するのは難しくないのです。

　1985年５月22日、ソウル大学の民民闘議長の咸雲炅が主導し数個学部の数十人が入った。占拠座り込みをする名目はもちろん光州事態です。アメリカが光州事態を鎮圧する韓国軍の移動を承認したのではないか、だからアメリカに公開謝罪を要求する。これが主なスローガンでした。それから３泊、約72時間、米文化院を占拠した。窓の外にアメリカは謝れというプラカードを吊り下げたり、ビラを撒いたりハンドマイクを持って叫んだり、こんな事件がずっと続いた。全国的な関心はもちろん世界的な関心事になりました。どこでもアメリカの施設を占領すれば大きなニュースでしょう？　だから騒がしかったんです。

　では米文化院事件の弁論は誰が主に引き受けて進めたのでしょうか？　当時、朴燦鍾弁護士の名前が一番多く出ていたようですが。

　私たちも米文化院事件が検察や法院に行けば、その時に選任しても遅くない

276　　　　　　　　　　　　　　　　　　　　韓国の人権弁護士　軍事独裁に抗す

から待っているのに、朴燦鍾などの弁護士たちが積極的に乗り出したのです。朴弁護士は国会議員だから単身で警察署の留置場を訪ねて、面会に来たと言えば面会できないことはないじゃないですか。一、二回面会に行って選任届を全部取った。国会議員の弁護士たちは新聞報道を重視します。記事になるような事件は死に物狂いで頭を突っ込む。特にこの事件のように関心も高く、呼応も多ければ言うまでもありません。

　弁護士の数が多かったです。洪南淳（ホンナムスン）、李基洪（イギホン）、このお二人は光州から来た。米文化院事件と光州との連携を象徴する面もあって。李洙祥（イスサン）弁護士がいますが、以前はこういう事件の近くにも寄らなかったが自分の息子が学生運動で当時拘束中でしたので、この時は法廷に時々現れた。政治と関連性が多かったり政治家の弁護士が多かった。法廷に出てきたり出てこなかったりしたが選任届を出した人は多かったです

「名前を呼ばないで被告と呼びなさい」

　法廷弁論は朴燦鍾弁護士が主導した。私は後で金民錫（キムミンソク）が追加起訴され、金民錫の弁護人として一番端に座って見物だけしたが出番もありません。やりたい人、前に出る人が多くて。私たちは競り合いに弱いのです。それで見ているだけでも面白かったよ。

　ここの公判調書を見ると、部長判事と朴燦鍾弁護士との口喧嘩が出てきます。朴燦鍾弁護士が被告たちを『被告』と呼ばずに、『金君』、『李君』と呼んだようだ。法廷でそれが裁判長の耳に障ったみたいです。10年前の明洞事件の時に尹潽善（ユンボソン）被告を『大統領閣下』と呼んで問題になったように。

　8次公判調書があり、法廷の雰囲気を感じられますね。その部分の資料を見ながら一度引用してみます。

　裁判長（李在勲（イジェフン））　　金君、崔君のような話は、ひとまず慎んでほしい。もちろん金君とも言えますし、崔君とも言えます。しかし、意図的に終始一貫して金君と言っています。被告は被告としてこの公判に立っているのです。被告と呼び、意図的に金君というような発言は控えてください。

＊第2部　1980年代の人権弁論

弁護人（朴燦鍾）	先ほどの呼称については、まずは釈明を簡単にします。
裁判長	釈明を聞かなくてもいいです。
弁護人	こんな呼称が不法であれば、それに対する制裁を加えてください。
裁判長	違法であるかどうかを問うものではありません。不適当です。
弁護人	刑事訴訟法のどの条項に……　被告と呼ぶ必要はないじゃないですか。

その後でも朴燦鍾弁護士はずっと『金君』などと呼んでいて他の弁護士は『被告』と呼んでいますね。

こういうのは新聞ゴシップのネタにいいじゃないですか。とにかく朴燦鍾弁護士は政治家らしくショーマンシップが多かったです。隣で見物するのも楽しいですよね。この事件は本案に入る前に、呼称問題、手続き問題などで言い争うことが多いかった。

ここに出ている８次公判調書を見ると、法廷の雰囲気がそれなりに生き生きと蘇りますね。裁判長が弁護人の質問や被告の言葉使いに対してずっとブレーキをかける場面が出てきますね。政権のアキレス腱に近づくと、尋問や答弁にケチをつけて主張の脈を断とうとしています。例をお見せするとですね。

弁護人（李起弘）	（被告の金民錫に）被告は85年５月17日にその大同祭開催の際に光州事件を再現すると言ったとき、その動機について先ほど直接尋問の時に……
裁判長（李在勲）	昨日、被告が答えたようです。
弁護人	だが内容も一部話をしたが具体的に話しませんでした。（被告に）当時、光州事件がどのようなものだったか一度内容を話してみてください。
検事（崔煥）	裁判長に異議を唱えます。今、弁護人の尋問事項は前に弁護人が尋問し、それについて……
裁判長	はい。了解しました。

検事	重複した発言なので制止してください。
裁判長	検事の異議には理由があります。重複していますので次項を読んでください。
弁護人	重複した尋問ではありません。それでは２項を聞きます……光州事件の直接の原因は何だと思いますか。
裁判長	少々待ってください。被告は光州事件の時、光州にいたか。
答（金民錫）	いませんでした。
問（裁判長）	では、これを聞いて分かりますか。
答（金民錫）	聞いたり資料を通じて分かります。
問（裁判長）	直接見て知っているわけじゃないね。
答（金民錫）	はい。
裁判長	分かった。
弁護人	さっきビデオとか証言でもまたいろいろの資料の話をしました。そうやって知るんですね。
答（被告）	はい。３・１運動に多くの方々は直接参加しなかったとしても、その原因を話せるのはごく当然のことだと思います。（光州事件について陳述……）
裁判長	ちょっと聞いてください。私が午前に注意したように、状況を再現する意味で被告たちが使った用語は私が許すが、この法廷で軍事独裁政権や光州虐殺という用語は避けるように言った。

　この部分は巷で話題になりました。光州事件を見ずにどうやって分かるのか、という言い方について、『３・１運動は参加したから私たちが知っているのか……』と反論した部分です。さて当時の法廷で「光州虐殺」とか、「軍事独裁政権」という用語を使うと法院が敏感に反応して制止しましたね。ところで洪弁護士は単純観戦者でなかったはずですが、具体的にされたことは？

裁判長の「訓戒文」―恥じるべき者は誰か

　８次の公判に私が入ったと思います。私の役割は金民錫弁護人だから彼に反対尋問と弁論をしました。前に他の弁護士たちが長く被告のための弁論をした

ので、後にする弁護人は同じことを繰り返すのが嫌になります。それで少し簡単にしたと思います。

　一審判決は、当時の公式通り、検事の公訴事実をそのまま認め、違う判決が出るという期待はできないものでした。ところが、この判決文に加えて裁判長の名前で「訓戒文」が出て物議をかもしました。当時、有名だったので私が一度引用してみます。

　　『これからは法院が被告たちに訓戒せねばなりません。裁判の進行過程を通じて現れた被告たちの意識構造を分析してみたところ、政府が光州事件の真相を発表したにもかかわらず、これを信じないのは盗賊である林巨正〔小説に出てくる朝鮮王朝期の義賊〕を義賊として英雄視したような根深い封建的反官意識の残滓があり、政府を暴力集団と規定しこれを打倒するためにふるう暴力を正当化することは漸進的な民主的問題解決の方法論を自ら裏切ることであり……　知識人は行動せねばならないと主張するが、知識人もある範囲で境遇に見合った行動せねばならないものであり……　韓国には歴史上、健全な学生運動は存在せず、結局、政府で推進してきたキャンパスの自律化を一部の過激な学生たちが破壊しようとするもので、今後、被告は物事を否定的に見る態度を正し、物事を肯定的に眺めてください』

　　　　　　　　（1985年10月2日、裁判部の被告のための訓戒文から）

　こんな「訓戒文」の形式を通じて法院が何を伝えようとしているのか分かりませんね。しかし、この訓戒文は当時の裁判長の水準、さらには当時の司法府の偏向性を赤裸々に表わすもので吟味する価値は十分あると思います。すべての命題は現時点で見ると、正当化されえないようです。

　その訓戒文についてはいろいろ言われました。金民錫が書いた控訴理由書もそれを批判しています。弁護人たちが書いた弁論要旨書でも詳しく批判していますね。

　金民錫が書いた控訴理由書の中から関連部分を少し引用してみます。その法廷訓戒文は「訓戒を口実にした権力意思の強制」でした。司法府が権力の侍女

であるという批判に対し、その批判や叱責の真の状況的意味を理解しようとせず、さらに自ら「侍女宣言」をするとは、見る者が戸惑いを感じざるをえない。「公営放送の決まり文句」を法廷で謹厳な口調で聞くようになったのは、司法府が権力の侍女として糾弾される状況の根本的解決を望む者としては非常に苦い記憶だと主張しています。控訴審弁護士たちが書いた弁論要旨書では、『いわゆる「訓戒文」の価値転倒した論理』という章を割いて、何と15ページにわたる反論を提起しています。民族の苦難と不幸について涙を流しながら民族に愛を注ぐことを決意している被告たちに、『学生の本分云々の訓戒は、そんな訓戒をする者に自分を振り返らせ、限りない恥ずかしさを感じさせるだけだ』としています。

　しかし資料を見ながら生じる一つの疑問は、第一審では政治家や政治性のある弁護士が弁論を主導したようですが、控訴審に行けばまた違ってくるようです。ソウル高等法院に提出した弁護士の「弁論要旨書」は、これまでの裁判進行と被告の立場について非常に精密な論理で接近しています。控訴審の弁護人たちはなぜ変わったのか、控訴審ではどんなことがあったのかなどについても気になります。

　正確に見たね。当時の第一審は破綻寸前でした。政治的ショーマンシップもあちこちに割り込んできた。実際、普通の事件というのは１審で重要な争点や論争がすべて終わり、控訴審は一瀉千里に進行したり、社会の関心があまりないので静かに進行するものです。政治家弁護士としては１審ですでに甘い汁を吸っているので２審にこだわる必要もなく、また学生やその親たちの立場からも政治的論争も論争ですが、この事件をきちんと人権の次元から扱ってくれる弁護士を求めるようになるのです。実は１審公判調書を見れば分かりますが、めちゃくちゃです。それで控訴審には私たち４人（黄仁喆、李敦明、趙準熙、洪性宇）に金尚哲、朴元淳弁護士が含まれたのです。

　控訴審は政治的論争より事実関係と法的歴史的意味を問い詰めて整理することに重点を置いたため、別に騒ぎは起きませんでした。法院もあらかじめ配慮して弁護人たちの話をよく聞いてくれたと記憶しています。ちょっと紳士的に裁判が行われたわけなんです。被告である学生たちも比較的十分に話すことができたし。それで尋問事項も色々な弁護人が弁論要旨書に言及した順序に従って準備し、それぞれ質問をした記憶があります。控訴審の弁論要旨書は朴元淳

＊第２部　1980年代の人権弁論　　　　281

弁護士が下書きをして、私たちが論評して補完したものです。おっしゃるとおり朴元淳弁護士はこの時、30代前半の若くて元気な青年弁護士でしたが、この時期から私たちと一緒に人権弁護士の隊列に合流しました。私の記憶ではこの事件の弁論要旨書が朴元淳のデビュー作です。後で性拷問事件、韓国民衆史事件、報道指針事件、同盟ストライキ事件など多くの事件で私たちと行動を共にした青年弁護士の登場でした。

裁判拒否より、真っ向勝負だ

第一審裁判の初期に法廷騒乱がすごかったと思います。裁判拒否する被告たちの勢いが強かったし、弁護人たちも猛烈に加勢して本案に入る前に裁判自体の拒否と法廷騒乱が多かったようです。洪弁護士は騒々しいのよりは、裁判の本案に入って真っ向勝負することを好まれるようですね。

そう、もちろんです。裁判拒否は私としては奨励することも勧誘することもできないし、一応法廷に立って裁判をしてこそ弁護士が必要じゃないですか。私は裁判を進めることを前提に弁護人になったのです。被告たちが裁判拒否すると言ったら、私は何もすることがないのです。政府が正統性のない政府であり、軍事独裁だとしても、憲法の枠組で三権分立した司法府の裁判手続きの枠組みを根本的に否認することは穏当ではないという立場でした。

学生たちが『裁判拒否をします』と言う時にはそれを防ぐことができません。しかしできれば裁判に臨もうと勧めました。1975年度に明洞聖堂の学生事件というのがあった。沈之淵、朴弘錫、趙成宇、崔洌、李明俊、韓慶南の猛将たちです。その連中が裁判を受ける時、激しかったです。裁判を拒否すると言って、立ち上って出ようって適当に外に出て行くんだよ。当時、捕縄に縛られたまま裁判したのですが、沈之淵が先頭に立って引っ張って、他の学生たちがずっとついて行った。ところが裁判拒否をすると弁護士の立場がないでしょう。本人たちが拒否して出て行った後に、その隣の拘置檻に行って待機している学生に裁判を受けようと薦めたりした。

ソウル米文化院事件の時には学生たちを国会議員兼弁護士たちが弁護をして、私は消極的に弁護団に参加している立場だったので、裁判を拒否に対して積極的に関与しませんでした。

裁判を拒否する話が出たので言うのですが、裁判を拒否する学生の立場も十分に理解できるのではないでしょうか？　司法府の独立を信頼できない事例がとてつもなく多いので、こうした権力の侍女による要式手続きとしての裁判を拒否するという意思が強烈に表出されるのではないでしょうか？　その点で裁判拒否も一つの法廷闘争であり、自分の意思表明で、実質的に裁判行為の一つとして理解できるのではないでしょうか？

　簡明ですね。例えば、当時、75年の明洞学生事件で裁判拒否する論理は、朴正熙が任命した―日本軍の岡本少尉が任命した―判事らが裁判する法廷は認められない……　こういう論理です。素朴でストレートな論理です。一般的には軍事政権の侍女となった司法府は我々を形式的な悪法で罰するが、我々は裁判そのものを認めない……　こんな論理です。裁判拒否すれば被告たちの立場はより堂々として見え、よりまっ正面から闘っていると考えるかもしれないが、結局は過ぎてしまえば苦々しいです。別に意味はないと思います。
　私が政治犯、良心囚を弁論しながら、いつも有罪判決を受け、ろくに人を釈放する役割もできないのに政治犯の弁護人になるのに、彼らの所信を守ることが重要だと言ったじゃないですか。その次の意味はその政治犯たちの主張を記録として歴史に残すことです。記録として歴史に残すためには、裁判に応じて自己主張をせねばなりません。でもそれを拒否してしまうと何も残らないんです。捜査記録には被疑者たちに不利な記録だけが残り、拷問のためにそうしたとしても、拷問を受けた事実は残らず自白だけが残るじゃないですか。だから裁判過程が重要です。彼がなぜ正当なのか、たとえ悪法によって政権の不当な訴追によって法廷に立ったとしても、彼らは自分が正当で法廷で処罰を受ける理由がなく正義だと考えるが、なぜ正義で正当なのか、それを明らかにせねばなりません。拷問を受けた場合、その事実も具体的に主張して記録に残します。それを知らせ歴史に残す方法は裁判を受ける方法しかありません。いつも話すように裁判記録が重要です。公式的に永久に残るんじゃないですか。だからたとえ実定法によって有罪を受けても、その人の主張が正当だったということを後世の歴史に残すためにも、その政治犯に対する誠実な弁論が必要であり、そんな意図に合わせて裁判に応じて自分の主張を明らかにすることが正しいと思います。

＊第2部　1980年代の人権弁論

実際に裁判を拒否するとあまり残るものがありません。なぜ拒否したいのかという点も話さねばならない。だから説得する時、君たちの主張を堂々と話すのがより正しいとよく言います。

　84〜85年の学生運動に対する一連の弁論についてよく伺いました。途中で全部おっしゃったが、それでも弁護人の立場で締めくくりたい言葉があれば……。

　今も三民闘事件、金民錫に対する弁論要旨書、控訴理由書などをもう一度読んでみると切実に書いたね。『これからは社会主義問題を正面突破せねばならないという話を先日のクリスチャン・アカデミー事件でもしたじゃないですか。私たちの社会の風土が社会主義という言葉が出るとタブーにしてしまい、話が出ると必ず呪いにかかったように何も言えなくて。そんな風土が嘆かわしい。どうしてこうなったのか、それで、そんなに閉ざされた状況をどうしても壊そうとする努力をせねばならない』ということです。そんな前提の下で学生たちの主張と行動を包容できるからそのように書いた。今書くとしたら、そんなに書けないと思います。それで民推委事件や三民闘事件、いわば85年頃の学生運動の急進化に対する弁護人たちの弁論は彼らより前の世代の視点で弁論の骨組みを作成し論理展開をした。それは私自身にも貴重な努力だったと思います。当時の判決に具体的な影響を与えることはできなかったが、学生運動の価値と正当性に対する評価に弁護人たちがそれなりの役割を果たしたという自負心があります。

284　　　　　　　　　　　　　韓国の人権弁護士　軍事独裁に抗す

金槿泰に対する拷問と裁判

—— 拷問の苦痛と証拠にそっぽを向いた検察と法院 ——

　自分の手で頑張るしかなかった事件は大体、80年代半ばまでです。その時には後輩たちがたくさん出てきて、私の事件関与度が少しずつ減っていきます。80年代半ばに注目を集めたのが金槿泰拷問事件です。金槿泰事件で熱心に仕事をした連中に金尚哲弁護士、趙英来がいた。後輩の弁護士たちがずっと熱心に仕事をしながら勢いが加わった。

　金槿泰は国会議員を何度も務め長官もした政治家として知られていますが、1980年代の金槿泰は民主化運動の中心人物でした。金槿泰は彼に対する残忍な拷問事件を暴露して、全斗煥政権の退陣の主要な契機を提供した。当時、金槿泰が何をし、なぜ当局の特別な注目と弾圧の対象になったのかを話してみてはどうでしょうか。

　金槿泰は70年代からいろいろな民主化運動に関わっていたが、当時はほとんど捕まらないことで有名でした。78年頃から83年までの約5年間、仁川都市産業宣教会の実務幹事を担当した。主に都市産業宣教会活動、実務者活動をずっと仁川の地下でやった。当時、金東完牧師や教会関係者たちと密接な関係を結んで活動した。83年9月に民主化運動活動家を一つにまとめ青年運動団体として民青連を作った。70年代に民主化運動をした学生たちがたいてい社会人になって、彼らをつないで運動力量を強化せねばならないという議論があったのです。

　民青連の議長を誰が務めるのかということで、ちょっと議論になったようですが、その指導力や運動に全力をふるってきた経歴や運動圏の後輩たちに対するカリスマのような面において、金槿泰が議長になりました。私は民青連の活動に関与したことはないんですが、金槿泰でなければあれほどできなかっただろうとみんなが認めているんですよ。

　当時の民青連の活動はすごかったです。80年代初めに運動圏が崩壊し低迷期に陥っていた時、新たな突破口を開いたのが民青連でした。学生運動圏にも影

＊第2部　1980年代の人権弁論

響を及ぼし、在野勢力にも影響を及ぼします。かなりの青年グループが民青連で活動しながら機関誌『民主化の道』も発刊し多くの活動をします。民青連は妥協路線ではなく、鮮明な政治闘争の旗印を掲げながらも公開組織として動き運動の中心軸を作り出した。当局の注目を浴びるのは当然です。また金槿泰ほどの人物が議長を務めていれば、いつかやられる運命です。弾圧のための名目を積み重ねて、機会を見て無慈悲な一撃を加えるだろうという不吉な予感は避けられなかった。

　また個人的なキャラクターがどのような作用をしたのかもわかりません。当時、在野運動圏の卓越したリーダーたちが何人かいたが、金槿泰はソウル大学校商科大学が輩出した非常に卓越した存在でした。当時、金槿泰は折れることはあっても曲がらないタイプの人でした。それで、ひどい目にあったのがキャラクターと関係があるんじゃないかと思うんです。在野民主化運動の求心点を軍部政権がそのまま置くはずがありません。本人はそれも覚悟の上だったでしょう。しかし、あれほど凄惨な拷問をするとは誰も想像できなかったでしょう。

　金槿泰はいつ検挙されましたか？

　金槿泰は民青連活動をしながら、「集中的マーク」にあった。捜査機関から絶えず尾行され盗聴されつづけました。85年に入って色々な名目をつけて拘留も何度かくらった。金槿泰は民青連という組織を保全するために努め、自分に及ぶ弾圧の影が近づく時期を迎え、85年8月に民青連議長職を他の人に譲ります。そして拘留を受けて出てくる当日の9月4日にすぐ逮捕されたのです。

　なぜ検挙されたのか、どのような過程で検挙されたのでしょうか。

　こうなったみたいです。私たちが文龍植事件、李乙浩事件、金槿泰事件などをずっと弁論した。「李乙浩事件はもちろん、民青連事件の一部だと言うだろうが、私たち弁護人たちは最初はこれらの事件の間の水面下での関連を知りませんでした。でも後で見たら、これが全部つながっている事件だった。時期的には「旗」という印刷物が出たのが1985年2〜3月のようです。そしてその前から民青連から「民主化の道」という印刷物がどんどん出てきた。そこで、そ

の両方が連携して金槿泰事件が本格的に起きたのです。

　まず「旗」チーム、民推委チームが一番先に検挙されたようです。それが1985年7月です。安秉龍、尹成柱が数日前に検挙されて、その後すごく拷問されました。続いて、民青連の李乙浩が検挙され、李乙浩が長文の自供書を書く頃に文龍植が捕まりました。そして文龍植が自供書を書き始めた時、金槿泰が逮捕された。金槿泰が逮捕されたのが85年9月4日です。ここを見ると文龍植の9月4日付の自供書があります。第1回です。それを見ると一人一人を拷問しながら芋づる式に検挙していったようです。

　公安当局は金槿泰を常時、標的としていたが、その頃には確実に捕まえる名目を確保したと判断したのです。金槿泰が拘留されていた時、民青連の政策室長だった李乙浩を捕まえて強制自白を得る。その内容は自分が金槿泰の下で政策室長をする時、金槿泰がCD、ND、PDの話をした、「旗」の文龍植に自分が教養を施したということです。その自白が出てきて、『よし金槿泰を倒す案件ができた』と確信したようです。このように民推委の「旗」事件から連鎖的に結びついていったようです。

　李乙浩はこの時、一度登場し、以後運動の舞台に名前が出ないようですが……。

　李乙浩という人の顔を私が見た記憶はありません。李乙浩は捜査の過程で精神病の発作を起こしたようです。記録が正しければ、李乙浩は1978年頃か一度精神病歴があり、入院して治療を受けた前歴があります。李乙浩はかなり天才的な人だという話を当時も聞きました。李乙浩が捜査機関で書いた供述書を見ても、何日かけて書いたかわかりませんが、本1冊になっても余る分量です。その内容を読んでみると、そんなに精巧ではありませんが、拷問するからといって到底こんな内容を書くことはできません。拷問のために書かざるを得なかっただろうが、心理的な脆弱さがあるので自分の知識を動員して思い通りに全て書いたはずです。李乙浩の自供書に出てくるべき内容はほとんど全て入っているようです。李乙浩は精神病のため出廷できなかったと記憶しています。李乙浩の自供書が確保されたところで、金槿泰をやっつけようということになったのでしょう。李乙浩の自供書の内容と少しでも違う話を金槿泰がしようものなら、ひどく殴られる雰囲気だっただろうね。

＊第2部　1980年代の人権弁論

当時、金槿泰といえば一般の人は「拷問」から連想します。初めから拷問が予定されていたと思いますか。それとも……

　金槿泰に尾行と盗聴を続けていたが、９月４日に入って捕まえるやいなや拷問から始めます。最初は金槿泰が陳述拒否権を行使した。以前にも金槿泰は陳述拒否権をよく使っていた。南営洞〔治安本部〕でも金槿泰が黙秘権行使が上手なヤツだと思っていました。ですから、まず水責めからしたのです。水責めの経緯などを書いたいくつかの記録がありますが、その中で一番詳しいのが金槿泰が1審裁判の終わる頃に書いた嘆願書です。

　ところが今回の拷問は全く違った。水拷問を受けて、到底、耐えられないから陳述拒否しないと言った。すると、お前が陳述拒否したから拷問するのではなく、お前を降参させようと拷問をするのだ。だから無条件にやるんだよ。お前はすべてを諦めて降参しろ。少し緩んだらまた持ちこたえよう……　こんな考えは無駄だ。完全に人間を壊すんだよ。それで降参すると２次の拷問をした。

　そこで水責めをして、電気拷問して、水拷問して、電気拷問して……　そして自供書を書くよう強要します。供述書をなんと７回も書いて、被疑者尋問調書を10回も作成した。これは血の涙が出る話です。捜査機関に行って供述書を書いて被疑者尋問調書を書くのがどれほど苦しいのか分かりません。しかも拷問を受けながらこんなにたくさん書くことは一般人には想像もつきません。供述書と被疑者尋問調書のようなものを見ると字がきれいです。直すことになったらまた書かねばなりません。それで金槿泰が何十ページ、100ページを書いたのです。わずか20日以内にその大量の供述書をきれいな字で。水拷問、電気拷問を何度も加え、眠らせないで供述書を書かせ、供述書の内容をもとに被疑者尋問調書を作り……　こんな作業を治安本部の対共分室で行ったのです。金槿泰は完全に破壊された。これは到底言葉であらわすことができません。金槿泰の嘆願書を一度読んでみてください。金槿泰拷問事件の真相が赤裸々に出ています。

金槿泰、接見するために12回も無駄足を

　それで後に法廷で金槿泰が話して明らかになった内容ですが、検察に送致された。金槿泰夫人の印在槿氏が、あちこちを走りまわりながら訴えていたが、検察に送られてから弁護人の選任届を出した。検察に送られたという知らせを聞いて私がすぐにソウル拘置所に行った。金槿泰が1985年10月14日に拘置所に移ってきたという話を聞き、その日、最初に拘置所に行った。弁護人接見はいつでもできるんですよ。気になりました。金槿泰がひどい拷問を受けているという噂が流れているが、どうなっているのだろうか。行くと看守たちが「検取」に行ったと――「検事取調」を「検取」と言います――。拘置所にいないから金槿泰に会えない。私はそうかなと思ったが、仕方なくまた戻ってきて、その翌日の16日、また接見しに行った。また同じです。　検取だからいないって。その次の日に行ったら、またいないそうです。時間さえあれば行った。弁護士以外に誰も面会できなかったから。接見に行った日付を今見ると、10月14日、16日、20日、28日、30日、11月4日、11日、12日、18日、21、22、28日まで私が12回行った。12回、無駄足を踏んだ。

> 　洪弁護士の誠意と執念もすごいですね。なんで面会が不可能だと判りながら12回も面会を試みるんですか。被疑者が弁護人に会うのは、どれほど重要なことでしょうか？

　良心囚の世話をすることの中で一番重要なのは面会、接見です。一般刑事犯も大体似ていますが、良心囚は特にそうです。この時は12回無駄足をふんだ。毎回言うことが同じです。行くたびに、ああ今日は検取ですと。ところが毎日検事が呼び出すわけがないんですよ。私も腹が立つじゃないですか。私が時間を持て余して面会に行くのでもないし。それで担当矯導官たちを猛烈に追及をしたよ。『話にならないじゃないか。私が何度か来たと思ってるんだ』と言うと、看守たちの話が『弁護士先生、よくご存知じゃないですか、私たちはただ言われた通りにするだけです』。何の話かと思ったら、弁護士を絶対に面会させるなと検察や警察で厳命を下したそうです。後で金槿泰に会ってみたら、当時は検察に行かず、ずっと拘置所にいたそうです。もちろん一度や二度の調査は受けたでしょう。

＊第2部　1980年代の人権弁論

では、金槿泰を最後まで面会、接見できなかったのですか？

　12回無駄足ふんで、初めて金槿泰に会ったのが1985年12月９日。その日は金槿泰が出てきた。拘置所の獄舎から弁護人接見室までは、１～２分です。すぐ近くだから。ところが、金槿泰が弁護人接見室まで来るのに約20分かかった。連れてきた看守がよく歩けないから、支えながら足を引きずりながら来たら長くかかったというのです。その日、金槿泰が踵を私に見せてくれた。靴下を脱いで。楕円形で１センチくらい斑点のように白くなっていた。かさぶたが取れた痕です。傷がついて血が固まって治ったら、かさぶたができるじゃないですか。血が凝って。それが長くなると自然に落ちます。先に取ると血が出るから、それが自然に落ちないといけない。そのかさぶたができて落ちた痕ですが、なぜかさぶたができたのかというと、七星板に固く縛られ５回電気拷問されたが、縛られて他のところは動かすことができないので、足をバタバタさせて足だけ動くんです。そうして動いて踵が擦り切れたんです。かかとに傷がついてかさぶたができたんです。金槿泰がその落ちたかさぶたを保管した。拷問された証拠物にでもなるかと思って。

　弁護人を面会する時、持って出ようと保管していたところ、看守に奪われた。検房をするという名目で……　検房というのは獄房を検査することなんです。タバコ隠してないか、手紙とか書いてないかって。金槿泰はそのかさぶたを看守に奪われた。

　後で裁定申請をする時、看守を調査しました。調査も自分たちでやったけど。『私は何も奪っていません。検房したけど、何も出てきませんでした』と……　それで、後でかさぶたの詐取事件が法廷でも大きく問題になりました。

　拷問の事実は起訴前にすでに社会問題として浮上しましたが、弁護人としては接見も容易ではなかったのに裁判にはどのように備えたのですか？

公判冒頭で拷問事実を暴露

　当時の焦点は拷問じゃないですか。当然、ひどい拷問を受けた事実をどのようにアピールするかということです。まず金槿泰が残酷な拷問を受けた事実を

法廷で告発せねばなりませんが、どんな形にするかを弁護人たちが頭を突き合わせて工夫して思いついたのは、刑事訴訟法の冒頭陳述という規定です。法廷の開始時に被告の人定尋問に続いて冒頭陳述をする権利があります。

　当時の刑事訴訟法の第284条で裁判長が被告の人定尋問をします。第285条は検事の冒頭陳述があります。検事が起訴の要旨を述べることです。その次の第286条は「被告の陳述権」という題名で、「裁判長は被告にその利益になる事実を陳述する機会を与えねばならない」と規定されています。機会を「与えられる」ではなく「与えねばならない」という強制規定です。

　そうですね。ところが大韓民国の刑事法廷で被告がこの条文を利用して冒頭陳述を行ったことが全くありませんでした。私たちもそんな権利があることに気づきませんでした。みんな、何気なく見過ごしてたんだよ。その被告の冒頭陳述権を行使しようというアイディアが出た。そのアイディアは金尚哲弁護士が考え出したものです。みんなそれはいい考えだと言うので金槿泰に話を伝えた。被告に対する尋問に先立ち冒頭陳述権を行使すると言いなさい。機会を与えねばならないと規定しているので、その権利を行使する。止めるな、話させてほしい。金槿泰が法廷でそのように申し出ると、裁判長が如何ともしがたく陳述させた。

　その際、被告の冒頭陳述権に関する法的主張は弁護人がしましたか？　被告が直接しましたか？

　弁護人がしました。李敦明弁護士がしたと思います。私たち数人（李敦明、趙準熙、洪性宇、黄仁喆、金尚哲）が弁護人席に座わると、金槿泰は拷問された話を最初から最後まで詳細に話した。一時間くらいだったと思います。それが公判調書に見れば出てくるはずですが、金槿泰事件の時、速記士が全て書いたんですよ。私が今見た記録は公判調書ではなく、NCC人権委員会かどこかの文書で金槿泰が陳述した内容をそのまま書いたものがあります。そこを見ると、当時、拷問の事実をすべて話した。このように金槿泰が拷問された内容が公開され、世の中に知らされ巨大な波紋を呼び起こしたのです。聞く人たちがくやしさに歯ぎしりした。

＊第2部　1980年代の人権弁論

「金槿泰の前にも拷問を受けた人が数え切れないほど多いです。しかし金槿泰は誰よりもひどい拷問を受けた。南営洞の対共分室では金槿泰を待ちわびていたようです。誰よりもひどい拷問を受けたが、拷問に対抗して誰よりも最も強く勇気を持って闘ったのが金槿泰です。ある意味で金槿泰が韓国の刑事司法で適法手続きの発展に寄与した功労が大きい。ロバート・ケネディ財団から賞もらったじゃないですか。

初法廷に傍聴客がたくきましたか？　政権の立場では可能な限り統制しようとしたはずですが。

人がたくさん入ってきた。当時は法廷を統制する雰囲気ではありませんでした。金槿泰の話を聞きながら、人々が怒り、震え、声もでなかったんです。

南営洞と検察では金槿泰の行動に対してどのように断罪したがっていましたか？

金槿泰が書いた嘆願書を見れば、どこが焦点か分かります。拷問は単純に自白を得ようとするものではありませんでした。『お前に陳述拒否の放棄とかが問題ではなく、降参しろということだ。降参だ』と言いながら拷問をしました。完全に降参を受けながら金槿泰に追及する内容は大体3つです。第一に、暴力革命主義者であることを認め自白しろ。非妥協的な民衆革命闘争とは何か、暴力革命ではないか。第二に、社会主義思想を持っていることを自白しろ。第三に、学生運動や労働運動場で核心的な役割をしている運動家たちの名前を吐けということでした。
　拷問されるとどうしようもないんです。公安当局は金槿泰から望む答えを引き出した。暴力革命、はい、私がやろうと思ったんです。社会主義者、はい、私は社会主義者です。こんなふうに拷問によって全身と心が壊れていたから、抵抗する方法がないから仕方なく認める……　でも、他の人の名前を出すのは難しいじゃないですか。他人を密告するのは人の道にもとることだから。そうして黙り込むと、またものすごい拷問を受けたりしたんですよね。

こんな理念問題、当時の用語でCDやNDやPDといった論争が、実際に法廷で

争点として争われましたか？

　金槿泰は拷問問題で終始一貫して闘ったので、なぜ拘束され起訴されたのかという論点は消えてしまった。実際、法廷でもそうでした。ND、PDとかは法廷でも論争の種にもならなかったのです。否定して、拷問ででっち上げられたと言ったんですが、もちろん客観的に冷徹に考えると、CD、ND、PD理論はあったでしょう。それなしで創作したはずはないし。結局、NDR〔民族民主革命〕というのは民衆とその他の中間階層の連合勢力が連合政府をうち立てようという話ですが、結局2段階革命論の1段階を話したのではないか。第2段階は結局、社会主義革命に行くのではないかと追い詰めたのです。防御する側の立場では、NDは民族民主革命で終わるのであって、その次に、どうして社会主義革命をまたするのか、最後に、どんな政府に行くかはこの理論で論じることではないと言った。攻撃する立場から見れば、お前の主張は苦しい論理だと追い詰めたのです。

　当時、PD（People's Democracy：人民民主主義）を認めるのは、それだけで危険でタブー視されたものでした。一言で言えば、運動圏全体の情緒がそうでした。それはなんとか避けていこうという立場だったと思います。それで民衆の概念は韓国特有の歴史的な社会的な概念であることを常に強調するのです。また韓国は実際、純粋な階級闘争理論にはなれません。一言で言って、社会主義というのは手放しで話せるテーマではなかったのです。最近は当時に比べると非常に自由になったんですよね。

金槿泰が冒頭陳述を通じて拷問の事実を暴露した後、拷問問題が持続的に争点化されましたか？

　そのように冒頭陳述を通じて拷問暴露をして、1審裁判が終わる頃に金槿泰が嘆願書を書いた。こんなに厚いんです。長文の嘆願書です。拷問の事実を非常に正確に具体的に描写しています。この嘆願書にもう一つの曲折があります。嘆願書の内容は、金槿泰自身が受けた拷問を非常に生々しく整理し、自己防衛のための主張を展開しています。本1冊になりそうな分量です。嘆願書は1審判決直前に法院に提出をした。看守の立会いの下に書いて、看守の拇印証明をもらって出したんですよ。だからこれが公文書になるのです。ところが、

＊第2部　1980年代の人権弁論

この嘆願書が裁判記録から消えてしまったのです。

拷問警察官の名前を明記した嘆願書が消える

　被告が控訴をすれば、半月にわたって記録をすべて整理します。判決文をタイプして入れて公判調書を全て整理して原審法院で完結するのに半月ほどかかります。そしてその記録を一審の検察に送ります。そうすれば検察で15日ほど持っていて、高等検察庁を経て高等法院に送ります。こんな手続きを経るのに高等法院に行くまでに嘆願書が消えた。法院の受付印が押された公文書なのに無くなりました。

　かなり後に高等法院の記録にこっそり挟み込んだ。これを私たちが発見して猛烈に追及した。なぜこの嘆願書が消えたのかと問い詰めたのです。この追及した記録がここを見るとずらっと出てきます。その嘆願書の決定的な部分の一つは、拷問警察官の名前を一人一人明記したことです。金秀賢、白南穏……といった具合に。だからあの連中も不安なんです。金槿泰があまりにも厳しく攻めてくるうえに、自分たちの名前が記録にぴったりと載るから……　それでここに何が入っているのか、自分たちが先にこっそり見ようとしたのです。気になるし、これをどうにか無くすことができないかと思ったのかも知れないし……　記録が検察にある時に盗んだんだよ。後で持ってきてこっそり挟んでおいた。それを私たちが窃盗罪で告訴しました。

　その嘆願書はまさに血と汗で書かれたもので法的公文書なのに……それも弁護人たちが知っていて問題にしたので、またそっと挟んだ。そうで無ければ、その嘆願書の原文は永遠に消えるところだったのですね。その嘆願書で拷問警察官はどんなふうに出てきましたか？

　ここを見るとですね。拷問の部分の小見出しを「人間屠殺場、南営洞であった恨みつのる事情」と書いた。「９月４日午前６時頃、本人は南営洞5階の15号室に連行された。そこで拷問を指揮した者は次の通りです」で始まります。1課の課長、そこでは課長を社長と呼ぶそうです。総警の尹在赫（ユンジェヒョク）、そして専務と呼ぶのが警正の金秀賢（キョンジョン）、警正の白南穏で。その次に警監（キョンガム）なんですけど、拷問担当の技術者が一人出てくる。その悪名高い拷問技術者を嘆願書を書く時には

294　　　　　　　　　　　　　　　　　　　　韓国の人権弁護士　軍事独裁に抗す

分からなくて名前を書けませんでした。これが李根安だった。その次に常務と呼ぶのは警尉の金栄柱と出てきます。

　後で大韓弁護士協会で金槿泰に対する拷問の件を告発した。拷問者を処罰するように家族とキリスト教教会協議会も告発状を出したら、検察は不起訴処分にした。その検事がした不起訴処分に対して裁定申請をした。裁定申請とは検事の不起訴処分が間違っているので、法院の裁判で起訴するかどうかを決めてほしいということですね。拷問事件は刑事訴訟法上、裁定申請が可能でした。それで再び調査をしたのですが、もちろん裁定申請も理由がないと棄却された。その過程で彼らに対する調査が一応形式的に終わった。後に88年以後、この事件に対する裁定申請がついに受け入れられ、特別検事を通じて拷問した連中がみな処罰されることになりますが。とにかく、この時は驚くようなことが一つや二つではありませんでした。

　大韓弁護士協会が特定事件に対して直接告発状を出したのも異例のことではないですか？

　はい。当時、大韓弁協人権委員会が少し活発でした。私も人権委員の一人で正法会の弁護士たちが人権委員に入っていた。

　当時、検察の取り調べは、極めて形式的に終わってしまったのですか？

　調査は受けたようです。金秀賢、白南穏らが調査を受けた。結果は？　分かり切ったことです。絶対に拷問したことはないそうです。金秀賢、白南穏は警正〔中央官庁の課長級〕でした。総警〔警官の最高位〕のすぐ下なんですが、非常に高いですよね。彼らは水拷問にも直接参加し、二人が見守る前で李根安が来て電気拷問をした。それでもみな白々しく否定します。そんな時にはどうすることもできないのが残念です。彼らなりに何か使命感を持っているようです。こうしなきゃアカをどうやって捕えるんだ？　自分たちなりに愛国の道だというバカげた使命感を持っています。しばらくして、いつか一度、居酒屋で「南営洞」の警官たちに会ったことがあります。ビアホールに一緒に行った私たちの一行の中に「南営洞」に行ってきた人が何人かいた。向こうを見ていた私たちの一行の一人が『あれは誰だ』と言うんですが、顔がすぐに土気色にな

＊第2部　1980年代の人権弁論

ります。拷問した者を見るだけで、ぞっとして顔がこわばってしまった。少し
したら、そのうちの一人がやって来ると、『久しぶりです』と拷問された人に
握手を求めるんです。わー、えぐいヤツだな……　私はお前と握手する理由が
ないと思って手を振り払うと、気まずそうに帰えったんだけど、たまにそうい
う連中と同じ天の下で暮らすというのが、ぞっとする時があります。

　私たち弁護人たちは検察が不起訴にするから裁定申請までして、ねばりづよ
く争った。

　当時、弁護人たちも全部して闘うのに拷問された金槿泰は懲役を暮らし、拷
問した連中は一人も処罰されず……

　当時、全斗煥政権が金槿泰の拷問警察官を処罰せずに蓋をしてしまい、また
富川署(プチョン)の性拷問事件の拷問警察官を処罰せずに蓋をして、国民の憤りが積もっ
ていったのではないでしょうか。当時、「この政権は生まれてはならなかった政
権」だと根本から批判されていたところに、こんな拷問事件が暴露されても調
査、断罪どころか、かえって拷問の被害者が処罰される姿を見て、これ以上、
「不倶戴天の政権」という怒りが、結局、６月抗争で爆発するのでしょう。金槿
泰の拷問はその点で新しい歴史を開く起爆剤になったと評価できます。おそら
く金槿泰事件が歴史的意味を持つようになったのは、拷問された事実そのもの
よりは、拷問された事実を暴露したその勇気、そして暴露内容の生々しさと具
体性のために広範な関心と力を集めたからです。

　そうです。拷問を受ける中でも金槿泰がすごいのは。拷問の現場にいた人た
ちの名前を全て覚えていたことです。李根安の名前だけは知らなかった。しか
し李根安に対する描写は非常に具体的で、それは誰を指すのかすぐに分かった
はずです。李根安は「デルセー〔DELSEY：フランスのメーカー〕のカバンを
持ってきた男」として出てきます。デルセーのカバンありますよね？　007の
カバンみたいな。李根安はそこに拷問道具を入れて通った。水責めは南営洞の
連中がするのですが、電気拷問が必要だと李根安が出張して、そのカバンから
道具を取り出して装置をした。

　そうするうちに数年後に電気拷問した技術者が李根安だということを金槿泰
がよくも明らかにして言論にも発表され、写真まで出てきたじゃないですか。
李根安の名前が出るようになった具体的な経緯を今ちょっと思い出せません

か？

　ハンギョレ新聞の文学鎮（ムナクチン）記者が李根安の写真を手に入れて金槿泰に確認したら、金槿泰がまさにその人だと言って新聞に大きく載ったんです。

　それから李根安が逃げた。あまりにも捕まらないので、李根安が捕まるかどうかという議論もあった。ところが自分の家の小部屋にいたそうです。

　この事件で南営洞（治安本部対共分室）の拷問警察たちは、拷問の専門家ではありませんか。南営洞は拷問の産室でした。取調室ごとにバスタブを設置しているのですが、そのバスタブは取り調べで疲れた被疑者が風呂に入るためのバスタブではなく、全部、水拷問のための施設ではないです。国家が金をかけて拷問施設を建て警察官を拷問専門家に育てたのだから、政権自体が拷問政権になるのです。その点で拷問犯罪は個々の警察官の犯罪でもありますが、一つの政権犯罪（regime crime）と規定できると思います。

拷問者は悪の化身ではなく平凡な官吏

　拷問された場面を見ると、一体これが人間なのかという気がしますよね。卑猥でもあるし。例えば、最初はパンツ一つはかせたまま拷問したが、後ではパンツまで脱がせて淫らな言葉で性的な羞恥心まで呼び起こしながら拷問しました。だから後々まで、とうてい許すことができない連中です。そのように好き勝手に拷問しながら自分の子供の学校は心配して、しゃべくりながら座っていたそうです。その家族の立場では良い父親だったろうし。だから拷問をするヤツならワルで、殺気がみなぎるヤツではないんです。もしかしたらマジで普通の人たちだということです。家のことを心配して自分たちは日常時の心配しながら顔色も変えずに平気で拷問したんだ。

　まさにハンナ・アーレントがユダヤ人虐殺の第一線の責任者であるアイヒマンを見ながら言った言葉がそれですね。「悪の平凡性（banality of evil）」。悪魔のような者として最初から明白になった人間が悪を行うのではなく、悪の制度に順応して、それと一つになろうとする普通の人間……　こんな人間が邪悪

＊第2部　1980年代の人権弁論

な制度の具現者だと指摘した言葉です。先ほど弁護士がおっしゃった金槿泰の「嘆願書」をそのまま引用してみます。

　「拷問を加えた人たち、拷問担当技術者について、ひょっとして何か鬼や悪魔を連想するかもしれませんが、絶対にそうではありません。……拷問者は平凡な人々です。別にはっきりと区別できる人たちではありません。ある面では賢<ruby>賢<rt>さか</rt></ruby>しくて、しっかり者で、また謙遜なふりをする人たちです。茶目っ気のある微笑さえ浮かべたり、ため息もつく、どこででもぶつかりそうな、そこそこの警察官の一人でした。結婚した娘の生活の心配し、その婿が学生運動出身で前科があるので心配になると話す人さえいた。入隊した息子に対する心配、大学進学を控えた子を持つ親として当然ぶつかる焦り……　そんな人たちでした。ところが、まさにそんな平凡な人々があの恐ろしい拷問を平気でやるんです。……こんなことをして彼らが耐えられるだろうか。何かすごい秘密が隠されているように感じた。しかしそれは非常に簡単でした。それは自己欺瞞と強制された他者欺瞞の組織された制度の上に立っているからこそ可能だったのです。助長された利己主義、小市民的安逸と貪欲の上に立っているのです」。

　初公判期日……　一時間の陳述。供述する場面はまさに「歴史的瞬間」（historical moment）ではなかったでしょうか？

　一言で戦慄すべき法廷でした。話しているのを見ればわかるでしょう。金槿泰の言葉が本当か嘘か。人が本当のことを言えば誰が見ても分かります。そんなことをでっち上げて、大げさに話すことはなかなかできません。だから法廷に参加する人々がみな分かります。真実なんだから。法官たちにも、あまりにもよく分かる。

　判事と検事たちがどのように対応しましたか。そんな言葉を聞いても、聞こえないふりをしてやり過ごしましたか？　それとも発言を制止しようとしましたか？

　形式的な対応をするだけです。拷問の事実は公訴の事実ではないじゃないですか。だから拷問の話をすれば、根掘り葉掘り真実を明らかにする義務もない

じゃないですか。法院で拷問の疑いがあるからといって積極的に捜査機関員を証人として職権で呼んで問い詰めなくてもいいじゃないですか。ただ判事たちは聞こえないふりしてやり過ごしただけです。

警察が出した供述書と被疑者尋問調書などは有罪の証拠になりましたか？

多分、有罪判決の証拠としては全部抜いたと思います。警察で作成した被疑者尋問調書、それは韓国の刑事訴訟法で被告が法廷で否認すれば証拠として使えないじゃないですか。検察で作成した調書だけ使えるが、検察では自白をしなかったから……　ところが金槿泰事件は有罪に追い込む他の文書と印刷物などがあるんです。民青連の機関紙『民主化の道』とかあるじゃないですか。そんなことで有罪判決が十分だと判決をしたものだから。革命理論を作ったこと自体が罪だというのだから、それ以上の補強証拠を出せと言っても無駄じゃないですか。押収した文書で、これが有罪の証拠だと言えば証拠だよ。法院がそれを証拠として受け入れるんだから。

嘆願書が消えて、窃盗罪で訴えた件はどうなりましたか？

全部、嫌疑なしと処理された。それで検事に窃盗罪と言ったら、顔を真っ赤にして法廷でそんな用語を使うことは控えてくれと言ったんだ。当時は弁護人たちも追い詰めた。法廷ではむしろ座っている検事たちが可哀想でした。

1987年以降、これまで裁定申請の決定を先送りした大法院が金槿泰拷問に対する裁定申請を受け入れ、ついに拷問事件に対する裁判を行うことになります。拷問捜査官たちがみな被告になります。金槿泰が法廷に出て証言します。元々証人は証言席に座っているじゃないですか。金槿泰が立ち上がって証言をした。法院に対する尊重だと言って立って証言した記事を思い出します。当時、法院は拷問を受けたという主張にも背を向けながら、それでもお前は国家保安法違反者だと実刑を言い渡します。両目、両耳を閉じて、良心を閉ざしている集団として批判されて当然なのですが、そうした事件の被害者が制度としての法院に対する尊重をかかげ、立って供述したという記事が印象深かったです。当時が軍の将軍出身の盧泰愚政権下なので、拷問警察官も有罪は受けた

＊第2部　1980年代の人権弁論

が、それほど重い刑は受けていません。残ったのが李根安ですが十数年後に捕まり結局処罰されました。

　ああ、その金槿泰を拷問した警察官に対する裁判に私が陳述書を書いた。89年３月のことなんです。陳述書を作って法廷に提出したんです。

正法会の結成

──壮年弁護士と青年弁護士の結合──

1970～80年代に弁護士活動をしながら激増する事件を全て一人で手に負えないじゃないですか。お互いの連絡の必要性と対応方法を講じるために、弁護士たちの組織や連帯の必要性を感じましたか？

組織の必要性は最初から感じていました。日本で進歩的な法曹人（布施辰治など）、進歩的な弁護士団（自由法曹団など）の活躍についても聞いています。私たちがそんな議論をしなかったわけではないが、むしろそんなものを作れば弾圧の標的になりそうだからわざと作らなかったんです。私たち数人はいつも一緒でしたので、ほとんど組織なしでも協力に問題がありませんでした。それが1983～84年頃に来て九老地区の大規模なストライキが起きた時、若手弁護士チームと合作をすることになったんですよ。

九老地域に一連の労働事件があった。後輩の中に趙英来、李相洙、金尚哲弁護士がいた。九老の労働事件をしながら、事件当たり先輩弁護士一人、若手弁護士一人というように組んで引き受けたのです。先輩が顔マダムのようになって実務は若手たちがして。九老連帯ストライキが若手たちと先輩たちが一緒になるきっかけになりました。

初めての組織化の結実が正法会ではありませんか？　その正法会を作る作業は誰が主導したのですか？

趙英来が中心だったでしょう。　趙英来と李相洙が先輩と若手の仲介役として大きな役割を果たした。80年代初めの半ばから学生運動が急激に左傾化した。代表的に当時の三民闘や民推委、制憲議会グループ、反帝同盟などの事件を我々先輩としては引き受けきれなかったのです。内容も複雑で心理的な葛藤も生じて。昔からの要素が全くなくはなかったが、入り込んでみると、民青学連の時からの問題もあるんです。私たちはそれなりに熱心に弁論を10年以上してきた。しかし、もうできないと言うのは話にならないじゃないですか。

＊第2部　1980年代の人権弁論

一方、労働事件が輻輳します。労働争議があちこちでバタバタと起きた。だから若い弁護士は、先輩たちと一緒にやるのか、自分たちが独自でやらねばならないのかという議論もかなりしたようでした。結局、趙英来や朴元淳といった人たちが中間で調整したと思います。一緒にやらないといけないと、先輩たちの人権弁護士としての地位や名声が素晴らしくもあるし、また自分たちの活動を守ってくれる垣根にもなるから、その先輩たちと同じ土俵でやった方がはるかに有利な側面もあるだろうと判断したみたいだよ。

創立は何時で、どのくらい集まりましたか？

86年に創立した。名前は正義実践法曹会（「正法会」）にして。記録を通じて確認してみると創立代表幹事は趙準熙弁護士がして。先輩チームには姜信玉、高泳喬〈コヨング〉、柳鉉錫、李敦明〈イドニ〉、李敦熙〈イヘジン〉、李海鎮、趙準熙〈チェヨンド〉、崔永道、河炅喆〈ハギョンチョル〉、韓勝憲、洪性宇、黄仁喆がいます。若手チームとしては金洞玄〈キムドンヒョン〉、金尚哲、朴成民、朴容逸〈パクヨンイル〉、朴元淳、徐禮教、安泳熹〈アンヨンド〉、柳永赫〈ユヨンヒョク〉、李相洙、趙英来、河竹鳳〈ハジュクボン〉、朴仁済〈パクインジェ〉、朴昌柱〈パクチャンジュ〉、崔炳模〈チェビョンモ〉、金忠鎮〈キムチュンジン〉弁護士が参加したということになっているんですね。創立前後にすでに色んな事件を若手たちと一緒にした。当時、弁論要旨書や控訴理由書を見ると、２人以上の名前のものが多いんだけど、大体、先輩と若手の合作だよね。朴成民〈パクソンミン〉、安泳熹〈アンヨンド〉弁護士と一緒にしたことがかなり多いですね。定期的に月に一度ずつ集まって人権事件の配当とか親睦会も開き、総務をした李相洙弁護士が実務を処理した。キリスト教教会協議会（NCC）人権委員会から送られてくる事件がかなり多く、これを正法会所属の弁護士たちに毎月数件ずつ割り当てた。会費で運営し、独自に事務所も得たが……

正法会という看板を掲げ、対外的に公表しましたか？

正法会はあくまで非公式組織で、公開はされていないんですよね。情報機関で知っていたと思うんだけど。とにかく公開的に活動はしませんでした。当時は忙しかったし、事件もたくさん起きて。

正法会時代や、70〜80年代の弁護士たちが一緒に撮った写真がほとんどないみたいです。意図的に写真を撮っていませんか？

写真がありません。親睦会のようなところで1、2枚撮ったもの以外にはないでしょう。私たちは写真のようなものを残して、意識しながら暮らさなかったから。

ですから、その時代を記憶できるのは記録と記憶しかありません。正法会を作ってから、若い弁護士たちが加わってからは少し楽になったのですか？

うちの先輩層はとても楽になりました。数が多くなったから弁護士に対する公安当局の目に見えない監視や弾圧などからちょっと自由になった。まだすごい弾圧がありましたが、それでも雰囲気は何か春が来るような感じでした。その時は事件をしても若い人たちが実務をして、私たちは顔マダムで、体は楽になりました。私が直接書類を書かなくてもいいし……　ホテルの部屋に入って数日間徹夜したり、そういうことは少なくなりました。

それでも文龍植の「旗」事件について弁論要旨書、控訴理由書のような長文の激しい弁論文書を書かれたのではないですか？　ただの顔マダムに退いたわけではないようですが。

過去に比べて少し楽になったという程度ですね。その事件については私が全部書きました。でも今見ても間違った話一つもない。それなりにすごく苦心して書いたので、慎重になっても言いたいことは全部言いました。

このあたりで、これまで先延ばしにしてきた質問をしたいと思います。洪弁護士のお話を聞くと、一般的な人権事件と政治的色彩が強い政治的事件と一応区別されているようですね。以前、76年の3・1民主救国宣言事件（明洞事件）や85年のソウル米文化院占拠事件に言及しながら、弁護士の口調に注目すると、事件が政治的性格が強いほど政界の弁護士たちが前面に出てくることになり、人権弁護士にとってはちょっと面白くないし、前に出ずに後ろに下がるとおっしゃったんですよ。

目立ちたい弁護士が現れると先頭を譲りました。その方たちは前に出るのが

＊第2部　1980年代の人権弁論　　　　　　　　　　　　　　　303

好きだったし、私たちは政治的な目的で事件をしないし、その事件以外にも事件があまりにも溜まっていて忙しかったからです。

その方々は刑事弁護人としての役割は忠実に果たされたのですか？

私が見るには、あまり良くなかったね。政治的な目的や目先の利益を考える弁護人たちは、事件の一部を誇張し、ショーマンシップを発揮させたがるんですよ。正道を行く弁護人にとっては眉をひそめるような姿も見えます。何よりも自分をひけらかす傾向が、私たちにはよく思えませんでした。

人権弁護士の方々は、そのような方とは少し距離を取ろうとしましたか？

無理に距離を置こうとしたというよりは、うまく融和できませんでした。会って事件の話をしたりする時もありますが、その人たちとは混然一体となってチームワークが働きませんでしたね。法廷に出る目的が違うんだから。

80年代半ば頃に国会議員でもあり、大衆の人気があった朴燦鍾弁護士の裁判を傍聴したことがあります。記者たちが書き取りやすいようにコメントをして達弁でした。しかし若い弁護士たちの評判がいまいちでした。記者たちがいると熱弁をふるうが、記者たちが去ってしまうと出てゆくそうです。

まあ、記者が来てからにしようって言って。実は朴燦鍾弁護士とは1年先輩後輩の間柄で個人的に近いです。私にもよくしてくれて、私も悪く言うつもりは全くないのに。あまりにも政治的プロパガンダが強い人だから、一緒にやっていても、そっちからパッと飛び出してしまうから、私たちとはあまり合いません。記者たちがコメント取りやすい能力と、何としても被告人を保護し、防御しようとする弁護人のあり方とはちょっと違うじゃないですか。

それも弁護士の能力ではないでしょうか？　派手なショーマンシップのようなもので事件に注目を集めて、その事件で弁護士がパッと脚光を浴びる……こういうのを政治的だと必ず批判する必要があるでしょうか？

304　　　　　　　　　　　　　　　　　　韓国の人権弁護士　軍事独裁に抗す

そういうこともあるでしょうが、その人たちはどこかで何かの事件を弁護したと自慢するようになります。一つの政治的な経歴で、一時期、80年代末から90年代に入ってからは「人権弁護士」という呼称があちこちで乱用されたことも多かった。あの人たちが「人権弁護士」という看板を掲げる時、まあ生意気な話だが、その分野で私の知らない弁護士はいないのに、何も関連のある事件が思い浮かばない人が「人権弁護士」というんだから……

　もちろん、その点は批判されるべきです。歴史の局面で何人かの弁護士が渾身の力を尽くして弁論をして、その方々を指す言葉として「人権弁護士」というブランドができました。その方々の活動が社会的共感を得て、そのブランドパワーがどんどん上がっていったと思います。その方々が当時、一つや二つの事件で恩着せがましく個人的な手柄を誇っていたなら、そのブランド価値が急落したでしょうが、その逆で、ただ被告人の利益と大義を全身で守護したおかげで、ブランド価値がさらに上がたんです。だから周りからそのブランド価値をそれぞれがちょっと使おうとして偽ブランドが登場したんですね。そういう連中はけしからんですが、偽物が出るほど「人権弁護士」というブランドの価値を引き上げた、本物の元祖人権弁護士に対する大衆の尊敬の念を間接的に感じられる部分でもありますね。

　一時はそういう価値が少しはあったかと思います。人の話をしきりにするのはすまないが、匿名処理してある事例を取り上げてみましょう。ある地域区の国会議員候補者が「人権弁護士〇〇〇」を名乗ってまかり通っても、馬脚が現れますよ。
　私たちは政治家から事件を引き受けようとしませんでした。彼らには弁論する弁護士が不足してなかったから、原則的に政治家は緊急措置で入っても、周りの縁で頼み込まれて引き受けたことがありますが、わざわざ引き受けようとしなかった。
　国会議員の弁護士、政治的性向が強い弁護士は選任届はたやすく出すんだが、事件にはちょっとうわの空で、弁護人として忠実に仕事をしているとは思えないし、ただ私がこの有名な事件の弁護人だ……　ということだけ利用しようとしているようです。だから政治家たちも政治的弾圧を受けて拘束されれば、私たちが助けてくれることを切に願う人々がいましたが、政治的弁護士た

＊第2部　1980年代の人権弁論

ちと私たちの違いを知っているからでしょう。

　政治的経歴を積んだり、政治的人気を追求する弁護士は、自分の目的が明らかにあるでしょう。事件を通じて自分を民主闘士として誇示したり、有名になったりするのに役に立ったりする何かの政治的利得を考えるのでしょう。弁論資料を見ると、第1審で政治的弁護士が集まった事件でも、控訴審に至るとすっかり抜け落ち、人権弁護士たちが控訴理由書を作成する場合も少なくなかったのです。控訴審になるとマスコミの関心から遠ざかり、ますます法理論争や事実関係の証拠争いに重点を置くようになるので、緻密な人権弁護士の役割になるようです。人権弁護士の方々は何か意図的な目的があるのかという質問を受けることもあるんじゃないでしょうか？

　私が何かのためにしたことでは絶対にありません。ただ私がやるべきことだと思っただけです。その時は、民主化すれば人権弁護士が人気のあるブランドになるかもしれない……　というような期待はまったくできませんでした。すべてが苦労の道でした。

大宇自動車労組事件

──「偽装就業」した大学生が労働運動の主役に──

　洪弁護士が弁論した労働事件の中で70年代後半の東一紡織労組弾圧事件、80年代初めの元豊毛紡事件などをおっしゃいました。その時期には実に抑圧的な労働条件の下で労組に対する無慈悲な弾圧で一貫しました。ところが80年代半ばになると一連の組織労組事件が起きます。代表的に大宇自動車事件、大宇アパレル事件などがあります。時期的には大宇自動車が少し先ですね。翌年の富川署の性拷問事件と共に、いわゆる偽装就業者たちと関連した事件があります。「偽装就業者」という単語がこの時期に頻繁に登場しませんか？　労働運動の成長とともに労働運動の新たな主役が登場します。まず大宇自動車事件からおっしゃってください。

　「偽装就業者」が何かというと、大学生や大卒者がその学歴を隠して労働現場に身を投じ、労働運動をしようと決心した運動家たちの流れがあった。その学生たちを「運動圏就業者」と呼んだが、当局は不純な目的で工場に入り、純真な勤労者たちを誘って不純な労働運動をしようとしていると決めつけ、彼らを「偽装就業者」と呼んだ。当局はこの偽装就業者を探し出し、処罰するのに手段を選びませんでした。反体制勢力だと思ったのです。

　韓国経済の成長過程で一番問題になったのが労働者の犠牲です。経済成長が低賃金と労働者の犠牲を土台にしていて、そのために労働者の条件を改善しようとするいかなる努力も苛酷に弾圧した。労働運動の種を無くそうというのが基本的な考えでした。

　この状況で大宇自動車事件が起きたんですが、大宇自動車事件で一番先に思い浮かぶ人が宋是平です。彼はソウル工科大学の機械設計学科を卒業した人です。ところがソウル工科大学の学歴を隠して高卒で大宇自動車の生産職の社員として入った。彼が労働組合の強力な背後人物だと警察で目をつけて彼を一番先に逮捕した。履歴を偽造して入社し、ストライキを背後で扇動したということを組み立てたのです。宋是平は手配されて逃げ回りながら大宇自動車ストライキの操縦した。当時、警察で見るところでは、大宇自動車ストライキの最も

核心人物を宋晁平と見た。彼は賢いね。敏捷な人です。組立てラインで仕事する人物ではありません。後に民衆党から国会議員に出馬もしました。

　大宇自動車労働者のストライキが85年４月16日から４月19日まで行われた。大筋だけ話すとこうなります。労働組合員中心に約２千人が賃金引き上げ18.7%を貫徹しようと主張し鉢巻もして、プラカードを持ってスクラムも組んでいた。以前はこれほどのストライキがなかったんですよ。最近はこれが一般化されているんですが、大企業でこういう組織的なストライキはこれが始まりなんです。約2千人が作業拒否ストライキを打った。当時は大変な事件でした。大宇という大きな会社で数千人がストライキをして、スクラムを組んで会社を占領するかのようにして……　普通の事件ではなかったです……。大宇自動車は当時、一番大きな工場でした。

　当時、大宇自動車労働組合長は宋晁平ではなく金榮萬です。かなり妥協的な人です。そんな労働組合長を後押しして、ストライキするようにしたのが洪永杓以下、朴在錫、丁相國、李用圭など約７～８人です。これらの人々が起訴されたが、ストライキの事実上の主導者たちです。大宇自動車ストライキ裁判の第１番の被告が洪永杓です。彼は東国大学哲学科2年で中退した。それから高卒の学歴で大宇自動車に入った。朴在錫は延世大学独文科4年生を中退した。朴在錫、宋晁平は大学中退の事実を最後まで隠したのですが、軍服務の有無を照会して、バレたようです。朴在錫、宋晁平の大学出の学歴を知ると、会社では生産職から管理職に昇進をさせた。だから彼らは自分は生産職で入社し管理職で入社したのではないと拒否し、会社はこれを口実に会社の命令拒否だとして解雇したのです。会社で管理職にしたのは彼らを重用するためではなく、当時の管理職は労働組合活動ができないから一般労働者から分離させるためのもので労働運動弾圧の方便なのです。なぜ当時の学生たちが大学の学歴を偽って高卒にして工場に入ったのか、その学生たちの正当性について一番よく整理したのが趙英来弁護士の「富川性拷問事件」に対する「弁論要旨書」です。性拷問事件の権仁淑も労働条件を改善するために学歴を隠して労働者の世界に飛び込んだ、いわゆる偽装就業者の一人です。趙英来弁護士は本人が70年代に清渓被服労組に深く関与したことがあるので大学生の工場行きに対して特に深い理解があったと言う。それで弁論要旨書に当時の大学生たちの苦悩がどんなものだったのか、なぜ生産職に入って労働運動をせねばならなかったのかを実によく書いた、一度それを読めばいいです。

ストライキ自体を不法にして犯罪へと構成したのですか、それともそれに加えて別の罪名をくっつけたのですか？

　それを知るためにはストライキの内容に入ってみなければならない。スクラムを組んで2千人が会社の工場内でストライキを約1週間した。当時、2千人のうちの核心というか、約300人ほどが大宇自動車工場3階の大宇技術開発研究所に進入して座り込みをした。シュプレヒコールを叫んで石も投げて鉄パイプも準備したと公訴事実に書かれています。もちろん誇張もあっただろうが、そのうちの一部は事実もあるでしょう。その過程で会社側と警察が一緒に進入するから抵抗しながら、何かを投げて鉄パイプを振り回したから暴行だ、器物損壊だと起訴したのです。処罰法は暴力行為処罰法、労働争議調整法、集示法、建造物侵入などです。事件自体は単純です。大企業の劣悪な労働条件に耐えられなかった賃金闘争が集団ストライキになって爆発した最初の事例です。この意味で労働運動史にも非常に意味のある事件です。

　ストライキの際に掲げた主張は賃上げが中心でしたか？

　賃金は当然含まれます。実は労働者はこの時はものすごく低賃金でした。今は現代自動車などは年俸が高いと言われるじゃないですか。ところが、当時は現代自動車の賃金も生計費未満でした。大宇自動車が自動車を生産して輸出していた時なのに同じです。それで宋旻平が労働組合の組合長金榮萬を煽って主張したのが賃金27％引き上げでした。27％というとすごいように見ますが、実は27％といっても大したことなかったのです。ところが組合長が引き止めて自分たちだけで妥協して、賃金引き上げのデッドラインを作ったのが18.7％です。それを貫くためにストライキまで打ったのです。会社側では5.7％まで引き上げると言った。後で脅迫をして労組を全て破壊してストライキを主導した労働者を続々と捕まえて裁判をして労働組合は弾圧された。私の記憶ではこの事件が今の大企業の労働組合運動の始まりになります。大型労組の激しい労働運動が当時の大宇自動車ストライキ事件の伝統を受け継いだと考えればいいでしょう。
　この時、大宇自動車のストライキは純粋な賃金闘争でした。政治的な意図は

＊第2部　1980年代の人権弁論　　　　　　　　　　　　　　　　　309

全くなかったと見なければなりません。賃金を少し上げてくれということ以外に他の要求は何もありません。だから純粋な労働組合運動だったと思えばいいです。ちゃんと争議しようとすると所定の手続きがあるじゃないですか。ところが当時、合法的な争議は事実上不可能でした。ストライキを事前に申告せねばならず、ストライキの前に冷却期間を置かねばなりません。この冷却期間を利用してストライキを粉砕します。会社と警察が最初から協力してストライキ準備する主導者を連行しストライキを破ってしまいます。だから適法なストライキというのはとんでもないことでした。この大宇自動車事件は大規模工場で起きた最初の大規模ストライキで、それも組織化されたストライキであり、また大学出身の意識ある労働者たちの主導によって起きた労働運動だという点で意味が大きい事件です。

大宇アパレル事件、または九老大ストライキ

―40人の弁護士たち、連帯弁護の嚆矢となる―

> 大宇アパレル事件も大宇自動車事件と同じように展開しましたか。

　大宇アパレル事件も大宇自動車事件と時点がほぼ同じ1985年6月です。でも工場の規模や労働者の組織形態で非常に違いますよね。新大方洞一帯の加里峰洞側に工場が密集していて九老工団と言ったね。そこに縫製工場などが密集した。大宇アパレルという工場や、復興、暁星物産の工場もあったし……私が受任した事件は復興という会社のストライキです。

　始まりは大宇アパレルの金俊容です。大宇アパレルで6月に会社側で労働組合の組合委員長である金俊容を告訴して彼が拘束された。だから大宇アパレルの労働組合員たちが金俊容委員長を釈放しろと集団で座り込みをした。その座り込みに同調して近くのいくつかの会社で同調座り込みをした。これが九老連帯ストライキ事件です。こうした大掛かりなストも例のないことだったでしょう。

　大宇アパレルでそんなことが起きると、株式会社復興という会社の労働者たちもストライキに加わった。復興社は労働者が千二百人ほどいます。縫製会社としては千二百人は小さくはないですよね。縫製工場は典型的な低賃金でした。韓国で服を縫製して輸出して、かつらを売っていた時期なんです。腕はよく賃金は安い女工たちの労働力を搾取して、安い価格で縫製品を外国に売って収入を上げるのです。しばらくこんな産業がブームになった時です。劣悪な労働条件に対抗して労働者を覚醒させ労働条件を改善しようとする意識化運動を実践することを決定に助けたのが大学出身の労働者たちでした。

　復興社で座り込みの主導者として拘束された被告は孔桂鎮、安京煥、全圭子、李仙柱、張美姫が拘束された。同調ストライキを主導した人々です。元々主導した人たちを全部合わせると、20人近くなります。警察で調査して、大学出身つまり警察用語では「偽装就業者」5人だけを選んで訴えた。組合長とかは除いて。一番の主導者である孔桂鎮は高麗大学化学科に4年まで通い復興に就職した。全圭子は韓神大学の学生です。李仙柱はソウル女子大学を卒業

＊第2部　1980年代の人権弁論

311

したが、中卒と記載して就職した。張美姫は高麗大学の家庭学科４年の中退ですが中学中退ということで就職した。彼らは裁判を受けてすべて有罪判決が下された。全部集示法と暴処法（暴力行為等の処罰に関する法律）違反だから。全部実刑で一人だけ執行猶予だったが、大学出身かどうかで区分した。大学出身ではない安京煥だけが執行猶予を受けたのです。だから処罰の基準は「偽装就業者」かどうかということです。その中で孔桂鎮は小児麻痺障害者であり、自分が警察で陳述をする時、金を稼ぎに会社に入ったのではない、勤労者たちと一緒に仕事をしながら不当な待遇に対して闘い勤労者たちが労働法に対して知らないことを悟らせるために入ったと話した人です。

▎ストライキの形態はどうでしたか。

基本的には大掛かりなストライキが一番の特徴ですよね。大宇アパレル示威が起きると、一緒にしようと連帯ストライキをしたのです。組合で「団結だけが生きる道だ」こんな印刷物を作って撒き、「拘束者を釈放せよ」、「民主労組弾圧反対」、「労働条件を改善せよ」などのプラカードを作った。会社の裁断課の作業場を百人余りの人が占拠し制止する会社職員らと闘って鉄パイプを振り回したという疑惑を受けています。バリケートを張ったのですが、「復興の労働兄弟よ、みんな共に」という鉢巻を巻いて、「動揺しないで」みたいな歌を歌った。当時「動揺しないで」はデモ現場でよく歌っていた歌です。それで管理職を数人怪我をさせて、会社の物品を９千万ウォン分を損壊したとして起訴され、全部有罪判決を受けます。

▎この九老連帯ストライキ事件は労働運動史に一ページを飾る事件ですが、色々な工場が参加しているので被告数も多かったし捜査を受ける人も非常に多かったじゃないですか。その事件を弁護しながら弁護士の連帯網ができ始めたと記録されています。労働者の連帯が弁護士の連帯を誘発した点で弁護士の歴史に記録される部分があるのではないですか？

この裁判は１人、２人の少数の弁護士で行うのに手に余るものです。それでこの裁判は弁護士たちとしては先輩グループと若手グループが力を合わせてチームを組んで弁論を始めた初めての事件です。これまでは李敦明、趙準熙、

黄仁喆、洪性宇の４人が主にやっていましたが、それから約10年ほど後輩の弁護士たちが合流したのです。株式会社復興の事件に関連した者の弁護士を見ますと、洪性宇、徐禮教、李相洙の３人が引き受け、共同弁護人として弁論しました。当時からこの若い弁護士たちが弁論に本格的に飛び込みました。工場単位ごとに先輩グループと若手グループが結合して弁論チームを構成しました。こうして作られ始めたチームワークをもとに正法会を結成し、以後の多くの事件に共同弁護をしました。

　私は当時、後輩たちに仕事をすべて任せたと記憶していましたが、今回の記録を見ると控訴理由書を私が書いていた。概して物品損壊も労働者が直接したのではなく会社側の誤りで損壊したものが多くある。座り込み制止のための会社側の過剰行為が色々な損害を生み出したというのが要旨です。その他に量刑が不当だという点を指摘して、労働権がまともに保障されない現実、労働者の権益を擁護できない労働行政の問題点などを批判した。

弁護士何人が九老連帯ストライキの弁論に飛び込みましたか？

　約20人になると思います。これからは若い人たちと一緒にチームを組んでやろうという議論が自然になって、当時、私たちが集まってチームを組んだ。実際に事件は一つなのに、まとめておくと法廷騒乱になる可能性があるから、分けるんです。弁護士たちは不便です。いちいち対応せねばならないし、一度ですむところを何度も行かねばならないから。それで私たちもその中で一番重要な事件、主要な被告がいる事件は全体の主任が引き受け、残りの事件は先輩一人に若手１〜２人というふうにチームを組んだ。そして多くの事件を担当した。まさに事件はひたひたと押し寄せてきていたから。

　1981年から司法試験の合格者数を年300人に増やし始めます。80年まで一番多いのが160人だったんですが、このように短期間に飛躍的に増えて、84年くらいから弁護士数が年100人以上、輩出されるんですね。こんな量的拡大が新しい弁論を可能にした一つの原因になりました。

　弁護士の数が飛躍的に増えた。人権弁論に関心を持った若い弁護士たちも増え、彼らが大挙正法会に入ってきて、後に正法会のメンバーが50〜60人に増え

た。もちろんその中でも献身的な人もいれば、そうでない人もいたが、それでも彼らのために1984、85年以降は私や李敦明、黄仁喆は、以前よりずっと体が楽になりました。

接見も分担したりしましたか？　以前より接見の回数も減りましたか？

いや私は接見はたくさんしなければならないという主義でした。弁護士は接見を頻繁にすることが重要です。被告には弁護士と頻繁に会うだけで勇気づけられます。それで接見は面倒がらずに、毎日のように拘置所に通ったりした。でもソウル拘置所は近いんですけど、永登浦^{ヨンドゥンポ}拘置所は遠くにあるし、まあ城東^{ソンドン}拘置所も遠いですよね。仁川に行く時もあるけど……　距離はとにかく、接見を厭わずに通った。

被告に接見が一番重要だとおっしゃったが、なぜ重要なのか、もう一度整理してほしいですね。「弁護士を選任したところ、『鼻っつら』も見えなかった」というのが被疑者、被告たちの大きな不満じゃないですか。

重病を患う人は担当医師に会って知りたいし聞きたい話が多いと思います。まず顔を見たいです。返事を聞いてこそ安心もできます。裁判がどのようになっているのか、自分の運命がどのようになるのか、気になることが多いのです。時局事件の場合、自分の弁護士たちに会うと信頼と勇気を得られます。「君は拘置所で獄中生活をしているが、堂々と仕事をしたのであり、君が所信を守れるように助けます」と言うことが精神的に絶対必要です。弁護士のいない時局事件の被告たちは、まともに法廷闘争をする意志も方法も持ちにくいのです。

70年代には学生たちが大学キャンパスで主にデモで捕まっていきましたが、80年代になると、労働現場に入って労働者を意識化し、組織するという流れが集団的に出てくるので、当局も労働者の中に大学出がいないか目を光らして調査しました。弁論する時、学生と労働者の間に差のようなものがありましたか？

労働者たちは弁護士たちが熱心に弁論をしてくれてありがたく思うが、近づ

きにくかった。どうも難しいようですね。私たちはいくらでも近づき人間的な
交流もすることを望んでいるが、労働者たちはそうできなかったようです……
大宇自動車事件の洪永杓、朴在錫……　事件が終わって彼らの顔も見れません
でした。噂では、仁川の方で労働運動をしているという話ばかり聞いていて、
去年、洪永杓が国会議員に選ばれた。彼が大宇の洪永杓です。

富川警察署刑事の性拷問事件

プチョン

　今度は富川警察署の性拷問事件を扱う番のようです。事件の被害者にも、被害者のために飛び込んだ弁護士たちにも忘れられない事件であり、民主化に向けた歴史的流れからも必ず記憶しなければならない事件だと思われます。弁護士の立場から、事件の背景から展開まで詳しくお話しください。

　先ほど言ったたように、80年代初中半から韓国の産業現場に大学生たちが労働運動をするために就職しました。ところが大学生たちが学歴を隠して就職して労働者として活動すると、その事実が明らかになれば捜査当局のブラックリストにのせられ職場から解雇されるのはもちろん、他の職場に就職できません。だから、だんだんと徹底的に身分を偽装する必要が出てきます。権仁淑の場合です。権仁淑は故郷が原州で父親が法院書記出身で登記所所長をした。原州女子高校を首席卒業してソウル大学衣類学科に入った。高校や大学に通っていた時は世俗的な意味で模範学生で家庭も中流以上で、まっすぐに育った学生でした。そうするうちに社会意識に目覚め、産業現場で労働者が搾取される状況に深い理解と同情を持ち、労働条件の改善のために寄与しなければならないという意識に目覚めて工場に入る決心をした。ソウル大学出身ということは隠して高卒で入らねばならないのに、本名と自分の住民登録番号で入れば、すぐにばれて解雇されてブラックリストに載せられます。最初から別の名前で入ろうと住民登録証を一つ手に入れて、そこに自分の写真を貼った。某という女性の住民登録証に自分の写真を貼って住民登録証を作り、株式会社シンソンというところに入社した。ところが間もなくそれがバレて1986年6月4日に富川警察署に逮捕され、6月6日から調査が始まりましたが、担当刑事が文貴童でした。権仁淑の被疑事実は簡単です。公文書偽造及び同行使罪。これが公訴事実です。権仁淑はこれで懲役になりました。でも、ありきたりじゃないですか。住民登録証が押収されて、権仁淑本人の身元が明らかになれば、これ以上調査することもないじゃないですか。写真はいつ貼ったのか、住民登録証はどうやって手に入れたのか、これだけ調査すればいいんです。ところがそれを調査せずに、仁川労働運動連合という機構の委員長の梁承祚が手配中だったので

ムンクィドン

ヤンスンジョ

316　　　　　　　　　　　　　　　　　　　韓国の人権弁護士　軍事独裁に抗す

すが、『お前、梁承祚がどこにいるか知っているか、梁承祚がどこにいるか言え』と、権仁淑を追及したのです。その過程で問題の性拷問を2回することになったのです。6月6日午前4時から数時間の調査をしながら、文貴童が性的暴言を吐いて、その翌日6月7日夜9時から11時頃まで、暗い調査室で文貴童が口にするのもおぞましい拷問をした……　拷問の内容は弁論要旨書にも出ていて、後で判決文にも詳しく出ています。そして、権仁淑があまりに酷くて留置場に戻ってきて話もできずにいたんですが、収監されている他の一般人たちに他人事のように拷問されてきたという話をして、面会にきた友人や同僚たちに拷問された話をしたら、その話が少しずつ洩れてきた。弁護人の耳に入ったのが7月初めで、この話が私たち弁護士たち数人が集まったところに受け付けられた。当時、私たちの弁護士の中で李相洙弁護士が一番先に権仁淑に面会した。面会から帰ってきて興奮して、『なんと、こんなことがあるなんて！』と弁護士たちに話をして、当時の被害事実を大体、私たちが聞きました。

　富川性拷問事件と言えば趙英来弁護士を思い浮かべるのですが、事件を最初に把握して面会まで行ってきたのは李相洙弁護士だったでしょう。李相洙弁護士は考試に合格した後、合格記を書いたのですが、その合格記に『これから自分は貧しい隣人に向かって奉仕する法曹人になる』と明確に書いて印象的でした。判事をした後、弁護士を始め、労働弁論と人権弁論に飛び込んだので、初心を堅持していると思った。

　そうなんです。当時、李弁護士の活躍がすごかったですね。李弁護士の報告を聞いて、私たちみなこれはすごい事件が起きたんだな。直ちに詳しい事情を調べようと、その翌日私と趙英来弁護士と二人で仁川に行った。仁川少年刑務所でした。女囚たちが収監されているところに行って、権仁淑に初めて会った。一日か二日前に李相洙弁護士が会い、その次に私と趙英来弁護士と二人で行ったのです。約2、3時間接見して、当時の性拷問の内容を詳しく聞きました。

　初めて会った弁護士にそんな話をすぐ打ち明けるのも難しいじゃないですか？

＊第2部　1980年代の人権弁論　　　　　　317

最初は権仁淑も、うちの弁護士たちの正体がよく分からないじゃないです
か。趙英来、洪性宇を昔から知ってたわけでもなく、家族が頼んだわけでもな
く……　人権弁護士を自任する人々が来たが自分は確信はなかった。最初に大
体、私たちがどんな仕事をする弁護士たちであり、なぜ来たのか、この事件に
関して私たちがどんな点を聞きたいのか、この事件を正当に告訴告発をして闘
おう。そんな意図を持って来たと、権仁淑に信頼を与えるために努力した。最
初は曖昧だった権仁淑が私たちを信頼したようです。それで自分がやられた話
をその日、ずっと打ち明けた。１次性拷問の話ですが、それを聞いたとき、
まったく……　当時まで、そんなことは聞いたことも、見たこともなかったん
ですよ。

　若い女性を夜中に取調室に座らせて、脱がせたり触ったりして、そんなこと
をしたなんて想像もできないじゃないですか。一言で呆れたり、体が震えまし
た。その日、趙英来弁護士と私が権仁淑に接見して詳しい情報を得た翌日から
本格的な闘いがはじまりました。９人の弁護士たちで弁護団を作り、彼らを中
心に役割を分担した。真相調査、接見、対外活動などを各自行うようにして、
その全体指揮を趙英来弁護士がとったのです。普通は弁護士の弁論は法廷中心
にしてきたが、この事件の場合にはあまりにも大きな社会的、政治的意味があ
るので、最初から法廷の内外で多様な活動を行ったことが特徴です。

　法廷外の活動とはどのようなことを言うのですか。

　大韓弁護士協会に真相調査を要求する要求書を出し、在野運動圏の各界にそ
の話を全部送って在野懇談会を開き、咸錫憲以下の在野指導者10人余りの名義
で「性拷問事態の真相を明らかにせよ」という在野懇談会の声明書が７月25
日付で出た。その際に金大中、金泳三両氏が主軸となった民主化推進協議会
（『民推協（ミンチュヒョブ）』）の共同議長名義で公開書簡を出した。それでこれが世論化し始
めたんですが、最初は口コミで広まって在野運動圏はもちろんマスコミにも急
速に広がっていった。当時、韓国日報に張明秀（チャンミョンス）コラムがあった。読者の多いコ
ラムで、張明秀は今もそうですが当時の女性運動界ですごい存在でした。その
コラムで『信じたくないが、これは本当のようだ。こういうことは突きとめね
ばならない』と問題提起をした。急速に口コミが広がり、在野運動団体、政界
が立ち上がり、弁護団は告発状を提出した。マスコミの報道が始まり、公安当

局の反応が忘れられません。運動圏の学生たちが「性を革命の道具」として、虚偽をまき散らして、政権を窮地に追い込んでいる。これが革命運動の方式だと、完全に歪曲しようとしました。盗人猛々しい行為に加え、破廉恥の極限の政権が末期的攻撃をしたのです。ところが政権とマスコミはあまりにもどっちつかずで、最終判断を先送りする傾向が少なくなかったようです。こんな状況をどのように突破したか？　当時、明洞聖堂で金壽煥枢機卿が私たちを呼んだ。弁護団の９人の弁護士が明洞聖堂に一緒に枢機卿を訪ねた。事実がどうなったのかと聞くので、私たちが面会して聞いた話をすべて詳しくお話した。だから枢機卿も並や大抵の怒りかたではありませんでした。これは人として想像もできない。こんなことがあるとは……　権仁淑が最後まで勇気を失わずによく闘ってほしい。こんなことをおっしゃっていた。当時、金尚哲弁護士がアイデアを出し、枢機卿に「権仁淑に送る簡単な手紙を書いてください。権仁淑に勇気を失わないように枢機卿が手紙を一枚書いてくだされば私たちが伝えます」と言ったら、その日、メモ用紙に手紙を一枚書いてくれた。「親愛なる権仁淑へ」で始まり、「良心と人間性回復のために勇敢に立ちあがった権仁淑を主が恩寵で見守って下さると信じて祈ります。どうか勇気を失わず真理である神様に全てを任せて健康であることを祈ります」という内容を直筆で書いてくださった。

　それで弁護団はマスコミにアピールした。後で権仁淑に面会に行って、枢機卿が激励の手紙を書いてくれたことも伝えました。面会する前に記者たちに知らせてその記事が１段に出た。「金壽煥枢機卿、権仁淑への励ましの手紙」と題して社会面に短く出ました。それが権仁淑問題が言論に報道された初めです。張明秀のコラムもその後でした。枢機卿の手紙の日付が７月10日です。その１段の記事一行がまさに寸鉄殺人の効果を出した。

　いろいろな話が飛び交う中、金壽煥枢機卿が権仁淑の手をあげたんだよ！権仁淑が非常に残忍な拷問を受けたのが事実だね。こんなことまでやらかすとは！　そんな雰囲気が急速に広がっていきました。各団体で騒いで、私たちが対策会議を何度もした。弁護士たちが集まって会議をして、これは弁護士の名義で告発しようと言って長文の告発状を書いた。

　告発状は誰が実際に執筆したものですか。

＊第２部　1980 年代の人権弁論

告発は私たち弁護士たちの名義でした。弁護士９人の名義でね。高泳耆、金尚哲、朴元淳、李敦明、李相洙、趙英来、趙準熙、洪性宇、黄仁喆です。被告発人は文貴童、それ以外にも富川警察署の署長、玉鳳煥（オクボンファン）、その他、姓名不詳者数人。その連中を全部告発したんだが、この告発状を７月５日付で私たちが提出したんです。面会に行ってきて、特に趙英来弁護士がこの事件に全身を投げるように取り組んだ。趙弁護士が告発状も書き、弁論要旨書も書きます。以後、性拷問事件に対する、ほとんどすべての文書は趙弁護士が書いた。権仁淑がやられた境遇と痛みについて全身で戦慄し共感しながらです。そして私と対話しながら「先輩、この事件で全斗煥政権を倒せそうだ」という話までした。後に評者が言うには、全斗煥軍事政権が民意に屈して崩壊することになったのは、金槿泰拷問に続き、権仁淑に対する性拷問、そして朴鐘哲（パクジョンチョル）の拷問致死で露呈した反人倫的犯罪が決定的ですが、人々の心を揺さぶったのは権仁淑事件と朴鐘哲事件が決定的な役割を果たした。いったい想像だにできない拷問に加えて隠蔽までするのだから、この政権は到底許せない。こういう考え方が全斗煥政権の没落の直接的な契機であり原因になったのでしょう。

　弁護士たちが告発状を出したのも、初めてのことです。歴代の色々な反政府デモとか民主化運動関連の事件をしながら弁護人が直接告発をしたことはありません。そうじゃないですか、私たちは弁護人であり、直接訴訟当事者になることを嫌います。告発人、告訴人を法律的に助ける役割が弁護士の本分ですが、弁護士が直接告発人になったのは数十年の弁護士生活で初めてです。告発状をソウル地方検察庁の検事長宛に出した。告発した内容は権仁淑から聞いた、１次、２次性拷問をそのまま書いた。告発状に犯行の内容を非常に詳細に摘示した。口にするのも汚らわしいのに。これを告発し、枢機卿の書簡で公式に世論化され、社会のあちこちでものすごい怒りが沸き上がり……　だから検察当局でもこれを収拾できなくなったのです。それで調査をした。調査は仁川地検で担当した。それなりに調査は関係者をみな呼んで調書を作った。甚だしくは権仁淑も被疑者の資格で調査を受けた。文貴童などに対する名誉毀損、虚偽事実流布で誣告罪で文貴童から告訴されていた立場でした。そして検察が結論を下す時に、文貴童がいわゆる１次性拷問、２次性拷問のうち「一部」に対してだけ、しぶしぶ認めた。「胸の部分を３～４回ほど、殴ったと判断される」という程度だけです。ところが、２次性拷問の中で最も破廉恥な部分は認めませんでした。まさか警察がこんなことまでしただろうか、証人も被害者と

加害者しかいないのに加害者が認めていないという理由を挙げた。そして文貴童に対して不起訴処分を下した。文貴童がしたという1次性拷問は事実で、2次性拷問の一部は認められますが、捜査官が「職務に執着するあまり偶発的に犯した犯行であり、これによってすでに罷免処分を受けており、また被疑者が十数年間、警察官として奉職しながら誠実に勤めてきただけでなく自分の過ちを深く反省しているなど、その情状を酌量する理由が多いので訴追を猶予することが相当だと考えられる」ということです。

　その時代、検察が何をしたのかを確認するために、その不起訴事件の記録を一度、見なければなりません。1986年8月22日の日付です。捜査結果の中で文貴童の被疑事実に対する結論が次のようになっています。

　「被調査者を相手にひどい質問をした調査者が突然欲情を起こして異常な方法で醜行をしたということは、一般経験則上、とうてい信じがたいだけでなく、権仁淑は文貴童から醜行を受けたと主張しながらも醜行を受けた時に反抗したり大声を上げた事実は全くなく、調査後も一切抗議した事実がないと陳述しており、この点もまた常識上納得できないので上記の事実（強制醜行、強姦）は認められない」。

　この事件で経験則を突きつけたのは話にならないですね。経験則上できないことをしたから問題にするのですが、そこに経験則を云々できますか。また、醜行された時に被害者が反抗したり叫ばなかったりしたそうですが、深夜の警察署の取調室にいる被害者が誰にどのように反抗して叫ぶことができるというですか。また取調後に心理的に完全に恐慌状態にある被害者が、取調後、警察を相手にどのような抗議をできるというのか……　検事のレベルや認識が検事としての資格があるのか、経験則上、到底、納得しがたいですし、検事の判断能力が常識上到底納得できないと見なければならりませんね。もちろんその検事の場合、自分の純粋な捜査の結果というよりは、権力に総動員された隠蔽工作の下手人と見るべきでしょう。しかし、こんな事件でも検事が外部の圧力を云々して手加減するとしたら、いったい検事という制度は何のために作ったのか……　という批判を免れることはできないでしょう。
　それで検事の不起訴処分に対してどのように対応しましたか？

＊第2部　1980年代の人権弁論

弁護士165人の名義で裁定申請

　検事の不起訴処分に対して高等法院にその裁定申請ができるじゃないですか。検事の不起訴処分が不当だというときには、高等法院に申請を出し、認容されればすぐに地方法院の審判に付すことを裁定決定と言います。維新刑事訴訟法で裁定申請が可能な対象犯罪が非常に縮小されたが、警察の拷問に対しては裁定申請が可能でした。もちろん維新体制と全斗煥政権下で裁定申請は一切受け入れられませんでした。告発状を提出するときは９人の弁護士の名義でしたが、裁定申請をするときは弁護士の高在鎬ほか165人の名義で申請した。私たちの司法史で最も多くの弁護士の名前で作成された文書です。

　165人の弁護士にいちいち連絡し同意を得る作業も普通のことではなかったと思います。また、元老、中堅、少壮を問わず、弁護士たちがこのように意見を集めたということも特記すべきことです。その裁定申請を法院はどのように判断しましたか？

　私たちの裁定申請に対して、ソウル高等法院は「この事件の裁定申請を全て棄却する」と答えた。文貴童の被疑事実については、「刑事被疑者に対して苛酷な行為をした事実は認められる」とした。しかし１次性拷問は認めながら、２次性拷問に対しては検事の不起訴処分と同じ理由を突きつけて経験則、常識を云々しながら権仁淑の「一方的陳述だけでは事実を認めにくい」として排斥した。１次性拷問だけでも容認できない重大な犯罪行為なので厳しく戒めねばならないのは妥当だと言います。その一方で法院は検察が不起訴処分の理由として出したあらゆる理由をそのまま受け入れ、検察の起訴猶予処分はその相当性が認められると結論付けてしまいます。それで私たちは大法院に裁定申請棄却に対する再抗告状を出します。告訴人の権仁淑、告発人の高泳耇、金尚哲、朴元淳、李相洙、趙英来、趙準熙、洪性宇、黄仁哲の９人の名前です。私たちが大法院に再抗告をしたのが1986年11月11日です。ところが大法院はこの事件を１年以上、塩漬けにして何の判断も下しませんでした。

　正確にいつ大法院の判断が下されたんですか？

調べてみたら1988年１月29日です。大法院の決定要旨は次のとおりです。第一に、検事は不起訴処分（起訴猶予）をする裁量を持っているが、その裁量にも合理的限界がある。起訴すべき極めて相当な理由がある事案を不起訴処分をしたことは裁量の限界を超えた不当な処分である。第二に、性拷問のような人権侵害行為は容認できない犯罪行為として起訴を猶予できる事案ではない。ということで、裁定申請は認容されるべきだということです。この大法院の判例は、さまざまな観点から検討する余地があります。まず、その決定の妥当性は疑うまでもありません。ところが、この決定が下された時点が問題です。ソウル高等法院の裁定申請棄却決定が下されたのが1986年10月31日付ですが、再抗告した時点から何と15ヶ月が過ぎて大法院が判断を下したのです。「裁判を遅らせることは正義を拒否すること」（Justice delayed is justice denied）という古典的な法諺を思い浮かばずにはいられません。もちろん大法院は一言弁明はできると思います。当時、すぐに判決を下したなら、（権力の外圧で）再抗告棄却をせざるを得ないかもしれないが、むしろ遅延させた方が良かったのではないか」と。しかし司法府の正義の判断が最も切実な当時、とうてい容認できない人権侵害犯罪を知りながらも遅延させた点に対して厳しい批判を免れ難いと思われます。もう一つ考える点は、こんな遅れた決定でも出るようになったのは、87年６月抗争がその間にあり、拷問は絶対に許されないという国民の意志が全面的に表出したことに支えられたと思います。この点から見るとこの大法院の決定は国民の総意を確認した６月抗争の成果の一断面と解釈することもできると思います。

　裁定申請認容された後の部分は私の記録にはないのですが、それも一度整理してみましょうか。韓教授が記憶しているものがもっとありますか？

　はい。このように裁定申請手続きが開始されましたね。仁川地方法院は裁定申請にともなう準起訴手続きにより検事ではなく、弁護士が公訴維持弁護士の資格で一種の特別検事の役割をすることになりました。趙庸煥弁護士が公訴維持弁護士になったと記憶しています。結局、文貴童は懲役５年を言い渡され服役した。他の警察官は起訴されませんでした。みんなが88年以降の話です。ところで全斗煥政権下で、このように性拷問が大きな争点になったにもかかわらず、文貴童に対しては起訴猶予をした検察が、権仁淑の些細な住民登録証変造

＊第２部　1980年代の人権弁論　　　　　　　　　　　　　　　　　323

部分に対しては起訴し、裁判が行われたのではないですか？　その裁判で弁護人たちが、どのように臨んだかを聞きたいです。

　では権仁淑を被告とした裁判に戻ってみましょう。仁川地方法院の刑事合議部で住民登録変造に対する裁判をした。ところで裁判で住民登録関係について何か聞くべきことがありますか。本人がやったと言っていると、証拠も明らかなのに。その点については反対尋問もなかったと思う。私の記憶では。

　私たちの弁護人は当然、性拷問に集中した。ところが法院で性拷問に関連した証人申請と検察捜査記録検証申請などを全て棄却した。私たちが見るにはこの証拠は被告事件の量刑に決定的な影響を及ぼす証拠であるうえに、これを採択するのに何の技術的困難もありません。それで、こうした証拠申請を棄却するのはそれ自体違法であるだけでなく、性拷問の真相を隠蔽しようとする行政当局を助けるためのものだと見て、法院に対する忌避申請をした。その忌避申請が棄却されて、また即時抗告をし、それに対して高等法院で棄却した。実は必ず忌避申請することではなかったかもしれません。裁判作戦という点もあったし。法院は公訴事実だけを争うという姿勢でした。公訴事実は住民登録証関係ですが、それに対する証人や証拠申請ではないだろうというのが法院の立場でした。法院も苦悩があったはずです。部長判事は検察の要求どおりにすべて有罪判決をして、しかも住民登録証事件に実刑宣告をしたんですが、非常に優柔不断な人だったんです。

　権仁淑事件の裁判部は、ただ住民登録変造という公訴事実だけに集中し、致命的な性拷問の争点は私たちが関与する問題ではないという態度で臨んだのですが、弁護人たちは性拷問の争点をどのようなに公判廷に提起しましたか。

　私たちが言いたいことは弁論要旨書に盛り込むことになります。弁護人たちはすべての知恵を絞り出して弁論した。富川性拷問事件の「弁論要旨書」は決定版であり白眉です。法学に関心を持った方々はもちろん、その事件に対する関心、その時代に対する関心を持っている方々はこの弁論要旨書を必ず読んでみてください。事件の内容だけでなく、それが持つ時代的意味について分かり、そんなに名文は他にないでしょう。タイプで52ページに達する分量です。

趙英来弁護士が書いた弁論要旨書、時代の名文

　私の記憶では、弁護士4人が分けて法廷で朗読した。1時間半くらいかかったのだろうか。執筆は趙英来弁護士が担当し、2、3日、徹夜で書いた。胸に響く弁論です。趙弁護士が熱心に渾身の力をふるって熱心に働いた。有能な人がそんなに熱心にすれば、仕事がすべてその人中心に回るではないですか？私は対策会議の時、司会者みたいな役割をしたんだけど。私が任せなくても趙弁護士は自分が弁論要旨書を書く決心をしていました。李相洙弁護士は少し寂しかったかもしれません。この事件を一番先に報告したのが自分なのに……主導権が趙英来に移って、あまり役割を果たせなくなったので軽い不満のようなものがあったと思います。そんな不満を持つこと自体が、ある意味で美しいことです。ところが、私が司会を務めるから文句が言えないし……。

　李相洙弁護士ももちろん有能な弁護士で、当時、趙英来と共にツートップだと言っていた。彼が書いたとしても、もちろんよく書いたに違いありません。ところが趙英来はあまりにも文章が上手です。当時、趙英来が東亜日報のコラムに、一時期、連載していた。一つ一つ全てよく書けている。それらのコラムは有名でした。「張琪杓は何の罪がそんなに多いのか」のようなコラムをはじめ、多くの人々に膾炙された。それで弁論要旨書を持って結審する日の弁論をするのに、私たちだけで役割分担をした。どこから何ページは誰がして、結論は誰がするとしたのです。序論部分の20ページほどを私がやって、その次に黄仁喆、趙準熙、李敦明、最後の結論部分を趙英来が朗読した。

　趙英来弁護士が作成したが一人で全部朗読したのではないですね。以前、金芝河事件の時や、釜山米文化院事件の時に大勢で分けて朗読した伝統が続きますね。洪弁護士はどうしてスタートを切ったのですか。

　当時、傍聴席がいっぱいのになりました。大きな話題になり、関心が集まった事件で、全国民が見ている感じでした。私が初めて口を開くことになりました。最初の瞬間にムードを作ってやらないといけないんだ。私も悩んだ。タイプした弁論要旨書の始まりがこうなってるじゃないですか。

　『弁護人たちはまずこの法廷の被告席に立っている人が誰なのかについて

*第2部　1980年代の人権弁論

話したいと思います。権仁淑——私たちがその名前を呼ぶことすら慎まねばならなくなった彼女は誰か？　全国民がその名前を知らないまま、その姓だけで知っている名前のない有名人、顔のない偶像になってしまったこの娘は誰か？　彼女は何をしたのか？　そのためにどんな目に遭って今までやられているのか』。

　これは文章で読むとこの上なく名文なのですが、言葉で始めるには唐突に吐き棄てるようで、文語体のようでムードがうまく掴めそうにありませんでした。2〜3分悩み、アドリブを入れました。

　『今日、この法廷は、この時代を生きる私たちみなが、この時代が犯したこの途方もない罪悪に対してみな深く懺悔する気持ちでこの裁判に臨むべきだと思っています』。
　『みなさん、今この法廷の被告席に立っているあの人は誰ですか？　私たちが名前を呼ぶことすらはばかられる彼女は誰ですか……』

　こうやって繋げた。それがいいと思った。最後の部分は趙英来が担当した。趙英来がかなり雄弁です。それで私が記憶するところでは、心血を注いだ歴代弁論の中で指折りの名弁論です。

　公判廷の雰囲気はどうでしたか。検事が事あるごとに制止したりしましたか？

　裁判の雰囲気は私たちの完勝でした。こういう時は検事が可哀想だよね。こんな事件で検事席に座っているということは住民登録証違反の公訴事実に対してすべて有罪と実刑が宣告されても、検事は悲惨な心情にならざるをえなかった。これは永遠に記憶に残る弁論です。結局、この事件で権仁淑は懲役に服して出てきたが、その後、富川警察署はメチャメチャになりました。警察全体がそうでした。仁川地検をはじめとして検察は激しい世論の批判を受けて。結局、この事件は1987年の6・10抗争に至る導火線になったのです。制度政治圏はもちろんのこと、在野、学生、女性のみなが力を合わせて民心が爆発したのです。後ほど、いくら軍事政権でも手に負えなくなり、6・29〔民政移管〕宣

言まで出されることになるのです。軍事政権から降参を取り付けたんです。権仁淑がいつ釈放されたのか正確な時点が思い出せないが。

　正確には、1986年6月に収監され、控訴審で1年6月の実刑を言い渡され、1987年、6月抗争以降、7月8日に釈放された。満1年1ヶ月間獄中生活でしたね。1987年7〜9月は労働者大闘争の日々でしたが、当時、大宇造船の労働者、李錫圭（イソクギュ）が警察が撃った催涙弾に当たって死亡します。その李錫圭烈士の告別式に権仁淑が『あなたは、鋼鉄（はがね）のように生き返れ』という弔辞を朗読します。この時、『名もなく苗字だけある権嬢』から、自ら『権仁淑』と紹介することになります。これにより自分の名前を公的空間で明らかにします。権仁淑の功績の一番目が自身の苦痛を隠さずに表わし、権力の暴力性を明らかにしたことで、二番目が自らの名前を明らかにすることにより性暴行の被害者が、これ以上、匿名の人生ではなく堂々とした主体として人生を開いていく意志を表明したことでしょう。この2番目の部分は、90年代の女性運動の一つの方向性をリードした点でもあります。

　その大宇造船事件で弁護士たちが多数傷つきます。労働弁護士を自任していた李相洙弁護士がここで拘束された。李錫圭の死因を明らかにするために努力した李相洙弁護士と盧武鉉弁護士が第3者介入の嫌疑で拘束されたりもした。盧武鉉という名前が全国的に知られるきっかけにもなりました。

　この裁判の後に権仁淑に会ったことがありますか？

　私が結婚式の媒酌人になりました。監獄に行ってきた人を「パンジェビ〔ムショ帰り〕」と言います。刑務所の監房を「パン＝房」と言って、刑務所に行ってくるとパンジェビって言うんだけど。そんなパンジェビたちの媒酌を私に頼んだ。アメリカで女性学の博士学位を取って、今明知（ミョンジ）大学で教授をしています。娘がいるんですが、今高校生か、20歳ぐらいかな。権教授とは1年に1、2回会っています。

　性拷問を文貴童一人で行い、富川署の他の警察官は全く知らなかったんですか？　これを納得ができますか？　警察署の調査室を自分一人で貸し切ったわ

＊第2部　1980年代の人権弁論

けでもありませんし。

　一人でやったのではありません。これは全くの推測ですが、文貴童に調査を命じる上司が『これでこんな風にしろ』と言ったという話があります。前例があったという話ですよね。過去にやられた人たちが恥ずかしくて話せなかったんですよ。権仁淑ぐらいの覚悟や勇気があるからやったんだよ。私が知っている範囲でも、以前に大きな事件の家族を南山のようなところへ連行して、性的拷問をしたことがあります。強姦などをしたわけではないが、催淫剤などを飲ませたというような話があります。それを被害者本人たちがどうしても公開的に話できないから、周辺でも告発できなかったんです。前にも多くはなくても、しばしばあったのではないかと思います。この事件は権仁淑が勇気をもって、暴露して告訴したから結局は問題になって、おぞましい捜査方法を撲滅して改善するのに貢献したんです。一人二人の勇敢な告発や、また内部告発者などの勇気が重要なんです。その勇気が歴史を変える原動力なんです。

　当時は大韓弁協も非常に積極的だったようです。大韓弁協がそんな告発状を大韓弁協のレベルで受け入れ積極的に行動したのでしょう。

　当時はそんな雰囲気になりました。当時、大韓弁協で公的活動は正法会や民弁のメンバーが主導しました。その求心体は大韓弁護士協会の人権委員会でした。その人権委員会の委員長を民弁出身者たちが数年間しました。当時、柳宅馨弁護士が委員長をしたが、それなりに正法会の会員たちが後押ししたので、その役割を一定果たしました。

　当時、大韓弁協で『人権報告書』が初めて出たじゃないですか。その後、年刊で今まで続いています。第2号ですか1986年度の人権報告書は、ほぼ富川署性拷問の特集号で埋め尽くされたようですが。人権報告書の刊行は、大韓弁協でもっとも意味のある事業ではないかと思われますが。

　そうです。当時、大韓弁協が生き返ったんです。人権報告書の作成は正法会の若い弁護士たちがみんな引き受けました。趙英来弁護士の役割が圧倒的に大きかったね。人権報告書第1集は趙英来弁護士が執筆し、印刷し配布して、一

人で全部やった。秘密にすべて進行したのですが、1集、2集まで趙英来弁護士が、残りの3号からは朴元淳弁護士などが引き継いだと考えます。

> 大韓弁協はどのように動いたのでしょうか？

当時、政治的雰囲気が活性化され、民主化の熱気が急速に広まった。会長が金殷鎬で年輩の方ですが野党気質が濃かった方です。それで彼が根性や度胸でよく後押ししてくれた。弁護士の人権活動を援護してくれた。当時は、大韓弁協の雰囲気が民主化運動圏と人権弁護士たちによってリードされた。当時の人権委員会のリストを見てみよう。ほとんどが人権弁護士です。人権弁論を直接しなかった方々もみな好意的な方たちだった。1987年、全斗煥大統領が大統領直選制改憲の要求を圧殺するいわゆる4・13護憲措置を発表し、再び恐怖雰囲気に転換する時、一番最初に護憲措置に反論する声明書を出したのが大韓弁協でした。当時、大韓弁協が国民の民主化への熱望を果敢に代弁したのです。

この事件で弁護士の役割を振り返ってみると、普段、弁護士は社会変化に補助的に参加する役割を担いますが、この事件になると社会変化の主役であり、事件全体を動かす主役の役割を果たすところまで進んだようです。その間12年の人権弁論の力量が蓄積され、弁護士の集団的力量が結集され、歴史的事件に遭遇し歴史を動かすテコの役割を果たした事件と評価できると思います。

その間、後ろから横から演出して照明する役割をして、この事件でいわば歴史の舞台に登場したのです。この事件は歴史的事件であり弁護士は歴史的な役割を最大限に果たしたと思います。

一つ付け加えるとですね。1987年憲法第27条5項に次のような条文が新設されます。「刑事被害者は法律の定めるところにより、当該事件の裁判手続において陳述できる」。刑事被害者の権利について憲法で初めて明文化したものです。後でこの条項を根拠に憲法裁判所で一連の権利を導き出すことになります。例えば検事の不起訴処分に対する憲法訴願を認容する根拠として不起訴処分にすると、刑事被害者が法廷で供述する権利を剥奪することになるという点を挙げられます。ところが、この条項を入れようという問題意識が富川署の性

＊第2部　1980年代の人権弁論　　　　　　　　　　　　329

拷問事件から出てくることになります。文貴童など拷問警察を告訴して刑事事件化されたとしても、検事が被害者に陳述機会を与えずに進めると無罪になったり、拷問が被害者に与える影響が十分に反映されないかもしれない。だから最初から憲法に明文化された権利を挿入しようということなんです。実際にこの条項を憲法に明文化した後、裁判で一番先に活用したのが文貴童に対する裁判で権仁淑が法廷で被害事実を具体的に陳述したことです。その後、金槿泰の拷問被害者の証言が金槿泰拷問の警官に対する裁判で行われます。このように憲法第27条第5項*は民主化運動の産物の性格を持っています。私の知る限りでは、当時、憲法改正の実務を担当した国会議員たちに趙英来弁護士の要請が入りました。

　＊憲法第27条第5項：刑事被害者は法律の定めるところにより当該事件の裁判手続について陳述できる。

民衆教育事件

──教師たちが法廷に立つ──

1985年以降はあらゆる方面で独裁政権に対する反発が表面化し、それに対して政権は手当たり次第に弾圧の魔手を広げます。その中の一つとして『民衆教育』という不定期刊行物を出版したとして教師たちが捕まり処罰を受けた事件があります。表現の自由がない世の中では知識人の筆禍事件が絶えないようです。この事件の背景を教えてください。

民衆教育事件は1989年に創立された全教組（全国教育公務員労働組合）運動の嚆矢となる事件です。この二人の主役は金津經と尹載喆です。金津經はソウル師範大国語教育科を卒業し養正高校の国語教師をした人で、尹載喆もソウル師範大国語教育科を卒業して城東高校の国語教師でしたね。尹載喆教師は詩人でもあったし。三番目の人物は宋基元です。ご存じのように宋基元は小説家で詩人ですが、当時、実践文学社の主幹でした。

実践文学社は自由実践文人協議会のメンバーが主体となって作った『実践文学』という雑誌を発行する出版社でした。自由実践文人協議会は1974年に結成され民主化運動と文学運動に尽力したが、後に民族文学作家会議に名前が変わり、今は韓国作家会議になっています。韓国で現実参加の文学活動を唱えたグループでした。

宋基元は中央大学文芸創作科出身です。同じ年に東亜日報と中央日報に同時に、片方は詩で当選し片方は小説が当選して華やかに〔文壇に〕登壇した人です。それは大変じゃないですか。詩、小説で同じ年に同時に当選するなんて。文学の方面では優れた人ですが、反面、かなり奇人です。

この事件の公訴事実を見ると、実践文学社でムック（MOOK）を試みることになるんです。ムックというのは不定期刊行物です。毎年出すものでもなく、季節毎に出すのでもなく、必要に応じて数ヶ月に一度でも、毎月でも出します。当時、定期刊行物の登録を文化公報部が握っていた時でしたので新規に雑誌をだすのは難しかったのです。それで突破口として構想したのがムック誌でした。

＊第2部　1980年代の人権弁論

実践文学の特集を準備しながら教育分野について企画をしようと、教育問題についての座談会を開催しました。1985年1月頃の座談会のタイトルが「分断状況と教育の非人間化」でした。こういう企画をしながら座談会の方向を教育現実に対する厳正な批判にしました。教育分野でも新植民地隷属状況を克服し統一志向の価値観を形成しなければならないというこでした。ここでもちろん民衆はマルクス主義の階級主義的な民衆とは異なり、韓国の歴史的な概念として現実の時代的な意味をすべて含んでいる概念だと言った。民主化運動圏で話題になっていた様々なアイデア、例えば三民思想とか隷属経済、新植民地論という文脈で議論をした。今の教育論争でも出てくるように教育が「持てる者中心の教育」、「強大国偏向の教育」ではないかという批判もした。教育分野におけるこうした論争は当時本格的に提起されたものです。

　もう一つのタイトルは「解放後の支配集団の性格と学校教育」です。こんなタイトルで8・15解放後の米軍政時代の教育政策に関する議論が行われた。主に米軍政の占領軍的な性格とそれに対する政治的批判、そしてひたすら反共一辺倒のイデオロギー教育に対する批判と覚醒、こんな問題を提起した。

　座談会の企画は主に金津經が行い、尹載喆は金津經と宋基元が依頼して「教育現場、その民主的行方」という文を書いた。そこで主に批判したのが韓国の教育で二つの巨大なイデオロギーの軸がある。一つは国家独占イデオロギーであり、もう一つは資本主義のイデオロギーである。こんなイデオロギーは教育が目指すべき民主、民衆、民族教育に逆行する最大の障害要因であると批判します。尹載喆は「教育現場、その民主的行方」というタイトルで約160枚の文を書いて宋基元に渡し、宋基元がこの座談会の原稿と尹載喆の文を掲載してムック誌『民衆教育』を発刊した。約3千部刷ったって言ってたっけ？　この『民衆教育』誌を執筆、発刊、配布したことが公訴事実になったのです。

　この事件の弁論はどのようになったのですか？

　自由実践文人協議会で高銀、李浩哲、申庚林、白楽晴の方々が指導層だったんですが、彼らの依頼で私がこの事件を担当することになりました。拘置所の面会に熱心に通い弁論を準備した。ところが教育問題に慣れていないじゃないですか。政治的な民主化問題を多く扱ったが、教育問題は当時初めてでした。新しい分野だったので新しく勉強しながら弁論準備を一生懸命した。

この事件が九老連帯ストライキ直後のことです。それでこの事件も弁論の準備をする過程で若い弁護士グループと私たちが連帯して一緒に働き始めた頃です。この事件で私とパートナーになった若い弁護士は金洞玄弁護士です。金弁護士がこの事件で弁論要旨書をほとんど書いて頑張った。

　金洞玄弁護士は私より法曹界の経歴は10年以上後輩ですが、年はいくつか下のようです。彼が師範学校出身で高等学校教師を10年以上して、その後、司法試験を受けて弁護士になった人です。教育問題が論争の中心になるから自然に本人も熱心にこの問題に飛び込んだ。ここに弁論要旨書がありますが、1986年1月28日付で作ってるじゃないですか。当時もちろん私も読んだと思うんだけど私が直接書いたんじゃないから、よく覚えていません。でも今回、もう一度読んでみたらよく書いてたよ。

　少壮弁護士の助けで教育専門家が直接弁論を準備したので、ちゃんとした弁論要旨書ができたようですね。

　金洞玄弁護士は教師出身の弁護士であり詩人です。とてもロマンティストでセンチメンタルな人です。弁護士大会をする時、韓服のトゥルマギ〔朝鮮の伝統的な羽織のような上着〕で出てきて自分の詩を読んで、洞笙〔竹でできた朝鮮の管楽器〕も吹いたでしょう、……かっこいい人です。芸術家の雰囲気のある弁護士です。その後、今どこにいるのか連絡がうまく取れないんだけど、国会議員の出馬も2、3回した。彼もいいコネ作ったり、ちゃっかりしたところが全然ないから、落ちやすい群小政党や無所属で出て、政治的には成功しなかったが、良い人です。

　この事件をする時、金洞玄弁護士が渾身の努力で弁論要旨書を書いた。ここに出ている弁論要旨書を見ると、私たちの教育の問題点が初めに出てくる時の問題の核心を分かりやすく書いた。弁論自体を簡明に書いた。私はこの事件で文書作業を金洞玄弁護士に任せたので、私が書いた文ではなく金洞玄弁護士が書いた弁論要旨書で一緒に弁論した。

　教師たちが座談会を開催したことと、教育の現実についての文を何編か書いたからといって何の罪名で捕まえたのですか？

＊第2部　1980年代の人権弁論　　　　　　　　　　　　　　　　333

国家保安法違反で引っかけた。「北傀〔北朝鮮〕を利する表現」を作り出しただとか、同調したとか、そのような公訴状には、お決まりの検察の論理があります。北朝鮮の共産政権は〔朝鮮半島を代表する正統〕政府を僭称し、その目的で構成された反国家団体として赤化統一戦略を主張するが、それに同調してこんな行為をしたというなんだけど。

ところが金洞玄弁護士は控訴状の前提になっている事実に対して正面から反論を提起します。「北傀が赤化統一の主張をどのようにするのか、私たちがどうやって分かるのか」という主張です。私たちが北朝鮮の放送を聞くこともできないし、また聞けなくしているじゃないか。北朝鮮から出てくる如何なる表現物も見ることさえできない。『検事たちはよく知っているかも知れないが、私たち（被告や弁護人）が、どうやって……』。韓国の教育現場にいる若い教師たちの主張の一部が北朝鮮の主張と符合するとしても、それは彼らの過ちではない。韓国の教育の現実に対する批判が同じかもしれないが、その批判の内容が同じだとしても目的は全然違う。北朝鮮で批判する目的は赤化統一や世界の共産化だが、教師たちの目的は結局、民主的で、民族的な教育理念の定立であるから目的が全く違うのに、どうして国家保安法の違反の故意があるというのかという論理で始めた。

そして捜査手続きにおいても、調査を受ける時、彼らも長い苦痛に満ちた調査を受けた。弁護人接見も全くできなかったし、手続き上の色々な疑惑もある、こんな主張をした。金洞玄弁護士の弁論要旨書を読みながら、当時の弁論現場での熱い論争がよみがえります。

法廷の雰囲気はどうでしたか？

関心のある教師たちも沢山来たが、実践文学社と関連しているので主に文人たちが沢山来ていた。法廷の雰囲気はかなり熱気があった。一審判決は間違いなく控訴状と同じ内容でした。彼らが実刑判決を受けて控訴したことも同様でした。

よく覚えていないのですが、控訴審で控訴理由書を提出した弁護士が李敦明、韓勝憲、洪性宇、金洞玄となっています。韓勝憲弁護士が弁護士資格を回復してからのことです。

韓勝憲弁護士の文を見ると、1975年に金芝河事件の弁論をするなという脅しを断った直後、以前書いた文の中に「ある調査」という短いエッセイで無理矢理に弁護士資格を剥奪され、1980年には金大中内乱陰謀事件に「助演級」でスカウトされて〔国家反乱事件の共犯として〕また処罰を受けた。1983年に弁護士資格を回復したと思います。韓弁護士はもともとエッセイと文章が上手くて本も何冊か出した。そんな縁なのか、文人たちの筆禍事件と逼迫に対する弁論をたくさん行こなった。この事件も実践文学が関連しているので、その延長線上で一緒にするようになったようですね。

　はい。文人たちの事件なら、韓弁護士をなおさら必要としました。１審裁判でもう一つの話しは、この事件でも検察側の証人として洪性文が出てきます。彼の論理はこうです。マルクス・レーニン主義、批判理論、こんな匂いが少しでも漂う本は普通の人が見てはいけないということです。そんな本を見ると共産主義者になるというのです。私たちの立場は共産主義が何なのか、マルキシズムが何なのか、それを読まずにどうして知ることができるのか。そのような本は経済学とか社会科学での必読書か、広く読まれている本だ。どうしてそんな本を読めば、すぐに共産主義者になるのか、こう反論した。こんな議論に耳を傾けず主張を繰り返すだけで、何かの論争で解決されるものじゃなかった。

　情けないのは検事と判事ではないですか？　検事は治安本部特別研究所そのものである〔内外〕研究所で日本軍密偵出身の知識の深さも疑わしい者が作りだした本の鑑定を無批判に受け入れて法院に回します。判事たちはもっと情けないです。その本の鑑定を無条件に受け入れて有罪判決を下すからです。本を読んで判断する能力もないことを自認するのですか？　有数の大学の教授や専門研究者の鑑定は無条件で排斥しながらです。大韓民国の判事と検事が日帝の治安維持法の時代の思想鑑定の水準をそのまま踏襲して何らの恥ずかしさも感じないんですか。

　洪性文証人の証言が有罪判決の資料、証拠として常に採択され、彼が鑑定して利敵図書だという本がすべて有罪の証拠になるんです。判事たちは判決を書きやすかったでしょう。論理を問い詰める必要もなかったから。

金洞玄弁護士が師範大出身で教師経歴があるから教育事件を引き受け弁論要旨書を書いたと言わなかったですか？　そんな専門知識と経歴があって弁論要旨書を書くのと法学部出身者が書くのとどこが違いましたか？

　その人が書くのは何と言いましょうか？　ちょっと艶があるというか。弁護士たち、法大出身の弁護士は論理的ですが堅苦しいです。だから感性にも訴える内容という点で金弁護士が私たちより優れていると思ったのです。歴史教師の経歴があって、しかも詩人で、そんな個性があるからだろうけれど、私たちが思いもよらぬことを考える面があった。

　みんな実刑を受けたんですよね？

　実刑を受けたと記憶しています。当時はほとんど実刑でした。

　民衆教育事件は有罪となったのですが、当時の社会的な反響や教育界に及ぼした影響はどうでしたか？

　金津経、尹載喆たちが真の教師たちを代表して犠牲になりました。全教組の嚆矢だと私がさっき言ったが、この事件を弁護士として初めて接した時は、新鮮な衝撃を受けました。彼らの教育現実に対する批判が衝撃的で新しい目を開かせる役割をした。初期に相当な期間、韓国の教育の現実を改革・改善するのに大きな役割を果たした。
　最初に全教組運動が始まってから韓国の教育風土がずいぶん変わった。「寸志」〔父兄が教師に渡す心づけ〕の慣習みたいなものから無くしたのが全教組です。今も完全になくなったわけではないですよね。まだまだ残ってはいますが、当時に比べると改善されたんです。私はほとんど彼らの功労だと思います。こういうところで全教組運動が多大な貢献をしました。
　今の全教組に対する国民一般の認識と、当時の『民衆教育』を作った人たちである進歩的な知識人グループの教師たちの認識とに少し差があります。今の教育現場はわかりません。社会が全般的に保守化傾向が強くなったこともあって、全教組がちょっと押され気味ではないですか？　世論もそうだし。また、ある時点から全教組が速度を出しすぎた側面もあります。しかし現在の立場と

関係なく、初期の教育運動は私たちの教育と社会を正すのに寄与したところが
少なくないですね

李敦明弁護士、「犯人隠匿」で拘束・収監

——民族の受難に弁護士も例外ではない——

　人権弁護士たちの受難が何度もあったが、その受難の頂点が李敦明弁護士の拘束と実刑だと思われます。元々弁護士を拘束して処罰する時は弁論そのものより、他のことで因縁を吹っかけて攻撃するのが公安当局の常ですが、1986年に李敦明弁護士は「犯人隠匿」事件で拘束されます。その間、この事件に対する様々な裏話が明らかになりましたが、一番近くにいた洪弁護士からこの事件の意味などを聞いてみたいです。

　李敦明弁護士は1970〜80年代に時局事件の弁論で非常に重要な役割を果たした方です。世の中で「人権弁護士」と言う数人の中の一番先輩です。李敦明弁護士は姜信玉弁護士のように弁論のために直接拘束されたのではなく、犯人隠匿罪で拘束された。背景はだいたいこうです。あの時の民主統一民衆運動連合（民統連）という在野運動団体は、当時23個の在野の民主運動団体が一つになってできた運動団体です。その民統連の事務処長が李富栄でした。1985年5月3日に仁川で新韓民主党の改憲推進仁川・京畿地区の結成式及び看板上掲式が開かれました。この改憲看板上掲式は全国を回りながら開催されます。当時、第1野党が新韓民主党です。

　新韓民主党は1985年の2・12総選挙で両金氏が一緒に結成し選挙に突風を巻き起こします。全斗煥政権に大きなショックを与え国民は非常に励まされた。野党はその勢いに乗って〔大統領〕直選制改憲の運動を起こします。体育館で大統領を選ぶ5年単任制／間接選挙制ではなく大統領を国民の直接選挙で選ぼう。そのために憲法を改正しようとしました。改憲運動は全国各地に回って行われた。野党には各地域に地区党があるじゃないですか。だから地区党で改憲推進運動支部という看板の上掲式を行い、街頭行進をする方法で行われた。一つの大衆集会のように雰囲気を盛り上げました。

　このように改憲運動が釜山、大邱、光州などで行われ北上します。首都圏で最初に始まったのが5月3日、仁川でした。ソウルに近いところに来て大きな推進力を得ると、政権はこれを座視できないと考えた。一方、在野では5月3

日、新韓民主党改憲推進仁川・京畿支部結成式や看板上掲式を行う際、民統連傘下の在野民主化運動団体も市民大会をしようと大勢が集結した。

　その際、在野団体や民統連では内部で野党の姿勢に対してかなり不満が多かったのです。野党政治家たちは民主化運動をすると言いながら、憲法や総選挙など選挙に主に関心を持ち妥協的だということですね。それに対して非制度圏の在野運動団体は野党に比べて積極的で時には激しいです。野党と在野の間では協力しながらも緊張関係があったわけです。

　一応大衆的な知名度や呼応度は野党が確保しているので、在野団体は野党の改憲看板上掲式をする機会に自分たちも独自の市民大会、決起大会もしようと計画を立てた。そのため野党の看板上掲式と別に仁川市庁前広場で民統連主催の改憲推進決起大会を開催した。民統連がリードするデモは非常に規模が大きく、デモの様相もかなり激しかったです。プラカードは基本で、警察と全面的に対峙し火炎瓶も登場して車が燃えたりして、激しいデモが起こったのです。

　当局ではこれを「仁川騒擾事態」と言って大々的な弾圧をし、在野運動の指導者たちが騒擾罪などで処罰を受けた。刑法上の騒擾罪は暴行・脅迫を通じてある地域の平穏を害することを言います。　1985年前後には運動圏が革命論を本格的に展開する時です。全斗煥の光州虐殺を見た後、この政権とは妥協は不可能で打倒すべきだと思ったのです。だからスローガンが過激になるしかなかったのです。その際、この事態をめぐって大手のマスコミが「仁川が解放区になった」という風に表現した。当局も新公安政局に入った。仁川事態を契機にいわゆる融和局面から弾圧局面に移り、民統連の指導級の人物を全員手配したので、一旦みんな逃避したが、みな別々に捕まりました。

　最初、この仁川騒擾事態は騒擾罪として扱われたが、なぜ国家保安法が追加されたかというと、7月27日に李富栄と張琪杓が民統連を完全に過激路線に引っ張って行くことにして、その日からは国家保安法上の利敵団体になったと公訴状に書いてあります。だから李敦明弁護士が李富栄を隠した行為は5月3日以降は騒擾罪違反者に対する犯人隠匿罪となり、7月27日以降に国家保安法違反者に対する犯人隠匿罪まで追加されるという話です。それで李敦明弁護士が拘束されたのです。

＊第2部　1980年代の人権弁論

法曹史上最大規模の弁護団

この事件で弁護団はどのように構成されましたか。これまで一緒に人権弁論を引き受けてきた同志であり、年齢的には座長格の方を拘束したので、覚悟も格別だったようですね。

その際、裁判をしながら法曹史上、最も大規模な弁護団が構成されました。判決文の別紙を見ると弁護人の名簿が全部出てきます。当時、私もそうですが後輩たちが弁護士たちを訪ねながら選任届を取るために忙しかったのです。大方は二つ返事で弁護人になりました。もちろん引き受けない人もいることはいました。しかし、たいていはハンコを押したのです。

1987年2月9日付けの判決文の別紙目録に記載された弁護士の人数を数えてみると正確に289人です。ちょっと大げさに言うと檀君〔朝鮮の開国神話の始祖〕以来、最大規模ですね。仲間の弁護士が拘束されたという点もあるでしょうが、それだけではそれほど大規模な弁護団が短期間で構成されることはありえないでしょう。李敦明弁護士の人柄も作用したはずですし、これまで人権弁護士たちに対する負債者意識もあり、政権に対してそこまでするのかという警告メッセージでもあるでしょう。選任届に署名する動機はいろいろでしょうが、この弁護団のメンバーが声明を出した効果、人権弁護士に支持と声援を送る効果があったはずです。

公判廷での口述弁論はどのように行われましたか？

当時は元老弁護士が出てこられたから弁論も元老弁護士を前面に出した。金済享弁護士は李敦明弁護士がいた第一合同法律事務所の初期からの座長だった方です。李敦明弁護士の人権弁論参加を語るそのためには第一合同の後押しが欠かせないのです。金済享弁護士をはじめ、他の3人とも人柄が立派な方々でしたので、すべての困難に耐え支援体制を長く維持したのです。

獄中生活をする時、みなが苦難にあうと李敦明弁護士を激励し慰労をしたが、李弁護士は毅然としていました。『我が民族がみな受ける受難に私だけ例外ではない』ということで、それが広く報道されたりしました。

法理論的にも非常に重要な争点が数多く出てきた。今、刑事裁判の運営が破

綻に至った。だからなぜこの法を守ると良心に符合するのか。逆にこの法に違反して手配を受ける者を捕まえるのが正義なのか。弁護士だからといって匿ってほしいという要請を断られないですよ。こんな根本的な問題にまで触れながら弁論要旨書を書いた。現実の法と良心の法が衝突する時、どうすればいいのかというものでした。

　ここの李敦明弁護士に対する弁論要旨書を見ると冒頭は次のように始まっています。

　「1986年の一年が暮れる今日、私たち弁護団は最も尊敬する元老法曹人中の一人である李敦明弁護士が拘束被告として懲役刑を求刑されたこの場で、実に肩を押さえつけられるような苦痛と悲しみを痛感します。李弁護士が拘置所に収監されると、『この民族がみな受ける受難に私だけが例外ではない』と言いました。李弁護士の弁護団として韓国司法史上最大の弁護団が参加したということは、この時代の痛みをともにする李弁護士の痛みを少しずつでも分かち合いたいという気持ちからはじまったのです」。

　李弁護士の弁論要旨書の第2章第2節の「刑事司法の破綻」から、一部分を引用してみます。

　「我々は断言するが、少なくともスパイ罪ではない公安事犯にとって、我々の刑事事犯は完全に破綻状態に陥ってしまった。捜査手続きの不法性と犯罪性によって、司法的機能の毀損と放棄によって、刑事司法はすでに公権力の正当な行使ではなく、実定法を口実にした制度的暴力へ転落し、司法の機能は権力の侍女に堕落したという批判を免れえなくなったのです。検察は法曹人が国事犯をかばったとして李敦明弁護士を罪に問おうとしています。しかし私たちはこの席で、むしろ検察権と司法権を批判します。刑事司法権を破綻に陥れた過ちを追及しようと思います。法万能主義に陥り法律的不法を行うことで、韓国の体制の根本である民主的基本秩序を傷つけた歴史的過ちを問おうとします」。

　そして結論部分の最後も一度引用します。

＊第2部　1980年代の人権弁論

「李敦明弁護士はまさにこの時代の良心を代弁しました。李弁護士に有罪を宣告することは、時代の良心に対して罪を問うことであり、自分自身と私たちの社会の全てを破滅させることです。なぜなら李敦明弁護士は国家の刑事司法の機能を妨害したのではなく、拷問と容共でっち上げという法の名を借りた制度的暴力を擁護することや、良心の勇気に対する有罪宣告を妨害したからです。李敦明弁護士がかばったのは犯人ではなく、温情を施したのは国事犯ではなく、良心の行動のために迫害され追われる人物だったからです。李敦明弁護士は無罪です。法廷の判決でも無罪です。時代の良心ではなおさら無罪です。いや 法廷は短いが彼の無罪は永遠です」。

この弁論要旨書には法哲学の根本的争点がすべて登場しますね。良心囚を法廷で弁論するだけでなく、良心囚に該当する人物を直接庇護して隠したことが犯罪になり得るかというとき、単に実定法の適用の是非を争うことを超えて実定法の正当性そのものを問題にし、刑事司法の弊害を力説しながら根本的に自然法と良心法の名で無罪だという論弁を強く提起しています。文章スタイルは洪弁護士のものでもなく、黄仁喆弁護士のものでもないみたいですね。誰が書いたのか覚えていますか？

弁論要旨書を当時、誰が書いたのか覚えていません。弁論要旨書はまず長文です。理論的な裏付けを持ってしっかり書いた。私と黄仁喆弁護士が書かなかったのは間違いなく、結局、趙英来、李相洙か、それより下の少壮弁護士の中の誰かが草稿を作成したようで、確認しなければならないなりません。

公判はどのくらい行われましたか？

公判は1回で終わった。李弁護士と弁護人たちが事実関係を争ったから。検事の論告があり、金済享弁護士とみなが弁論をし、次に李敦明弁護士が最終陳述を約30分ほどしたと記憶しています。政治的民主主義がなぜ必要なのか、国家保安法の不当性などを指摘しています。そして『国家保安法の乱用や拡大適用を私の事件で終わらせてほしい。そうしてこそ国がうまくいく』と締めくくった。

李敦明弁護士の最終陳述も話題になりませんでしたか。資料から一度引用してみます。

　「数日前、黄仁喆弁護士が面会に来た時、『私がいくら考えても、「何もしていないのに、どうしてこんなに閉じ込められているのか分からない」と言ったら、黄弁護士が「いや、元々そうじゃないですか。誰かが実際に何かして閉じ込められましたか？」と言っていたが、考えてみると事実そうだと思います。金大中先生も何もしたことがないのに捕まって死刑宣告を受けた。そう考えると、私もこうやって入ってきて、ここに立っていること自体が事件化されたようです……　何度も懇願しますが、私はしたことがなく不当に処罰を受ける人間としては最後になるように法院に切にお願いします」。

　ここで「何もしたことがない」という言葉を３、４回も強調していて、何もしたことがなく不当に処罰されていると最終陳述をしています。その言葉の隠れた意味を見抜いた人は、当時ほとんどいなかったでしょう？

　実際に何もしたことがありません。李敦明弁護士が李富栄を隠したのではありません。今はすべて明らかになった事実ですが、要約するとこうです。李富栄が逃げながら金正男に隠れ家を頼んだ。李富栄と金正男は近い親友でソウル大学政治学科の同期で、長い間、民主化運動を共にした同志の中の同志です。その金正男が逃避する人々の世話をよくしました。誰かに頼んで、どこに隠して、金もつくって、食べものも提供して、こういう仕事をするのに忙しかったのです。

「何もしたことがない」

　ところが当時、李富栄は重要な指名手配者でした。いわゆる在野運動圏の核心でした。実際に仕事も幅広くした。李富栄の影響力は後日、政界にいたときよりはるかに大きく当時もっと有名でした。何しろ彼に対するマークがひどいので家族にも会えませんでした。金正男が悩んだあげく、高泳嵜弁護士に李富栄を依頼した。それで５ヶ月間、高泳嵜弁護士の家で身を隠した。ところが人

を一人隠すのは大変なことです。それも5ヶ月も。家族が完璧に一体にならなければなりません。一番大変なのは専業主婦の奥さんです。こっそり食事をあげなきゃならないじゃないですか。外部に絶対に露出しないようにしなければなりません。その世話を高泳喬弁護士夫妻がよくやりとげました。

金正男はたまに出入りして連絡をしましたが、どうしても高弁護士に迷惑かけるのが申し訳ないし万一の事態に備えねばならない。もし李富栄が検挙されれば、高泳喬弁護士の家にいたと言わないで他のところにいたと言うほうがいい。高泳喬弁護士の被害が大きすぎると考えたんです。では、どうすればよいか？　当時、李敦明弁護士の年齢が65歳です。当時の65歳は今の60代半ばよりずっと年寄りだった頃ですね。これで、まさか60代半ばの老人を連行するだろうかという考えでした。だから李富栄が捕まったら、李敦明弁護士の家に隠れていたと言うほうがいいと考え、李敦明弁護士の家に行って金正男が話した。『どうですか』と言ったら、簡単に『うん、そうだね。私の家にいたと言えばいい』と口裏を合わせた。

だが李富栄もちょっと悪いんだよ。隠してくれたら、じっとしてなきゃ。でも何度も出歩いた。もっとも本人も数ヶ月間、一ヶ所に隠れて息詰まる思いだったろうね。そんなある日、10月23日ですかね、仏光洞の道角で金正男と約束をして会った。どこか古びた食堂で会って話をして、私はここから出るから、お前はあちらから出て行けと言った。

でも当時、尾行されたみたいで、金正男氏を尾行したと思うよ。それで李富栄が捕まり、調査を受けるんですが、その間、どこにいたのかと追及すると、実は李敦明弁護士の家にいたというから、根掘り葉掘り聞いたようです。だから2階に息子が住んでいる部屋に一緒にいた。こんな風に言い繕うから、息子も調査した。『李富栄がお前の部屋にいたのか？』と聞くと、息子がむにゃむにゃ答えたはずです。家族みんな口裏を合わせていた。

当時は李敦明弁護士も拘束されるとは考えませんでした。そんな老人を捕まえるはずがあるかとみんな思ったし、だからそのように口裏を合わせたのだよ。ところが、いきなり逮捕状を申請して李弁護士を拘束した。李弁護士も呆れ果てるよ。李富栄は顔もよく知っている友達だけど、自分の家に来たこともない人を隠したからといって拘束され、犯人隠匿罪で調査を受けて起訴までされた。

事がこのようになると、一番苦しかったのは高泳喬弁護士でした。私たちに

苦しくてたまらない。耐えられなくて自首するとまで言ったんです。その苦しい心情を十分に理解して余りあります。でも、こうなったんだから、またこれがバレれば、私たちが大恥をかくって。いろんな話が出てきたので無理やり止めました。

　そんな相談をするのも簡単ではないと思いますが。誰と共有しましたか。

　当時、その話をしたのは分かり切ったことだよ。私と黄仁喆、趙準熙、金正男、高泳耉程度だけ。私たちだけが知っていた話です。それで結局、高弁護士はヤキモキするだけで、そのまま裁判が進行して終わった。

　また驚くべきことは、李敦明弁護士に実刑を言い渡したことです。懲役八月と言ったが、そんな刑なら執行猶予が付くのが普通です。被告の年齢から見て、彼がしたと認められた行為（犯人隠匿）の性格からみても、実刑に値するほどでのことではないと判断すると思いますが。もっとも、これほど憎まれた人間に対してこの機会にちょっとこらしめてやろうと当時の政権は考えるでしょうが、判事がそんな権力の意に諾々と従ったのが問題でしょう。

　満期まで務めた。1986年10月に安企部に連行され、拘束され裁判を受けた。判決が1987年2月9日で、出所したのが1987年5月だから、ほとんど満期服役で、残りの刑が少し残っていたときに刑執行停止だと恩着せがましく釈放したのです。その歳で寒い冬を獄中で過ごさねばならなかったので苦労しました。獄中生活で持病の心臓病を患ったそうです。

　ところで疑問の一つは犯人隠匿の主張が非常にお粗末なんですよ。もっと掘り下げていたら、5か月という長期間、李弁護士の家に隠れていたという自白の弱点くらい簡単に見つけ出せたのではないでしょうか？

　今でも疑問な点です。検察や捜査機関が李富栄が李敦明弁護士の家ではなく、他のところにいたと思いながら、知らないふりをして起訴したのではないかと思います。高泳耉弁護士の家に隠れていたことは、なかなか分からないだろうが、李弁護士の家にいなかったことを知るのは簡単なんです。秘密は徹

底的に守るのが大変なんです。実際に李富栄と李弁護士の息子と対質尋問もした。同じ部屋を使ったという二人を突き合わせ現場検証もしたのです。その程度調査をしたら、すぐ割れると思います。嘘をつくのは難しいんですよ。

　ところが騙されたふりをして李敦明弁護士を拘束して懲役を打ったと私は感じた。それで当時も私の同僚たちにも、『そうじゃないかな』と言ったんだけど、他の人々は『いや、知らないみたいだ』と言って、だからといって私たちが問い詰める訳にもいかないし。何しろ憎まれていたから、そうか、お前が隠したと言うからよかったよ。それじゃお前がムショに入れと、ひどい目にあわせたんじゃないの？　そんな気がします。今も気になる。あの時、公安部にいた検事たちに聞いたら、まともに答えてくれるかどうかは分かりませんが、確認したことはありません。

　こりゃ、よく引っかかってくれたと捜査の過程でろくに事実照会をしようともしなかったと見る余地もあるでしょう？

　呆れたのが、１審裁判進行中の有罪判決を受ける前に李敦明弁護士の保釈申請をしました。李敦明弁護士が1922年生まれのお年寄りだし、あの人がどこかへ逃げるとでもというのか、証拠隠滅の恐れもないじゃないかと思ったが、法院は保釈申請まで棄却した。さらに、法務部長官名義で１審公判手続き進行中に弁護士業務停止という懲戒決定を下した。だからよく引っかかってくれた、少しは痛い目を見ろという態度があちこちで見られるのです。

　弁護士の実定法違反というのが、弁護士という専門職として振り返ってみれば危うい瞬間でもあり、いろいろ検討すべきところも少なくないでしょう。

　私たちは当時、道徳的な罪悪感は全くありませんでした。ただ李敦明弁護士にすまない気持ちだけでした。私たちがその部分で嘘をついたことに良心の呵責を全く感じませんでした。私たちが悪いかもしれないけど、あの時あの政権があらゆる邪悪なことをして、拷問し不法拘束することを日常的に行っている状況で、李富栄をかばった点について間違いだとは思いませんでした。

　ところで、どうですか？　これはおかしいんじゃないですか？　李富栄を隠すことに全く関与していない人を犯人隠匿罪で処罰したんですよ。隠してない

のに、隠したと言った李敦明弁護士や、実際に隠したのに何も言わなかった高泳喬弁護士や、李敦明弁護士の家に隠れていたと嘘をついた李富栄や、そんな事実に気づかなかったり、甚だしくは知っていながら知らんふりをした検事や、そんな李敦明弁護士を自発的であれ、権力の意のままに実刑宣告した判事や、そんな李敦明弁護士を弁論した私たちや、みんながね。しかし、こんな場合、あえて実定法を適用すればどうなるだろうか？

　さあ、簡単ではない争点が多いですね。実定法の正当性を根本から突き詰めてみようということではありません。政治的な性格ではなく、単に犯人隠匿部分に対して司法試験の回答を書くように整理リしてみるとですね。高弁護士が隠した行為そのものは、犯人隠匿罪が成立するだろうし、高弁護士が（李弁護士が拘束されたことを知りながら）黙っていた部分は自分の罪に対して検事に知らせる義務はないので問題にならないでしょう。

　李弁護士の場合、隠してないので、隠した部分については無罪ですが、他人の犯罪を隠蔽する目的で自分が濡れ衣を被った部分について犯人隠匿罪の構成要件に該当すると主張できると思います。ただし李弁護士の場合、本人が積極的に犯人隠匿をしたのではなく、法廷でも『私は何もしたことがない』と言ったので（もちろん、その言葉の意味について裁判部は知らなかったと思うが）、犯人隠匿を積極的に行なわなかったと見る余地があると思います。その点で犯人隠匿罪の範囲がどこまでかについての法理的論争があり得ます。

　洪弁護士の場合、どのように行動すべきかは、弁護士倫理に関連する３大ジレンマの一つに挙げられています。まず弁護人として知り合ったのだから、弁護士としての秘密保持義務が最優先されるべきであり、弁護士は検事に協力する義務は全くないので、被告が自分の有罪を主張する時には、彼を放置するしかないという立場があります。反面、弁護人は真実義務があるので、被告が自ら罪を被ろうとすることに対して座視してはならず、真実を正すべき義務があるという立場もあります。どんな立場を取るにしても弱点があるが、弁護人としては、この場合、熟考しなければならないということです。弁護人がこれを知りながら黙過したからといって弁護人が刑事処罰を受けたり、懲戒を受けたりすることではないというのが、大体整理された見解ですね。李敦明被告が上訴しなかったことも度量を示したと見られます。

　ただ、こんな議論は一応、検討してみたもので、根本的には当時の民主人士

＊第２部　1980年代の人権弁論

が弾圧され迫害されている時、それを法廷で弁論する次元を越えて、根本的に彼らを支えた点に対してより高い次元の正義という角度から見なければならないんじゃないかと思います。ジャンバルジャンの犯行を隠したミリエル司教に対して犯人隠匿罪で処罰するのが当然なのか、洪吉童のような義賊を犯罪者として断罪する以前に義賊を生み出した盗賊権力に対する根本的な批判をすべきなのか。

これは例を見ない事件なので、私たちも話をしていて混乱します。これが偽計による公務執行妨害なのか犯人隠匿なのか、こういうことを議論して見て、やめたよ。ある意味、あの時代に起こりそうなハプニングでしたね。事件の内歴がこうなったことは私たちもようやく分かったが、他の弁護人たちは全然知らないでしょうね。

高泳嵜弁護士はどのように過ごしましたか？ 客観的な正当性の有無にかかわらず、自分が逮捕されねばならないのに、李弁護士を代わりに送ったわけだから自責の念に耐えられなかっただろうと思いますが？

寒い冬にも火の気もなしに暮らしましたよ。李弁護士に対する罪をそうでもしなければたまらない心情だったでしょう。

しかし歴史の狡知はまた見事に機能するようです。金正男は手配中だったが捕まることはなく、李富栄は獄中生活をし、李敦明弁護士もやはりムショ暮らしをして、李富栄が当時、捕まっていなかったら、歴史の方向はまたどうなったか分からないのではないですか？

李富栄が獄中にいる時、朴鍾哲の拷問致死事件で、しようがなしに警察が逮捕したのが２人だが、その上部にさらに３人いることを看守たちを通じて知り、それを外にいる金正男に知らせ、金正男がそれを整理して正義具現司祭団に知らせて、正義具現司祭団が1987年５月17日、日本にいた金勝勲神父を通じて「朴鍾哲拷問の犯人がでっち上げられた」という歴史的な発表をして、それが６月抗争の決定的な導火線になります。だから李富栄が獄中で収集した内容が決定的な役割を果たしたのです。

最近、黄容熙看守が当時を証言する本を出したのですが、経緯をこう書いています。朴鍾哲拷問致死の責任をかぶせて趙漢慶、姜鎭圭という二人の若い警察にひとまず捕まっていれば、治安本部の上部で処罰しないようにしてあげると共謀したのです。ところが状況が非常に不利になると、趙漢慶と姜鎭圭は自分たちだけこの事件の責任を取らされることを恐れましたが、上部では二人が罪をかぶれば、責任を取って後の面倒を見るという妥協案を提示したようです。

　南営洞の対共捜査団の責任を負っている団長と一行が２億ウォンもする入金通帳を趙漢慶、姜鎭圭の二人に提示し、家族の生活は心配しないようにすると懐柔し、言うことをを聞かねば本人はもちろん家族にも良くないだろうと脅迫もして、深刻な意見の衝突が起きた。その過程で実際に拷問を誰がしたのか口が滑ったのです。そこで服役者と面会者が面会する際、看守が必ず立ち会うことになっており、こんな情況を看守たちが知るようになったのです。具体的には立ち合い看守の安裕係長が李富栄にそれとなく話し、李富栄は服役者を説得して獄中で取材をし、数回手紙を看守の手に握らせ、韓在東は田炳龍に渡し、田炳龍は金正男にこれを伝え、金正男は正義具現司祭団に知らせて歴史の流れが大きく変った。安裕、韓在東、田炳龍など民主矯導官の功労も大きく称えられねばなりません。田炳龍はこの資料を金正男に渡して２日後に逮捕された。万一この資料を所持したまま田炳龍が逮捕されていたら、歴史はまたどのように流れていったのか分からないですね。李富栄は刑務所の看守たちとも仲が良かったようですね？

　李富栄は達人です。私が70年代から李富栄の弁護士になったのが5回あると記憶しているが、その度に実刑を言い渡されたのです。すっかり私の常連です。彼のように刑務所を上手に暮らす人はいません。如何に強い人でも監獄に入ると大変で、時には崩れます。十に九はそうです。泣いたり壁を叩きながら自分を出してくれと訴えたりします。いわゆる良心囚たちもそうです。自分の所信によって入ってきたという人たちも一旦入って孤立無援になると崩れる場合が多いです。その連中の状態が大体どうなのか、私たちは面会しながら見れば分かります。

　ところが、李富栄は全く違う。『アーアー、この機会に休まないと』という

感じです。監獄をそんなに平気で暮らす人は初めて見たよ。『あなたは生まれつきの監獄体質だ』といいました。だから刑務所に入ってからも、大きな仕事を全部したんですよ。彼は往来する看守たちをやさしく説得して、そこに収監されている拷問警察の隠ぺいの陰謀を知り、外部に密書を送って事を起こしたのです。すごいです。刑務所でも仕事をやり遂げるから。

　その程度の仕事をするのには、すでに監獄で人脈ができていなければなかったんじゃないですか？

　本当です。ところで李富栄がそんな連絡ができたのは、いわゆる田炳龍看守の人脈です。田炳龍は金芝河事件でも言及した。あの時の金芝河と外の連絡する仕事をしても摘発されませんでした。田炳龍は主にソウル拘置所にいたが、永登浦拘置所にも友人や同期生がいて、それで互いがつながり、信じられる人脈があるんです。当時、拷問警官を暴露して看守たちが多数怪我をした。罷免されたり、懲戒されたりして。しかし実際に歴史的な仕事をしたのです。富川署の性拷問事件を告発し、朴鍾哲拷問事件の真相を明らかにしたこと、二つの事件が全斗煥政権の没落を導いたので、その過程での看守たちの寄与を記憶しなければならないのです。

　では、安企部や治安本部ではこんな点を知らなかったのですか？　拘置所で情報が新しく出てきて大きな打撃を何度か受けましたが、その人脈や系譜を探し出せなかったのですか？

　看守たちにも自分たちの世界があります。自分たちどうしでかばって、外部に漏らさないところがあります。どの職業の世界にもあるんじゃないですか。看守たちも看守という職業世界が独特だから、そんなことがあります。

　李敦明弁護士は、獄中生活を終えて出てきて、どのように過ごしたのですか？　弁論はできるようになったのですか？

　1988年に民主化の第一歩として、李敦明弁護士は朝鮮大学校側の要請により朝鮮大学校の総長をすることになります。李敦明弁護士は〔光州の〕朝鮮大学

校出身です。昔のその年配の人たちは戦争中に勉強する機会があまりなかったのです。おそらく私たちの歴史で最も不幸な世代が、青少年の時に大東亜戦争にあって、青年の時に6・25に出会った世代だと思います。自分の成長のために何もできなかった世代で、早く死んだりもしています。李弁護士も高校まで出て農協の職員とか、何とかやりながら学校に通わねばなりませんでした。そのうちに法院書記の試験も受けて、そのうちに判事になった方なんだけど。だから学力を積むのが簡単ではなかったのです。でも総長にと言われたんだ。私たちは大学総長は当然、博士号が必要だと思っていたのに、博士号もないのに何の総長をされるのかと聞いたら、それでも大丈夫だって。「民主総長」ですね。私たちも総長就任式に出席しに光州まで行った。

　李敦明弁護士と洪性宇弁護士、黄弁護士との年齢差がなんと16年です。李弁護士が53歳の時に始めた当時、洪弁護士は37歳。その違いは一緒に働くには相当な差ではないですか？

　さあ、一緒できない理由がないじゃないですか。李敦明弁護士は気さくです。それで上下にオープンにして過ごす人が多いと言います。親和力がすごく優れてます。実は16年違いだとどれだけ難しいだろうかと思うでしょうが、私たちがみても分け隔てなく付き合う。あの人は何年も先輩、後輩とでも対等に付き合います。

　では洪弁護士とも対等に話ましたか？

　そうはできないよ。お酒を飲むと「兄貴」って言うけど、それも無礼な言い方だよ。少なくとも10歳以上差があると、兄貴とか言えないでしょう。でも普段は「先輩」って言っているうちに、飲み会ではそういうこともあるんですが。柳鉉錫弁護士が李敦明弁護士より6歳年下だが二人が気楽に話し、自然な付き合いをしています。今若い人たちが見たら、びっくりするでしょう。

　この事件は人権弁護士の道が名誉ではなく茨の道であることを示し、ややもすると弁護士すらも被告席に立たなければならない暗い時代の象徴でもあると思われます。また、この事件を通じて「被告と共にする」ことから、さらに「民

族と受難を共にする」という弁護士像を示すことで民主主義に献身した記念碑的事件だとも言えます。

報道指針事件

―火をつけた者は取り締まらずに、通報した者を捕まえるとは―

　今から1986年に起きた報道指針事件をみていきます。言論に対する事後統制をした筆禍事件が時々あったが、1972年の維新体制下では反維新的発言に対しては緊急措置で報道そのものを禁じ、1980年代の全斗煥政権下では少し違う方式を使うことになるようです。権力機関が報道機関にこんな内容は載せろ、こんな内容は載せるなと、直接電話をし、さらにはこの記事はこんなタイトルで数段で載せろと指示までします。

　こんな注文を当時、「報道指針」と呼び、報道指針に従順な言論を制度言論と呼びました。当時のすべての言論はこんな指示に従順でした。こんな言論の自由に対する陰険で日常的な侵害を暴露した事件が「報道指針事件」です。この事件に洪弁護士も深く関与したと言われていますが、この事件については弁論記録が残っていませんね。それでも記憶を生かして証言していただきたいのです。あまりにも意味の大きい事件ですから。

　1980年代に『マル〔言葉〕』という雑誌があった。1975年と1980年に強制的に解職された記者たちが中心となって作って、民主言論運動協議会が出した不定期刊行物です。1985年8月頃に『マル』の特集号として「報道指針」が出た。副題は「権力と言論の陰謀―権力が言論に送る秘密通信文―」となっています。これまで権力が言論を統制していることは公然の秘密でしたが、この特集号では権力が言論に非常に具体的な内容を報道指針という形で管理している実体が赤裸々に暴露されたのです。私たちがいつも見ている新聞記事がどのように作られているのかを知り大きな反響を呼んだ。

　報道指針事件を理解するには、当時の言論がどのような立場に置かれていたのかという背景説明が必要だと思います。

　民主主義の歴史は言論の自由の歴史と正比例します。独裁の歴史は言論弾圧の歴史と正比例するというのは間違いないと思います。私が知る限りでは、独

＊第2部　1980年代の人権弁論　　　　353

裁だとしても自由党時代には言論の自由がかなり保障されていた。筆禍事件も
あったが、大体はそうです。自由党が独裁をしたが大統領の李承晩博士がアメ
リカ式の教育を受け、アメリカで長く暮らして、アメリカ政治を学んだ人だか
らか、言論を物理的な方法で弾圧することはあまり考えなかったようです。独
裁を言論が批判しても、放っておけと考えていたようです。

　ところが朴正熙の軍部独裁に入ってからは完全に様相が変わります。権力の
言論弾圧と干渉が頻繁に起こったが、言論に対する規制と弾圧は維新体制の登
場で最も本格化した。緊急措置１号、４号、９号を通じて言論の自由を完全に
圧殺してしまった。

　そんな中、言論の抵抗が起こります。1974年10月に東亜日報社の記者が「自
由言論実践宣言」を行います。言論に対する外部干渉に反対する言論機関、新
聞社に機関員が出入りするな。記事のために連行される記者たちを釈放せよ、
ということです。どれほど弾圧が酷ければ言論の自由宣言まで出てきますか。

　こんな言論の自由実践宣言をしながら、東亜日報が先鋒に立った。記者たち
がそんな情熱で新聞を作るようになると、政権に打撃が大きいと感じたので
しょう。そのため1974年の年末から東亜日報に広告を出さないように弾圧をか
けます。広告弾圧は簡単です。東亜日報に広告を載せる企業に電話で圧力をか
け広告面がすべて白紙になってしまった。広告なしに持ちこたえる新聞社はあ
りません。広告が完全になくなって白紙広告事態が起きたのです。

　それに対応して市民が自発的に募金をして激励広告を出して、２、３ヶ月過
ぎた。激励広告が紙面を満たしたかもしれませんが、広告料として計算してみ
ると従来に比べて10分の１にもならなかったようです。だから結局、東亜日報
の社主が降参した。そして自由言論運動をする記者130人余りを一日で解雇し
た。解雇された記者たちが東亜自由言論守護闘争委員会を作り、ほぼ同じ頃に
朝鮮日報の記者たちも30人余り解雇され朝鮮自由言論守護闘争委員会を作っ
た。この東亜闘委と朝鮮闘委が二つの軸となり、その後、言論の自由を取り戻
すための運動の主導勢力となります。そんな中、言論の自由守護闘争と関連し
て監獄にも色々な人が行ってきた。あらゆる人々がいました。家庭的にその人
たちが当時に受けた苦痛は惨憺たるものでした。私たちの事務室に毎日来てい
た東亜日報の記者は、「解雇された後、洋服店のセールスマンをした。だから
知り合いを探し回りながら洋服をあつらえろと言って、一つ注文を受けて、い
くらか金をもらって暮らしたんですよ。それでもくじけず、その勢力が中心と

なって民主言論運動協議会（民言協）を作った。

　その協議会の機関紙が『マル』というムック紙でした。ところで『マル』という雑誌の発刊は韓国の言論自由守護運動において大事件です。結局、報道指針も『マル』を通じて暴露されます。

　報道指針とは何で、それが事件化されたのはどのようなきっかけでしたか。

　報道指針事件はこのようになったのです。金柱彦（キムジュオン）記者という韓国日報の編集部の記者が金度演（キムドヨン）という友達に文化公報部の広報政策室から新聞社に毎日１、２件ずつ報道指針が送られてくると話した。その報道指針をまとめて綴じ込んで文書になっているから、この文書が権力による言論統制の実状を如実に示しているので、２人の間でこれをどのように暴露するのかという議論をした。そしてこの議論に民言協事務次長の李錫源（イソクウォン）が加わった。金柱彦、金度演、李錫源の３人はソウル大学の同期です。結局、報道指針資料を民言協に渡して世間に暴露することにし、直ちに民言協指導部の金泰弘、申弘範などと極秘で対策会議を開き、『マル』特集号の形でこれを発表し、言論統制の赤裸々な実状を告発することにしたのです。

　ところが、権力と正面勝負をするには民言協だけで負担が大きいじゃないですか。それでカトリク正義具現司祭団に要請した。私たちには力に余るので助けてほしいと要請して、神父たちと一緒にこれを暴露した。当時に持ち出された報道指針の件数が約五百数十件になります。１年間集めたものを全部持ってきたんですが、１、２件ずつ毎日のように広報政策室で指示をしたんです。どう報道しろ、何も報道するな。それだけでなく、あるものは１段だ、あるものは大きく報道しろ、あるものは政府で発表されるまで報道留保だと各種形態の規制内容をすべて指示した。新聞社は広報政策室の指示通りに新聞を作ったのです。そんな報道指針の内容に解説をつけて『マル』の特集号を出した。

　これ程の内容は本だけ出して終わることじゃないので、正義具現司祭団と議論して記者会見を準備した。1986年９月９日午前10時に明洞聖堂の小講堂に使徒会館というのがあります。そこで内外信の記者会見をした。声明書を朗読してこれを全部暴露した。

　当局が慌てたでしょうね。報復の脅しもすぐに現れたはずですし。

＊第２部　1980年代の人権弁論　　　　　　　　355

この件はすごく爆発したんです。政府で長らく示達した指示内容が全部公表されたから政府でもすごく慌てたようです。たぶん誰がどうして作ったのかを調べ、その指導者として民言協の事務局長である金泰弘から拘束し始めた。続いて申弘範、金柱彦が捕まりました。

　ところで、彼らが何の法に違反したと言うのですか。

　報道指針を暴露して言論弾圧をしていると主張したことを何法の違反で捕まえるのかが問題ですね。拘束する際には国家保安法違反、国家冒涜罪に引っかけた。起訴する時に見ると、実はあまり問題にできるものがないんですよね。まず刑法で外交上の機密漏洩に引っかけた。軍事上、外交上の機密がそこに含まれているということです。
　次に憲法によって設置された国家機関を誹謗したということです。これが国家冒涜罪です。1975年に刑法改正で国家冒涜罪という条文を無理やり入れた。また、集示法違反にも引っかけた。「文益煥議長を釈放せよ」というプラカードで集会したということで。この件は報道指針の暴露と関係のない個人的事項です。そして国家保安法違反で引っかけた。申弘範の本棚を探して、「不穏書籍」なるものを何冊か問題にした。申弘範の本でもなくコピーですが、『革命映画の創造』という本を所持しているのが国家保安法違反だということです。
　この『革命映画の創造』というのは、ボリビアの反米・プロレタリア的映画集団であるウカマウ団という集団の映画理論を紹介した本です。この本を持っていたのが反共法違反だ。金柱彦はやはり左派思想の図書を２、３冊持っていたというので起訴された。一つは『現代写実主義』というルカーチの本で、またルカーチの有名な『歴史と階級意識』、そして『社会学と発展』のような本が国家保安法違反だということです。当時は気に入らないヤツがいたら、その家に行って本を探します。その中で不穏書籍なるものが出てくると、利敵表現物の所持で国家保安法違反にひっかける時代でしたからね。

　公訴状の内容を具体的に確認したくなりますね。報道指針が厳然と存在したのが事実で、その事実を暴露したので虚偽事実の流布にもならず、報道指針自体に対して国家冒涜罪で引っかけるような条文を捜し出すのも法理的に非常に

無理なようですが。

　文化公報部広報政策室でそんな指針を出さなかったと否認はできないので、当局と検察の主張は『これは強制指針ではなく、言論協力要請事項だ』と主張した。通常、国家的機密事項に該当する内容だと判断し、マスコミの報道に慎重を期してほしいと要請した場合に、その要請を受けたマスコミは独自に判断して事実報道の参考にするのが国内外のマスコミ界の慣習だというのが、この事件を起訴した検察および当局の主張です。

　こんな主張が少しでも妥当性を持つためには、その内容が少なくとも通常の国家的機密事項に属するものでなければならないのです。ところで、国家的機密がそんなに多いのですか。１日に１、２件ずつ毎日です。内容を見ると、国家機密と言えるものが一つもありません。軍事的なこと、政治外交上の問題、こういうのが少しはあることはあるんですが、それは全部外信にすでに報道されたものです。海外言論に報道されると、それはもう機密ではないじゃないですか。

　ところが名目は国家機密事項だと言いながら、めちゃめちゃ笑わせることがあります。例えば、「李元洪文公部長官の地方演劇祭の祝辞を１面に載せること」。長官が演劇祭に行って祝辞を述べることを１面に載せろというのが報道指針です。「文益煥牧師が拘束前にAFP記者と会見した内容を報道せよ」「文牧師に焼身自殺候補学生40人余りがいる」。こんな話を報道しろ。ある野党や在野人士に少し過激な発言があれば、わざとこれを報道しろ、こういう指示です。「どんな場合でも金大中の写真は載せるな」。これが報道指針です。

　『盧泰愚民正党代表の会見は必ず１面トップ記事に載せること』って、なっていて。とにかく政府の好みに合う記事を載せろ、大きく載せろと言って、段数まで決めてきます。３段でのせろっていう風に。嫌いな記事は抜け、１段に縮小しろ、こんな風に指定して言論統制を非常に徹底的にした。だから報道指針として言及された五百数十件は、自分たちが見てもダメだから、国家機密に少し類似したものだけ、いくつか選んで公訴事実に例示した。それさえも公訴状を見れば機密としての価値がすでに落ちてしまった外信報道の内容です。

公判はどのように行われたか。

＊第２部　1980年代の人権弁論

初公判は1987年4月1日に開かれた。5月27日まで第7回公判までして結審した。ところで、この裁判過程が面白かったのです。1987年ぐらいになると、たとえ全斗煥政権だと言っても任期末で民主化の熱気も高まり百花繚乱の雰囲気でした。法廷の雰囲気もだいぶ自由になり、傍聴席の雰囲気も熱気でいっぱいになりました。しかもこれは報道指針を暴露したものですから、民主化運動圏でも盛り上がりました。守勢に追い込まれる理由が全くなかったんです。

　正直言って金泰弘、申弘範、金柱彦は英雄でした。法廷に入廷するときには、『ワアー、ワアー』と立ち上がって拍手し手も振って、凱旋将軍のように扱われたから。当時、特に覚えているのは申弘範の写真でした。申弘範が痩せていて白髪なんだけど、当時も頭が真っ白でした。申弘範が手錠をかけて法廷に出てきた時、外信記者が写真を撮った。白い囚人服を着て手錠をかけられたまま明るく笑う素敵な写真が撮れた。おい、これはちょうど韓国民主化の夜明けを知らせるような写真だよと。その写真の記憶が生々しいです。

弁護団はどのように構成されましたか。

　弁護団としては、いわゆる人権弁護士が総動員された。韓勝憲弁護士も弁護士資格停止が解けて、法廷活動を再開してかなり経った頃です。報道指針事件の時、弁論要旨書を独自に作成してきて弁論もした。

　彼らは裁判を幸せに受けたわけです。拘束されて受けたが、傍聴席の熱い応援があるよね、これはという弁護士たちがズラリと座っていたよ。むしろ検事が一番可哀想でした。とんでもないことを引っかけて起訴しておいて、でたらめな論理を押し通さねばならなかったから。だから勝手に困り果てて、法廷でもそれですごく議論が多かったんです。弁護人たちが一貫して攻撃を続けると、防御もできず途方に暮れる、そんな形で進行した。裁判長の姿勢も他の裁判と違った。休廷する時は「被告たちが話を沢山したから飲み物を持ってきてくれ」と廷吏に注文する親切さだった。

弁護人の弁論の焦点は何だったのでしょうか。

　弁護人たちはまず検事の公訴事実に対して釈明を要求した。被告の防御権行使のために検事が何を起訴しているかを明確にしてほしいということですね。

検事は「文公部の言論協力事項は国内外言論界の慣習」だと言ったが、果たして外国でこんな慣習があるのか。このように趙英来弁護士が食い下がった。「国内外」言論界の慣習ではなく、「国内の」言論界の慣習として書くべきではないか。つまり「誤字」を打ったのではないかと。

　また、本事件のどの部分が「外交上の機密」であり、「国家冒涜」に該当するかを正確にしてほしいと執拗に要求した。検事が激昂した表情で釈明はいらないと逃げたね。ところが判事が「被告の釈明要求には、相当部分理由がある」と釈明を促した。結局、検事は次の公判日に弁護人の釈明要求事項に対していちいち答弁要旨を提出しなければなりませんでした。検事の公訴状に対する釈明権という新しい弁論技法を取り入れた事件だったのです。

　被告たちの返事も聞く価値があった。拘置所の中で言論の自由に対する学説や理論的な問題まで全て熱心に研究してきて、論文を解くように言論の自由を力説した。あたかも自由言論に対する学問的な討論場のようにもなったりした。言論の自由市場という争点もすらすら出てきて裁判自体も有益でした。裁判の雰囲気は一方的な被告及び弁護人の独壇場でしたよね、一言で言って。

　裁判長もすごかったですね。検事の公訴事実に対する弁護人の釈明要求を二つ返事で受け入れるのは、当時の雰囲気でも普通のことではなかったはずですが。

　そうです。当時、裁判長が単独判事でした。これは法定刑が高くないから合議部でしないで刑事単独判事がした。「朴泰範判事でしたが、私は朴泰範判事が後輩なので知りません。その日、顔も初めて見たし名前も初めて聞いたのですが、裁判を何事もないように淡々と進行した。制止することなどはもちろんありませんし、話すことを全部言わせておいて長くやるからといって何にも言いませんし。公正に裁判の進行が上手でした。これまでの時局事件の裁判長とは異なる進行に対し、傍聴客はいつものように裁判長にヤジを飛ばさず、後には拍手をしたりもしました。

　公判が７次まで行われましたね。検事と弁護人の間で無数の攻防が進んだようですが。

＊第２部　1980年代の人権弁論

この裁判で一番記憶に残るのが、事実審理を終えて証人証拠申請をするのに、果たして、４大日刊紙に毎日のように報道指針が示達されたことがあるのか、それを受けて報道指針に従ったのか、従ったとすればそれは自発的な自制なのか、ということを全て審理をして聞かねばならないと弁護人側で証人申請をしたのですが、私たちが少し欲張りすぎた。証人としてまず文公部広報政策室長を呼ぼう、また朝鮮、中央、東亜、韓国日報の４大日刊紙の編集局長、編集部長、政治部長、社会部長、外信部長のいずれも証人として呼ぼう。言論統制の実態を探るために必要だ。そして国内外のマスコミ界で、果たして報道指針のような慣習があるのかどうかを調べるために、東亜日報編集局長と論説主幹を歴任した著名なジャーナリストの宋建鎬、朴権相を証人として申請した。

　外国のどの国のマスコミが政府からこんな報道協力要請を受けた例があるのか、外国人マスコミ関係者も２人呼んでほしい。具体的に誰を呼ぶかは、私たちが後で書面で出すと言ったね。また、果たして『マル』に掲載された報道指針の内容が国家機密に属するのか、これをちょっと多面的に研究した漢陽大学の李泳禧教授と憲法学者であるソウル法大の崔大権教授を申請した。だから申請した証人だけでも23人に達します。そして韓国日報編集局に保管されている報道指針の原本を法廷に提出するようにしてほしい。このようにできることはすべてした。

　私たちもこの証人と証拠をすべて採択するという期待もせず、この中で何人かだけでも採択してくれれば大成功だと思った。ところが朴泰範裁判長が表情一つ変えずに、「弁護人が申請した証拠、証人すべて採択します、次の期日は」と言うから、私たちが驚いてしまったのです。検事は驚愕したが、傍聴席ではまだ驚いていません。一般の傍聴人はこんなことがあるのかどうか分からなかっただろうから。

　しかし、一番驚いたのは私たち弁護人たちでした。私たちはそんな風になるとは思ってもみなかったのに、平然と『全部採用します。そして次の期日は何月何日』と言って退廷しちゃったんだ。だからむしろ私たちが呆然としたんだよ。これ本当なの？　全部採用するの？　検事は顔面蒼白でした。

　すごい決定ですね。韓国のマスコミ全体を法廷に立たせるんですね。言論がまともにやっているかを審判廷に立たせる……。

それで私たちが夕方に一杯飲んだ。気分は最高で、その場で朴泰範判事に対するあらゆる称賛が出てくるんです。おい、かっこいい、あの判事かっこいいって。だから誰かが、あの人はカッコいいんだよ。高校の時、バンドのリーダーだったそうだ。一言でナイスガイだよ。その日、私たちが歓声を上げたんです。

　その一方で、心の中ではあれが果たしてまともに進行するのかどうか信じられませんでした。おそらく私の推測は正しいだろう。法院、検察では蜂の巣をつついたような大騒ぎになるだろう。検事が走り回って法院に行って首席部長に抗議をして、しばらく騒々しかったに違いありません。院長や首席部長が朴泰範判事を呼んで、『君、どうするつもりだ』と軽くたしなめたりもしながら圧迫を加えたはずです。一応その次の期日には元老言論人である宋建鎬氏、朴権相氏に対する証人尋問を始めた。

　当時、朴権相が言った言葉を思い出します。彼は数十年間言論界にいたが、事件になった記者たちを見ながら、『果たして私があんな勇気を持つことができただろうか』と思う。彼らの勇気に敬意を表すると述べたことを。

　そうだった。お二人の話が対照的でした。宋建鎬は几帳面で竹を割ったような読書人スタイルで正論を繰り広げ、朴権相はクスクスと笑わせて、ちょっとすっとぼけたスタイルです。法廷でも証人尋問しながらも、笑いがはじけて……。尋問は面白くて有益でした。

　ところで、現職のジャーナリストたち、4大日刊紙の編集責任者たちを果たして呼び出すことができたのでしょうか?

　宋建鎬、朴権相に対する尋問を終え、法官は次の期日に文科省広報政策室長と4大日刊紙の編集部長、外国言論の記者たちを召喚し、証人尋問すると言い、その日の裁判を終えた。ところが次の期日が開廷される前に判事が突然残りの証人の召喚を取り消してしまった。到底耐えられなかったのでしょう。自分の上官であれ検察であれ、みんなが寄ってたかって攻撃したはずだから。

　判事が証人採択したことを自ら取り消してしまえば、弁護人としてはじっと

＊第2部　1980年代の人権弁論　　　　　　　　　　　　　　　　　361

していられなかったはずですが。心中で理解できるということとは別に弁護士としては攻撃の好材料を掴んだと思うのですが。

　そうだよ。裁判が始まって趙準熙弁護士が反撃した。証人申請を取り消した理由を明らかにしてくれ。取り消し措置を再考してくれと。そして『果たして取り消し決定が法院独自の決定なのか疑わしい』と言った。それと共に裁判長の所信ある公判に対して拍手を送り司法府に新しい道しるべができるのではないかと期待したが、その希望は消え、今、法廷には黒い霧が立ち込めていると。

　すると検事が立ち上がり、証人を20人余りも申請したのは当初から納得がいかなかったが、法院が取り消したのはよくやったことだと言った。すると趙準熙弁護士が『判事に聞いたのに、なぜ検事が釈明するのか』と反論した。続いて趙英来弁護士が『裁判長を抱きしめて号泣したい心情だ。今からでも裁判長は勇気を出してほしい』と訴えた。そしたら裁判長は辛かったんだよ。休廷を宣言して、しばらくしてその日の裁判を閉廷してしまった。

　証人申請と証人尋問はそうなり、他の証拠はどうなりましたか。

　まず、利敵表現物の所持で国家保安法の起訴の件があるじゃないですか。問題の書籍に対して鑑定書を提出させた。当時、多くの専門家たちが鑑定書を提出した。『革命映画の創造』に関する所見書をソウル大学新聞学科の朴明真教授が出した。そして『現代写実主義』という書籍に対して鑑定を依頼した漢陽大学の潘成完教授が返信した。ソウル大学哲学科の車仁錫教授がルカーチの『歴史と階級意識』に対して鑑定をし、ソウル大学社会学科の林玄珍がまた鑑定書を出した。こんな本を容共左傾の図書と規定するのは表面的な観察であり無理があるという趣旨でした。

　この事件の弁論要旨書が本に載っていますね。二つ引用してみます。

　「本件起訴は本末転倒である……　振り返ってみると、この国のマスコミ状況は政治権力の不道徳で違法な統制、でっち上げ、脅迫、そして迫害によって、すでに立憲民主国家としての国是と体面までも抹殺してしまって久しい。

言論の自由をはじめとする国民の憲法上の基本権は単なる見掛け倒しの印刷物になり、国民の知る権利は講学上の装飾に過ぎないのが実情だ」。

こんな正論が堂々と繰り広げられています。続いて次のような比喩が出てきます。

『（報道指針の暴露を通じて）政府当局は、とてつもない罪悪像が白日の下に明らかになったにもかかわらず国民に一言の謝罪もしなかっただけでなく、盗人猛々しく勇気をもってその罪状を暴露した義のある言論人を拘束起訴する破廉恥性を現した。これは報道指針を通じた言論統制にも劣らぬ罪悪像だ。例えると、これはまるで、火をつけた者を放免して、火災通報した人を捕まえるようなものだ。いや、火を出した者が火災申告者を捕まえて尋問することになったのです。春香伝によれば、代官の床入りの強要を断り代官をたしなめる春香に謀反大逆罪と官長嘲弄罪をかぶせて鞭打つ場面が出てくる。
ラフォンテーヌの寓話にも無駄な言いがかりで食欲を満たそうとしたオオカミが道理をわきまえた論争で言葉が詰まると、『ともかくも、お前は食べねばならない』と子羊を食べる話がある……　審判を受けるべき側は春香や子羊ではなく卞学道とオオカミであるように、この事件の裁判でも審判を受けるべき対象は報道指針そのものであり、そんな亡国的手法を開発、存続させてきた政治権力だ』

全部読んでみたら論理整然としていて、法理が明快で文学的に秀麗です。タイピング用紙25枚分で、韓勝憲弁護士が代表として45分間朗読したと記録されていますね。

弁論要旨書を主に作成した人は全体弁護士を代表した韓勝憲弁護士です。朗読は韓勝憲弁護士が主にした。

判決はどうなっていますか。

1987年6月3日判決が下された。当時の政局は緊張の絶頂にあり6月抗争の直前です。民主化に対する熱気が社会全体を覆っている時です。6・10抗争

〔1987年6月に起こった反全斗煥の大規模デモ〕を目前にしていた当時に裁判をしたので、裁判を受ける人たちも幸せに受ける時であり、弁護士たちも滞りなく楽しい時です。

　判決は一部無罪があり、一旦有罪となりました。ところが量刑は異例に低かったです。金泰弘は懲役10月に執行猶予2年、申弘範は宣告猶予、金柱彦は懲役8月に執行猶予1年の宣告でした。

　すべて有罪は有罪ですが、執行猶予や宣告猶予が付きましたね。当時、この判決をどう受け止めましたか。

　私たちとしても当時の時代状況で全部無罪が出るとは期待しませんでした。証拠と証人を採択して取り消したのを見れば外圧に勝てないということは明らかで、有罪は出るだろうと思った。でも人はみんな釈放されたから、半分は勝ったんです。

　彼らはすぐに釈放されましたか。

　そうです。その日に出たんです。彼らは凱旋将軍になりました。刑務所に行って数ヶ月いたけど、当時は相対的に見ると苦労もあまりしない時で。これが韓国の言論の自由守護運動の画期的な分岐点になる事件だったでしょう。この事件を担当したのは愉快な記憶です。軍部独裁政権下でも報道指針のような恥ずかしいことがあったかもしれませんが、それを打ち勝つ言論自由守護運動の歓声がこだました事件でした。

　法官もかなり苦労したと評価できるでしょうか。「退廷する裁判長に向けて静かに拍手を送った」と傍聴記には書いてありましたが。

　干渉せずに放っておけば、この判事はみんな無罪にしたはずの人だ。でも当時、私が判事の悪口を言えないのは、一人では耐えられません。少し寛大にしたり、そんな素ぶりをしただけで判事に圧力がかかりました。いくら独立して裁判すると言っても、判事も組織社会に属しているのですから、それに耐えられません。判事としての役割を続けるために無言の圧力や上司や周りから押し

つぶされる圧力に打ち勝つ勇士がいません。

　でも、ありがとうと言いたかった。拍手をしたのは判決が公正だったというよりは一個人に過ぎない判事が見せた誠意に対して頑張ってくれてありがとうという同情と激励だったのです。「葛藤の末の妥協」と整理し、私たちは控訴した。その後の話は覚えていません。

　判例を検索してみると、控訴審の判決は1994年に下されます。「被告らが『マル』誌を通じて公開したF-16機導入などの内容は、すでに外国のマスコミを通じて報道されたもので外交上の機密に該当しない」として無罪判決し、すべての罪名についても無罪が言い渡されます。検事がこの判決を不服として上告したが、大法院の判決は1995年に下されます。この判決は「外国に広く知られている事項は外交上の機密には当たらない」として、やはり無罪判決を再確認します。

　このように報道指針事件はほぼ10年が経ち、無罪できれいに確定しましたね。報道指針が権力のマスコミに送る陰険な伝令だったとすれば、それを暴露した記者たちの勇気と受難は韓国マスコミ史の価値ある部分として記録されるに値すると考えます。

＊第2部　1980年代の人権弁論　　　　　　　　365

「民主社会のための弁護士会」

──民衆の暮らしと連帯する弁護士の姿勢──

　1987年、6月抗争の時の国民の基本的要求は、「拷問のない国で暮らしたい」と「大統領から洞長〔町内会長〕まで私たちの手で」というスローガンに要約されるでしょう。抗争の勝利とともに〔大統領〕直選制改憲が行われ憲法裁判も活性化する時代に入った。洪弁護士は1987年6月抗争の時どこにいらっしゃいましたか？

　1987年の6・10抗争の時、弁護士たちは集団で直接参加した。当時、弁護士会館が光化門にあった。うちの弁護士たちが弁護士会館に集合して、光化門に出たんだよ。当時、催涙弾を全身にかぶりました。弁護士の中に行動派がいる。李相洙、朴容逸が先頭に立って。当時の民主憲法を勝ち取る国民運動本部が結成されていたんですよ。正法会のメンバーは全員出席した。当時は志を同じくする弁護士たちが有り余るほどで、いくらでも仕事ができた。

　1988年になると、「民主社会のための弁護士会（民弁）」が誕生するじゃないですか。正法会もそうですが、民弁になると洪弁護士の役割がかなり違ってきそうな気もするんですけど。

　こんな活動をする弁護士がかなり多くなりましたね。人的に心配する必要が全くなくなりました。私たちはこの事件は誰々と交通整理だけすればいいくらいになったのです。

　先駆的な弁護士たちの活躍を見て、後輩たちとしては「あんな道があるんだ」と人権弁護への道の選択は難しくなかったはずです。正法会を経て民弁につながる流れはどうでしたか？

　自然に繋がったよ。1980年代以後に入って、民主化運動の底辺がとても広がり、法曹人の中にもそんな意識のある法曹人が急速に増えたから自然に人権弁

護士の数が増えた時代でした。だから自然に先輩である私たちと連帯するように
なって集まるようになったのです。

　私たちが育てたわけではないが、自然に若者グループが作られて私たちと合
流するので、私たちとしてはそれ以上、望むことはありませんでした。それま
では何人かがただやっていたので政治的な雰囲気とか弾圧まではいかなくて
も、政権に対して感じる危機感みたいなのがあったじゃないですか。このまま
じゃ、いつまたどうなるか分からなかったんですよ。その恐怖のようなものも
消えた。いつも仕事を一緒にするようになったから心強かった。

　民弁の先輩であり古参として後輩たちを見る感慨が格別だったはずです。後
輩たちが時々、いい話を持ってきたりしませんでしたか。

　民弁を創立した後、研修会で民弁の後輩たちに１、２時間講義したこともあ
ります。人権弁護士としての姿勢などについて結構話した。何の話をしたのか
記録がなく、記憶がぼやけていますが、いわゆる「民衆連帯」に言及したこと
を思い出します。

　「社会から見ると、私たちの社会で弁護士はかなり優遇されている恩恵を受
けた階層だ。持てる側に属し、知らず知らずのうちに社会的恩恵や特権のよう
なものを享受して生きる集団なので、社会的、経済的、政治的に抑圧され疎外
された人々のための弁護活動をする時には格別な道徳的鍛錬が必要です。例え
ば私は今まで弁護士として20年近くやってきたが、ゴルフもできない。私の周
りで私ほどの年配の法曹人たちでゴルフができない人はほとんどいないのに私
は打てなかった。なぜか？　ゴルフをする気持ちの余裕が全くなかったのも
一つの理由ですが、根本的にゴルフと私の活動が合わなかった。当時、ゴル
フは特権層の運動と言えるが、私が弁論を通じて苦痛を共にしなければならな
い人々の立場から見れば、ゴルフは贅沢です。彼らに違和感を与えるのでしな
かった。民衆的な暮らしと最小限度で連帯しようとする姿勢が必要です」。

　大体そんな話をした。それは私の心にあるそのままの話です。また、そんな
事件をしながら気をつけねばならない点がある。道徳的な弱点をつかまれては
ならない。受任過程で当事者関係がきれいであらねばならない。金銭関係で弱

＊第２部　1980年代の人権弁論　　　　　　　　　　　　　　　　367

みを握られ道徳的に非難されるような弱点を握られれば、人権弁論ができないという話をたまにした。私としてはそんな姿勢で耐え抜いたのは運も良かった。また、自ら個人的な問題なしに個人的な身辺整理をよくして生きてきたという自負心もあります。

1988〜89年の時点が洪弁護士としても一つの頂点だったんじゃないかという気もします。民弁はしっかりした組織であり、これまでのチームワークも最高潮に達しています。1990年には趙英来弁護士が亡くなり、1993年には黄仁喆弁護士が亡くなったので、全体的に見れば最も力量が結集されチームワークや人の和もよかった時期が1988〜89年ではないですか。

振り返ってみると、6月抗争前後から1990年代初めまでが活発で幸せだった時です。1990年代に入ってからは趙英来も死に、黄仁喆弁護士も死に、また李敦明先輩は朝鮮大学総長で去って行った。だから後輩たちと一緒に働く責任を私たちの年配の中ではほとんど私一人が負うことになって、事件一つ一つの実務を直接ディテールまで気を配ることはできなかったんです。

南韓社会主義労働者同盟（社労盟）事件

——弁論のバトンを引き継ぐ時——

今や民主化と関連した弁論の終盤にさし掛かっているようです。洪弁護士の資料を見ると、社労盟事件がほとんど最後の事件のように見えますね。社労盟のメンバーは何百を数えるのですが、主に朴労解と白泰雄という二人の人物に象徴される事件で、1990年初めに主役たちが長い手配の末に逮捕され裁判を受けることになります。

社労盟はご存知だと思いますが、「南韓社会主義労働者同盟」という名前の組織です。社労盟をリードしたのは朴基平と白泰雄です。朴基平は朴労解というペンネームを持った詩人であり労働者です。朴労解という名前で出した詩集が『労働の夜明け』ですが、1980年代に非常に衝撃的な反応を呼び起こした詩集です。朴基平はもともと現場労働者出身で非常に優れた表現力を持っていた。

白泰雄については先に出てきましたね。ソウル大学総学生長出身でソウル大学のフラクション事件で懲役に服して出てきた。その後は私は白泰雄に会ったことはなかったが、フラクション事件で獄苦を経てから考えが急進的な方向に行ったようです。

白泰雄と朴労解がどんなきっかけで出会ったのかはよく分かりませんが二人が意気投合して作った組織です。朴基平は1958年生まれです。今、50代になりましたね。学歴は善隣商高夜間部卒業が全てです。1984年に『労働の夜明け』という詩集を出版した。羅炳植がやっているプルビッ〔あかり〕出版社で出したんですがすごく売れたと思います。この詩を読んでみると、労働者が受ける苦痛や抑圧などが詩語で切々と表現されていてジーンとします。

『労働の夜明け』を発刊した後、朴基平が白泰雄と出会った。当時、いわゆる制憲議会グループが一網打尽になったが、それを再建する動きの中で朴基平と白泰雄が出会って制憲議会グループの後身のように社労盟を作ったが……制憲議会グループと性格は似ていて、この社労盟は正面から社会主義国家建設を標榜して出てきたのです。だから、社労盟の綱領、理念とかはほとんどマル

＊第2部　1980年代の人権弁論

369

クス・レーニン主義に見えます。それがあまりにも露骨なので、韓国の普通の知識人が見ても、かなり拒否感を持つしかないのですが、かなり急進的で過激な理論で武装されていました。

　ところが、最近の若い世代から見れば、なぜこんな理論と組織が出てくるのか疑問に思うかもしれません。しかも白泰雄ほどの知識人がどうして社会主義革命路線に行ったのか疑問に思うかもしれません。彼らがこういう組織を作った1980年代というのは、今から20年ほど前で、すべての情勢が不安で見通しが非常に不透明だったんです。韓国の経済事情については、かなり広くの知識人が新植民地主義論を展開したり、強大国に隷属した経済という方向で考えていた。そのため韓国の政治状況が社会主義革命を呼び起こす段階になるのではないかと診断する知識人グループが出てきたということです。

　そんな状況下で社労盟が出発したが……　社労盟の活動内容を見ると、『新しい夜明け』という名前の新聞を発刊した。何度も発刊しその新聞を通じて自分たちの組織理論、運動理念などを伝播した。英語でSKSLLってなっています。「South Korea Socialist Labors League」で、直訳すれば南韓社会主義労働者同盟です。

　彼らが作業する手腕は非常に組織的でした。きちんとレーニンの戦術による組織を作ろうとして資金を確保する目標額を２億７千万ウォンと見積もっています。それで実際に１億４千万ウォンを募金して、秘密アジトも設け、印刷施設も用意して、水踰里の方の半地下に施設を作って新聞発刊をしたりした。主な行動は『新しい夜明け』という冊子以外に他の小冊子も発刊し、後半に行って『労働解放文学』という雑誌を出した。金思仁という評論家が作った雑誌なんですが、しきりに警察に拘束され瓦解するのでその雑誌の編集権を彼らが引き受け、　朴労解グループが『労働解放文学』という雑誌を何度も発刊した。これが社労盟の機関紙のようになりました。

　1989年11月12日頃に社労盟発足宣言文というのを数万部刷って配布したんですが、その内容が独占財閥の国有化、農地無償分配、社会主義社会建設といったものです。当時までは在野民主化運動のいわゆる左派で公開的に私たちは社会主義者だ、私たちは社会主義革命の道に進むということを正面から宣言したグループはありませんでした。同じように武装蜂起とか、完全なマルクス・レーニン主義的な革命闘争方法を主張してもです。ところが、社労盟は非常に正統な社会主義革命路線を打ち立てたが、彼らも具体的な行動をしたことはあ

まりなく、主に印刷物や雑誌などを作って社会主義革命思想を伝播する活動をした。

唯一公訴状に出ている行動は、1990年1月にミアリの方の吉音派出所にデモをかけて火炎瓶を投げたり、そんなデモを彼らが組織したことがある程度です。そして現代重工業の労働紛争の時、印刷物を作って撒き、定期刊行物『新しい夜明け』以後に、『もう一歩』のような新聞などを発刊して撒き、月刊『労働解放文学』を復刊させ、主にそんな活動でした。

| 裁判にはどのように関与しましたか？

朴基平が先に拘束されて裁判を受けることになったが、自然に私のところに来て後輩弁護士数人と一緒に法廷に入った。私が法廷で弁論した運動圏の事件で、ほとんど最後の事件ではなかったかと思います。朴労解と白泰雄は別々に捕まりました。白泰雄の弁論は私がしませんでした。朴労解の弁護人として反対尋問をしたんですが……　この事件は私が事件をしながら、やや、すっきりしない面があった。

以前は、私が引き受けた事件の拘束者たちと同志的な人間関係が大体成立し、弟や息子のような人間愛のようなものもできて、私としても力をふるって真心のある弁論をしたと自負したが、この事件ではそんな情熱がそれほど生まれなかったのです。私が弁論をしながらも、少し無理やりにするような自責の念もあった。あまりにも彼らの考えが過激で運動方法が私たちの考えとはかけ離れていたためだろうが、弁論する時に少し快く思いませんでした。

| すっきりしないとか、快く思わなかったとかいう表現は初めて出てきます。そんな表現を使う時には一般的な感じ以外に具体的なきっかけもありそうなんですが。

あるエピソードがあった。朴労解には天才性があるからかもしれないけど、当時は唐突な面があった。弁護人の反対尋問をする過程では私が尋問事項を作って質問します。尋問事項の下書きを作って、たいてい拘置所で一度、つき合わせてみます。こう聞くから答える準備をしなさい。いきなり予想していない質問をすると誰でも答えにくいじゃないですか。しかもイデオロギー問題が

絡む事件は余計に。

　だから多分、当時も私がそんなリハーサルのようなことをしたと思います。ところが、尋問をしていて逆説的に聞く時があります。私がまるで検事であるかのようにして追い詰めれば、被告がそれに反論すると、その答弁の効果がはるかに際立つようにする逆説的弁論です。例えば、これを見ると、こういう点が完全に左翼理論に見えるが……　こうやって聞くこともあるじゃないですか？　そうすると、そうじゃなくて、こうだと答えるんですよね。ところが私は何の質問だったのかは思い出せないが、そのように逆説的な質問を投げかけると、朴基平が「どうしても洪弁護士を私が解任しなければならないようです」と言った。法廷で。

　私はびっくりした。私は『解任すべきだと思います』という要求を一度も受けたことはなかったんですよ。私が慌てた。とにかく、その質問にはそんな反応が出たまま、答えを聞いて済ました。朴基平も一つの逆説的な話法でそうした可能性があると思います。答える技術の一つの方法として質問はとんでもないという点を強調して答えようとするから、そう反応したんじゃないかという気もします。

　ところが私としては十数年、学生たちの裁判をしながら法廷でそんな目に遭ったのは初めてだ。気分があまりよくなかったのです。その場で怒るわけにはいかず、そのままごまかして終えたのですが、その次の法廷からは後輩たちに出て行けと言った。私は一体その法廷に気乗りがしなかったので。おそらくその後、法廷に一度くらい出てうわの空で座っていたが、そのまま帰って来て弁論は主に後輩たちに任せたと記憶しています。今考えると、私が度量が狭かったような気もします。でもその事件の記憶は多少ほろ苦いです。もう若い連中と私とは意識の差が大きいんだな。もう私が退く時になったような気もしました。

　これが盧泰愚政権になってからずっと後です。社会の雰囲気は全斗煥政権の時とは全く違っていた。政治的な出身は軍部でしたが、盧泰愚政権は民主化の熱気をまともに抑えることができず、ただ右往左往しながら引きずられていくような雰囲気でした。そんな雰囲気の中で国家保安法違反事件も前と比べると様相がかなり違った。もちろん国家保安法で処断することが私たちの目には全く適切でないのにもかかわらず、まだ国家保安法で立件して法廷に回付される事件がなくはなかったが、正直に言って、1970年代〜1980年代初めに熾烈だっ

372　　　　　　　　　　　　　　韓国の人権弁護士　軍事独裁に抗す

た法廷攻防を考えると、この時になってからは緊張がかなり弛んだ。躍起に
なって弁論したい事件もほとんどなくなりました。

　なんだかんだで私自身も急進的な運動理論を標榜している在野運動団体に対
しては弁論する意欲が多少減った。その後は南北交流の問題とか、南北問題を
完全に第三者的なレベルというか、統一至上論的なレベルでアプローチする運
動団体があった。その人たちが国家保安法で起訴されて法廷に私が出て行った
こともありますが、当時からは自然に後輩たちに主任務を任せて私たちが後回
しになる形になりました。熱心な若手弁護士たちがかなりいたので、私たちと
しては退く負担もありません。

　1980年代初中半に弁護士になった若手弁護士たちは、朴労解や白泰雄の弁論
にあまり困難を感じなかったのではないでしょうか？　『労働の夜明け』も読
んだし、朴労解の立場に対してより密着した理解を持っていただろうから。社
労盟の路線に同調するわけではありませんが、基本的な理解を持っている立場
としては、弁論の際の距離感を少なく感じ、熱心に弁論できたと思いますが。

　1980年代に20代の若い時代を送った人なら、運動圏でなくてもそんな情緒と
意識について理解し共感できる部分が数多くあったでしょう。それで社会主義
革命論のようなものも弁論する姿勢や態度は私たちとは違った。頑張った。だ
から私が譲るしかないのです。もっと頑張る人がいるから。

　1980年代の運動には路線闘争が必要以上に多すぎたのではないかと思いま
す。路線闘争をしていると過激化に突き進むことになります。もっと若い世代
がさらに過激な主張で既存の勢力をひっくるめて批判したりします。ただ彼ら
も20〜30年の歳月の荒波の中で、今では保守の真ん中に入っている人も多いで
す。しかし、その時代のその状況の中では、またそんな論争と運動が激しく進
行する面を理解しようとする努力もしなければなりませんし、その世代の情緒
のようなものはその後も持続しますからね。

　そうなんです。今は保守でも一役買っているし、ハンナラ党にも数多く入っ
ているし。とにかく1980年の中後半には理論闘争が激しかったのです。1989年
10・11月号の『労働解放文学』の編集企画を彼らがしたんですが、そこに「張

＊第２部　1980年代の人権弁論　　　　　　　　　　　　　　　　373

琪杓氏の戦略修正主張に対する労働者階級の怒り」で、当時、張琪杓を激しく批判したのです。張琪杓でさえ妥協的だということでしょう。また1990年の初めに盧泰愚の民正党と金泳三の新民党、そして金鍾泌の共和党が３党合党をしたじゃないですか。盧泰愚が両者を抱き込んで合党宣言をしたじゃないですか。それをいわゆる保守大連合と言っていたんですが、当時にこの３党合党に対して社労盟の批判が非常に激しく出たね。「ファシズム的保守大連合に対する社労盟の緊急戦術決議」というタイトルで猛烈に批判した。

　社労盟だけでなく私たちも金泳三氏は軍部政権勢力と合党するのを見て非常に混乱に陥った。1983年、金泳三氏が民主回復を求める断食をしたことがあります。23日間か長期断食をした。当時はそのニュースもマスコミにも出ず、口コミだけで広がっていた。新聞には「最近の政治懸案」というように間接話法で出てきた、「金泳三」という名前も「断食」という文字も一つも出てきません。当時は、金泳三が結構民主化運動圏の先頭に立って闘う政治家だったじゃないですか。当時、金泳三が私たちを招待して、たまに飯を一緒に食べた。当時、金泳三氏の秘書室長が金得龍でしたが、金得龍と金正男、李富栄が６・３闘争の同志で親しいです。色々なつながりで人権弁護士たちに会ってみようと何度も飯を食べた。

　会ってお互いの意見交換もしたけど。３党合党だから一緒に飯を食べる気にもならなくて、その後は連絡が切れた。歴史的に当時の金泳三氏の３党合党が遠い将来、韓国の民主化の過程でどのような役割を果たしたと記録されるのか、それは歴史家たちが記録する問題ですが、とにかく社労盟の目から見ると、とんでもないことでした。

　社労盟が活動した時、それは80年代の運動の最後の急進主義だったと言えるのではないかと思います。1990年代に捕まるや否や東欧の共産圏が没落し、韓国は北方外交をしながら、ロシア、中国と外交関係を広げていき、北朝鮮の実状が次第に知られたのですから、おそらく社労盟は当局に捕えられなくても、結局は消えさる客観的状況を迎えていたのではないかと思います。社労盟と路線が対立的だった学生の中で一団の主体思想派もそんな過程を通じて漸進的に消え去ります。残像が全くなくなったわけではないんですが。

　だから韓国の本格的左派運動は当時を頂点に消滅の道に進んだと見なければ

なりません。今も主思派（チュサパ）の名前が残っていて運動が残っているのですが、今は一握りしかいないじゃないですか。主体思想派の創始者という学生〔ソウル大学の金永煥〕が密かに平壌まで行って金日成主席に会った後、完全に反主体思想派に転じ……。平壌に行って一度見てきて、『あ、これは違うな』と思って来て転向してしまった。社労盟事件はこの辺で終わります。

＊第2部　1980年代の人権弁論

軍事独裁の主役、
全斗煥、盧泰愚前大統領の裁判

——公訴時効に対する解釈の転機となる——

　洪弁護士の資料を見ると、時間的に一番最近の事件は鄭昇和前参謀総長など
が全斗煥一味を告訴した事件を代理したことです。事件の背景が複雑ですが。
まず1979年12月12日にあった軍事クーデター（「12・12クーデタ」）から要
約します。1979年10月26日、鉄拳統治者の朴正熙大統領が金載圭中央情報部
長によって暗殺され、しばらく権力の空白を迎えます。戒厳令の発動によって
軍権を握る鄭昇和参謀総長の勢力があり、朴正熙政権の時に軍事的要職を独占
した「ハナ会」〔軍内部の私的組織。第5共和国の核心勢力となる〕勢力を代
表する全斗煥、盧泰愚などがいます。

　ところが1979年12・12クーデタを通じて全斗煥一味は軍権を奪取し、国家
全体を簒奪する一連の緻密な作業を着々と進めます。1980年5月17日に非常
戒厳を全国に拡大し、主要民主人士を逮捕、拘束、拷問、でっち上げます。5
月18日、空輸特戦団〔ブラックベレー〕を光州に派遣し光州市民を無慈悲に
殴打して殺傷に至ります。それに激怒して光州市民全体が蜂起し、特戦団を一
時光州郊外に追い出します。

　しかし数日後の5月27日、軍が光州に再進入し、全南道庁で抵抗する市民
たちをまた殺傷します。このように銃刀で流血鎮圧をしながら、一瀉千里で政
権掌握します。全斗煥氏が8年（1980年8月〜1988年2月）、盧泰愚氏が5
年（1988年2月〜1993年2月）間、政権を握った後、1993年になって文民政
府である金泳三大統領の時代が開かれます。12・12クーデタ事態、5・17と
5・18光州虐殺虐殺などに対して、金泳三大統領の下で軍事反乱罪、内乱罪な
どで初めてクーデタの主役たちを処罰することになります。鄭昇和将軍らの告
訴はまさに全斗煥と彼の一味のクーデタ行為が犯罪行為であり、自分たちがそ
の犯罪による被害者だという主張の土台になるのですね？　全斗煥の犯罪に対
する司法的断罪を正式に求めたのです。

　はい、1980年以降、全斗煥大統領時代、盧泰愚大統領時代を経て、1993年2

月に金泳三大統領が就任し、「文民政府」を標榜します。金泳三大統領が一番最初にしたことが、宮井洞（クンジョンドン）にある安家（アンガ）をなくしてしまう措置でした。安家というのは大統領府と情報部が管理する秘密の家屋です。大統領がそこで酒を飲んで歌手たちを侍らせたところです。朴正煕大統領の時に安家をいくつか作っておいて、そこで何をしたのか分かりません。権力の中枢にいる人たちも行ったことがないほどで、陸軍参謀総長も初めて行ったところだから。ですから朴正煕、警護室長、秘書室長、情報部長といった権力の核心だけが利用するところでした。これを金泳三大統領がなくしてしまったんです。

　そして今考えても金泳三大統領の大きな業績として認めるべきことは軍隊の私組織の中核である「ハナ会」を解体したことです。軍事独裁の下で「ハナ会」が軍をすべて掌握して、要職は全部「ハナ会」です。ところが当時、「ハナ会」と私組織の核心である陸軍参謀総長と保安司令官を就任翌日に解任してしまい、「ハナ会」の関係者を事実上、去勢してしまった。いわば軍部政権が純粋な民間政府に変わったのは、「ハナ会」の粛清が一つのきっかけだったと見られます。

　洪弁護士がこの事件に飛び込んだきっかけはどうなるのですか？

　政治的な状況がこのように変わったから、ある日、私に連絡が来ました。元陸軍参謀総長の鄭昇和将軍から連絡が来た。私たちが12・12クーデタ事件を起こした全斗煥一党を告訴しなければならない。告訴するのに法律的な代理人をしてくれと依頼が来た。

　当時は私たちがいわゆる民弁という組織を持っていた時で、いわゆる軍部統治下で軍事独裁に抵抗する色々な事件を民弁がほとんど引き受けていた時なので、こんな事件は洪性宇弁護士に任せようということになったのでしょう。私はその軍人たちと一面識もありません。

　ところが、自分たちが12・12クーデタを刑事告訴するといいます。彼らが告訴する理由は十分です。あまりにも無念に自分の部下たちに逮捕され、投獄され、追い出され、死んだということは世間でもよく知っている事実だから。それで告訴する理由は堂々とあるので、私が告訴代理人をすることになったのです。

＊第2部　1980年代の人権弁論

一人で引き受けるにはあまりにも大きい事件じゃないですか？　告訴人も多く事件も複雑です。

　もちろんです。それで告訴人代理弁護団を組んだ。告訴人が鄭昇和の他に21人ですが、当時、この告訴をしながら弁護団が全部で13人でした。告訴人の何人かがすべて事実関係を選び整理をして私たちにくれた。それを土台にして私たちが何回か会議をしながら告訴状を作った。告訴状の文案は何人かに頼んで、また収集して誰かが整理して書いた。
　告訴人は全員12・12クーデタ事態の直接被害者たちです。鄭昇和は当時、陸軍大将参謀総長・戒厳司令官で、李建栄中将は３軍司令官でした、階級は准将から大将まで、すべて将軍でした。
　この中で一番熱心に私たちの事務室にも来て告訴状を提出する作業に実務的に努めた人が安政勲将軍と金進基将軍でした。安政勲将軍は中将で、当時は陸軍軍需参謀部長でした。金進基准将は当時憲兵監をしていて、金載圭を直接逮捕した人です。
　お二人が主に私とよく接触しながら頑張ったんだけど、会ってみると立派な方だった。金進基は憲兵監でしたが必ず入ると思ったのに12・12クーデタ直前に鄭昇和総長が作成した進級者名簿から抜けていた。それで不満を持つなら、むしろ彼が不満だったでしょう。ところが、鄭昇和中将のための告訴準備作業を一番頑張っていた。
　そのように告訴状を提出しながら声明書を出した。1994年７月19日頃です。声明書を出す時に記者たちがいっぱいで、鄭昇和将軍を含む22人の告訴人がほとんど出てきた。私たちがこのような理由で彼らを告訴すると声明書を発表し告訴状を検察庁に提出した。私たちは当時、告訴を実際に代理したが名前は出しませんでした。諮問弁護士として声明書を発表する時、私が後輩たちを何人か連れて陪席しました。

鄭承和氏らの告訴について、検察はどう処理しましたか？

　私たちの告訴を検察で調査して全員不起訴処分にした。一部は嫌疑なし、一部は罪名に対し起訴猶予として不起訴処分にしてしまった。この不起訴処分に対して私たちが1994年11月に憲法訴願を出した。不起訴処分が不当だという趣

旨で。憲法訴願を出す時は、憲法訴願請求人の法律上の代理人として13人の弁護士が請求を出した。結論だけ申し上げますと、その憲法訴願が1995年度1月20日に憲法裁判所でも却下または棄却となりました。不起訴処分が不当ではないということです。

　結論はそのように出たが、法理の面で歴史的な意味があります。私たちが告訴する時はもちろん、内乱罪から内乱目的殺人罪、軍刑法上の反乱罪、反乱目的の上官殺害などの罪を取り上げた。こういうのは全部死刑に当たる犯罪です。検察は内乱罪部分には嫌疑なしを、軍刑法上の反乱罪や反乱目的殺人、上官殺害などは起訴猶予にした。

　検察で内乱罪が成立しない理由として内乱罪が成立するためには政権奪取の目的がなければならないが、12・12クーデタ事件によって憲法や憲法が定めた政府組織自体が破壊されたことがない。大統領、国務総理もそのままだったということです。裏で脅迫をして何をしたとしても、制度そのものをなくしたり大統領を追い出したりしたわけではないということです。そのため憲法が定めた政府組織自体が破壊されたのではなく、当時の大統領と首相を含む憲法機関がそのまま維持されたため国憲を乱す目的があったと見ることはできない。だから内乱罪は成立しないというのが検察の不起訴処分の理由でした。この理論を憲法裁判所でもそのまま援用した。憲法裁判所でも結局、検察の不起訴処分が正しいと認めたんですよ。

　検察は不起訴処分の論理としてこんなことにも言及した。すなわち過去の事が再論されるなど法的論争が続けば、国論分裂、対立状況が再現され、国力消耗の恐れがある。そして第5共和国の聴聞会と全斗煥を百潭寺〔江原道雪嶽山のふもとにある山寺〕に軟禁して、すでに国民的審判をある程度行ったと言っています。特に、前職大統領を法廷に立たせて断罪する場合、これまで大統領職によって形成されてきた諸般の秩序に関して国民が途方もない心情的混乱を起こす恐れがある〔しかし、全斗煥と盧泰愚は1995年、金泳三大統領時代に起訴され有罪判決を受けた〕。確かに不起訴処分にするには、こんな理由しかつけられなかったでしょう。そして憲法裁判所でも同じ理由でこれを全て正しいとした。

　告訴人側の弁護士としては、どのように対応したのですか。

＊第2部　1980年代の人権弁論

告訴人側の主張は内乱罪、これは時効問題も関連があるので申し上げねばならないのですが、私たちはこのように主張した。1979年12・12クーデタは内乱行為の始まりだ。内乱行為が終了したのは、その後、全斗煥が選挙によって大統領に就任した当時に終了した。それまでは軍兵力を動員し戒厳令を利用した内乱行為だった。12・12クーデタの反乱行為、軍人が兼職できないようになっている中央情報部長を全斗煥が兼職したこと、非常戒厳を5月17日に全国に拡大したこと、金大中、金鍾泌、李厚洛など政治家26人を無条件に強制連行して逮捕したこと、光州で無差別民間人虐殺したこと、5月30日に国家保衛非常対策委員会（常任委員長は全斗煥）という軍事革命〔クーデタ〕機構を設置して、立法、司法、行政の全権を握って揺さぶったこと、8月に統一国民会議を開き新大統領だとして全斗煥を選出したこと、10月27日に一方的に第5共和国憲法を宣布し、国会・政党・統一主体国民会議を解散し国家保衛立法会議を発足させたこと、こんな事柄一つ一つが内乱罪になります。

このすべてを合わせて包括的内乱罪と言えます。国家保衛立法会議の議員は各界で言うことをよく聞く人々を任命した。法曹人も1、2人ぐらい入ったりした。政権奪取行為の始発点が1979年12月12日であり、以後の一連の過程が内乱行為だ、このように告訴状にも主張をした。

とにかくこの主張の事実関係に対して検察が否認することはできません。歴史上、明らかな事実だから。しかし検察は、今になってどうしろというのか、大統領を7年もしたのにそれがすべて内乱罪だと彼らを監獄に送れば、これまで大統領を演じたことをどうしろというのか。こういう論理です。大統領として遂行した職務行為すべてを原因無効にすれば、憲政史の連続性も崩れ、国民意識に大きな混乱をもたらすという主張です。

私たちが見るには、検察の主張は法律的判断ではなく政治的判断だ。そして起訴便宜主義を途方もなく歪曲して乱用することだということです。検察の起訴猶予の理由の中に、これまで大統領を務めながら功労も多いのではないかという論理も出てきます。ところが、私たちは何の功労があるのかと反論したのですが、とにかく全部、憲法裁判所でも棄却された。

ただ、憲法裁判所はこのように棄却し、公訴時効に関する私たちの主張に対して細かく判断を下します。この公訴時効に関する憲法裁判所の決定のせいで、後に〔1996年に〕全斗煥を処罰した。

憲法裁判所が棄却しながらも、公訴時効に対する一筋の処罰の余地を作り出し、それをきっかけに政局が渦巻いて後に全斗煥などを内乱罪などで処罰できる踏み石になったのですね？

　金泳三元大統領の３年目、全斗煥、盧泰愚元大統領の裏金事件が起きた。朴啓東議員が小切手のコピーを国会に持ち出して、『これが盧泰愚大統領の裏金の証拠だ』と暴露した。盧泰愚大統領があちこちの企業をゆすって裏金を作った金がこのように途方もなく大きく、その一部がこの金だと国会で暴露をしたので、当時、国中がひっくり返った。

　その衝撃が一波万波で拡散し、政治的な雰囲気が急変した。全斗煥、盧泰愚の裏金を追跡すると、それぞれ１千億ウォンを超える裏金が摘発されたじゃないですか。そうなると12・12クーデタと５・18光州虐殺の罪悪に加えて、天文学的な裏金事件が起きると、全斗煥、盧泰愚をキッチリ処罰しようという世論が洪水のように沸き上がったじゃないですか。ところで、全斗煥を何の罪名で投獄するんですか。それから捜査をしなければならないのですが、1994年末の時点は1979年12・12クーデタから15年になる時です。韓国の公訴時効は15年が最長です。どんな犯罪も、15年経つと起訴できなくなります。ところが15年が過ぎた時点であり、公訴時効問題をどのように突破するのかが法的争点として大きく浮上した。

　当時、右往左往しながら特別法を作り、憲法改正しようという議論まで出ていた。遡及立法でもして連中をすべてぶち込まなければならない。内乱罪は15年で公訴時効が満了し、内乱罪で捕まえられねば、遡及立法でもしなければならない。憲法改正をしようとして、当時、「憲政秩序破壊犯罪の公訴時効などに関する特例法」というものを作った。この法律が制定されたのが1995年12月21日です。

　その特別法の内容はこうです。「1979年12月12日と1980年５月18日を前後して発生した憲政秩序破壊犯罪に関連した行為に対する公訴時効停止などに関する事項を規定して国家綱紀を正し、民主化を定着させ民族正気を涵養することを目的とする」と。また、憲政秩序破壊犯罪行為に対して「国家の訴追権行使に障害事由が存在した期間は公訴時効の進行が停止されたと見る」となっています。だから、全斗煥が大統領政権を握っている時には彼らを処罰できないから公訴の障害理由があったと見て、その期間を除いて公訴時効を計算しなけれ

＊第２部　1980年代の人権弁論　　　　　　　　　　　　　　　　　381

ばならないと言ったのです。そうなると全斗煥政権期間7年、盧泰愚政権期間5年を除いて計算すると、2007年まで公訴時効が延長されたことになります。

前述の憲法裁判所決定の論理はこうです。憲法では、『大統領が在任する期間中は大統領は内乱罪および外患罪を除いては、在任中に刑事上訴追を受けない』となっていますね。ところが内乱罪、外患罪を犯した場合にはどうなるのか、その期間中には大統領でも関係なく処罰しなければならないということですから内乱外患の場合には公訴時効が進むということになります。他の犯罪は在任期間が終了した後、公訴時効がはじまるので処罰可能だとなります。

そうすると、大統領や元大統領の場合には公訴時効の進行が二つの部分に分けられます。第一に、内乱罪、外患罪は在任中にも公訴時効が進行する。第二に、残りの犯罪は大統領在任期間中は公訴時効の進行が停止する。そうすると12・12クーデタは軍刑法上の反乱罪、反乱首魁罪、哨兵殺害罪などの構成要件が問題になります。だからこの犯罪についてはまだ時効の期間が残っているんですよね。2007年頃に時効が終了します。

憲法裁判所はこうした趣旨から時効問題をまとめたんです。もちろん決定は棄却されたが、公訴時効をそのように解釈したので、全斗煥を後で捕える時にひとまず軍刑法上の様々な犯罪で捕えられた。検事の起訴猶予だけ取り消せばいいからです。それで裏金問題が生じた時、全斗煥、盧泰愚などを拘束できる法的条件が私たちが提起した告訴によって用意されていた。

全斗煥を収監する時は特別法制定直前なので、一応、軍刑法上の犯罪を問う形にしたんです。だから全斗煥が持ちこたえるために、延喜洞にある自分の家の前で以前の部下たちを後ろに屛風のように立たせて対国民声明を発表した。政治報復だ、私は拘束されない、そのように声明を発表して自分の車に乗って故郷の陝川に下りてしまった。政権に正面から挑戦したんだよ。翌日の明け方に検察が行って捕まえてきた。それで拘置所に収監して本格的な捜査をして全斗煥のすべての重要な罪状に対して起訴して、結局、処罰を受けるようにした。全斗煥、盧泰愚、鄭鎬栄など軍首脳部がすべて裁判を受けた。韓国の歴史の荒波の一部です。

私たちが当時、それを告訴した時は検察で不起訴処分を下し、当時、憲法裁判所の棄却決定まであって落胆千万でしたが、私たちが告訴をちゃんとやり遂げた。そのために公訴時効に対する新しい解釈を確保し、全斗煥を逮捕する法的根拠を設けたので、当時、気持ちがよかった。全斗煥の罪状を処断するのに

法律家としての役割を果たした点で、当時、私たちはやりがいを感じた。一つの大きな結び目を解いたような痛快感があった。

> 全斗煥らに対する処罰が、鄭昇和ら軍首脳部の被害者が原告となった訴訟にどのような影響を及ぼしたのですか？

　全斗煥がそのように処罰されたから、鄭昇和将軍に対する有罪判決が問題になるじゃないですか。1980年に鄭昇和将軍は内乱幇助罪という、とんでもない罪名で軍法会議で実刑を言い渡された。犯人の金載圭を捕まえた人を金載圭と一緒に協力して内乱に関与したと言うのですから。そのとき鄭昇和将軍は法廷であきらめてしまった。とても話しが通じる雰囲気ではなかったから控訴もあきらめたはずです。懲役10年を食らって管轄官の確認で懲役7年に減刑されたんですが、鄭昇和将軍が収監中に刑執行停止で出てきた。
　この裁判がどれほど粗雑で、でたらめな裁判だったかというと、1979年12月12日に逮捕され2ヶ月以上を西氷庫の地下室で殴られ、つまらないことで事件を作って、1次公判を1980年3月5日に起訴した。2次は2日後にすぐに証人尋問して3月8日も証人尋問して、10日もして、だから5日に始めて11日に結審した。6日間で結審をした。そして2日後の13日に宣告した。
　裁判開始から8日後に、直接尋問、反対尋問、証拠調査をして弁論を終えて、宣告まで8日しかかかりませんでした。不法監禁に、拙速裁判に、すべて仕組まれて脚本通りになったのです。だから鄭昇和将軍は何も言わずに、これは要するに政治的なことなので私が弁解したからといってどうにかなることではない……　当時、完全にやりたい放題のクーデタ状況だから。それで有罪判決を受けて陸軍大将が一等兵に降格された。
　全斗煥一味が見るには、自分たちの上司たちの星を見くびっていた。いわゆる糞星と言います。でたらめな将軍を糞星と言います。4年制陸軍士官学校出身の中で羽振りのいい連中は、上官をバカにしたんです。自分たちは4年制の陸軍士官学校を卒業したエリートたちだ。プライドがあるから自分の上官を無視して、こういう事件を起こしたんです。
　とにかく鄭昇和将軍以下、やられた人たちは世の中にこんな無念ことはなかったのです。何の理由もなく部下たちに銃で撃たれて死んで、怪我をして、苦しんで、監獄に行ったりしたんじゃないですか。何の過ちもありません。

鄭炳柱将軍のような人はその後、火病〔怒りで罹る精神病〕で死んだ。

大将、中将、少将なら、おいしい職業なんです。そんな軍人は社会的に享受する特権もすごいです。ところが、その人たちが突然一等兵に降格され年金ももらえず、ただ完全に下層民のように没落してしまうので、彼らの家庭が悲惨になりました。息子が自殺した家もある、そんな悲劇をすべて経験した。河昭坤少将のような人は作戦参謀部にいた人ですが、優秀な作戦通です。彼は銃傷を受けて一生苦労をした。

張泰玩少将は首都警備司令官でしたが名誉回復が終わった後に在郷軍人会会長をした。ところが私が再審告訴事件をしながら、その将軍たちに大体会ったが張泰玩のような人もほとんど破壊されていた。お気の毒です。人が自分の悔しさを抑えきれず、激情的で衝動的です。その人も見てみると、息子が死んで途方もない悲劇を味わいました。その後、自分たちの名誉は一旦、回復したとはいえ、実質的な不利益を回復したものがほとんどありません。

この事件が終わった後に私のところに来て、告訴事件が終わった後に刑事再審をしてほしいと、それで再審請求をした。内乱幇助で処罰されたことが捏造されたということで再審請求をした。1995年9月のことです。安泳熹弁護士と金芝勲弁護士という方がいますが、彼らは軍法務官出身です。陸軍准将かそうだったと思います。彼らが軍法会議の関係をよく知っているから、鄭昇和将軍が私たちのチームに含ませた。それで私たち3人が一緒に再審請求をした。

この再審は簡単でした。全斗煥一味の行為がすべて軍の反乱罪、内乱罪の有罪と判決された後であり、その過程で鄭昇和将軍の罪は無罪なのは満天下に明らかになった後だったからです。再審はほとんど要式手続きでした。再審請求するとすぐに再審開始決定が下され、再審裁判で無罪となりました。無罪になるから検察で控訴もせず、きれいに終わった。その再審裁判を土台にして鄭昇和将軍は予備役陸軍大将の地位を回復し、その間の陸軍大将の月給が一気に全部出てきた。

国家賠償訴訟を別に提起したのですか？

いいえ、再審判決で無罪が確定したから国防部で計算してくれた。再審してその間の月給が3億ウォン余りになりました。そのうち相当額を私たちに謝礼金としてくれました。そんな政治的な事件で謝礼をもらったのは初めてです。

ところが、鄭昇和将軍は立派な人のようです。武将というより端正な読書人のようです。合理的で、円満で人柄がよく。他のコネもなく、自分の能力で参謀総長になるほどエリートでした。下克上のクーデタでものすごく踏みにじられたんですよね。

終わりに

　これまで洪弁護士の人権弁論の証言をよく伺いました。洪弁護士があつかった事件がまさに私たちの現代史そのものなんだと思わずにはいられません。軍事独裁の横暴が絶頂に達した民青学連事件から始まり軍事独裁の清算を知らせる12・12クーデタ事態の裁判で終るので、人権弁論の歴史は権威主義政権、軍事独裁との闘争の歴史にスポットを当てることもできます。最初に証言をしにいらした時と一段落するあたりで、準備状況がすっかり変わったような気がするんですけど。

　最初は軽く考えた。事件を見て、大体憶えている通りに話せばいいと思ったのに。その間に数十年が経ち具体的な状況について忘れてしまった部分が少なくなく、１、２回やってみたら勉強をしなければいけないと思ったのです。それでここ数ヶ月間、忙しかったのです。これを準備するために。まず記録を一度見なおさねばならないので、平日に頑張って見た。新聞のスクラップまで出して確認したりもしました。

　私は質問者として気になることが多かったのですが、洪弁護士のお話の流れをできるだけ切らないように質問を極めて控えて聞きました。お話を聞きながら後輩弁護士たちに対する助言や教訓が限りないことを感じるようになりました。

　人権弁論に関心を持つ後輩たちに言いたいことがあります。弁護士たちが特に政治的な事件、世人に名前が広く取り上げられた有名な事件、世論に騒々しく取り上げられた有名な事件、あるいは経済的な収入が大きい事件に対して弁論しようとする目的が功名心から出る場合が多いです。確かに弁護士の世界にそんなものがないわけがないでしょう。ところが、実際に刑事事件を引き受ける時、その被告や裁判を受ける人の名誉や人格を守るために弁論活動をしなければならず、その事件を通じて自分が弁護士としての立場を広げたり有名になったり、認められたいと思うことは極々慎まねばなりません。特に政治的な

目的で、その事件の弁護人になったことを利用したりすることは控えるべきです。

　私が十数年間、良心囚、政治犯などの事件を弁論しながら残念な点も多かった。もうすこしうまくできなかったかと感じたことも多く、そんな残念な気持ちがあちこちに悔恨のようなものとしてなくはありません。ただ、自信を持って話せるのは私はどんな事件でも功名心のためにしたことはなかったということです。率直に言って、功名心のようなものは私の頭の中にはありませんでした。それは同僚弁護士たちも同じです。

　だからお互いのに手柄を言い立てるような状況になると、それを言い争う人に譲って私たちは後回しにした。この事件は必ず私がしなければならない、私でなければ誰がするのかという気持ちは微塵もありませんでした。反面、私でなければする人がいない事件、他の人たちがするのを嫌がる事件、引き受けたらむしろ損ばかりするので、しようとしない事件、こんな事件は私が避けてはならないと思った。そういう事件は利害関係を問わずにやりました。

　この点は周辺で私を知っている人々、私たち一団の弁護士たちも否定しないと思います。いずれにせよ政治的な利己心や功名心のようなものが先行すれば真の弁論にはなりません。そしてそれは法律家として絶対に正道ではありません。それは結局、法律家として堕落する道です。それは必ずしも政治的な事件ではなく、一般民刑事事件をしてもそんな原則は法律家たちが常に守らねばならないことだと思います。

　洪弁護士が取り上げた事件の中で、2005年以降、刑事再審と国家賠償の波に乗り続けている事件が多いんですよ。人革党再建委員会事件は司法殺人までもたらした悲劇的な事件ですが、再審で無罪判決が確定しました。宋氏一家事件の場合、再審で無罪判決が確定しました。尹正憲事件は１審と控訴審で無罪判決を受け、民青学連事件も再審で無罪判決が続々と出ています。過去の有罪判決も一つの歴史的記録ですし、その有罪判決がむしろ民主化運動の一つの証拠でもあるので、再審請求をする気のない方も多いですし。あたかも日帝下の保安法、治安維持法の違反事犯が解放後の独立運動の功勲者として記録されるのと同じでしょう。こうした一連の再審事件を見ますと、元の事件を担当し熱心に無罪の証拠を探し、無罪弁論をした弁護士の立場からはどう思われますか？

＊第２部　1980年代の人権弁論

そうですね。私はこう思います。宋氏一家事件、尹正憲事件、人革党事件のような国家保安法事件は拷問と長期拘禁、そしてスパイでっち上げで綴られているので、こんな事件は必ず再審をしなければなりません。無実の被害者の濡れ衣を晴らす面もあり、当時の司法府や検察などに反省を促す意味もあります。私たちが書いた弁論要旨書や控訴理由書を読んでみれば、当時の裁判の問題点を明確に見られるだろうし、それを基礎に再審裁判をすることも難しくないと思います。ただ再審をしなくても歴史的にすでにその人は罪がないのは明らかになった事件があるじゃないですか。誰もが知っている、そんなものまで再審するのはどうかと思います。昔、緊急措置違反の前科を一つ持っているのは再審せずに置いておいても、それが私たちの名誉ではないかと思います。もちろん再審をする事情も当然尊重されねばならないし、再審をすれば当然無罪にならねばなりません。判事たちは過去の司法的誤りを正しますが、法的障害や理論的障害を作り出すことは正しくありません。

　民主化運動の高尚な動機と純粋さを生かしてほしいという弁護士の衷情も十分に良い考えです。ただ、前科か勲章かというと、人によって見る基準が違うこともあるじゃないですか。ですから、こちらでは勲章として見ても、あちらでは依然として前科として見る面もあるので、前科はきれいに洗い流さねばならないのではないか。ただ歴史的評価に任せるには、まだ現実的イシューとして残っている部分がありますから、その現実的部分については法律的再評価が必要な部分が依然としてあるようです。

　スパイでっち上げ事件のような場合は、被告たちに濡れ衣を着せるので、必ず再審をして濡れ衣を晴らした方が良いと思います。一方緊急措置の場合は維新反対デモをしたことに対して処罰したわけじゃないですか。その場合は、その法律、緊急措置そのものが不当で不法なものと断罪し、無効化させなければならないと思います。すると、一つ一つの事件に対して退屈に再審裁判をするのではなく、緊急措置違反そのものを直ちに立法的に無罪とし、それに基づいて一括して国家賠償をしなければならないと思います。また、すべての事件を有罪として押し通した検察は法院の再審無罪判決に対して、いちいち上訴してはなりません。過去の過ちも大きいのに、反省もなしに上訴することは厳に戒めなければならない態度です。法院も自らの過去の過ちを正す次元

で、再審事件を引きずるのではなく、できるだけ速かに権利救済措置を取らねばならないと思います。

　洪弁護士が引き受けた事件の当事者との関係はどうですか？　普通の弁護士たちは、その事件が終わってからは、ただの他人になるのが当たり前で、良くない関係で別れる場合も少なくないと聞いたんですが。

　弁護士と当事者の関係が純粋に対価関係になるから事件は終われば人間関係も終わります。一人が一人の弁護士に任せて次の事件もまたそこに任せて行う場合もなくはありません。ところが当事者と弁護士は一回限りで終わるのが90％以上です。たいてい終わる時は当事者が弁護士に不満を持つんです。当事者は弁護士が大したこともしてないのに謝礼が高すぎると感じるんです。
　私の場合はかなり違った。大体、時局事件をすると、ほとんど金をもらえないじゃないですか。NCC人権委員会やカトリック正義平和委員会で一般事件の10分の１、５分の１にしかならない費用を弁護士に献金するように与える程度だからです。最初から謝礼を受け取ることも考えずに弁論する場合も少なくありませんでした。だから私たちには金の問題がない。私たち弁護士と学生、労働者の間で金のために仲が悪くなることはありませんでした。
　今まで私が七十年の生涯を通じて周辺の交友関係がたいていこんな事件で結ばれた関係です。その人が若い時、私が一度手伝ってあげたことで終わりかもしれませんが、一生人間関係が続いた人が多いです。今の私の後輩たちも同じだし。それで、たいてい弁護士と事件依頼人の間というより人間的な信義に基づいて、その人間関係が一生続く場合が多いのです。こんな人間関係を結んで暮らしているから、被告、被拘束者たち、学生たちが私を金を取る弁護士というよりは、兄のように接したりすることがあります。私が「愛のメッセンジャー」の役割をしたこともあり、懲役から出てきた友人たちの媒酌も多かった。

　人権弁論の時代を振り返ってみながら、昔をいろいろと評価や再評価もすると思いますが、今いかがですか？　またあの時代に戻ったら。

　人権弁護士の生活をしながら、今になって世の中が政治的に民主化が行わ

＊第２部　1980年代の人権弁論　　　389

れ、私たちがあれほど猛烈に批判し、反対した朴正熙政権の功績も語られているし、それで産業化に邁進した人が正しかったのか、民主化運動が正しかったのかという議論は無意味なようです。どれも一定の時代的役割を果たしたと思います。葛藤、相反するような二つの潮流が非常に妙な調和を成して今日の韓国を作ったということです。

　今、極右的で保守的な考え方をしている人たちは、当時の朴正熙独裁を批判して克服した民主化運動の功績を貶める雰囲気も数多くあります。しかも金泳三政権以後、いわゆる民主化運動勢力が執権しながら行った色々な過ちや政治的失敗のために批判を受ける素地もなくはなく、そのためにある時は民主化運動の側に立って弁護したということを前面に出せなくて少し恥ずかしさを感じる時もあります。

　たまにこんなことを考えていても、また1970年代に戻るとしたら？　私としてはまたその仕事をするしかない！　その選択や決断について全く後悔がありません。学生たちの純然とした犠牲、労働者たちの苦しい境遇、それも人間以下の待遇を受けたことを見て聞くと胸が熱くなり、居ても立ってもいられませんでした。誰もあえて代弁できない被告たちにも近づき、私の勇気が足らなければ意を共にする弁護士たちの意志を集めて一緒に行った記憶が大切です。それなりにやりがいを持って自分の道を歩んできたと思って、後悔などはありません。

　洪弁護士のように一時、経済的にうまくいったはずの弁護士が人権弁論という茨の道を歩くことになれば、家族の覚悟も普通ではなかったと推察されますが実際はどうだったのか気になります。

　私が一生こんな話をしなかったが、妻をありがたく思うのが、そんな面での不平を一度も言ったことがないからです。『あなたは、どうして無駄に他人がしない苦労を買って出るの？』のようなことを十分に言えるじゃないですか。家に脅迫電話もかかって来て、『お前の夫に気をつけろって言え』、『お前の夫はアカじゃないの？』みたいな電話。うちの家内は政治的な識見なんてほのめかすこともありませんが、暗黒な時代に一度も私の気をくじいたことがありません。『経済的に苦しければ、私がうどん屋でもしますよ』という程度で、とにかく金の心配はせずに、屈せずに、屈せずに生きろと言った。そんな歳月

を経験しながら、それでも私がみすぼらしく崩れ落ちなかったのは妻のお陰だと言っても言いすぎではない。うちの子供が4人いるのに、私がしきりに人権弁論に飛び込む時は、次々に金が要る時で、その時は……。

▎　奥さんにそんな気持ちを直接、表現したことはありませんか？

　ないですね。私がいつか子供たちに手紙を送りながら、そんな気持ちを子供たちに表現したことはあります。『お前のオモニ……　でなければ、私は耐えられなかっただろう。私は一生ありがたく思っている』と言ったことはあります。『オモニには話すなよ』と言いながらですね。

▎　洪弁護士は現在、事件から手を引いた立場なんですが、そんな気はしませんか。もともと事件をしながら、悔しくて腹立たしかったりした時が多かったと思いますが、その事件の再審裁判に直接関与して、本人の手できれいに無罪判決を受け、「事必帰正」〔必ず正義が勝つ〕を堂々と宣言しながら被害者たちと一緒に抱擁して喜びを分かち合う考えなどはありませんか？

　今また、法廷に出ることはできないようです。

▎　いつから出かけなかったんですか？

　出なくなって7年になりました。

▎　決心して出かけないのですか、それとも事件を徐々に減らしていって出かけなくなったのですか？

　キッパリと決定した。もう訟務をしないと。私が2003年度に66歳になる年か、食道ガンになりました。食道を切除する手術をした。それが非常に危険な病気だったそうです。幸い初期に発見して、抗ガン治療もして、そんな苦境に立たされたんですが、当時、思った。私に弁護士をやめろということだな。それで私が法律顧問のように一般民事事件を受けてやっていた会社に対しても通知をして訟務をやめると、全て整理した。その後は一件もしませんでした。も

＊第2部　1980年代の人権弁論　　　　　　　　　　　　　　　391

ちろん開業弁護士として登録はされていますが。今さら再審するんですか？弁護士がいくらでもいるのに。

しかし、もともと事件を精魂込めて真実究明をしていたじゃないですか。判事たちが事件を正直に覗いて見るだけでも自ずと無罪判決が出るようにです。

今になってそんな事件を引き受けるのは功名心からでしょう。私たちが築いてきた土台があれば、それを受け継いで後輩弁護士たちがすることです。私は法曹界での仕事が終わって完全に引退した人になっていて楽です。弁護士として現役でいれば、じっと座っていてもどれだけ面倒なことだろうか。何度も来て何かしようと言ったり何か聞いたりするから、煩わしい職業です。弁護士で一番疲れるのが人に苦しむことで、それがストレスなんです。法廷を準備していくことは、難しいとか面倒くさいとかはありません。当事者を相手にして当事者の話を聞いて、そこに助言して諮問する過程が大変です。弁護士をやらなくなると、すっきりします。

洪弁護士が引き受けた意味のある事件があまりにも多いので、その中から選別して証言するしかありませんでした。扱えなかった事件の比重もそれに劣らないものだと思いますが、その点で残念です。

私としてはとにかく大きな荷物を降ろしたようです。これはなんとか仕上げないといけないと普段から宿題のようにしこりとして残っていたので、一応大きなあらすじは整理したと思います。もう大きな荷物を下ろしたようです。終始一貫して熱心に聞いてくれて、ありがとう。また、大学生たちが録音したり録画したり、お疲れさまでした。ありがとう。

こんな生きた歴史を聴きながら、整理する作業に参加できたことも私たちの大きな幸運だと思います。ありがとうございます。

人権弁論の伝説を記録する

韓寅爕
ハンインソプ

　1972年から1987年までは韓国の歴史で権力による人権蹂躙が頂点に達した時期だった。独裁が強化されるにつれ、それに対する抵抗も激しく展開された。この時期の民主化運動は拘束と裁判、監獄と切り離して考えることができない。政権の暴圧に抵抗した学生・労働者・知識人たちが刑事裁判を受けて獄に落ちた。それだけではない。生業に従事していた漁師と農民、故国が恋しくて留学した在日韓国人たちも、ある日、突然スパイにされ苦難をなめた。この時期の政治史、社会史、法制史を書こうとするなら、刑事裁判という関門を避けて通れない。その時期はマスコミの暗黒期だったので新聞や雑誌を通じて時代の真実に近づくのにも限界がある。

　では、その代案は？　当時の裁判記録には、その時代の苦難と痛みと夢がそっくり入ってるんじゃないか。このような考えを普段から持っているところに洪性宇弁護士がその時期の裁判弁論資料を保管しているという話を聞きました。その資料は歴史的な資料なので学問的に整理すべきだという希望とともに。

　洪性宇弁護士は誰か？　維新と第5共和国の暗黒期に権力の横暴にうめき声を上げ者たちを徹底的に代弁した人権弁護士の象徴ではないか。当時、人権弁論の道を一緒に歩いた少数の弁護士がなくはなかったが、その中でも人権弁論の全般を先頭に立って導いた方が洪性宇弁護士だという事実はよく知っていました。ただでさえその時代の人権弁論にまつわる事情を隅々まで知りたい気持ちが切実だったところに膨大な記録まで保管しているという話にまで接してみると、これ以上ためらうことはできなかった。その人権弁論の資料は結局、大学に入れねばならないと洪弁護士にそれとなく申し上げた。

　洪弁護士は資料を出すのに躊躇がなくはなかった。出しても「10年後に出す」という趣旨でした。理由も十分に納得できた。まず、資料の公開が関連する被告にどのような影響を及ぼすかという弁護士としての憂慮もあったし、資料に対する十分な説明なしには誤解の余地が生じかねないので、いちいち検討

して意見を整理した後に渡すという慎重さもあった。さらに最善の弁論ができたとしても、これくらいしかできなかったのかという恥ずかしさもしばしば表明された。資料が多いと言っても一つ一つ覗いてみれば体系的ではなく、消えた記録があまりにも多いと自嘆もされた。そんな憂慮や慎重さ恥ずかしさや嘆かわしさを傾聴し、私としては洪弁護士の真骨頂を繰り返し確認した。

　私はそれなりに強く反論をした。資料は整理して学問的目的だけで公開されるという点、裁判記録を当事者として見ることと、第3者として見ることは違うという点を力説した。本人は十分な弁論ができなかったと自嘆するかもしれないが、当時あれほど最善を尽くした弁護士たちが他になく、それでも足らない点があるならば、それは個人的力量や誠意のせいではなく、あまりにも多くの仕事を抱かえさせた時代状況のせいでしょう。もしかすると、その足りなささえ当時の状況を理解するのに役立つという見方もあった。最後に消えた記録が多いと言いますが、残っている記録だけでもどんな弁護士、どんな団体よりはるかに豊富で、それ自体で私たちの現代史を理解する立派な一つの歴史的資料になる。さらに、すべての記録は洪弁護士が作成したり、保管したりしたものですが、その記録は弁護士個人のものではなく、私たちの時代の遺産ではないかと主張した。洪弁護士はこんな強引な主張を結局、受け入れ、当代の歴史を整理して後学たちに良い教育の資料として寄与するようにと依頼されながら、すべての資料を大学に渡す決断をした。学校にこの資料をもらったが、どのように分類して整理しなければならないのか困った。大学生たちと共にホコリが積もった記録を分類、整理するのにほとんど1年かかった。大変な作業だったが、ただその記録が抱かせる緊張感と生々しさに圧倒され、真剣な気持ちで臨むことができた。1次整理作業を終えてみると、文書は計1207種、4万6千ページに達する分量でした。裁判記録以外の関連資料がまだ未整理状態で残っているが、それも大体1万ページ以上を数える。この複雑な整理作業には、ソウル大学の修士・博士課程で刑事法を専攻する新進気鋭が参加した。

　資料を事件別に整理してみると、洪弁護士の人権弁護士としての活動の軌跡とその時代の輪郭について把握できた。これらの記録を見ながら洪弁護士の証言を得ようとした。普段から常に「100時間以上の非常に詳細な証言」をしてくれるように要請してきたし、洪弁護士もそれなりに心の準備をしているところでした。

　本証言は2009年10月16日から開始された。毎週金曜日の午後2時～6時の間

＊人権弁論の伝説を記録する

に洪弁護士はソウル大学校法学部の会議室に出席し、2010年2月11日まで計15週間、約60時間の証言を続けた。どこから始めればいいのか分からなかったが、思いつくままに自由におっしゃって、大まかな感覚を掴んだ。比較的簡単ながらも印象に残る事件から始めた。概ね週に2件前後の事件を扱った。金曜日の午後の特講（?）のために洪弁護士は月曜日から木曜日まで事務室で本人が数十年前に作成した記録を読みながらメモをしてきて、そのメモを見ながら陳述を続けた。対談者は洪弁護士の陳述が続く間は質問をほとんど自制し、陳述が一段落する頃に質問を始める方式で介入し、全体の話の流れを切らないようにした。

このように録音したファイルを受け取り、韓寅燮は2010年6月から全体の目次を組んで、裁判記録と対照しながら事件別に整理していった。疑問が生じた時には正確を期するために当時の文書資料といちいち対照し点検した。その時代の喜怒哀楽の中に埋もれて暮らしながら、真夏の夜を明かす草稿作業を終えたのは8月末でした。その草稿に対して洪弁護士は数多くの修正と補充作業をした。何名かの弁護士が草稿に対して貴重な修正意見を下さった。ソウル大学校法学科大学の多くの学生たちが草稿を読み後学の立場で意見を出した。民主化運動の流れの中で一定の役割を果たし、洪弁護士と弁護人と被告として関係を結んだ方の中でいろんな方が草稿の誤りを指摘し、洪弁護士と弁論に参加した後輩弁護士たちが色々な所に修正意見を出してくれた。また、この本に最も頻繁に登場する民主化の隠れた功労者である金正男先生は大学を訪問して長時間証言をして下さり、洪弁護士と対質（?）し互いの記憶を点検しながら、最大限正確を期そうとした。みなが喜んで時間を割いて助けてくださったのは、この本がその時代の民衆の歴史を発掘するにとどまらず、その時代に対する一つの正史としての役割を果たせるという期待感のためだったと思う。さらに洪弁護士が普段及ぼした感化力がどの程度なのかを推察させてくれるものなので、それ自体が一つの羨望でした。

この本の価値を判断するのは読者たちの役目です。対談者として私が証言できるのは、「証言者洪性宇」の一貫した誠実性でした。当時の人権弁論記録を見れば、その徹底さに圧倒される。200ページを超える弁論要旨書もあり、数日間徹夜しながら作成した控訴理由書の草稿も多い。弁護士がいくら誠実に弁論書を作成しても法院は耳を貸さなかった。しかし彼は悔しくて、迫害される人々の弁論を適当にすることを自らに許さなかった。裁判に反映されなくて

も、少なくとも読んでみろという気持ちで書いた。被告たちの切なる痛みを記録し、彼らに自分たちの活動の意味と正当性を証明するために、時には歴史の史草を書く心情で徹底を期そうとした。今回の証言でも同じでした。70歳を越えた年齢にもかかわらず、洪弁護士は忠実に資料一つ一つを読んで徹底的に準備して証言に臨み、正確でない内容に対しては言葉を慎んだ。記憶と記録が不確実な部分は事件関連者を通じて繰り返し確認していただいた。

　証言の対象となる事件から数十年が経過し、彼は過剰な感情を決して見せなかった。到底話にもならない起訴、被害者を加害者にする判決を回顧しながら、彼は検事、判事らに人間的に非難めいた話はほとんどせず、彼らの立場も一度理解してみようとする暖かさを見せて下さった。また、自分の活動に対する自慢を全くせず、自分に限りなく謙遜に、空にする姿勢を堅持した。いつも自分の弱点、足らなかった点をおっしゃった。自分がこんなすごいことをしたと誇らなかった。本文で自分の活動に対する自負心と成就を語る部分はその時代の功罪がより客観的に評価されねばならないという使命感を持った対談者が質問を突きつけ、初めて得た回答であることを念頭に置いてほしい。当時のある大法院長が退任の辞で述べたとおり「悔恨と汚辱に満ちた時代」と名付けられる惨憺たる時代に、我々は真の法律家を持つことができなかったのか？　判事を「権力の侍女(じじょ)」と言い、検察を「権力の走狗(そうく)」と罵倒しても、返す言葉のなかった時代に、数多くの弁護士たちは権力に対する恐怖や苦しさのために、最も弁論を必要とした数多くの事件を無視した。その時代にも「基本的人権の守護と社会正義」に献身した法律家たちが存在したという事実が、もしかしたら奇跡のようにも見える。他者から見れば、実に暗い時代だったので、人権弁護士という宝石が誕生したのかもしれない。ところが、私たちの人権弁護士たちは自分たちのための空世辞を知らない方々だ。李敦明、趙準熙、黄仁喆、洪性宇、彼らを経験した方なら、彼らが人間的にどれほど謙遜で自慢ができない人であるかをよく知っている。個人的に筆力が十分な方々であるのにもかかわらず、彼らに注がれそうな名誉と距離を置いて、自分たちの活動を記録化することさえ自制した。

　そうであればあるほど、対談者はその時代の人権弁護士の活動を正確に記録し、そうすることで一時代の法律家のモデルを構築することができればという願いから、この作業に臨んだ。後輩法律家のあらゆる無理な注文を穏やかな笑いで受け入れてくれた洪弁護士の人間味の豊かさに何よりも感謝する。

＊人権弁論の伝説を記録する

あわせて「弁護士洪性宇」に加えて、「人間洪性宇」を愛し尊敬するみなによってこの本が可能になったことを申し上げたい。この本の出版とともに、民主化運動と人権弁論の出会いの場を作り、当時の被告たちと弁護人の間に話の宴を開いてほしいという素朴な願いを持っている。この本が一時代の苦難と夢を理解し、法律家は何で生きるのか、人間はどのように生きていくべきかを悩む時、一つの刺激剤になってくれればと考える。

著者： **韓 寅燮**（ハンインソプ）

ソウル大学校法学専門大学院教授。 刑事法専攻。 1959年、韓国慶尚南道晉州（チンジュ）生。韓国型法学専門大学院（ロースクール）導入、国民参加裁判の導入、刑事訴訟と法務、検察制度の改革、死刑廃止論など司法制度の改革に力を注いだ。国策研究機関である韓国刑事・法務政策研究院院長、ソウル大人権センター長などを歴任し、人間尊厳性が保障される刑法学と証拠基盤の犯罪学の調和を図っている。韓日法学者間の知的交流の活性化を通じて刑事司法の人間化と先進化のための連帯の道を追求してきた。主な著書として、『韓国初代大法院長金炳魯 評伝—抗日弁護士から韓国司法の定礎者へ』（日本評論社、2023年4月日本語）、『植民地法廷で独立を弁論する』、『人権弁論の時代』、『5.18裁判と社会正義』、『100年の憲法』、『陪審制と市民の司法参加』、『権威主義刑事法を超えて』などがある。

訳・注・解説者紹介： **徐 勝**（ソスン）

1945年、京都生の在日朝鮮人。東京教育大学卒、ソウル大学校大学院（社会学科）に留学。2006年、立命館大学コリア研究センター創立。1998年、立命館大学法学部教授（比較人権法、現代韓国の法と政治）を経て、2018年から韓国の又石大学校特任教授ならびに同東アジア平和研究所長。東アジアにおける重大な人権侵害とその回復、および平和を専門にしている。
著書：『徐勝の東アジア平和紀行—韓国、台湾、沖縄をめぐって』（かもがわ出版、2011年2月）、『東アジアの国家暴力と人権・平和』（立命館大学法学叢書 第13号、かもがわ出版、2011年12月）、『誰にも故郷はあるものだ』（社会評論社, 2008）、『獄中19年』（岩波新書、1994年）　共著：徐勝・前田昭『文明と野蛮を超えて—わたしたちの東アジア歴史・人権・平和宣言』（かもがわ出版、2011年12月）　編著：『東アジア冷戦と国家テロリズム—米日中心の地域秩序の改変のために』（お茶の水書房　2004年）、翻訳・解説：『韓国初代大法院長 金炳魯 評伝—抗日弁護士から韓国司法の定礎者へ』（日本評論社、2023年4月）など。韓国語での出版多数。

韓国の人権弁護士　軍事独裁に抗す

2025 年 3 月 25 日初版第 1 刷発行

著　者／洪性宇（ホン・ソンウ）　語り手
　　　　韓寅燮（ハン・インソプ）　聞き手
　　　　徐勝（ソ・スン）　翻訳・解説
発行者／松田健二
発行所／株式会社 社会評論社
　　　　〒 113–0033　東京都文京区本郷 2-3-10　お茶の水ビル
　　　　電話　03（3814）3861　FAX　03（3818）2808
印刷製本／株式会社 瞬報社

感想・ご意見お寄せ下さい　book@shahyo.com

JPCA
日本出版著作権協会
http://www.jpca.jp.net/

本書は日本出版著作権協会（JPCA）が委託管理する著作物です。
複写（コピー）・複製、その他著作物の利用については、事前に
日本出版著作権協会（電話03-3812-9424，info@jpca.jp.net ）
の許諾を得てください。